KB124495

COACHING PSYCHOLOGY

코칭심리학

탁진국 저

학지사

머리말

　국내에서 처음으로 코칭심리전공 석사과정을 광운대학교 교육대학원에 개설하고 강의한 지 이제 약 10년 정도 흘렀다. 그동안 국내에서 코칭 및 코칭심리 전공은 더욱 확대되어 여러 대학교에 관련 전공이 개설되었다. 대학원과 최근에는 학부에서도 코칭심리학을 강의하면서 늘 아쉬워했던 것은 강의에서 활용할 만한 적절한 교재가 없다는 점이었다. 필자가 2010년에 공역으로 코칭심리를 번역한 교재가 있었지만 책 내용이 어렵고 포괄적이지 못하여 수업에서 교재로 사용하기는 어려웠다. 수업 시간에 코칭심리 관련 내용을 프린트물로 나눠 주고 강의를 해 오면서 빠른 시기에 코칭심리학 교재를 출판해야겠다는 생각을 하였는데 이제야 빛을 보게 되었다.

　이 책을 집필하면서 가장 어려웠던 점은 국내뿐 아니라 해외에서도 대학 또는 대학원에서 강의교재로 활용할 수 있는 코칭 또는 코칭심리학 관련 책이 거의 없었기 때문에 목차 구성을 어떻게 하는 것이 좋을지에 관한 고민이었다. 완전하지는 않지만 그동안 필자가 코칭심리와 관련된 다양한 과목을 강의하면서 활용한 코칭 및 코칭심리 관련 논문과 책을 토대로 차례와 내용을 구성하였다. 이 과정에서 코칭과 관련된 많은 심리학 연구결과를 포함시키려고 노력하였으며 이론적인 부분에만 치우치지 않고 실제 코칭장면에서 활용할 수 있는 내용으로 구성하고자 하였다. 따라서 이 책은 코칭심리뿐 아니라 코칭을 공부하는 학부 및 대학원생, 일반인 그리고 전문 코치로 활동하고 있는 분들을 위한 교재로 충분히 활용될 수 있을 것으로 기대한다.

　이 책의 특징은 다음과 같다. 첫째, 코칭을 진행하는 과정에서 코치로서 알아야 할 코칭 관련 이론 및 연구뿐 아니라 코칭에 응용할 수 있는 심리학 관련 연구결과들을 많이 포함하였다. 둘째, 코칭에서 다루는 다양한 영역(예, 비즈니스, 커리어, 라이프 코칭 등)을 포함하여 포괄적인 내용으로 구성하였다. 셋째, 코칭을 진행하는 과정에서 활용할 수 있는 검증된 척도를 부록으로 제시하여 독자들이 코칭을 진행할 때 실질적인 도움을 주고자 하였다.

　이 책은 총 3부 15장으로 구성되어 있다. 1부는 코칭 및 코칭심리 기초에 관한 내용으로서 코칭과 코칭심리의 개념, 코칭을 진행하는 과정에서 알고 있어야 할 기본 모형 그리고 코치로서 갖추어야 할 스킬과 지식 등을 다룬다. 특히 코칭에서 목표 설정이 중요하기 때문에 목표이론에 관한 내용을 독립적인 장으로 제시하였다. 또한 코칭 및 코칭심리에 관한 연구를 할 때 알아 두어야 할 연구방법도 소개한다.

2부는 코칭심리 응용에 관한 내용으로서 다양한 심리학 이론과 모형 그리고 연구결과를 코칭에 적용하는 내용으로 구성되어 있다. 긍정심리코칭, 인지행동코칭, ACT코칭, 성장마인드셋을 다루었고, 코칭에서 피코치의 행동변화가 중요하기 때문에 행동변화에 관한 내용을 별도의 장으로 기술하였다. 피코치의 행동변화 중에서도 습관과 관련된 내용이 많고 이를 변화시키는 것이 어렵기 때문에 습관행동변화와 관련된 연구결과와 방법을 소개하는 내용 또한 독립된 장으로 제시하였다. 11장에서는 코칭에서 수퍼비전을 어떻게 진행하면 되는지에 관한 내용을 다루었다.

마지막으로 3부는 코칭 및 코칭심리 영역으로서 커리어코칭, 비즈니스코칭, 라이프코칭 등 다양한 코칭심리 영역을 별도의 장으로 기술하였다. 또한 코칭과정에서 개인코칭이 아닌 그룹코칭으로 진행하는 경우가 많이 있기 때문에 그룹코칭에 관한 내용도 별도의 장으로 독립시켜 기술하였다. 이 책에서 다루는 내용이 많고 특히 코칭을 처음 배우는 학생들은 1부에서 기술하는 기초 내용을 충실히 숙지해야 하기 때문에 전체를 한 학기에 마치기에는 쉽지 않을 것으로 판단된다. 다양한 상황에 따라 교수가 적절한 장을 선택하여 강의하는 것이 바람직할 것이다. 하지만 코칭을 독자적으로 공부하는 독자라면 처음부터 끝까지 차근차근 공부함으로써 코칭 역량뿐 아니라 이론적인 지식도 향상될 수 있을 것이다.

이 책이 나오기까지 감사드릴 사람들이 있다. 먼저, 코칭심리학 교재 출판을 기꺼이 수용해 주신 학지사 김진환 대표님과 참고문헌을 비롯해 전체 내용을 내 책같이 꼼꼼히 살펴봐 주신 편집부 박나리 님에게 감사드린다. 무엇보다 그동안 코칭심리 대학원 석사 및 박사 과정에서 공부했던 많은 학생에게 감사의 말을 전하고 싶다. 강의 준비를 하면서 공부했던 내용을 토대로 이 책의 내용이 구성되었기 때문이다. 앞으로도 코칭심리 공부를 지속적으로 해 나가면서 일정 기간마다 개정판을 내겠다는 약속을 드리며 머리말을 마무리하고자 한다.

2019년 2월 탁진국

차례

행동변화에 대한 이해 · 255

 습관행동변화 · 285

 코칭수퍼비전 · 319

◆ 제3부 ◆ 코칭 및 코칭심리 영역

제1장

코칭

> 이 장에서는 코칭이란 무엇을 의미하는지를 설명하고 코칭은 언제부터 시작되어 어떻게 발전되어 왔는지에 대해 기술하고자 한다. 또한 코칭은 상담을 비롯한 유사 개념과 어떤 차이가 있는지에 대해 살펴보고, 마지막으로 코칭에 대한 일반인의 인식에 대해 설명하고자 한다.

1. 코칭의 정의

코칭은 다양하게 정의되고 있다. 다양한 배경을 가진 학자나 코치들이 코칭을 정의하고 있으며 배경이나 코칭분야에 따라 코칭에 대한 정의는 다소 차이가 있다. 특히 코칭이슈를 해결하기 위한 방법을 찾는 과정에서 차이가 있다. 현재 많은 학자 및 코치들이 코칭과정을 비지시적인 과정으로 강조하고 있지만 모든 코칭의 정의가 이러한 관점에 동의하는 것은 아니다. 예를 들어, Peterson과 Hicks(1996)는 코칭을 코치(coach)가 피코치(coachee)들에게 이들이 자신을 개발할 수 있는 도구, 지식, 기회를 제공하는 과정으로 정의하면서 코치의 지시적인 역할을 주장하고 있다(Ives, 2008에서 재인용). Parsloe(1995)도 코칭을 개인교습 또는 가르침을 통해 개인의 즉각적인 수행 향상과 발달을 돕는 것으로 정의한 바 있다(Ives, 2008에서 재인용).

한편, 코칭과정에서 코치의 비지시적인 역할을 강조하는 정의도 많이 있다. 세계 최대의 코치협회로 볼 수 있는 국제코치연맹(International Coach Federation: ICF)은 코칭을 "고객과 파트너 관계를 맺고 고객이 성찰과 창의적인 과정을 통해 개인 및 전문적인 잠재력을 극대화할 수 있도록 돕는 것"(partnering with clients in a thought-provoking and creative process that inspires them to maximize their personal and professional potential)으로 정의하고 있다. 한국코치협회는 "코칭은 개인과 조직의 잠재력을 극대화하여 최상의 가치를 실현할 수 있도록 돕는 수평적인 파트너십"으로 정의하고 있다.

코칭과정에서 GROW 모형을 제시하여 유명한 Whitmore(1992, p. 10)는 코칭은 "개인의 잠재력을 개발하여 수행을 극대화하기 위한 것으로서 가르치는 것이 아니라 학습하도록 돕는 것"으로 정의한 바 있다.

다음 장에서 다룰 코칭심리 분야를 개척한 Grant는 Stober와 함께 코칭을 "코치와 고객이 상호협력적이고 평등한 관계를 유지하면서 함께 목표를 설정하고 해결방법을 찾고 이를 실행하는 과정을 의미하며 이를 통해 고객의 지속적인 자기주도적 학습과 성장을 함양하는 것을 목표로 하는 것"으로 정의하였다(Grant & Stober, 2006, p. 2). 또한 Grant와 Stober는 이들은 이 과정에서 코치는 반드시 특정 분야의 전문가일 필요는 없음을 강조하였다.

Cox, Bachkirova와 Clutterbuck(2010)은 코칭을 구조화되고 집중적인 상호작용을 포함하며 적절한 전략, 도구 및 기법을 활용하여 피코치 및 다른 관련된 사람들의 바람직하고 지속적인 변화를 촉진하는 개발과정으로 보았다.

심리학자인 Passmore와 Fillery-Travis(2011)는 코칭을 코치와 피코치 또는 참여자 간의 소크라테스식 문답법을 기반으로 한 미래 지향적 대화법으로서, 코치는 개방질문, 요약과 성찰을 활용하여 피코치의 자기인식과 책임감을 촉진하는 데 목표를 둔 과정으로 정의하였다.

한편, 임원코칭을 전문으로 하는 Peltier(2001)는 코칭을 조직의 외부에서 온 사람이 심리 스킬을 활용하여 관리자가 더 효율적인 리더로 성장할 수 있도록 돕는 것이라고 정의하였다.

앞에서 기술한 다양한 정의에서 공통점을 찾아보면, 코치는 목표달성을 위해 피코치를 돕는다는 것이며 이 과정에서 코치는 피코치와 수평적인 관계를 유지하면서 지시적인 방법이 아닌 피코치의 자발적인 학습을 강조한다는 점이다. 즉, 피코치의 학습을 통해 해결방법을 스스로 찾는 것을 중요시한다. 또한 피코치의 자기인식과 성찰을 언급하며, 피코치의 성장을 목적으로 한다는 점도 강조하고 있다.

코칭에 대한 정의에서 중요한 것은 대상, 목적 그리고 방법 등 세 가지 요인을 포함해야 한다는 것이다(Cox et al., 2010). 앞서 기술한 코칭에 대한 다양한 정의를 고려하고 Cox 등이 강조한 세 가지 요인을 포함하면서 다양한 대상이나 코칭 분야에 대한 적용을 높이기 위해 필자는 코칭을 "코치가 피코치와 동반자적 관계를 유지하면서 피코치의 자기인식을 바탕으로 자신이 설정한 목표를 달성하기 위한 방법을 찾고 이를 지속적으로 실행해 나가도록 도우며 궁극적으로 피코치의 성장을 돕는 것을 목적으로 하는 과정"으로 정의하고자 한다.

코치와 피코치가 동반자적 관계를 유지한다는 것의 의미는 코치는 피코치와 수직적인 관계에서 피코치에게 어떻게 할 것을 지시하면서 진행하는 것이 아니라 수평적인 관계에서 문제를 해결하는 방법을 같이 찾아 나간다는 의미를 강조하는 것이다. 예를 들어, 의사와 비교해서 설명하면 의사의 경우 찾아온 환자가 무엇이 문제인지 잘 모르기 때문에 치료 과정에서 몇 가지 간단한 질문과 진단을 토대로 자신이 판단하여 적절한 처방을 내리게 된다. 이 과정에서 환자와 수평이 아닌 수직적 관계가 형성되어 환자는 별다른 질문도 하지 못하고 수동적인 위치에서 의사가 처방한 내용을 그대로 수용하게 된다.

피코치의 자기인식(self-awareness)은 자기성찰(self-reflection)과 통찰(insight)을 포함하는 개념이다. 자기성찰은 피코치가 평소 시간이 부족하다거나 귀찮아서 깊게 생각하지 않았던 자신에 대해 다시 한번 돌아보는 것을 의미하며 통찰은 이를 토대로 관점 변화를 통해 새로운 사실을 깨닫는 것을 의미한다. 예를 들어, 자기성찰은 자신이 중요시하는 가치는 무엇인지 자신의 강점은 무엇인지와 같은 자신의 특성에 대한 이해부터 시작해서 자신의 평소 생각, 감정 및 행동은 어떠한지에 대해 생각하는 것을 의미한다.

반면, 통찰은 왜 그런 생각을 하고 감정을 느끼고 행동을 하는지에 대한 분석을 통해 그 이유를 깨닫는 것을 의미한다. 많은 사람이 일상생활에서 시간적 여유가 부족하여 자기성찰을 할 기회를 갖지 못하고 있다. 하지만 자기성찰을 한다고 해도 성찰에 그치고 통찰로 이어지지 않는 경우도 많다. 예를 들어, 아침에 배우자와 말다툼한 것에 대해 자기 전에 오늘 하루 자신이 했던 일들을 생각해 보면서 떠올렸다고 하자. 그때 자신이 순간적으로 화가 났었고 그럴 필요가 없었다고 정리를 하지만 거기서 그쳤다면 통찰이 이루어진 것이 아니다. 한편, 추가 분석을 통해 화가 난 원인을 별것 아닌 배우자의 말에 자신이 필요 이상으로 흥분해서 발생한 것으로 이해하고 향후 유사한 상황에서 심호흡을 통해 흥분을 가라앉히겠다는 다짐을 했다면 이는 통찰이 이루어진 것으로 해석할 수 있다.

코칭과정에서 코치는 적절한 질문을 통해 피코치가 혼자서는 하기 힘든 다양한 관점에서 자신을 돌아볼 수 있도록 유도할 필요가 있다. 자신과 주변 환경을 다시 돌아봄으로써 현재의 문제를 다른 관점에서 바라볼 수 있는 기회가 생기며, 이를 통해 문제를 해결할 수 있는 방법을 도출할 수 있게 된다.

피코치 스스로 자신이 설정한 목표를 달성하기 위한 방법을 찾는다는 것의 의미는 코칭과정에서 피코치 자신이 원하는 목표(코칭이슈)를 설정하는 것이 중요하며 이러한 목표를 달성하기 위한 방법을 찾는 과정에서 코치는 가능한 해결방법을 제시하지 않고 피코치 스스로 방법을 찾도록 유도하고 격려하는 것이 중요함을 강조하는 것이다.

하지만 실제로 코칭을 진행하다 보면 피코치가 스스로 해결방법을 도출하지 못하는 경우가 생기게 된다. 이러한 경우 코치는 피코치가 해결안을 제시할 때까지 계속 기다리는 것은 바람직하지 못하다. 코치와 피코치 간에 오랜 시간 동안 침묵이 흐르게 되면 서로 어색함을 느끼게 되고 이는 코칭 진행에 부정적인 영향을 끼치게 된다. 이러한 상황에 직면하게 되면 코치는 가능한 한 자신이 알고 있는 범위 내에서 해결방안을 제안할 수 있다. 즉, 특정 방법을 제시하면서 이렇게 하라고 하는 것이 아니라 이러한 방법도 있을 수 있는데, 이 방법에 대해 피코치는 어떻게 생각하는지 물어보고 최종적으로는 피코치가 선택하도록 하는 것이 좋다.

또한 코칭과정에서 피코치가 해결방안을 제시하였지만 코치의 경험과 지식에 따라 고려해 볼 때 피코치가 제시하는 방안이 효과가 낮다고 판단되는 경우도 발생한다. 코치는 이러한 해결방안에 대해 가능한 판단을 유보하는 것이 좋다. 엄밀히 말해 피코치가 해결하려는 코칭이슈는 모두 삶에 관련된 것이라서 어떤 하나의 해결방안이 최선이라고 하기 어렵다. 특히 코치가 경험하였고 코치에게 효과가 있었다고 해서 피코치에게도 효과가 있으리라는 보장은 할 수 없다. 개인 특성에 따라 효과가 달라지기 때문이다. 하지만 코치가 판단할 때 객관적인 관점에서 좀 더 효과가 있을 수 있는 방안을 알고 있다면 이를 피코치에게 고려해 볼 것을 제안할 수는 있을 것이다. 물론 최종 선택은 피코치의 몫이다.

지속적으로 실행해 나가도록 돕는다는 의미는 코칭과정에서 피코치가 문제의 해결방법을 스스로 찾고 이를 실행하겠다는 의지를 보인다 하더라도 코칭이 끝난 후 이를 실행하지 않으면 코칭의 효과는 없게 된다. 따라서 코칭과정에서 코치는 피코치가 제시한 해결방법을 코칭이 종료된 이후에도 이를 실행할 수 있도록 동기부여를 하고 실행의지를 높이는 지속적인 노력을 기울일 필요가 있음을 강조하기 위한 것이다.

마지막으로 피코치의 성장을 목적으로 한다는 것의 의미는 코칭의 목적은 단순히 피코치가 자신의 문제를 해결하는 방법을 찾고 이를 실행하여 목표를 달성하는 선에서 끝나는 것이 아니라 이러한 과정을 통해 피코치 스스로 자신의 문제를 해결할 수 있다는 자기효능감을 증진시킴으로써 향후 유사한 문제에 직면할 때 스스로 해결할 수 있는 역량을 향상시키는 데 있다는 점을 강조하기 위한 것이다. 즉, 코칭의 궁극적인 목적은 코칭을 통해 피코치가 지금보다 한 단계 더 성장할 수 있도록 돕기 위한 것이다.

2. 코칭의 역사

1) 코칭의 어원

코치라는 단어는 본래 네 마리의 말이 끄는 마차를 의미하는 것으로서 이 마차는 마차에 탑승한 손님을 목적지까지 모시고 가는 것이 중요한 목적이기 때문에 여기서 유래되어 코치는 누군가가 자신의 목적을 달성하도록 지원하는 사람으로 인식되었다. 1860년대에 옥스퍼드 대학교는 코치를 개인교사를 의미하는 것으로 명명하였다고 한다. 이때부터 코칭은 개인이나 집단이 목표나 목적을 달성하도록 지시하고 가르치고 훈련을 시키는 기법으로 인식되었으며, 1880년대부터 주로 스포츠 분야에서 선수들이 좋은 성적을 낼 수 있도록 코치들이 도움을 주는 데 응용되기 시작하였다. 하지만 스포츠 분야에서의 코칭은 다소 지시적인 부분을 강조하고 있다. 다음에서 언급할 현대적 의미의 코칭은 미국의 비즈니스 분야에서 관리자급 이상을 대상으로 코칭이 시작되면서 본격적으로 활성화되기 시작하였다.

2) 현대적 의미의 코칭

이후 현재의 코칭 철학은 1950년대 미국에서 인본주의 심리학이 융성하면서 인간은 무궁무진한 잠재력을 가지고 있고 적절한 지원을 받으면 이러한 잠재력을 개발할 수 있다는 믿음에서 영향을 받은 것으로 볼 수 있다.

이 당시 대표적인 인본주의 심리학자들은 Maslow와 Rogers가 있는데, 모두 인간의 잠재력 개발을 중요시하고 있다. Maslow(1954)는 그의 욕구위계이론에서 자아실현 욕구를 가장 상위에 두고 있으며, 인간은 누구나 이러한 상위의 자아실현 욕구에 도달할 수 있다고 주장하였다. 자아실현 욕구는 다양하게 정의될 수 있으나 자신의 잠재력을 파악하고 이를 지속적으로 개발하려는 욕구로 해석할 수 있다.

Rogers(1951)의 경우에도 상담분야에서 인간중심상담 또는 내담자중심상담을 주장하면서 기존의 상담에서 중요시해 왔던 상담자의 역할에 있어서 중요한 변화를 촉구하였다. 기존에 상담자의 역할은 내담자에게 문제 해결을 위한 방법을 제시해 주는 것이 중요하였다면 인간중심상담에서는 내담자가 스스로 자신의 문제를 해결할 수 있는 잠재력이 있다고 믿고 상담자는 내담자가 스스로 해결방법을 찾도록 격려하고 지원해 주는 역할을 하는 것이 중요함을 강조하였다.

3) 심리학적 관점에서 코칭의 활성화

코칭이 활성화된 배경에 대해 심리학적 관점에서 고찰해 보기로 하자. 심리학은 전통적으로 심리적인 어려움을 경험하는 사람들만을 대상으로 도움을 주는 데 초

점을 두어 왔다. 임상심리와 상담심리 분야가 대표적으로서 이 분야에 종사하는 전
문가들은 심리적으로 건강하지 못한 사람들을 대상으로 심리치료를 통해 이들의
심리건강을 증진시키는 데 목표를 두어 왔다. 이로 인해 심리적으로 별다른 문제가
없는 사람들은 심리치료를 제공할 사람들이 아니라고 가정하고 이들에게는 별다른
관심을 두지 않았다.

　하지만 심리적으로 별다른 문제가 없는 사람들도 지금보다 더 나은 삶을 살려는
욕구가 있으며 특히 기업에서 많은 직원을 관리해야 하는 관리자 입장에서 보면 구
성원들을 어떻게 관리하고 이끌어 가야 할지 늘 고민을 갖게 된다. 예를 들어, 관리
자 입장에서 어떻게 하면 구성원들의 동기를 향상시켜 부서의 생산성을 높일 수 있
을지, 또는 새로운 임원으로 발령받은 신임 임원이 어떤 리더십을 발휘하여 구성원
들을 이끌고 나갈 수 있을지에 대해 고민이 있게 마련이다. 이 경우 해당 관리자나
임원 입장에서 이러한 어려움을 해결하기 위하여 임상심리학자나 상담심리학자를
방문한다는 생각을 하기 어려우며, 실제 찾아가서 도움을 청한다 하더라도 이러한
주제에 관한 심리치료 경험의 부족으로 인해 이들이 도움을 주기는 어려울 것이다.
코칭은 이러한 사각지대에 놓인 사람들을 대상으로 이들의 고민을 해결하기 위한
목표를 가지고 시작되었다.

4) 코칭의 발달

　코칭은 처음에 비즈니스 영역에서 시작되었다. 1960년대 들어오면서 인적자원
분야와 훈련과 관련된 논문집에서 코칭이 등장하기 시작했고 코칭과 관련된 책도
출판되기 시작했으며, 본격적으로 코치들도 비즈니스코칭 시장에 진출하게 되었
다. 1970년대 들어 미국에서 임원코칭(executive coaching)이란 용어가 등장하기 시
작하면서 코칭은 조직에서 관리자들의 수행 향상을 위해 도움을 주는 기법으로 인
정받게 되었다. 이후 1980년대와 1990년대를 거쳐 비즈니스 영역에서 코칭은 급속
도로 성장하기 시작하였다.

　1986년에 Gallwey는 『테니스의 이너 게임(The inner game of tennis)』이란 책을 출
간하였는데, 이 책에서 테니스 게임 선수는 외부의 적과 내부의 적을 구분할 필요
가 있다고 주장하면서 상대방의 실력과 같은 외부의 적보다 자신감 결여나 자신에

대한 비난과 같은 내부의 적이 더 중요함을 강조하였으며 이러한 내부의 적을 이기는 방법에 관해 기술하였다. Gallwey로부터 훈련을 받기도 한 영국인 Whitmore는 1992년에 이 책을 토대로 비즈니스 분야에서의 코칭을 위한 교재로 『수행향상을 위한 코칭(Coaching for performance)』이란 책을 영국에서 출간하였고 이 책에서 코칭을 진행할 때 가장 많이 활용하는 GROW 모형을 제시하였다. 이를 계기로 영국에서도 비즈니스 분야에서 코칭이 성장하기 시작하였다.

이 과정에서 코치에 대한 교육이 중요해지기 시작하였고, 코치에 대한 교육과 훈련을 맡아서 코치를 양성하는 기관들이 생겨나기 시작하였으며 현재 세계에서 가장 많은 코치 회원이 있는 국제코치연맹(International Coach Federation: ICF)은 1995년에 미국에서 설립되었으며, 2017년 기준으로 140개 국가에 약 3만 명의 회원이 있는 것으로 알려져 있다.

비즈니스 영역에서 출발한 코칭은 점차 영역과 대상이 확대되면서 커리어코칭, 라이프코칭, 건강코칭, 부모코칭, 리더십코칭 등 다양한 분야로 확대되어 가고 있다.

국내에서는 대략적으로 2000년대 초반에 코칭이 들어와서 미국과 같이 비즈니스 영역에서 시작되었다. 2003년에는 코치들의 모임으로서 현재 규모가 가장 큰 한국코치협회가 발족하였다. 2004년부터 매년 한 차례 대한민국코치대회를 개최하여 다양한 코칭 관련 주제에 관해 발표 및 교육을 해 오고 있다. 또한 코치들의 역량 향상과 자격에 대한 검증을 위해 현재 KAC(korea Associate Coach), KPC(Korea Professional Coach), KSC(Korea Supervisor Coach) 등 세 가지 종류의 자격증을 수여하고 있다.

코칭의 발달이 비즈니스코칭에서 시작됨에 따라 마치 비즈니스코칭이 코칭의 모든 것으로 오해하는 경우가 있다. 특히 뒤에서 기술하겠지만 코치에게 필요한 역량이나 코칭이 이루어지는 과정에 관한 설명을 할 때, 비즈니스코칭과 다른 코칭이 요구되는 전문성이 다름에도 불구하고 비즈니스코칭에 국한해서 기술하는 경우가 자주 나타나고 있다.

비즈니스코칭은 주로 기업의 임원을 비롯한 관리자급 이상을 대상으로 이들이 피코치가 되어 코칭이 이루어진다. 임원들이 조직에서 업무가 매우 바쁘기 때문에 대부분의 비즈니스코칭은 코치가 조직을 방문하여 이루어지며 코칭 비용도 임원

본인이 아니라 조직에서 지급하게 된다. 따라서 비즈니스코칭은 개인 코치가 외부에 개설한 코칭 사무실에 피코치가 커리어나 라이프에 관한 코칭을 받으러 자신이 비용을 지불하고 사무실에 방문하는 일반 코칭과는 운영 체계가 다르다고 볼 수 있다. 이러한 차이점을 이해할 필요가 있으며, 이 책에서도 코칭에 관한 내용을 기술할 때 필요한 경우 이러한 부분에 대해 언급하도록 할 것이다.

5) 코칭 개념에 대한 접근방법에서의 차이

Ives(2008)는 다양한 코칭에 대한 접근방법에서의 차이를 세 가지 관점에서 정리하고 이를 토대로 다양한 코칭유형들을 세 가지 관점에서 요약하였다(〈표 1-1〉 참조).

첫 번째 관점은 지시적(directive)이냐 비지시적(non-directive)이냐에 관한 것이다. 이 두 접근방법에서의 차이는 코칭과정에서 코치의 역할에 관한 것이다. 코치가 피코치에게 문제 해결을 위해 어떻게 하라고 제시하는 것이 지시적 관점이며 반면에 피코치가 스스로 해결안을 도출하도록 돕는 역할을 하는 것이 비지시적 관점에 해당한다.

구체적인 통계를 내기는 어렵지만 일반적으로 코칭에서는 코치의 비지시적인 역할을 강조한다. 하지만 앞서 코칭 정의에서도 기술하였듯이 코치의 지시적 역할을 강조하는 전문가들도 있어서 코칭과정에 대한 접근방법에서의 차이가 여전히 존재한다.

두 번째 관점은 발달중심(development-focused)이냐 아니면 해결중심(soultion-focused)이냐에서의 차이이다. 발달중심은 코칭과정에서 피코치의 학습과 발달을 통해 현재의 수행을 향상시키는 것을 중시하는 데 반해서 해결중심은 피코치가 가지고 있는 이슈를 해결하는 것을 중시한다는 점에서 차이가 있다. 발달중심에서는 코칭을 통한 피코치의 학습과 발달이 중요하기 때문에 코칭시간도 다소 장기적으로 가져가면서 피코치의 특성을 파악하고 이해하는 부분을 중요시한다. 반면, 해결중심상담에서 파생된 해결중심코칭 접근법(de Shazer, 1985)에서는 해결중심을 중요시하며 코칭시간에서도 단기적인 접근방법을 선호하는 편이다. Ives(2008)는 이 두 가지 접근법을 구분하고 있지만 필자의 판단으로는 발달중심이라고 해서 문제 해결을 도외시하는 것은 아니고 궁극적으로는 코칭이슈가 해결되어야 하기 때문에 이 두 접근법이 완전히 상반된 것으로 보기는 어렵다.

세 번째 관점은 치료중심(therapeutic)이냐 또는 수행중심(performance-driven)이냐에 관한 것이다. 치료중심은 코칭과정에서 코치와 피코치 간의 관계를 중요시하며 수행중심은 이러한 관계보다는 해결중심에서 기술하였듯이 해결안을 도출하여 수행이 증진되는 것을 중시한다. 또한 치료중심에서는 피코치의 감정과 같은 내면의 상태를 이해하는 데 좀 더 초점을 두고 있으며 이를 위해 Stober(2006)는 피코치에 대한 공감과 무조건적인 수용을 중시하고 있다. 반면, 수행중심에서는 피코치의 외적 행동에 중심을 두며 피코치의 감정상태에 대한 인식보다는 주변상황을 객관적으로 이해하고 이를 토대로 현 상황에서 적절한 행동을 유도하는 수단으로 자기인식을 활용하는 편이다.

Ives(2008)는 이러한 세 가지 관점을 토대로 코칭 접근방법에서의 차이를 기술하였다. 필자가 보기에는 이러한 접근방법에서 차이가 존재하고 코치나 학자마다 자신이 주장하는 코칭 접근방법에 따라 코칭을 진행하는 것은 인정할 수 있다. 하지만 코치로서 반드시 각 접근방법에서 주장하는 특정 방법을 선택하여 그 방법으로만 코칭을 진행할 필요는 없을 것으로 판단된다. 피코치의 심리적 상태, 코칭이슈, 코칭계약기간 등 여러 가지 요인이 영향을 줄 수 있다.

• 표 1-1 코칭유형에 따른 다양한 접근방법에서의 차이(Ives, 2008)

코칭유형	지시적 vs. 비지시적	해결중심 vs. 발달중심	치료중심 vs. 수행중심
인본주의	비지시적	발달	치료
행동주의	지시적	해결	수행
성인발달	지시적	발달	치료
인지코칭	지시적	발달	치료
시스템코칭	비지시적	발달	치료
긍정심리	지시적	발달	치료
도전지향	지시적	발달	수행
성인학습	비지시적	발달	치료
목표지향	비지시적	해결	수행

또한 반드시 어떤 접근방법이 바람직하다고 주장하는 것도 적절하지 않을 수 있다. 예를 들어, 비지시적 방법을 중시하면서 상황에 따라 피코치가 해결안을 찾지 못하는 경우 지시적인 방법으로 코치가 해결방법을 제시할 수도 있을 것이다. 코칭의 궁극적인 목적을 피코치의 성장에 두면서 코칭과정에서 얼마든지 피코치가 해결방법을 찾고 이를 실행하는 데 주의를 기울일 수 있을 것이다. 즉, 각 접근방법의 강점을 살리는 포괄적인 방법도 가능할 것으로 판단된다.

3. 코칭과 유사 개념과의 차이

1) 코칭과 상담

코칭을 처음 배울 때 많은 사람이 가장 이해하기 어려워하는 부분이 코칭과 상담 간의 차이에 관한 것이다. 코칭과 상담은 무엇보다 모두 피코치 또는 내담자가 경험하고 있는 부정적 상태에서 벗어날 수 있도록 전문적 서비스를 제공한다는 점에서 공통점이 있다. 하지만 근간이 되는 기본 철학, 서비스를 제공하는 대상, 진행과정 등에서 차이가 있다.

(1) 근본 철학

먼저 코칭과 상담의 차이점은 코칭은 기본 철학으로 Rogers의 인간중심(person-centered)방법을 채택하지만 상담은 임상심리에서 사용하는 의학모형(medical model)을 채택한다는 점이다(Joseph, 2006). Rogers(1951)는 상담에서 인간중심방법을 제안하면서 인간은 성장하고 발전하며 최적의 상태에서 기능하려는 실현경향(actualizing tendency)을 가지고 태어난다고 주장하였다. 또한 자기실현을 위해서는 올바른 사회환경이 중요함을 강조하였다. 이러한 사회환경은 개인이 이해받고 존중되고 수용되는 환경을 의미한다. 이러한 환경하에서 자기실현이 가능하며 그러지 못한 환경하에서는 자기실현이 제대로 이루어지지 않는다고 하였다. 즉, 자신의 성장가능성을 파악하고 이를 존중해 주는 환경이 중요함을 의미한다. 따라서 코칭은 이러한 인간중심 철학을 토대로 코칭을 진행하며 따라서 코칭과정에서 코치는 피코치가 스스로 자신의 문제를 해결할 수 있는 잠재력이 있음을 믿고 적극 지원해 주는 자세가 필요하다.

반면에 의학모형이란 의사가 환자의 병을 진단하고 주도적으로 이를 치유하기 위해 노력하는 과정을 의미한다. 이 과정에서 환자는 의사가 묻는 질문에 간단히 답을 하고 의사가 처방한 약을 타서 먹는 수동적인 역할을 하게 된다. 즉, 환자는 전문가적 지식이 부족하기 때문에 전문가인 의사가 처방하는 대로 수동적으로 따라가면 된다는 인식을 토대로 한다.

한편, 심리학에서 임상심리는 주로 정신병원에서 정신과 의사들과 같이 일하는 경우가 많기 때문에 자연스럽게 심리치료과정에서 이러한 의학모형을 따르게 되었다(Joseph, 2006). 상담심리는 임상심리에서 심리치료의 대상이 되는 사람들의 폭을 넓히기 위해 독립해서 나온 것이기 때문에 파생된 것이기 때문에 이러한 의학모형을 수용하는 경우가 많다.

따라서 코칭에서는 피코치의 자기결정성을 중요시하며 코칭과정에서 코치는 피코치가 문제해결을 위한 방법을 찾도록 지원하는 역할을 강조하는 반면에 상담에서는 상담과정에서 내담자보다는 상담자가 주도적인 역할을 해 나간다는 차이점이 있다.

(2) 고객의 심리적 기능

일반적으로 코칭에서 주요 고객은 심리적으로 별다른 문제가 없는 일반인들인 데 반해 상담에서 주요 고객은 일반적으로 심리적인 어려움을 겪고 있는 사람들이라는 점에서 차이가 있다. 물론 상담에서도 일반인을 대상으로 상담을 진행하기도 하지만, 일반적으로 임상심리와 비교하여 심리적인 문제가 심하지 않은 내담자를 주요 대상으로 한다. 코칭에서도 코칭심리(2장에서 기술)를 대학원에서 전공한 코치의 경우에는 과거 임상경험 정도에 따라 심리적 문제가 있는 피코치도 코칭이 가능하다.

(3) 시점: 미래 대 과거

진행과정에서 중요시하는 시점에서도 차이가 있는데, 상담은 일반적으로 과거지향적이라고 할 수 있다. 즉, 과거에 일어난 사건에 초점을 두고 이러한 과거 사건이 현재에 어떤 영향을 미쳤는지를 파악하고 이해하려는 노력을 코칭에 비해 상대적으로 더 많이 하는 편이다. 예를 들어, 권위적인 상사에 대해 트라우마를 가지고 있는 직원을 상담하는 상담자는 이 직원이 어려서 아버지와의 관계에서 유사한 경험을 한 경우가 있는지를 파악하고 이러한 경험이 현재의 상사관계에 영향을 주었는지를 이해하려고 한다.

반면에 코칭은 미래지향적 경향이 강하다고 할 수 있다. 현 상황에서 피코치가 과거 경험한 사건이 현재의 코칭이슈에 어떤 영향을 주었는지를 밝히려는 노력보다는 해당 코칭이슈를 어떻게 해결할 수 있는지에 초점을 둔다. 물론 코칭에서 미래를 중시한다고 해서 피코치의 과거에 관한 질문을 전혀 하지 말라는 것은 아니다. 피코치의 현재 상황을 이해하기 위해서는 과거 어떤 경험을 했는지를 이해할 필요가 있으며, 이러한 정보를 위한 질문은 필요하다. 단지 피코치의 현재 행동에 대한 원인 분석을 위해 과거의 행동이나 경험에 초점을 두기보다는 현재 행동을 어떻게 변화시켜 코칭이슈인 목표를 달성할 수 있을지에 초점을 두라는 의미이다.

(4) 중점목표: 목표달성 대 힐링

상담은 상담을 통해 내담자가 힐링이 되어도 효과가 있는 것으로 볼 수 있는 반면에 코칭에서는 피코치의 코칭이슈가 해결되거나 목표가 달성되어야 효과가 있는 것으로 볼 수 있다. 예를 들어, 직장에서 동료와 일하는 데 협조가 제대로 이루어지지 않아 스트레스를 많이 받고 있는 내담자를 대상으로 상담한다고 가정하자. 상담을 통해 이 내담자가 자신이 경험한 힘든 내용을 얘기하고 상담자가 경청과 공감을 잘해 줌으로써 힐링이 되었다고 한다면 상담의 효과가 있다고 볼 수 있을 것이다. 하지만 코칭에서는 여전히 동료와의 관계가 개선되지 않았기 때문에 효과가 있다고 말하기 어렵다. 동료와의 관계 개선을 위해 피코치가 먼저 다가가서 솔직하게 힘든 얘기를 하는 방법을 사용하여 실제적으로 해결이 되었다면 이 경우 코칭의 효과가 있다고 말할 수 있다. 즉, 코칭의 경우 힐링만으로는 부족하며 목표를 달성하기 위한 구체적 계획을 세우고 실행을 통해 목표를 달성하는 것이 중요하다.

2) 코칭과 멘토링

조직 내에서 임원이나 관리자를 위한 비즈니스코칭과 멘토링(mentoring)은 매우 유사하여 이들 간이 유사점과 차이점을 기술하는 것은 매우 어렵다. 코칭에 대한 정의는 이 장의 앞부분에서 기술하였기 때문에 생략하고 멘토링에 대한 정의를 설명하고자 한다.

Ragins와 Kram(2007)은 조직 내에서 멘토링을 멘티의 경력개발을 지원하기 위한 목적으로 나이와 경험이 많은 멘토와 젊고 경험이 적은 멘티 간에 형성된 관계로 정의하였다. Eby, Rhodes와 Allen(2007)도 이와 유사한 정의를 내렸는데, 이들은 직장에서의 멘토링을 경험이 적은 멘티와 경험이 많은 멘토 간의 관계로서 멘티의 개인 및 전문적 성장을 목적으로 한다고 정의하였다. 즉, 멘티의 성장을 강조하였다.

Passmore(2007)는 임원코칭에서의 코칭과 멘토링 간의 유사점과 차이점을 설명하기 위해서 문헌연구를 통해 7가지 차원을 도출하였으며 이에 대한 설명은 〈**표 1-2**〉에 제시되어 있다.

●표 1-2 **코칭과 멘토링의 차이점**

	코칭	멘토링
① 공식수준	더 공식적임: 제3자인 외부 코치 또는 코칭회사와 계약을 맺는 경우가 많음	덜 공식적임: 일반적으로 조직 내에서 멘토와 멘티 양자 간의 합의로 정해짐
② 계약기간	단기: 일반적으로 2개월에서 12개월 사이에 4번에서 12번 정도 만남	장기: 3년에서 5년 이상 진행되며 만나는 횟수도 정해지지 않음
③ 성과	수행초점: 단기 스킬 및 직무수행에 초점	경력초점: 장기적인 경력이슈에 초점
④ 비즈니스 지식	제너럴리스트: 코치는 특정 분야에 대한 지식이 없고 일반적인 경영 분야 지식이 있으면 됨	특정 분야 지식: 멘토는 일반적으로 특정 분야에 대한 전문적 지식이 있음
⑤ 훈련	관계훈련: 코치는 일반적으로 심리학, 심리치료, 인적자원 분야를 전공하고 전문적인 코칭 훈련을 받음	관리훈련: 멘토는 일반적으로 고위경영직 경험이 있고 제한된 멘토링 훈련을 받음
⑥ 고객	이중 고객: 개인과 조직의 니즈를 모두 고려해야 함	단일 고객: 개인의 니즈에만 관심을 가지면 됨
⑦ 수퍼비전 또는 지원	공식적: 일반적으로 코치는 다른 코치로부터 수퍼비전을 받음	비공식: 멘토는 인사부서와 정기적으로 논의를 하거나 브리핑을 받음

앞서 기술한 코칭과 멘토링 간의 차이는 엄밀히 말하면 비즈니스코칭과 멘토링의 차이점이라고 보는 것이 적합하다. 조직 밖에서 이루어지는 일반 코칭의 경우 〈표 1-2〉에서 기술한 코칭의 내용과 맞지 않는 부분이 많이 있다.

또한 표에서 기술한 7가지 차원에서만 보면 차이점이 보이기는 하지만 코칭과 멘토링을 진행하는 과정에서 어떻게 진행하는지 과정에 대한 설명이 없어서 여전히 코칭과 멘토링의 기본적인 차이가 무엇인지는 명확하지 않다. 심지어 〈표 1-2〉를 기술한 Passmore도 코칭과 멘토링의 차이는 여전히 불투명하다는 결론을 내리고 있다.

멘토링의 정의에서도 보듯이 멘토링도 멘티의 개인 및 전문적 성장을 꾀하기 때문에 이러한 측면에서는 코칭과 유사한 부분이 많이 있다. 하지만 필자의 생각으로는 멘토링은 전문 지식이나 경험이 많은 멘토와 이러한 부분이 부족한 멘티와의 관계를 강조하기 때문에 코칭과정에서 코치와 피코치 간의 관계에서보다 멘토링 과정에서 멘토가 멘티를 이끌어 가는 과정이 더 큰 것으로 판단된다.

3) 코칭과 컨설팅

코칭과 컨설팅과의 유사점과 차이점을 논의하는 것도 비즈니스코칭에 국한시켜 논의될 필요가 있다. 일반적으로 컨설팅은 조직에서 조직의 효율성을 높이기 위해 전문적인 도움을 제공하는 것이기 때문이다.

Turner(1982)는 컨설팅의 목적을 다음과 같이 정리하였다. 그에 따르면 컨설팅은 고객에게 정보를 제공하고 고객의 문제를 해결한다. 이 과정에서 문제점을 진단하고 이러한 진단을 토대로 해결안을 권고하며 이를 실행하도록 돕는다. 또한 고객이 미래에 유사한 문제를 해결하도록 가르치며 이를 통해 고객의 학습을 촉진시키고 지속적으로 조직의 효율성을 향상시키는 과정이다.

이러한 컨설팅에 대한 설명을 살펴보면 코칭과의 차이가 자연스럽게 드러난다. 코칭은 고객인 피코치가 스스로 문제를 해결하도록 돕는 과정임에 반해서 컨설팅은 컨설턴트가 고객에게 정보와 해결안을 제공한다는 점에서 가장 큰 차이가 있다고 볼 수 있다.

코칭과 컨설팅 간의 유사점은 모두 고객의 문제점 해결을 위해 해결안을 실행하도록 돕는다는 점이다. 컨설팅에서도 컨설턴트는 고객이 해결안을 실행하는 과정에서 구성원의 저항과 같은 장애요인을 인식하게 하고 이를 어떻게 극복해서 궁극적으로 해결안을 실행토록 하여 조직 효율성을 높일 것인지에 관심을 갖는다. 또한 고객이 미래에 유사한 문제에 직면할 때 이를 해결할 수 있도록 학습을 촉진시킨다는 측면에서도 유사성이 있다고 볼 수 있다.

4. 코칭에 대한 일반인의 이해

아직까지 코칭에 대한 일반인의 이해는 코칭 전문가들이 이해하는 것과 다른 것으로 나타나고 있다. 코칭을 접하지 못한 일반인들은 스포츠 분야에서 코치란 명칭에 익숙해서인지 티칭(teaching)과 유사한 것으로 생각하는 경향이 강한 것으로 나타나고 있다. 정은경(2016)은 코칭에 대한 개념을 이해하는 데 있어서 일반인과 코칭전문가 사이에 어떤 차이가 있는지를 알아보기 위하여 일반인 10명과 코칭심리전문가 21명에게 코칭하면 떠오르는 단어가 무엇인지를 기술해 달라고 한 뒤 그 내용을 분석하였다. 일반인들의 응답을 분석한 결과 가르침, 멘토, 조언과 관련된 개념이 자주 나타났다. 구체적으로는 이끎, 인도, 설계, 안내, 가르침, 교육, 지도, 전수, 선생님, 멘토, 바람직한 방법, 일방적, 언어, 기술, 학원, 김연아, 히딩크, 방향제시 등과 같은 단어들이 언급되었다.

일반인 31명을 대상으로 한 추가 연구에서 사회연결망 분석 결과 일반인 집단에서 연결된 개념은 가르침/지도, 조언 그리고 멘토로 나타났다. 일반인들은 코칭을 가르침/지도, 조언 그리고 멘토와 같이 문제해결을 위해 직접적으로 가르치고 조언을 주는 기능을 하는 것으로 인식하고 있음을 의미한다.

이와 같은 연구 결과는 아직도 일반인들은 코칭을 컨설턴트와 유사하게 피코치가 해결하기 어려운 문제에 대해 해결방법을 알려 주는 과정으로 이해하고 있는 사람이 많다는 것을 시사한다. 코칭이란 단어가 일반 회사뿐 아니라 사회 곳곳에서 지속적으로 확산되고 있어서 많은 일반 대중이 코칭이란 단어에 점차 익숙해져 가고 있기는 하지만 아직도 코칭의 의미에 대해서는 이해도가 낮은 것이 사실이다. 코칭심리학회를 비롯한 코치협회나 다른 코칭 관련 학회나 기관에서 일반인들에게 코칭을 알리는 데 좀 더 관심을 갖고 지속적인 노력이 필요할 것이다.

□ 참고문헌 □

정은경(2016). 코칭에 대한 일반인과 코칭전문가의 인식: 상담에 대한 인식과의 비교. 사회과
     학연구, 55(2), 357-379.

Cox, E., Bachkirova, T., & Clutterbuck, D. (2010). *The complete handbook of coaching.*
     London: Sage.

de Shazer, S. (1985). *Keys to solution in brief therapy.* New York: Norton.

Eby, L. T., Rhodes, J., & Allen, T. D. (2007). Definition and evolution of mentoring. In
     T. D. Allen & T. D. Eby. (Eds.), *Blackwell handbook of mentoring: A multiple*
     perspectives approach (pp. 7-20). Oxford: Blackwell.

Gallwey, T. (1986). *The inner game of tennis.* London: Pan Books.

Grant, A. M., & Stober, D. (2006). Introduction. In D. Stober & A. Grant (Eds.), *Evidence*
     based coaching: Putting best practices to work for your clients (pp. 1-14). New
     Jersey: Wiley and Sons.

Ives, Y. (2008). What is coaching? An exploration of conflicting paradigms. *International*
     Journal of Evidence Based Coaching and Mentoring, 6(2), 100-113.

Joseph, S. (2006). Person-centred coaching psychology: A meta-theoretical perspective.
     International Coaching Psychology Review, 1(1), 47-54.

Maslow, A. H. (1954). *Motivation and personality.* New York: Harper & Row.

Passmore, J. (2007). Coaching and mentoring: The role of experience and sector
     knowledge. *International Journal of Evidence based Coaching and Mentoring,*
     Summer, 10-16.

Passmore, J., & Fillery-Travis, A. (2011). A critical review of executive coaching research:
     A decade of progress and what's to come. *Coaching: An International Journal of*
     Theory, Practice, and Research, 4(2), 70-88.

Peltier, B. (2001). *The psychology of executive coaching: Theory and application.* New
     York: Brunner-Routledge.

Ragins, B. R., & Kram, K. (2007). *The handbook of mentoring at work: Theory,*
     research, and practice. Thousand Oaks, CA: Sage.

Rogers, C. (1951). *Client-centred therapy: It's current practice, implications, and*
     theory. Boston, MA: Houghton Mifflin.

Stober, D. (2006). Coaching from the humanistic perspectives. In D. Stober & A. M. Grant

(Eds.), *Evidence based coaching handbook*. New York, NY: Wiley.

Turner, A. N. (1982). Consulting is more than giving advice. *Harvard Business Review, 60*(5), 120-129.

Whitmore, J. (1992). *Coaching for performance: A practical guide to growing your own skills*. London, UK: Nicholas Brealey Publishing.

제2장

코칭심리

> 코칭심리는 2000년대 들어와서 연구되기 시작한 신생 학문이다. 이 장에서는 코칭심리란 무엇을 의미하고 코칭과는 어떤 차이가 있는지를 설명하고 코칭심리가 왜 필요한지에 대해 기술하고자 한다. 또한 코칭심리는 언제부터 시작되어 어떻게 발전되어 왔는지를 설명하고, 마지막으로 코칭심리에 대한 교육과정에는 어떠한 내용이 포함되는 것이 바람직한지에 대해 기술하고자 한다.

1. 코칭심리의 정의

코칭심리에 대한 정의는 처음에는 "정상적인 사람을 대상으로 기존의 치료적 접근방법에 근거해 다양한 코칭모형들을 토대로 일과 일상생활에서 이들의 웰빙과 수행을 증진시키기 위한 것(Grant & Palmer, 2002)으로 정의되었다. 정상적인 사람을 대상으로 하며 이들의 웰빙과 수행을 증진시킨다는 점에서는 기존 코칭의 정의와 다른 점이 없다. 다른 점은 심리치료적 접근방법에 근거한 이론과 모형을 코칭에 적용한다는 점이다.

심리학이란 인간의 마음과 행동을 과학적으로 연구하는 학문이며, 인간의 마음과 행동에 영향을 주는 다양한 변인에 관해 100년이 넘는 기간 동안 수많은 과학적 연구결과가 축적되어 있다. 코칭도 궁극적으로 피코치의 행동을 변화시켜서 목표를 달성하는 것이 목표라고 한다면 인간의 행동을 변화시키는 데 효과가 있는 것으로 검증된 다양한 심리학 연구결과 또는 이론 및 모형 등을 코칭에 접목시켜서 활용하면 코칭의 효과를 극대화할 수 있을 것이다. 즉, 코칭과정에서 코치는 코칭효과를 높이기 위하여 다양한 방법 및 기법을 사용하게 되는데, 이때 과학적 근거를 토대로 한(evidence-based) 심리학 연구 결과를 활용하는 것이 바람직하다. 심리치료적 접근방법에 근거한 이론과 모형을 코칭에 적용한다는 의미는 바로 이를 뜻하는 것이다.

이후 코칭심리에 대한 정의에서 다소 변화가 일어난다. Palmer와 Whybrow(2006)는 코칭심리를 "성인학습과 심리학적 접근법에 기반한 코칭모델에 의해 뒷받침되며, 사람들의 삶과 일에서 안녕과 성과를 높인다는 목표를 가지고 있다."고 정의하였다. 앞서 제시한 정의와 가장 다른 점은 정상적인 사람을 대상으로 한다는 내용이 삭제되었다는 점이다. 심리학적 접근법을 토대로 한다는 내용과 사람들의 안녕과 성과를 높인다는 부분은 기존 코칭심리 정의와 동일하다. 코칭심리 정의에서 정상적인 사람을 대상으로 한다는 내용이 삭제된 이유는 코칭심리를 전공으로 할 경우 정상인뿐 아니라 상담이나 임상에서 치료 대상이 되는 심리적으로 문제가 있는 사람들도 코칭을 진행할 수 있다는 의미이다. 이는 코칭심리가 코칭과 그 대상에서도 차별화된다는 점을 분명히 한 것으로서 코칭심리는 심리학의 한 분야에 속한다는 점을 의미하는 것이다.

국내 코칭심리학회 회원들의 배경을 보면 상담심리 배경을 가진 회원들이 가장 많으며 이는 다른 나라도 유사하다. 필자의 박사과정생 중에도 석사에서 상담심리 전공을 한 학생들이 여러 명 있다. 영국에서도 2000년대 초반에 처음으로 코칭심리 포럼이 개최되었을 때 참가한 사람들의 대부분은 상담심리학자였다(Palmer & Whybrow, 2006). 임상이나 상담심리 배경을 가진 사람들은 정상인이 아닌 심리적으로 어려움을 경험하는 사람들을 대상으로 심리치료를 진행한 경험이 있게 마련이다. 이러한 배경을 가진 코치들이 코칭을 하게 될 경우 피코치가 심리적으로 어려움이 있다 하더라도 코치의 과거 경험을 통해 적절하게 코칭을 진행해 나갈 것으로 기대할 수 있다.

코칭심리가 발전함에 따라 코칭심리에서는 코칭을 받는 피코치를 정상인뿐 아니라 심리적인 어려움이 있는 사람들까지도 대상에 포함시킬 수 있다는 점에서 기존의 코칭에서 정의하는 코칭 대상의 폭을 확대시킬 수 있을 것이다.

또한 코칭심리 분야에서 코칭을 하는 코치들은 본인의 심리학 전문 분야에 따라서 코칭을 진행할 때 다른 접근방법을 활용할 수도 있다. 예를 들어, 1장에서 코칭과 상담 간의 차이를 기술할 때 코칭은 상담과는 달리 과거의 원인 분석을 잘 하지 않는다고 설명한 바 있다. 하지만 정신역동(psychodynamic) 훈련을 받은 심리학자가 코칭을 배워서 코칭을 진행할 경우 피코치가 직면하고 있는 문제점에 대한 원인을 여전히 과거에서 찾으려는 노력을 할 수 있을 것이다. 하지만 이러한 과정을 거친다고 해서 코칭이 아니라고 말하기는 어렵다. 코치가 이러한 방법을 활용하여 코칭을 진행해 나갈 수 있는 경험과 전문성이 충분하고 이를 통해 피코치의 코칭이슈를 해결할 수 있다면 코칭으로 볼 수 있다.

최근 들어 코칭을 적용하는 사례가 늘어나면서 피코치의 성격을 변화시키는 데 효과가 있다는 연구결과(Martin, Oades, & Caputi, 2014a, 2014b)들도 보고되고 있다. 피코치의 성격을 변화시키는 것은 일반 코칭에서는 생각하기 힘들다. 대부분의 코치들이 이와 관련된 훈련을 받지 않았기 때문이다. 하지만 코칭심리를 전공하고 개인의 성격변화에 관한 경험이 있으면 이와 같은 성격변화 코칭도 가능할 것이다.

이를 통해 필자는 1장에서 기술한 코칭의 정의 내용에 피코치의 대상 폭을 넓히고 심리학의 이론과 모형을 접목시킨다는 내용을 추가하여 코칭심리를 "일반인뿐 아니라 심리적 어려움이 있는 사람들을 대상으로 심리학 이론과 모형을 적용하여 코치가 피코치와 동반자적 관계를 유지하면서 피코치의 자기인식을 바탕으로 자신이 설정한 목표를 달성하기 위한 방법을 찾고 이를 지속적으로 실행해 나가도록 도우며 궁극적으로 피코치의 성장을 돕는 것을 목적으로 하는 과정"으로 정의하고자 한다.

결과적으로 코칭심리는 심리학에 대한 지식과 실무경험을 통해 일반 코칭에서는 다루지 않았던 심리적으로 문제가 있는 피코치들도 대상으로 할 수 있고, 정신역동과 같은 다양한 접근방법을 통해 코칭을 진행할 수 있으며, 성격변화와 같은 다양한 심리적 이슈들도 코칭을 통해 해결방법을 찾을 수 있다는 장점이 있다.

2. 코칭심리의 필요성

코칭심리가 필요한 이유는 다음과 같이 정리해 볼 수 있다.

1) 행동변화의 근간

코칭은 근본적으로 개인의 행동변화에 목표를 두고 있다. 심리학의 조작적 정의는 인간의 행동과 마음을 과학적으로 연구하는 학문이다. 즉, 심리학은 오랫동안 인간의 행동변화를 과학적으로 연구해 왔으며, 이러한 연구를 통해 축적된 이론, 모형 및 연구결과들을 코칭에 적용할 경우 피코치의 행동을 변화시키는 데 크게 기여할 수 있을 것이다.

2) 연구기능의 필요성

코칭이 좀 더 발전하기 위해서는 코칭이 효과가 있다는 것을 검증할 수 있는 과학적 연구가 필요하다. 예를 들어, 코칭의 효과를 검증하기 위해서는 연구 설계 시 코칭을 제공하는 실험집단뿐 아니라 코칭을 받지 않는 통제집단도 구성할 필요가 있다. 이때 통제집단은 실험집단과 종속변인에 영향을 줄 수 있는 특성 측면에서 동일해야 한다. 이를 위해서는 코칭 참여자들을 모집할 때 연구자가 10명 정도에게 실시할 계획이라면 처음에 20명 정도를 모집한 후 무선적으로 각 10명씩 실험과 통제집단으로 할당할 필요가 있다. 실험집단은 바로 코칭을 실시하고 통제집단은 실험집단의 코칭이 끝난 후 코칭을 해 주겠다는 양해를 구한 후 대기해 줄 것을 부탁해야 한다. 그래야 실험과 통제집단 모두 코칭을 받으려는 동기 수준이 동일할 것으로 간주할 수 있게 된다.

또한 코칭의 효과 검증을 위해서는 종속변인을 선정해야 하며 이 변인을 코칭하기 전(사전검사)과 코칭이 끝난 후(사후검사) 실시하여 사후와 사전 검사 간에 통계적으로 유의한 차이가 있는지를 검증할 필요가 있다. 예를 들어, 관리자를 대상으로 리더십코칭의 효과를 검증하려면 종속변인으로 리더십코칭을 통해 향상될 수 있는 특정 리더십(예, 변혁적 리더십) 척도를 활용하여 사전과 사후에 두 번 실시한 후 점수 차이가 통계적으로 유의한지 검증하게 된다. 결과적으로 통제집단에서는 사전과 사후 검사 간에 종속변인에서 점수가 거의 비슷한데 실험집단에서는 점수 간에 유의한 차이가 있다면 코칭이 효과가 있다는 결론을 내릴 수 있게 된다.

이러한 과학적인 연구설계를 통해 코칭을 실시하고 그 효과를 검증해야 코칭이 효과가 있다는 것을 인정받을 수 있고 이를 통해 코칭이 더욱 확대되고 성장할 수 있을 것이다.

또한 현재 코칭을 진행하는 데 필요한 다양한 스킬은 많이 나와 있으나 검증된 코칭모형과 이론은 매우 드문 실정이다. 일반적으로 코칭을 진행할 때 많이 사용하는 GROW 모형(Whitmore, 1992)도 다른 모형에 비해 더 효과적이라는 것이 과학적으로 검증되지는 못하였다. 코칭과정에서 많이 사용하는 인지행동코칭(Green, Oades, & Grant, 2006), 해결중심코칭(O'Connell & Palmer, 2007), 동기강화상담(Miller & Rollnick, 2002), ACT코칭(Blonna, 2011) 등도 상담심리 분야에서 도출된 이론을 코칭에 접목하여 활용하고 있는 실정이다. 코칭이 더욱 발전해 나가기 위해서는 코칭 특성에 적합한 이론(예, 목표중심코칭: Grant, 2012) 및 모형이 개발될 필요가 있으며 이를 위해서는 심리학을 기반으로 하여 코칭을 과학적으로 연구하는 코칭심리 분야가 더욱 발전할 필요가 있다.

3) 역량 있는 코칭전문가 육성

현재 코치로 활동하기 위해 요구되는 코치 자격증은 매우 다양하다. 많은 개인 또는 기관에서 다양한 분야의 코치 자격증(예, 진로코치, 학습코치, 라이프코치 등)을 수여하고 있는 실정이다. 하지만 대부분의 기관에서 주는 코치 자격증은 몇십 시간 정도의 단기 교육 및 실습 등을 거치고 시험을 보게 되면 획득이 가능하다. 물론 일부 기관에서는 코치 수준을 다양하게 구분하여 기본 코치 자격증을 획득한 후 더욱 전문화된 교육과 실습을 거쳐야만 상위의 코치로 올라갈 수 있는 제도를 운영하고 있기도 하다.

역량 있는 코칭전문가를 육성하기 위해 한국코칭심리학회에서는 코칭심리사 자격증 제도를 2015년부터 운영하고 있다. 자격증은 코칭심리사 1급과 2급으로 구성되어 있는데, 필기시험과 면접 이외에도 기본적으로 코칭심리사 2급은 코칭 횟수 100번, 수퍼비전 10번을 충족시켜야 한다. 1급의 경우에는 코칭 횟수 300번과 수퍼비전 20번을 충족시켜야 자격증 취득을 위한 서류를 제출할 수 있으며, 면접을 볼 수 있는 자격이 생긴다. 또한 코칭심리사 1급 자격증 취득을 위해서는 심리학 관련 학회지에 논문을 게재할 것을 요구하고 있기도 하다. 이와 같은 엄격한 과정을 통해 코칭전문가 자격증을 수여함으로써 전문 코치로서 활동할 수 있는 역량을 갖춘 전문가를 육성하고자 한다.

4) 근거기반 코칭프로그램 개발

다양한 영역에서 코칭프로그램을 개발할 때 심리학적 근거기반의 코칭프로그램을 만드는 것이 중요하다. 심리학적 근거기반이라고 하는 것은 특정 회기에서 진행하는 코칭프로그램 내용이 심리학 연구 결과 효과가 있다고 나타난 결과를 토대로 구성되었는지에 관한 것이다. 예를 들어, 피코치의 행복증진을 위해 8회기로 구성된 행복코칭프로그램(탁진국, 임그린, 정재희, 2014)을 개발하여 실시하는 경우 특정 회기에서 피코치의 강점을 파악하고 이를 활용하는 내용을 포함시켰다면 이러한 내용이 행복을 증진시키는 데 영향을 준다는 과학적 연구결과가 있느냐는 것이다. 실제로 강점인식과 활용이 행복 및 웰빙에 긍정적 영향을 미친다는 연구결과(Black, 2001; Seligman, 2002)가 있으며 이러한 연구결과를 토대로 프로그램 내용이 구성되었다면 심리학적 근거가 있는 프로그램이라고 할 수 있다. 이와 같은 방법으로 코칭프로그램을 구성할 때 그 프로그램의 효과가 있는 것으로 나타날 가능성이 높아질 것이다.

5) 심리학의 응용 분야 확장

코칭의 역사에 관한 설명에서도 기술한 바와 같이 코칭은 처음부터 심리학자가 주도적으로 시작한 영역이 아니다. 심리학자들, 특히 임상심리학자와 상담심리학자들은 전통적으로 심리적인 어려움을 겪는 사람들을 대상으로 연구나 심리치료를 해 왔기 때문에 일반인을 대상으로 심리치료를 제공해야 한다는 필요성을 인식하지 못하였다.

심리학자들이 뒤늦게 코칭에 진출하면서 코칭심리라는 심리학의 한 분야가 생기게 되었는데 이를 통해 심리학의 응용분야를 더욱 확장할 수 있는 계기가 되었다. 일반인을 대상으로 이들이 현재보다 더 성장할 수 있도록 도움을 주는 코칭의 적용 대상과 범위는 무궁무진하다. 따라서 코칭심리도 심리학의 이론과 모형을 코칭에 접목하여 다양한 영역에서 수많은 일반인을 대상으로 이들이 현재 자신이 직면하고 있는 문제점들을 해결하는 데 도움을 줄 수 있으며, 결과적으로 많은 심리학자가 일할 수 있는 영역을 더욱 확장하고 개인과 조직, 더 나아가서는 사회에 기여할 수 있을 것이다.

3. 코칭심리의 역사

1) 해외 코칭심리 역사

해외 코칭심리의 역사는 Grant 교수가 2000년에 호주 시드니 대학교 심리학과에 코칭심리(Coaching psychology) 석사 과정을 개설하면서 코칭심리라고 하는 학문 분야가 등장하기 시작하였다. 이후 2002년 영국심리학회 상담심리분과 연차 학술대회에서 영국의 Palmer 교수는 코칭심리의 필요성을 역설하고 코칭심리에 관한 워크숍을 개최하였다. 워크숍에 참여한 29명 가운데 28명이 코칭심리포럼(Coaching Psychology Forum: CPF)을 개최하기로 합의하였다. 이 당시 참가자 대부분의 배경은 상담심리였다. 이후 코칭심리는 다른 국가보다 영국에서 빠르게 성장하였다.

(1) 영국의 코칭심리 현황

Palmer와 Whybrow(2006)에 따르면 영국에서는 2000년 초반에 코칭심리에 대한 연구가 시작된 이래 코칭심리 분야가 매우 빠르게 성장하였다. 2002년에는 코칭심리포럼(Coaching Psychology Forum)을 통해 심리학 전공자 가운데 코칭심리에 관심 있는 연구자 및 실무자들이 모여 집단을 형성하였고 이를 발전시켜 2004년에는 영국심리학회 산하에 코칭심리연구회(Special Group of Coaching Psychology)를 만들었다. 이 연구회가 설립되는 데 주도적 역할을 했던 사람은 Stephen Palmer 교수로서 영국에서 코칭심리가 학문적으로 발전하는 데 큰 기여를 하였다. 이 연구회는 심리학자들에게 코칭심리와 연관된 연구와 실무경험을 공유하기 위해 설립되었으며 이후 연구회가 발전하면서 단순히 코칭심리학자들뿐 아니라 심리학을 코칭에 활용하는 데 관심을 가지고 있는 일반 코치들도 대상으로 하였다. 이후 급진적으로 규모가 성장하여 2006년에는 회원 수가 2,000명에 이를 정도가 되었다.

이 연구회에서는 매년 코칭심리학회를 개최하고 있고 2005년에 코칭심리에 관한 논문집인 『The Coaching Psychologist』를 발간하였고 2006년에는 또 다른 논문집인 『International Coaching Psychology Review』를 발간하였다. 이 두 논문집은 매년 두 차례씩 발간되고 있다.

또한 코칭심리에 관심 있는 전 세계 코칭심리학자들의 네트워크 형성과 연구결과 공유를 위해 국제코칭심리학회(International Society for Coaching Psychology: www.isfcp.net)를 설립하여 2010년 겨울 제1회 국제코칭심리학회가 런던에서 개최된 후 지금도 매년 1회씩 영국을 비롯한 다른 유럽 국가에서 개최되고 있다.

코칭심리를 전공으로 하는 대학원 과정도 개설이 되어 운영되고 있는데, 2005년 영국에서 최초로 City University 심리학과 대학원에 코칭심리 전공이 개설되어 석사와 박사학위를 수여하고 있으며 현재 두 개 대학에서 박사학위를 수여하고 있다.

Whybrow와 Palmer(2006)가 109명의 코칭심리포럼 회원들에게 설문조사한 결과를 살펴보면 심리학자들이 코칭심리에 관심을 갖게 된 이유 및 현황에 대해 이해할 수 있다. 먼저 이들의 전공분야는 직업심리(국내의 산업 및 조직심리와 유사함)가 가장 많으며, 다음은 임상심리와 상담심리의 순서였다. 이와 같은 결과가 나온 이유는 코치 가운데 많은 사람이 조직에서 관리자나 임원들을 대상으로 코칭을 진행하는 경우가 많기 때문인 것으로 해석할 수 있다.

코칭포럼에 가입한 이유로는 현재 파트타임 코치이기 때문(47명)이 가장 많았고, 다음은 코칭에 관심이 있기 때문(40명)이었으며, 풀타임 코치이기 때문에는 가장 적었다(12명). 이러한 결과는 이 당시만 하더라도 심리학자들 가운데 코칭에 직접 참여하지 않은 사람들이 많았으며, 코치의 역할을 한다 하더라도 코칭 이외에 다른 일도 하는 경우가 많다는 것을 알 수 있다.

　　조사대상자 가운데 코칭을 하는 사람들만을 대상으로 이들이 실무에서 하고 있는 코칭분야를 살펴보면(중복 응답 가능) 비즈니스코칭이 가장 많았고(62명), 그다음 순서는 다음과 같다. 커리어코칭(52명), 임원코칭(51명), 리더십코칭(50명), 수행(performance)코칭(42명), 개인사코칭(41명), 스트레스 관리(36명), 팀코칭(32명), 라이프코칭(27명), 멘토링(22명), 탁월성을 위한 코칭(18명), 스포츠 코칭(8명), 건강코칭(8명) 등이다. 이 결과 역시 관리자나 임원과 같은 기업 구성원들을 대상으로 코칭이 많이 진행되었기 때문에 나타난 결과로 볼 수 있을 것이다.

　　이들이 코칭을 진행할 때 활용하는 심리학적 기반 모형에 관한 응답에서는 인지적인 접근방법이 62명으로 가장 많았고, 다음은 행동주의 접근방법(61명), 목표중심(56명), 그리고 해결중심 접근방법(50명)이 가장 많은 답변이 나왔다. 목표중심과 해결중심 방법을 중요시하는 이러한 결과를 통해 코칭에서 목표를 수립하고 목표를 달성하기 위한 구체적 해결방안을 도출하며 이러한 방안을 실행하는 노력이 중요함을 이해할 수 있다.

　　코칭심리학자가 되기 위해 필요한 자격요건에 대한 질문 결과, 많은 사람이 대학원 수준의 학위가 필요하다는 의견을 제시하였다. 구체적으로 살펴보면 대학원 수준의 심리학 학위(68명)가 필요하다는 회원들이 가장 많았으며, 그다음은 심리학 분야의 학사(32명)만 있어도 된다는 사람들도 꽤 있는 것으로 나타났다. 다음은 코칭자격증(25명), 코칭심리학위(22명), 코칭심리자격증(15명), 그리고 코칭심리박사(5명)의 순이었다. 또한 코치로서 활동하기 위해 어느 정도의 경험이 요구되는지에 관한 질문에 대해서는 심리학회 정식 회원이어야 한다는 사람들이 39명으로 가장 많았고 심리학 석사학위와 3년간의 실무 경험이 필요하다는 의견이 27명이었으며 심리학 석사와 5년의 실무경험이 필요하다는 의견도 11명이나 되었다.

　　특히 조사대상자들은 코치가 되기 위한 훈련 기간 동안 수퍼비전의 중요성을 크게 강조하였는데, 수퍼비전이 필요하다는 사람들이 69명이었고, 특히 경험 있는 코칭심리학자로부터의 수퍼비전이 필요하다는 사람들도 39명이었으며, 수퍼비전이 필요 없다는 의견은 13명에 불과했다. 한편, 수퍼비전을 진행하는 방식에 있어서는 코칭심리의 주요 고객들은 심리적인 문제가 심각한 사람들이 아니기 때문에 임상심리나 상담심리에서 사용하는 수퍼비전 모형과는 차별화될 필요가 있다는 의견이 많았다. 코칭심리에서 수퍼비전에 관한 내용은 이 책의 후반부에서 다루기로 한다.

(2) 호주의 코칭심리 현황

호주심리학회는 9개의 분과학회(예, 임상심리, 조직심리 등)와 26개의 연구회 (Interest Group)로 구성되어 있는데, 코칭심리는 26개 연구회 가운데 하나로 등록되어 있다. 호주에서의 코칭심리 발전은 코칭심리 역사에 큰 기여를 하였다. 2000년에 시드니대학교 심리학과 대학원에 코칭심리 석사과정이 세계 최초로 개설되었기 때문이다. 이때 코칭심리가 심리학의 한 전공분야로서 개설됨으로써 코칭심리가 학문적으로 발전할 수 있는 계기가 되었다. 이 시기에 코칭심리전공을 개설하는 데 큰 기여를 한 사람은 Anthony Grant 교수로서 시드니 대학교 심리학과에서 코칭을 주제로 박사학위를 받은 후, 당 대학교 심리학과 교수로 발탁되었고 자신의 전문성을 살려서 코칭심리 전공을 만들게 되었다.

Spence, Cavanagh와 Grant(2006)가 호주에서 코칭 산업에 종사하는 코치들을 대상으로 설문조사를 한 결과에 따르면 65%가 코치로서 일하기 시작한 지 5년 이하였으며 85%가 종업원 5명 이하의 소기업에서 일하고 있는 것으로 나타나서 이 당시만 해도 코칭 산업이 아직은 신생 업종인 것을 알 수 있다.

이들 가운데 12%가 비즈니스코칭만 하고 있었고 51%는 비즈니스 이외에 다른 코칭도 하는 것으로 나타났으며 58%만이 코칭이 주요 직업이라고 답해서 40% 가까이는 코칭을 파트타임으로 하면서 다른 일도 병행하는 것으로 나타났다. 코칭을 진행하는 방법은 면 대 면이 많았으나 36%에 불과했으며 이메일, 온라인, 전화 (12%) 등의 방법도 많이 사용하는 것으로 나타났다.

코칭 시 피코치의 코칭주제는 커리어/비즈니스, 대인관계, 목표설정과 삶의 방향, 일-가정 갈등이 중요한 것으로 나타났다. 전체 코치 가운데 90%가 단기교육만 받았다고 응답했으며 응답자들의 배경은 컨설팅이 24%로 가장 많았고 인적자원관리(14%), 상담 및 심리가 14%의 순서로 나타나서 심리학 지식을 가지고 있는 사람은 적은 것으로 나타났다.

이러한 조사는 코칭심리를 전공으로 한 코치들이 아닌 일반 코치들을 대상으로 실시한 것이라서 대학이나 대학원에서 심리학 전공을 한 사람들이 적게 나타난 것으로 볼 수 있다. 이러한 현상은 다른 국가와 국내에서도 동일하게 나타나며, 코칭심리는 심리학자들이 뒤늦게 코칭에 관심을 갖고 이 분야에 진출한 것임을 확인할 수 있다.

2) 국내 코칭심리 역사

국내 코칭심리역사는 2009년 탁진국과 이희경이 주도적으로 코칭심리연구회를 만들면서 시작되었다. 당시 탁진국 교수는 코칭심리학의 필요성을 인식하고 이희경 박사와 논의하여 무엇보다 심리학에서 코칭을 하고 있거나 관심 있는 사람들을 모아서 학술활동을 해 나가기 위해 연구회 모임을 시작하였다. 심리학회를 통해 전체 회원들에게 공지하여 코칭심리에 관심 있는 회원들을 모았으며 200명 이상이 연구회 참가 신청을 하였다. 2009년 6월에 광운대학교에서 창립모임을 가졌는데, 당시 약 150명 정도가 참석하였으며 이후 2년 동안 분기별로 연구회 모임을 지속적으로 운영하였다.

2011년 1월 심리학회 이사회에서 코칭심리학회가 한국심리학회 14번째 분과학회로서 승인을 받았고 2011년 8월 전북대학교에서 열린 한국심리학회 총회에서 최종 인준을 받았다. 2011년 10월 15일에는 광운대학교에서 코칭심리학회 창립총회를 개최하였으며 초대회장에는 탁진국 교수가 선출되었다.

이후 매년 두 차례의 정기적인 학술대회와 워크숍을 개최하고 있다. 한국코칭심리학회는 빠른 성장을 보여서 2018년도 현재 약 1,000명 정도의 회원(준회원, 정회원, 인터넷회원 포함)으로 구성되어 있으며, 회원 수 규모에서 보면 전체 15개 분과학회 가운데 상위권에 속한다.

2015년에는 코칭심리사 1급과 2급 자격증 제도가 도입되어 수련등록을 본격적으로 실시하였으며, 2018년 현재 1급 자격증 수여자 18명, 2급 자격증 수여자 5명이 자격증 시험에 최종 합격하여 활동하고 있다. 코칭심리사 1급과 2급 자격증은 한국심리학회 산하 상담심리학회에서 수여하는 상담심리사 1급과 2급에서 요구하는 요건들을 토대로 하여 유사하게 만들어졌다. 예를 들어, 1급이 되기 위해서는 필기시험 이외에도 300번의 코칭과 20번의 수퍼비전을 받아야 최종 서류를 제출하고 면접시험을 볼 수 있는 자격이 생기며 2급의 경우에도 100번의 코칭과 10번의 수퍼비전을 받아야 면접시험을 볼 수 있는 자격이 생긴다. 또한 2018년에는 심리학을 전공하지 않아도 코칭과 관련된 일을 하고 있는 사람들을 대상으로 자격증을 주기 위하여 코칭심리사 3급을 만들었으며 학사 이상의 학위 소지자로, 코칭 혹은 심리학 관련 영역에서 3년 이상 근무한 사람이면 코칭심리학회에서 요구하는 요건을 갖출 경우 자격증을 받을 수 있게 되었다.

한편, 코칭심리학회에서는 코칭심리에 관한 이론, 모형 및 연구결과 등을 회원 및 코칭에 관심 있는 사람들과 공유하기 위한 노력을 꾸준하게 기울인 결과 2017년 부터 코칭심리학회 논문집을 발간하게 되었다. 반기에 한 권씩 발간하여 2018년 상 반기까지 3권의 논문집(『한국심리학회지: 코칭』)을 출판하였다.

코칭심리와 관련된 대학원 과정은 2009년 3월에 국내 최초로 탁진국 교수가 광 운대학교 교육대학원에 코칭심리석사과정을 개설하였으며, 박사과정은 2011년 3월에 탁진국 교수가 역시 국내 처음으로 광운대학교 산업심리학과에 코칭심리 박 사과정을 개설하였다. 코칭심리석사과정은 2018년 현재 백석대학교 교육대학원에 코칭심리 석사과정이, 강원대학교 정보과학행정대학원에 상담 및 코칭심리 석사과 정이 개설되어 있다. 학부에서 상담심리학과와 같이 코칭 또는 코칭심리만 전공으 로 개설되어 있는 곳은 없는 실정이다. 광운대학교에서는 2018년부터 산업심리학 과에서 경영학부와 연계하여 '리더십코칭'이라는 연계전공을 만들어서, 두 학과에 서 30학점을 이수할 경우 졸업 시 코칭학사가 수여된다.

4. 코칭심리의 교육

코칭심리학이 새로운 학문분야이기 때문에 전공자 또는 일반인들에게 코칭심리 학을 가르칠 때 어떤 내용을 포함해야 하는지에 대해 일치된 합의가 현재로서는 없 는 셈이다. 필자도 이 책을 집필하면서 가장 어려웠던 점이 국외에서 발간된 『코칭 심리핸드북(Handbook of Coaching Psychology)』을 제외하고는 국내외에 코칭심리학 교재가 없다 보니 어떤 내용으로 목차를 구성하는 것이 바람직한지에 관한 것이었 다. 해외에서 발간된 『코칭심리핸드북』은 많은 저자가 한 챕터를 맡아서 매우 전문 적인 수준의 내용만을 제시한 것이라서 코칭심리를 처음 접하는 전공자나 독자들 은 이해하기가 어렵다는 한계가 있었다.

Grant(2011)는 대학원 수준에서 코칭심리학을 가르칠 때 포함되어야 하는 10가 지 핵심내용을 다음과 같이 제시하였다. 각 내용이 무엇을 의미하는지 간단히 설명 하고자 한다.

1) 근거기반 접근 방법의 필요성

여기서 근거기반이란 의미는 단순히 무선할당을 통해 실험집단에게 코칭을 실시해서 과학적으로 효과가 나타난 특정 코칭기법만을 코칭에서 사용해야 한다는 것은 아니다. 예를 들어, 강점코칭이 왜 효과가 있는지를 알아보기 위해 강점코칭을 받은 피코치들을 면담하고 그 내용을 분석한 질적연구도 의미가 있다. 코칭의 효과에 관한 연구뿐 아니라 심리학의 다른 분야에서의 연구결과들을 지속적으로 찾아보고 코칭을 진행할 때 이를 활용하는 것이 중요함을 인식하는 것이 더 중요하다. 또한 어떤 논문집을 찾아야 코칭을 진행하는 과정에서 활용할 수 있는 심리학 연구 결과가 있는지를 이해하는 것도 중요하다. 따라서 이러한 내용을 다루는 강의가 포함될 필요가 있다. 이 책에서는 6장에서 코칭심리와 관련된 연구를 진행할 때 과학적으로 진행하는 방법에 대해 설명하고 있다.

2) 윤리지침

코칭을 진행하는 과정에서 코치가 알아야 하고 지켜야 할 윤리지침들이 있다. 예를 들어, 피코치의 동의 없이 코칭 내용을 공개해서는 안 된다와 같은 기본 윤리지침이 있다. 특히 대학원에서 코칭 또는 코칭심리 전공자의 경우 학부 전공이 심리학이 아닌 경우가 많아서 심리학에서 개인에게 서비스를 제공할 때 지켜야 할 윤리지침에 대해 잘 모르는 경우가 있다. 이들을 위해 코칭심리 교육과정에 윤리지침과 관련된 내용이 포함될 필요가 있다. 이 책에서는 구체적인 윤리지침에 대해서는 다루고 있지 않지만 3장의 코칭모형을 설명하는 과정에서 일부 언급하고 있다.

3) 전문가 모형에 대한 이해

산업 및 조직심리나 상담 및 임상심리, 코칭심리 등과 같이 심리학의 응용분야에서는 과학자-실무자(scientist-practitioner) 모형을 중시해 왔다. 즉, 현장에서 코칭을 전문적으로 하는 코치들인 경우에도 코칭에 관한 과학적인 연구를 발표하고 기존의 코칭 관련 연구결과들을 살펴보고 이를 코칭에 적용하는 노력이 필요하며 자

신이 진행하는 코칭프로그램에 대해 정기적으로 평가하고 점검하는 노력을 기울일
필요가 있다. 최근 들어 실무자들이 과학적 연구 결과를 발표하기는 어렵다는 주장
이 나오면서 정보중심 실무자(informed-practitioner) 모형이 제시된 바 있다(Stober
& Grant, 2006). 이 모형은 실무자로서 과학적 연구를 발표하는 것까지는 기대하지
않고 기존의 과학적 연구를 활용하고 자신의 코칭 역량을 향상시키기 위한 사고역
량을 증진시키는 노력을 강조하고 있다. 이 책에서는 3장의 코칭 및 코칭심리 모형
에서 이와 관련된 내용을 일부 다루고 있다.

4) 정신건강 이슈

코칭을 진행하는 과정에서 자주 논의가 되는 이슈 중의 하나는 피코치의 정신건
강에 관한 내용이다. 1장과 이 장의 코칭과 코칭심리에 관한 정의에서 설명했지만
코칭심리를 전공한 코치들은 본인의 경험에 따라 정신적으로 어려움을 겪고 있는
피코치를 대상으로 코칭을 진행할 수 있다. 하지만 코칭심리를 전공했다고 해서 모
두가 다 정신건강에 관한 지식이 충분하고 정신건강 문제를 가진 피코치를 코칭할
수 있는 것은 아니다. 결국 코치가 이러한 피코치를 대상으로 코칭을 진행할 수 있
는 경험과 역량이 있는지를 판단해서 자신이 진행하거나 또는 역량이 안 된다고 판
단할 경우 다른 코치나 상담자에게 의뢰하는 것이 적절할 것이다. 중요한 것은 코
칭을 진행할 때 코치가 피코치의 정신건강 수준이 어느 정도인지를 파악하는 역량
을 갖추고 있어야 하기 때문에 정신건강에 관한 내용을 교육과정에 포함시키는 것
이 필요하다는 점이다.

5) 인지행동이론

인지행동이론은 간단히 기술하면 개인의 감정과 행동은 인지과정으로부터 영향
을 받고 있어서 인지과정을 수정할 경우 감정과 행동을 변화시킬 수 있다는 이론이
다. 이미 상담이나 임상분야에서 인지행동이론의 효과가 입증된 바 있으며, 최근
인지행동코칭(cognitive behavior coaching)으로 불리며 인지행동이론을 코칭에 접목
하려는 시도가 있어 왔다(Neenan & Dryden, 2002). 불안이나 공포와 같이 심리적으

로 이슈가 큰 상황뿐 아니라 일반인들이 일상생활에서 많이 경험하는 지연행동이
나 시간관리와 같은 이슈에도 인지행동코칭 기법을 적용할 수 있다. 인지행동이론
을 다양한 코칭이슈에 폭넓게 적용할 수 있기 때문에 코칭심리 교육과정에 포함시
킬 필요가 있다. 이 책에서는 8장에서 인지행동코칭에 관한 내용을 소개하고 있다.

6) 목표이론

코칭진행과정에서 피코치가 적절한 목표를 설정하는 것은 매우 중요하다. 목표
가 명확하게 설정되어야 이를 달성할 수 있는 구체적인 실행계획을 세울 수 있기
때문이다. 하지만 실무에서 많이 언급하는 SMART 목표만으로는 충분하지 않다.
학습목표, 수행목표, 자기일치목표, 접근목표, 회피목표 등 다양한 목표유형이 있
다. 또한 목표수립과 목표달성에 관한 연구 결과는 무수히 많다(예, Locke & Latham,
2002). 코칭을 진행할 때 목표에 관한 다양한 연구결과에 대해 이해하고 있는 것은
큰 도움이 될 수 있기 때문에 코칭심리 교육과정에 목표이론에 관한 내용을 포함시
키는 것이 적절하다. 이 책에서는 5장에서 목표이론에 관한 내용을 다루고 있다.

7) 변화이론

코칭은 피코치의 행동변화가 목적이기 때문에 행동변화모형 및 이론에 관한 지
식이 필요하며 이와 관련된 내용이 코칭심리 과정에 포함되는 것이 바람직할 것이
다. 이 책에서도 9장에서 변화단계모형에 관한 내용과 10장에서 습관행동변화에
관한 내용을 다루고 있다.

8) 시스템 이론(집단 과정 및 조직 포함)

코칭을 진행할 때 코치와 피코치가 일대일로 만나서 이루어지는 경우가 많이 있
지만 그룹이나 팀으로 진행하는 경우도 자주 있다. 그룹이나 팀으로 코칭을 진행할
경우 전체 시스템에 관한 이론을 알고 있으면 시스템이 그룹에 미치는 영향에 대해
이해할 수 있으며 그룹코칭의 효과를 증진시킬 수 있다. 또한 비즈니스코칭을 일대

일로 진행할 경우에도 시스템에 관한 지식이 있으면 피코치가 조직으로부터 어떤 영향을 받고 있는지를 이해하는 데 도움이 될 수 있다. 이 책에서는 시스템 이론을 직접적으로 다루지는 않고 15장에서 그룹코칭에 관한 내용을 포함시켰다.

9) 핵심 코칭스킬

코칭을 진행하는 과정에서 코치가 기본적으로 갖추어야 할 중요한 스킬 또는 역량이 있다. 예를 들어, 경청이나 질문, 공감 등의 스킬을 가지고 있어야 하며 이러한 내용과 구체적인 방법들이 교육과정에 포함될 필요가 있다. 이 책에서는 4장에서 코칭스킬 및 역량에 관한 내용을 다루고 있다.

10) 코칭심리의 특정 코칭영역(임원코칭, 건강코칭, 라이프코칭 등)에 대한 적용

코칭이 적용되는 분야는 다양하다. 비즈니스코칭(또는 임원코칭), 커리어코칭, 라이프코칭, 건강코칭 등과 같이 다양한 영역과 분야에 적용되어 왔다. 이러한 영역과 분야에서 코칭을 진행하기 위해서는 각 분야에 대한 어느 정도의 전문적인 지식이 필요하다. 이 책에서는 이 가운데 비즈니스코칭, 커리어코칭 그리고 라이프코칭을 별도의 장으로 구분하여 설명하고 있다.

지금까지 Grant(2011)가 제시한 코칭심리 교과과정에 포함될 내용에 대해 살펴보았다. 각 내용에 대해 설명하면서 기술하였듯이 이 책에서는 Grant가 언급한 내용들을 대부분 포함하고 있다. 윤리지침과 정신건강에 관한 내용을 제외하고서는 대부분의 내용에 대해 구체적으로 또는 일부라도 설명하고 있다. 또한 Grant가 기술하지는 않았지만 심리학 이론 가운데 코칭심리와 가장 연관이 깊은 긍정심리를 별도의 장에서 설명하고 있으며 코칭에서 수퍼비전의 중요성을 고려하여 코칭수퍼비전에 관한 내용을 별도의 장으로 독립시켜 설명하였다.

□ 참고문헌 □

탁진국, 임그린, 정재희(2014). 행복증진을 위한 긍정심리기반 코칭프로그램 개발 및 효과성 검증. 한국심리학회지: 일반, 33(1), 139-166.

Black, B. (2001). The road to recovery. *Gallup Management Journal, 1*(4), 10-12.

Blonna, R. (2011). *Maximize your coaching effectiveness with Acceptance and Commitment Therapy.* CA: New Harbinger Pubs.

Grant, A. M. (2011). Developing an agenda for teaching coaching psychology. *International Coaching Psychology Review, 6*(1), 84-99.

Grant, A. M. (2012). An integrated model of goal-focused coaching: An evidence-based framework for teaching and practice. *International Coaching Psychology Review, 7*(2), 146-165.

Grant, A. M., & Palmer, S. (2002). *Coaching Psychology.* Workshop and meeting held at the Annual Conference of the Division of Counselling Psychology, British Psychological Society, Torquay, 18 May.

Green, L. S., Oades, L. G., & Grant, A. M. (2006). Cognitive-behavioral, solution-focused life coaching: Enhancing goal striving, well-being, and hope. *The Journal of Positive Psychology, 1*(3), 142-149.

Locke, E. A., & Latham, G. P. (2002). Building a practically useful theory of goal setting and task motivation. *American Psychologist, 57*(9), 705-717.

Martin, L S., Oades, L., & Caputi, P. (2014a). A step-wise process of intentional personality change coaching. *International Coaching Psychology Review, 9*(2), 55-69.

Martin, L. S., Oades, L., & Caputi, P. (2014b). Intentional personality change coaching: A randomised controlled trial of participant selected personality facet change using the Five-Factor Model of personality. *International Coaching Psychology Review, 9*(2), 196-209.

Miller, W. R., & Rollnick, S. (2002). *Motivational interviewing: Preparing people for change* (2nd ed.). New York: The Guilford Press.

Neenan, M., & Dryden, W. (2002). *Life coaching: A cognitive behavioural approach.* New York: Brunner-Routledge.

O'Connell, B., & Palmer, S. (2007). *Solution-focused coaching. Handbook of coaching psychology: A guide for practitioners*. New York: Routledge.

Palmer, S., & Whybrow, A. (2006). The coaching psychology movement and its development within the British Psychological Society. *International Coaching Psychology Review, 1*(1), 5-11.

Seligman, M. E. P. (2002). *Authentic happiness*. NY: Free Press.

Spence, G. B., Cavanagh, M. J., & Grant, A. M. (2006). Duty of care in an unregulated industry: Initial findings on the diversity and practices of Australian coaches. *International Coaching Psychology Review, 1*(1), 71-85.

Stober, D., & Grant, A. M. (Eds.) (2006). *Evidence-based coaching handbook*. New York: Wiley.

Whitmore, J. (1992). *Coaching for performance: A practical guide to growing your own skills*. London, UK: Nicholas Brealey Publishing.

Whybrow, A., & Palmer, S. (2006). Taking stock: A survey of coaching psychologist' practices and perspectives. *International Coaching Psychology Reivew, 1*(1), 56-70.

· · ·

제3장

코칭 및 코칭심리 모형

> 66 이 장에서는 코칭을 진행하는 과정에서 참고할 수 있는 코칭 및 코칭심리 모형에 대해 설명하고자 한다. 특히 코칭을 처음 배우는 시점에서는 이러한 모형을 토대로 코칭을 진행하는 것이 많은 도움이 된다. 먼저 코칭에서 많이 활용되는 GROW 모형(Whitmore, 1992)에 대해 설명하고, 다음으로는 코칭심리 관점에서 필자가 개발한 지-아미(GIIIAME) 모형과 PRACTICE 모형(Palmer, 2007)에 대해 기술하고자 한다. 99

1. 코칭모형

1) GROW 모형

(1) 모형설명

일반적으로 코칭장면에서 많이 사용하는 모형은 GROW 모형(Whitmore, 1992)이다. 이 모형에서 G는 Goal의 약자로서 목표를 정하는 것을 의미하고 R은 Reality의 약자로서 현실탐색을, O는 Options의 약자로서 대안탐색을 의미하며, 마지막으로 W는 Will의 약자로서 실천의지를 의미한다.

① 목표설정(Goal)

먼저 목표설정(goal)에 대해 살펴보면 코칭을 시작할 때 피코치가 원하는 코칭목표가 무엇인지를 명확하게 하는 것을 의미한다. 즉, 코칭에서 논의할 주제를 코치와 피코치가 합의하고 코칭의 목표를 확인하는 단계이다. 이 단계에서 코치가 물어보게 되는 일반적인 질문으로는 "오늘 어떤 주제에 관해 얘기하고 싶습니까?" "우리가 얘기를 끝냈을 때 어떤 성과를 얻고 싶습니까?" "구체적인 코칭목표는 어떤 것입니까?" 등이 있다.

이 단계에서 고려해야 할 점은 가능한 한 목표를 명확하고 구체적으로 정할 필요가 있다는 점이다. 예를 들어, 일에 집중이 잘 되지 않아서 코칭을 받으러 왔다고 할 경우, 코칭의 목표는 일에 좀 더 집중이 잘 되는 것으로 정할 가능성이 높다. 하지만 일에 집중이 더 잘 된다는 것은 상당히 주관적인 판단이기 때문에 하루에 몇 시간 정도를 집중해야 코칭의 목표를 달성했다고 할 수 있는지 판단하기가 애매하다. 코칭의 효과를 파악하기 위해서는 목표를, 예를 들어 '하루 2시간 집중하기'와 같이 좀 더 구체적으로 정할 필요가 있다.

또한 피코치가 동료와 갈등이 있어서 이를 해결하기 위해 코칭을 받으러 온 경우 갈등을 해결한다는 것은 상당히 주관적이어서 어떤 상태가 되어야 갈등이 해결된 것인지를 판단하기가 어렵다. 이 경우 목표를 '동료와 하루에 20분씩 웃으면서 얘기하기' 등과 같이 구체적으로 잡는다면 코칭을 통해 목표를 달성했는지 판단하기가 용이할 것이다. 코칭이슈가 건강해지고 싶다인 경우에도 건강과 관련해서는 무엇보다 체중을 줄이는 것이 바람직할 수 있기 때문에 체중을 5kg 줄이는 것으로 목표를 정할 수 있을 것이다.

Whitmore(2009)는 올림픽 수영경기에서 금메달을 딴 존 네이버의 예를 들어 목표의 구체성에 대해 설명한 바 있다. 존 네이버는 대학교 1학년 때인 1972년 뮌헨 올림픽에서 7개의 금메달을 따서 유명해진 마크 스피츠가 수영하는 장면을 보면서 1976년에는 100미터 배영에서 자신이 금메달을 따겠다고 다짐하였다. 그 당시 네이버는 최고 기록에 5초나 뒤진 매우 낮은 기록을 갖고 있었다. 이러한 어려움이 있음에도 불구하고 그는 세계신기록을 세우겠다는 결심을 한 후 5초를 향후 4년 동안 자신이 할 수 있는 훈련시간으로 나누어 계산하였다. 이를 통해 매 훈련 시간마다 계산한 시간을 줄이기 위해 노력하였으며 결과적으로 4년 후 몬트리올 올림픽 100미터 배영에서 금메달을 딸 수 있었다.

또한 목표설정이론을 주장한 Locke, Cartledge와 Koeppel(1968)에 따르면 목표를 단순히 최선을 다하라고 정하는 경우보다 구체적이고 명확하게 정하는 경우 성과가 더 높다는 많은 연구 결과를 발표한 바 있다. 즉, 코칭장면에서도 목표를 구체적으로 정한 경우 피코치가 이 목표를 달성할 가능성이 높아지는 것이다.

② 현실탐색(Reality)

다음 단계는 현실탐색(reality)으로서 피코치의 목표와 관련해 피코치가 과거에 경험했던 내용들과 현재 일어나고 있는 상황들에 대해 파악하는 과정을 의미한다. 앞서 제시한 예에서 일에 집중이 잘 되지 않는다고 한다면, 이러한 현상이 언제부터 일어났는지, 현재 얼마나 심각한 상황인지, 이러한 문제를 해결하기 위해 시도했던 방안은 어떤 것들이 있는지 등을 물어볼 수 있을 것이다.

이 과정에서 한 가지 주의해야 할 점은 과거에 너무 얽매여서는 안 된다는 점이다. 일에 집중하지 못하는 것이 과거 어려서부터 학교에서 공부를 못해서 그럴 것이라는 잘못된 가정하에 자꾸 과거에 좋지 않았던 사건을 파헤치려고 든다면 상대방의 부정적 정서를 촉발하게 되고 결과적으로 더 이상 코칭이 진행되기 어려운 상황에 빠질 수 있다. 과거 언제부터 이러한 문제가 발생했는지, 그때 어떤 원인이 있었는지 정도를 물어보는 정도에서 그치는 것이 바람직하다. 코칭은 과거지향적이 아니라 현재의 문제를 어떻게 해결할 것인지를 강조하는 미래지향적인 철학을 바탕으로 두고 있기 때문이다.

현실탐색 단계에서 효과가 있는 질문은 "지금까지 이 문제와 관련해 어떤 행동을 취했습니까?"에 이어서 "그러한 행동의 효과는 무엇이었습니까?"를 물어보는 것이다(Whitmore, 2009). 이러한 질문을 통해 피코치는 자신이 오랫동안 해당 문제에 대해 생각만 하고 실제 이를 해결하기 위한 행동은 거의 하지 않았다는 것을 인식하게 된다.

이 밖에 현실탐색 단계에서 물어볼 수 있는 질문은 문제가 나타난 이유를 이해하기 위하여 "이 문제는 얼마나 오랫동안 지속되었습니까?" "이러한 문제가 발생한 이유는 무엇이라고 생각하십니까?" "이 문제는 당신에게 얼마나 큰 영향을 주고 있습니까?"(또는 "이 문제는 얼마나 심각합니까?") 등이 있을 수 있다.

또한 어느 정도 문제의 심각한 정도와 발생한 이유에 대해 이해가 되었으면 이러한 문제를 해결하기 위해 어떤 노력을 해 왔는지를 물어볼 수 있다. "지금까지 이 문제를 해결하기 위해 어떤 노력을 하셨습니까?" "노력을 하셨는데 성과는 어떠셨습니까?" 등의 질문이 가능할 수 있다.

③ 대안탐색(Options)

피코치가 코칭이슈에 관해 어느 정도 고민해 왔고 현재 어떠한 상황에 있는지 충분히 파악되었다면 다음 단계는 대안탐색(options) 과정으로서 본격적으로 코칭이슈를 해결하기 위해 시도하는 단계이다. 여기서는 무엇보다 피코치가 본인의 문제해결을 위한 다양한 아이디어를 제시하는 것이 중요하다. 따라서 코치는 피코치가 제시하는 해결방법에 대해 긍정적으로 지지해 주며 더 많고 다양한 아이디어를 제시할 수 있도록 격려할 필요가 있다. 피코치가 제시하는 아이디어가 코치의 관점에서 볼 때 적절하지 못하다고 생각되어 부정적인 피드백을 줄 경우 피코치는 해결방안을 모색하려는 동기가 낮아지게 된다. 일단 브레인스토밍 차원에서라도 다양한 아이디어를 도출해 내도록 격려하고 지지하면서 이끌어 갈 필요가 있다.

경우에 따라서는 피코치가 다양한 아이디어를 제시하지 못하는 경우도 있을 수 있다. 이때는 코치가 자신이 알고 있는 해결방안을 제시할 수도 있다. 다만 먼저 피코치에게 자신이 해결 방안을 제시해도 괜찮겠는지 물어본 후 이러이러한 방법은 어떻겠는지 조심스럽게 제시하는 것이 바람직하다. 이 경우에도 피코치가 수용하는 것이 중요하기 때문에 피코치가 마음에 들어 하지 않는다면 코치가 강요하는 것은 바람직하지 않다.

앞서 제시한 예에서와 같이 코칭이슈가 동료와의 업무 간 갈등 때문이라고 한다면 피코치에게 어떤 해결방안이 있을지를 물어보게 된다. 이 상황에서 나올 수 있는 방안의 예로서는 '동료에게 자신이 불만이 있는 내용을 차분하게 얘기한다.' '동료가 나한테 어떤 불만이 있을지 동료의 관점에서 다시 생각해 본다.' 등이 있을 수 있을 것이다.

이 단계에서 코치가 물어볼 수 있는 질문은 먼저 다양한 대안을 도출하기 위하여 "이 문제를 해결하기 위하여 어떤 방법이 있겠습니까?" "추가적으로 어떤 대안이 있겠습니까?" "실현가능성은 고려하지 말고 생각나는 대안을 말씀해 주십시오." 등이 가능하다.

여러 대안이 도출되었으면 피코치가 각 대안에 대해 실현가능성을 고려하여 우선순위를 정하거나 중요도를 점검하도록 한다. 피코치가 대안 도출 과정에서 각 대안에 대해 실현가능성을 충분히 고려하지 않고 얘기했을 가능성이 있기 때문이다. 이 상황에서 코치가 물어볼 수 있는 질문은 "각 대안에 대해 목표를 달성할 수 있는 중요도에 따라 10점 척도를 사용하여 평정해 주시겠습니까?" "여러 대안 중 어떤 대안이 가장 중요하다고 생각하십니까?" "먼저 실행할 수 있는 대안 하나를 선정해 주시겠습니까?" 등이 있다.

④ 실행의지(Will)

마지막 단계는 실행의지(will) 단계로서 대안과정에서 피코치가 제시한 해결방안을 말로만 그치는 것이 아니라 실제 생활에서 실행할 수 있는 의지를 다지고 굳건히 하는 단계라고 할 수 있다. 이 단계에서는 보다 구체적인 실행계획을 수립하게 된다. 예를 들면, 동료와의 갈등관계 개선이 코칭이슈인 피코치의 경우 '동료에게 자신이 불만이 있는 내용을 차분하게 얘기한다.'와 같은 해결방안을 제시했다면 좀 더 구체적으로 언제 이런 얘기할 기회를 가질 것인지, 또 어떻게 얘기를 시작할 것인지, 어디에서 만나 얘기할 것인지 등과 같이 보다 구체적인 내용의 질문을 하게 된다. 이와 같이 보다 구체적인 실행계획을 피코치가 얘기할 경우 실행가능성이 높아지게 된다.

이와 관련하여 Gollwitzer(1999)는 구체적인 실행의도(implementation intentions)를 수립하게 되면 목표지향적인 행동을 가져올 가능성이 높아진다고 주장하였다. 그는 사람들이 목표 달성을 위해 좀 더 구체적으로 언제, 어디서, 어떻게 할 것인지에 관한 계획을 세우게 되면 이를 실행하기 위한 의식적인 노력을 덜 해도 향후 자신이 설정한 언제, 어디서, 어떻게와 같은 상황 단서가 제시될 경우 이와 연계되어 기억속에 저장되어 있는 정보가 인출되면서 좀 더 자동적으로 실행계획이 실천될 수 있다고 설명하고 있다.

　예를 들어, Gollwitzer와 Brandstatter(1997)의 대학생을 대상으로 한 실험에서 크리스마스가 되기 전에 향후 크리스마스 이브가 오면 이때 어떻게 보냈는지에 관한 보고서를 크리스마스 이브가 지난 후 이틀 이내에 제출토록 하였다. 전체 중 반은 구체적으로 언제, 어디서 보고서를 쓸 것인지를 적게 하였고, 다른 반에게는 이러한 요구를 하지 않았다. 나중에 크리스마스가 지난 후 구체적 실행의도를 작성한 집단은 3/4가 보고서를 보내 왔고, 실행의도를 작성하지 않은 집단은 단지 1/3만이 보고서를 보내 온 것으로 나타났다. 즉, 언제, 어디서 보고서를 작성할 것인지와 같은 구체적 실행의도를 수립한 사람들에게서 목표달성 비율이 훨씬 더 높게 나타났다. 이는 구체적인 세부 실행계획을 세우는 것이 중요함을 시사하는 결과이다.

　또한 실행계획을 실행하는 과정에서 어떤 어려움이나 장애요인은 없겠는지를 물어보고 만약 있다고 한다면 이를 어떻게 극복할 것인지를 물어보는 것도 바람직하다. 추가적으로 이러한 실행계획을 남에게 알리는 경우 보다 실행할 가능성이 높아지기 때문에 주변에 이를 알릴 사람은 없는지 또한 이를 도와줄 사람은 없는지 등을 물어볼 수도 있다.

　마지막으로 이러한 구체적인 실행계획을 실행할 의지 또는 자신감이 얼마나 되는지를 10점 척도를 활용해 몇 점 정도 되는지를 물어보는 것도 도움이 된다. 대부분의 경우 코칭이 잘 진행되면 이러한 질문에 피코치가 높은 점수를 언급할 가능성이 높다. 하지만 만약 5점 미만의 낮은 점수를 언급한다면 이는 실행할 가능성이 낮다는 의미이기 때문에 어떠한 이유 때문에 의지 및 자신감이 낮은지를 파악할 필요가 있다. 마지막으로 오늘 코칭이 어땠는지, 즉 어떤 점을 느꼈고, 어떤 점이 아쉬웠으며, 또 어떤 점이 도움이 되었는지 등에 대해 얘기해 달라고 하면서 마무리하게 된다.

　이 단계에서 코치가 물어볼 수 있는 질문의 예는 먼저 구체적인 실행계획 도출을 위해 "선정하신 대안을 달성하기 위해 구체적으로 무엇을 하시겠습니까?" "좀 더 구체적으로 말씀해 주시겠습니까?" "실행계획을 if-then 형태로 얘기해 주시겠습니까?" 등이 가능하다.

　실행과정에서의 장애요인을 탐색하고 이를 극복하기 위한 방안을 물어보기 위해서는 "실행과정에서 예상되는 장애요인에는 어떤 것들이 있겠습니까?" "이러한 장애요인을 어떻게 극복하시겠습니까?" 등이 가능하다.

마지막으로 실행의지를 점검하기 위해 "지금 말씀하신 실행계획을 실행할 의지나 동기는 어느 정도인지 10점 척도를 사용해서 말씀해 주십시오." "실행과정에서 제대로 잘하고 있는지 어떤 방법으로 점검하시겠습니까?" 등의 질문이 가능하다.

(2) 고려사항

대체적으로 GROW 모형은 이러한 과정을 거쳐 코칭을 진행하게 된다. 하지만 여기서 설명한 GROW 모형은 코칭모형 가운데 하나이기 때문에 반드시 이러한 과정을 거쳐서 진행할 필요는 없다. 예를 들어, 처음에 피코치에게 코칭목표를 정하는 것이 어색하다면 먼저 코칭이슈에 관한 이런저런 얘기를 충분히 나누는 현실파악(R)을 먼저 거친 후에 다음 단계에서 목표를 정해도 된다. Whitmore(1992)가 GROW 모형에서 목표수립을 처음 단계로 넣은 것은 피코치가 보다 도전적인 목표를 제시하도록 유도하기 위해서였다. 예를 들어, 코칭이슈가 다이어트에 관한 내용인 경우, 구체적인 목표를 정하지 않고 현실탐색부터 먼저 하게 되면 대부분 과거 다이어트에 실패했던 얘기들이 나오기 쉽고 이런 과정을 거치면서 피코치는 부정적 감정을 느끼게 된다. 이런 상황에서 목표를 정하라고 할 경우 피코치는 도전적인 목표를 정하기 어렵게 될 것이다. 따라서 피코치가 부정적인 내용을 얘기하기 전에 먼저 목표를 정하도록 하는 것이 좀 더 도전적인 목표가 도출될 가능성이 높아질 것이다.

여기서는 한 번의 코칭을 통해 진행하는 경우의 예를 들었으나 실제 상황에서는 한 번만으로는 부족해서 여러 차례에 걸쳐 코칭이 진행되는 경우도 많이 있다. 앞서 제시한 예의 경우 피코치가 하겠다고 얘기한 내용에 대해 다음 회기에 한 번 더 만나서 자신이 약속한 실행계획을 얼마나 제대로 실천했는지에 대해 얘기를 나누는 시간을 갖는 것도 필요할 수 있다.

코칭의 중요한 목적 중의 하나는 피코치가 코칭을 통해 스스로 자신의 문제를 해결할 수 있는 자신감과 습관을 키워 주는 것이기 때문에 피코치가 자신이 약속한 내용에 대해 얼마나 실천했는지를 점검해 보는 것이 필요하다. 만약 잘 되었다면 향후에도 스스로 자신의 문제를 해결해 나갈 자신감이 어느 정도 있는지 파악해 보고, 만약 잘 진행되지 못했다고 한다면 그 이유는 어디에 있는지를 논의해 보고 향후에는 이러한 문제를 어떻게 극복해 나갈 것인지를 얘기해 보는 시간을 갖는 것이 좋다.

참고로 〈**부록 1**〉은 코칭을 진행한 후 진행과정에 관한 내용을 요약해서 기록해 두는 양식이다. 코칭을 진행한 후 2장에서 설명한 코칭심리사 자격증 취득을 위해서라도 반드시 코칭진행 내용을 간단히 정리해 두는 습관을 가지는 것이 중요하다.

(3) GROW 모형에 대한 평가

GROW 모형의 강점은 무엇보다 모형의 이름이 코칭에서 추구하는 피코치의 성장을 의미하는 단어로 이루어져 있다는 점일 것이다. 따라서 코치 입장에서는 코칭을 진행하면서도 자연스럽게 피코치의 성장을 위해 노력하려는 마음가짐을 다시 한번 가다듬을 수 있다. 또한 네 단계로 되어 있어서 간결하다는 점도 강점으로 볼 수 있다.

하지만 몇 가지 단점도 지적할 수 있는데, 먼저 코칭에서는 피코치가 수립한 실행계획이 얼마나 잘 실행이 되고 이를 통해 목표가 달성되는지를 확인하는 과정이 필요한데, GROW 모형에서는 실행에 대한 의지만을 점검하고 실제 실행되는지에 대해서는 다루고 있지 못하다는 단점이 있다. 코칭이 1회기로 끝나는 경우 GROW 모형으로 진행해도 어차피 실행계획을 점검할 시간이 없기 때문에 문제가 되지 않을 수 있지만, 많은 코칭이 1회기로 끝나지 않고 다회기로 진행되는데, 이 과정에서 GROW 모형은 실행계획이 제대로 잘 진행되고 있는지에 관해서는 설명하고 있지 못하고 있다.

둘째, 심리학적 관점에서 보면 GROW 모형에서 설명하고 있는 단어들이 심리학 연구에서 자주 사용되는 용어들이 아니라는 점이다. 예를 들어, Will단계에서는 구체적인 실행계획을 수립하게 되는데, 앞에서도 설명했듯이 심리학에서는 이러한 구체적인 실행계획을 실행의도(implementation intentions)로 사용하고 있어서 GROW에서 언급하는 단어와 일치하지 않는다는 단점이 있다. 따라서 심리학 이론과 연구결과를 중시하는 코칭심리학 관점에서 보면 모형의 이름과 설명하는 내용이 미흡한 부분이 있다고 볼 수 있다.

마지막으로 GROW 모형에서 대안탐색(O)과 의지(W)가 코칭을 진행할 때 코칭이슈에 따라 구분이 명확하지 않다는 단점이 있다. 예를 들어, 코칭이슈가 다이어트이고 구체적 목표가 10kg을 줄이는 것이라면 이 상황에서 다양한 대안은 조깅, 수영, 헬스 등이 있을 수 있고 이 가운데 조깅이란 대안을 선택하면 W에 해당하는 구체적 실행계획은 매일 아침 6시에 일어나 집 근처 A 공원에서 30분씩 조깅하는 것일 수 있다. 하지만 코칭이슈에 따라서 다양한 대안이 도출되지 않는 경우 처음부터 바로 구체적인 실행계획이 도출될 수 있다. 예를 들어, 코칭이슈가 상사와의 스트레스인 경우 어떻게 해결할지의 방법을 찾는 과정에서 여러 대안 중 선택하는 것이 아니라 코치가 스트레스를 주는 말이나 행동을 할 때 직접적으로 그러한 행동을 하지 말아 달라고 하는 실행계획을 제시할 수 있다. 즉, 코칭과정에서 처음부터 코칭이슈를 해결하기 위해 실행할 수 있는 구체적인 방법을 얘기해 달라고 하면 되는 것이지 굳이 대안을 거칠 필요가 없는 경우가 자주 있을 수 있다.

연습 코칭실습

　　두 명 또는 세 명이 한 조를 구성한다. 두 명일 경우 한 명은 코치, 다른 한 명은 피코치 역할을 하며, 세 명일 경우에는 나머지 한 명이 관찰자 역할을 한다. 두 명 또는 세 명에 상관없이 코치, 피코치 역할을 정하기 위해 각자가 현재 고민하고 있으며 공개해도 별 문제가 없는 코칭이슈를 돌아가면서 얘기한다. 이 중 코칭이 좀 더 쉽다고 생각되는 주제를 합의하에 코칭이슈로 선정하고 이 주제를 얘기한 사람을 피코치로 정한다. 두 명일 경우는 다른 한 사람이 자연스럽게 코치가 되며, 세 명일 경우는 서로 논의하여 코치와 관찰자를 정한다.

　　15분 정도 시간을 주고 코칭을 시작한다. 앞서 배운 GRQW 모형을 토대로 가능한 한 주어진 시간 내에 W까지 갈 수 있도록 노력한다. 많은 사람이 시간이 부족하다고 할 경우 5분 정도 시간을 더 줄 수 있다.

　　코칭을 끝낸 후 코치, 피코치 또는 관찰자 역할을 맡은 사람들의 얘기를 들어 보는 시간을 갖는다. 각자가 일부만 간단하게 느낀 점(특히 진행하면서 어떤 부분이 잘 되었고, 어떤 부분이 어려웠는지)을 발표토록 하며 조가 많은 경우 일부 팀만 선정하여 발표토록 한다.

　　각자의 발표가 끝난 후 진행자는 각 팀에서 얘기한 내용들을 요약 정리해서 설명해 주며, 코칭의 철학과 코칭 진행방법에 대해 다시 한번 설명하고 논의한다.

2. 코칭심리모형

1) 지-아미 모형

여기서는 필자가 개발한 지-아미(GIIIAME)모형에 대해 설명하고자 한다. 모형의
약자에 대한 설명은 다음과 같다.

① G: Goal exploration and elicitation: 목표탐색 및 도출
② I: Identification of related situation: 관련 상황 인식
③ I: Intervention application: 개입(기법) 적용(예, 강점코칭, 인지행동코칭 등)
④ I: Implementation intentions: 실행의도
⑤ A: Action implementation: 행동실행
⑥ M: Monitoring: (행동)점검
⑦ E: Evaluation: (행동)평가

이 모형에서는 무엇보다 앞서 설명한 GROW 모형의 단점을 극복하려고 노력하
였다. 먼저 GROW 모형과는 달리 행동실행부터 이후 제대로 실행되고 있는지를
점검하고(점검: monitoring) 평가하는(평가: evaluation) 과정이 추가되었다는 점에서
차이가 있다. 대부분의 코칭이 다회기로 진행되고 있는 상황에서 특정회기에서 목
표 달성을 위한 실행의도까지 도출하고 끝났다면 끝날 때 코치는 피코치가 다음 회
기까지 실행의도를 꼭 실행하도록 동기부여하고 격려할 필요가 있다. 또한 다음 회
기 시작 때 반드시 지난 회기에 피코치가 하기로 했던 실행의도를 얼마나 잘 실행
했는지를 점검하고 평가할 필요가 있다. 만약 잘 진행되지 않았다면 어떤 이유 때
문에 실행되지 않았는지를 파악하고 이를 실행하기 위해서는 피코치 스스로 어떠
한 노력이 필요할지를 인식하도록 독려할 필요가 있다. 경우에 따라서는 새로운 실
행의도를 수립할 필요도 있다. 또한 실행의도가 잘 실행되었다면 이에 대해 칭찬하
고 지속적으로 이를 실행하도록 격려할 필요가 있다.

둘째, 모형에서 좀 더 심리학적인 색채가 나도록 실행계획에 해당하는 내용을

실행의도로 바꾸어 사용했다. 또한 강점코칭이나 인지행동코칭과 같이 특정 심리학 개입을 통해 코칭을 진행하는 경우 이를 모형에서 강조하기 위하여 개입적용(intervention application)이란 단계를 추가하였다.

　셋째, 기존의 GROW 모형에서 대안탐색과 의지 단계가 명확히 구분이 되지 않는다는 점을 고려하여 이를 통합하여 목표 달성을 위해 구체적인 행동계획을 수립하는 실행의도 단계로 대치하였다는 특징이 있다. 또한 이 과정에서 실행계획이란 용어 대신 심리학 연구에서 많이 사용되고 있는 실행의도(implementation intentions; Gollwitzer, 1999)로 대치하였다. 실행의도(implementation intention)는 구체적인 실행계획을 의미한다. Gollwitzer(1999)는 행동변화가 일어나기 위해서는 단순한 목표의도보다 특정 상황에서 목표를 구체적으로 어떻게 실행할 것인지를 결정하는 것이 더 중요함을 강조하였다. 이를 좀 더 구체적으로 설명하면 목표의도가 "나는 무엇인가를 하려고 한다(I intend to reach X)."라고 한다면 실행의도는 "어떤 특정 상황에서 나는 특정 행동을 할 것이다(When situation X arises, I will perform response Y)."에 해당한다고 볼 수 있다. 여기서 실행의도는 '언제' '어디서' '어떻게'와 같이 구체적 행동을 하겠다는 것을 의미한다.

　Gollwitzer(1999)는 구체적인 실행의도(implementation intentions)를 수립하게 되면 목표지향적인 행동을 가져올 가능성이 높아진다고 주장하였다. 그는 사람들이 목표 달성을 위해 좀 더 구체적으로 언제, 어디서, 어떻게 할 것인지에 관한 계획을 세우게 되면 이를 실행하기 위한 의식적인 노력을 덜 해도 향후 자신이 설정한 언제, 어디서, 어떻게와 같은 상황 단서가 제시될 경우 이와 연계되어 기억 속에 저장되어 있는 정보가 인출되면서 좀 더 자동적으로 실행계획이 실천될 수 있다고 설명하고 있다.

　즉, 상황과 반응 간의 연합을 통해 특정 상황단서에 대한 기억이 반응을 자동적으로 유도하는 것으로 해석할 수 있다. '매일 아침 7시가 되면 물을 한 잔 마시겠다.'는 실행의도를 계획하게 되면 아침 7시가 되는 상황과 물을 마시는 행동이 연합이 되어 7시가 될 때 물을 마셔야 한다는 기억이 더 잘 이루어질 수 있는 것이다.

　다른 단계는 기존 GROW 모형 단계와 일치한다. 즉, 첫 번째 단계인 목표탐색 및 도출(Goal exploration and elicitation)은 GROW 모형에서 목표단계와 동일한 것으로 볼 수 있다. 이 단계에서는 피코치의 코칭이슈가 무엇인지를 명확히 하고 이러한 목표가 정말로 피코치가 원하는 목표인지를 확인하는 것이 중요하다.

두 번째 단계인 관련 상황 인식(Identification of related situation)도 GROW 모형에서의 현실탐색과 유사한 것으로 해석하면 된다. 즉, 피코치가 왜 그러한 목표를 세우게 되었고, 목표와 관련하여 과거에 어떤 행동과 정서를 경험했으며 현재 상황은 어떠한지를 다시 한번 살펴보는 과정을 거치게 된다. 다시 말하면 자기성찰(self-reflection)을 거치게 된다. 이를 통해 목표를 달성하려는 피코치의 의지를 다시 한번 확인해 볼 수 있다.

〈부록 2〉는 이러한 모형을 토대로 코칭을 진행한 후 정리할 때 사용하는 양식이다. 앞에서도 기술했듯이 코칭을 진행한 후 항상 그 내용을 간단히 정리하여 양식에 기술하는 습관을 가지는 것이 중요하다.

2) PRACTICE 모형

이 모형은 Palmer(2007)가 인지와 합리적 정서코칭 및 상담에서 많이 사용되는 Wasik(1984: Palmer, 2007에서 재인용)의 7단계 모형을 응용한 것으로서 무엇보다 해결중심기법에 토대를 두었다. Palmer(2007)가 자신의 논문에서 소개한 모형과 각 단계에 해당하는 사례의 예를 들면 다음과 같다.

(1) 1단계: Problem identification(문제 인식)

이 단계는 피코치가 코칭을 받고 싶어 하는 이슈가 무엇인지를 파악하는 과정을 의미한다. 코치는 피코치와 처음에 만나서 어느 정도 라포가 형성되었다고 판단하면 피코치에게 코칭이슈가 무엇인지 물어보게 된다. 이 단계에서 가능한 질문들은 다음과 같다.

- 얘기하고 싶은 문제나 이슈는 무엇입니까?
- 변화를 원하는 것은 어떤 것입니까?
- 상황이 지금보다 향상되었다는 것을 어떻게 알 수 있겠습니까?

다음의 사례는 Palmer(2007)가 제시한 사례로서 브라이언이 몇 주 앞으로 다가온

학회에서 중요한 논문을 발표하는 것에 대한 걱정에 대해 코칭을 받는 것이다.

> 코치: 정확히 문제가 무엇인가요? 논문 발표 때문에 그런 것인가요? 아니면 다른 문제 때문인가요?
>
> 피코치: 손이 떨리는 게 문제예요······. 청중들이 내 손이 떨리는 것을 보게 될 테고 그럼 나를 신경쇠약 환자로 생각하겠죠······. 아, 하지만 나는 손 떠는 것을 어찌 할 수 없어요······.
>
> 코치: 그렇다면 문제는 손 떠는 것에 대해 어떻게 해 볼 수 없다는 것인가요? 문제점을 변화가 가능한 방법으로 다시 한번 얘기해 보시겠어요?

(2) 2단계: Realistic, relevant goals(현실적 목표 설정)

1단계에서 피코치가 얘기하려는 이슈가 파악이 되었으며 2단계에서는 이러한 이슈를 해결하기 위한 목표를 정하게 된다. 목표를 정할 때 주의해야 할 것은 현실적으로 가능하고 코칭이슈와 관련있는 목표를 정해야 한다는 것이다. 다소 도적적인 목표는 괜찮지만 현실적으로 불가능한 목표는 수립하지 않는 것이 좋다. 이 단계에서 물어볼 수 있는 질문은 다음과 같다.

- 코칭을 통해 달성하고 싶은 것은 무엇입니까? 가능한 한 구체적으로 얘기해 주십시오.

앞서 제시한 브라이언의 사례를 가지고 계속 이어 나가면 코치와 피코치 간에 다음과 같은 대화가 가능하다.

> 코치: 손 떠는 것에 대해 무엇을 해 보고 싶은가요?
>
> 피코치: 손 떠는 것을 줄이거나 아예 안 할 정도로 통제할 수 있으면 좋겠어요.
>
> 코치: 만약 학회 전까지 이 목표를 달성할 수 없다면 어떻게 될까요?
>
> 피코치: 글쎄, 너무 걱정하지 말고 그냥 손 떠는 것을 수용해야 하겠지요.

(3) 3단계: Alternative solutions(대안 도출)

3단계는 2단계에서 정한 목표를 달성하기 위한 구체적인 대안을 찾는 것이다. 이 단계에서 코치가 물어볼 수 있는 질문이나 말은 다음과 같다.

- 목표를 달성할 수 있는 대안은 무엇인가요? 이를 전부 적어 봅시다.

브라이언의 예에서 코치는 피코치가 가능한 한 많은 대안 도출하도록 지원하고 격려할 필요가 있으며 만약 피코치가 대안을 얘기하지 못하면 코치가 특정 대안을 제시하면서 이러한 대안은 어떤지 물어볼 수 있다. 이 상황에서 피코치인 브라이언이 얘기한 대안은 다음과 같다.

① 손을 항상 주머니에 넣고 있는다.
② 아프다고 하고 논문을 발표하지 않는다.
③ 발표 전 청중에게 자신의 상태(걱정이 많아 손을 떤다)에 대해 얘기한다.
④ 진정제를 먹는다.
⑤ 그게 뭐 대수냐 하고 생각하면서 손 떠는 것을 그대로 수용한다.
⑥ 손을 떨 때마다 농담을 한다.
⑦ 학회가 실패로 끝나리라는 생각을 하지 말고 일단 발표를 하고 어떻게 되는지 지켜본다.

(4) 4단계: Consideration of consequence(결과 고려)

4단계는 3단계에서 도출한 대안들에 대해 어떤 대안이 목표를 달성하는 데 더 도움이 되는지를 비교해 보는 것이다. 이 단계에서 가능한 질문은 다음과 같다.

- 각 대안의 유용성은 무엇인가요? 각 대안별로 10점 척도(0: 전혀 유용하지 않다, 10: 매우 유용함)를 사용해 각 대안을 평정하십시오.

브라이언의 사례에서 코치는 브라이언이 자신이 제시한 각 대안의 장·단점을 비교하고 각 대안의 유용성을 0~10점 척도를 이용해 평정토록 한다. 다음은 피코치인 브라이언이 각 대안에 대해 얘기하면서 평정한 것이다.

① 글쎄, 만약 그렇게 주머니에 손 넣고 있으면 너무 뻣뻣하고 어색해 보일 것 같
   은데요. 또 발표할 때 손을 사용할 수도 없을 것 같아요. 그래서 2점으로 하겠
   습니다.

② 얼핏 보기에는 좋은 것 같은데요. 이는 도망가는 것이고 나중에 청중 앞에서
   발표하는 게 더 힘들어질 것 같은데요. 그래서 0점으로 하겠습니다.

③ 어느 정도 긴장을 풀어 줄 것 같기는 한데요. 그런데 청중의 동정에 호소하는
   것이라서 3점으로 하겠습니다.

④ 글쎄, 약물은 썩 좋은 것 같지 않은데요. 아마 흐리멍덩해 보일지도 몰라서
   4점으로 평정하겠습니다.

⑤ 상당히 그럴듯해 보이는데요. 도움이 많이 될 것 같아서 9점으로 평정하겠습
   니다.

⑥ 글쎄, 그렇게 되면 사람들이 손 떠는 데 대해 더 많은 관심을 갖게 될 것 같고
   나는 그런 거 별로 원치 않아서 3점으로 하겠습니다.

⑦ 괜찮은 생각인 것 같은데요. 7점으로 평정하겠습니다.

(5) 5단계: Target most feasible solution(가장 가능성 있는 대안 선정)

4단계에서 다양한 가능성에 대해 각 대안별로 유용성을 평가해 보았다면 다음은
목표를 달성하기 위한 여러 대안 가운데 한 가지를 선택하는 것이다. 가능한 질문
은 다음과 같다.

- 여러 대안 중 가장 가능성 있고 현실적인 대안은 무엇입니까?

앞서 제시한 브라이언의 사례에서 피코치는 5번과 7번을 선택했고 5번을 실행하
는 데 있어서 걱정거리가 있어서 코치에게 물어보는 대화는 다음과 같다.

피코치: 손이 떨려서는 '안 돼.'라고 자신에게 말할 때 손이 떨린다는 사실을 어떻
   게 받아들이는 것이 좋습니까?

코치: 자신에게 그렇게 말할 때 어떨 것 같으세요?

피코치: 결국 그 얘기는 내가 손떨림을 통제할 수 없다는 것을 말해 주는 것이고 나는 걱정을 하게 되고 손이 더 떨리게 될 것 같습니다.

코치: 그럼 떨리는 것을 통제하기 위해서는 어떻게 해야 할까요?

피코치: 손이 떨려서는 안 된다고 스스로에게 말하는 것을 멈춰야 할 것 같은데요. 그냥 놔두고 신경 쓰지 않는 것이 좋을 것 같습니다.

코치: 바로 그거예요. 오히려 그것을 숨기려 할 때 어떻게 될 것 같으세요?

피코치: 어색하고 자신을 의식하는 것 같습니다. 손이 떨리는 것은 어쩔 수 없다고 생각하는 게 중요할 것 같습니다. 하지만 사람들이 날 보고 비웃거나 내가 신경쇠약이라고 생각하지 않을까 걱정이 됩니다.

코치: 글쎄요. 브라이언이 통제할 수 있는 것과 통제하기 어려운 것은 무엇일까요?

피코치: 사람들이 비웃는 것은 어쩔 수 없을 것 같고 그러나 내가 어떻게 반응할지 그리고 내 자신에 대해 어떻게 생각할 지는 통제할 수 있을 것 같습니다.

코치: 바로 그거예요.

피코치: 한번 해 보겠습니다.

(6) 6단계: Implementation of Chosen solution(선택한 대안 실행)

6단계에서는 5단계에서 선택한 최적 대안을 실행하는 것이다.

- 선택한 대안을 구체적 실행 단계로 기술해 보십시오.
- 자, 이제 시작해 봅시다!

앞서 제시한 사례에서 피코치인 브라이언은 자신이 하겠다고 한 대안을 실행하였으며 손 떨리는 것을 통제하려는 생각을 멈추려고 노력하였다. 학회 발표 전에 코치 앞에서 발표해 보고 이를 비디오로 촬영한 후 코치로부터 피드백도 받았다.

(7) 7단계: Evaluation(평가)

마지막 단계인 7단계는 코칭 성과를 평가하는 것이다. 이 단계에서 가능한 질문은 다음과 같다.

- 코칭이 얼마나 성공적이었습니까? 0에서 10점 척도를 이용해 얼마나 성공적이었는지 평가해 주십시오.
- 코치를 통해 무엇을 배우셨습니까?
- 오늘 코칭을 끝낼까요? 아니면 얘기해야 할 또 다른 문제가 있습니까?

브라이언은 코칭을 통해 손 떨림을 줄이는 데 성공적이었다고 얘기하였으며 코칭에 대해 긍정적 평가를 내렸다.

전체적으로 이 모형은 해결중심기법에 초점을 두고 해결안 도출과 실행에 초점을 두고 있으며, 현재 피코치의 문제점에 관해 많은 얘기를 나누고 있지는 않다는 특징이 있다. GROW 모형과 비교해 보면 GROW 모형에서와는 다르게 먼저 문제를 인식하고 목표를 2단계에서 수립하고 있다. 또한 실행대안을 선정하는 과정이 GROW보다 더 자세하게 기술하고 있다. GROW에서 대안단계에서 설명하고 있는 내용을 PRACTICE 모형에서는 3(대안 도출), 4(결과 고려), 5단계(가장 가능성 있는 대안 선정)로 구분하여 기술하면서 대안 도출 과정을 강조하고 있다는 특징이 있다.

이 장에서는 코칭을 진행하는 과정에서 필자가 개발한 모형 이외에 참고할 수 있는 몇 가지 모형과 코칭일지를 제시하였다. 어떤 모형이 코칭을 진행하는 데 더 적합할지는 이 책을 읽는 독자의 몫이다.

부록 1. GROW 모형 코칭일지

코치명				
일시/장소	20 년 월 일: 시 분 ~ 시 분까지(총 분)/장소:			
피코치 정보	이름(가명)			
	전화		이메일	

코칭진행

G:

R:

O:

W:

피드백 및 자기점검	피코치의 느낌 및 소감:
	코칭 중 잘한 점은:
	코칭 중 어려웠던 점은:
	다음 코칭 실습 때까지 노력 및 개선할 점은:

부록 2. GIIIAME 모형 코칭일지

코치명			
일시/장소	20 년 월 일: 시 분 ~ 시 분까지(총 분)/장소:		
피코치 정보	이름(가명)		
	전화		이메일

코칭진행

G:

I:

I:

I:

A:

M:

E:

피드백 및 자기점검	피코치의 느낌 및 소감:
	코칭 중 잘한 점은:
	코칭 중 어려웠던 점은:
	다음 코칭 실습 때까지 노력 및 개선할 점은:

▢ 참고문헌 ▢

Gollwitzer, P. M. (1999). Implementation intentions: Strong effects of simple plans. *American Psychologist, 54*(7), 493–503.

Gollwitzer, P. M., & Brandstatter, V. (1997). Implementation intensions and effective goal pursuit. *Journal of Personality and Social Psychology, 73*, 186–199.

Locke, E. A., Cartledge, N., & Koeppel, J. (1968). Motivational effects of knowledge of results: A goal-setting phenomenon? *Psychological Bulletin, 70*(6), 474–485.

Palmer, S. (2007). PRACTICE: A model suitable for coaching, counselling, psychotherapy and stress management. *The Coaching Psychologist, 3*(2), 71–77.

Whitmore, J. (1992). *Coaching for performance: A practical guide to growing your own skills.* London, UK: Nicholas Brealey Publishing.

Whitmore, J. (2009). *Coaching for performance: GROWing human potential and purpose* (4th ed.). London, UK: Nicholas Brealey Publishing.

제4장
코칭스킬 및 코칭효과

> 이 장에서는 먼저 코칭진행과정에서 코치에게 필요하고 중요한 코칭스킬은 무엇인지 알아보고자 한다. 다음은 코칭이 효과가 있는 이유에 대해 심리학 이론을 통해 설명하고, 코칭효과에 관한 연구들을 살펴보면서 어떤 변인들이 코칭성과에 영향을 주는지 알아보고자 한다. 마지막으로 국내에서 진행된 코칭연구들의 추세를 간략하게 기술할 것이다.

1. 코칭스킬

여기에서는 코칭스킬을 코칭이나 상담과 같이 일대일 대화로 진행하는 과정에서 효과적인 기본 코칭스킬과 코칭의 특성을 고려한 구체적인 코칭스킬로 구분해서 설명하고자 한다.

1) 기본 코칭스킬

여기서는 먼저 기본 코칭스킬로서 Miller와 Rollnick(2002)이 동기강화상담 (motivational interviewing)에서 기술하는 기본 상담스킬 역량을 Rosengren(2013)이 좀 더 상세하게 기술한 내용에 대해서 설명하고자 한다. 여기에서 기술하는 동기강화상담장면에서 활용하는 기본 스킬은 OARS(Open question: 열린 질문, Affirming: 인정, Reflective listening: 반영적 경청, Summarizing: 요약)로 부르며 코칭에서도 중요한 스킬로 판단되어 코칭상황에 응용하여 기술할 것이다.

(1) 열린 질문(Open question)

열린 질문이란 상대방에게 질문할 때 상대방이 다양한 관점에서 이런저런 가능성을 충분히 생각해 보고 보다 폭넓게 자신의 의견을 얘기하도록 유도하는 질문을 의미한다. 이에 반대되는 질문을 닫힌 질문(close question)이라고 하는데, '예'나 '아니요'와 같이 간단한 답변이 나오도록 하는 질문을 의미한다. 예를 들어, 상대방에게 "현재 네가 겪고 있는 문제점을 해결하기 위해 어떻게 하면 좋겠니?"라고 물어보면 열린 질문이 되는 것이고 "현재 네가 겪고 있는 문제점 해결을 위해 이러한 방법으로 해 보면 효과가 있을 것 같니 아니면 없을 것 같니?"라고 물어보면 닫힌 질문이 되는 것이다.

닫힌 질문과 이를 열린 질문으로 수정한 질문의 예를 몇 가지 더 들어 보면 〈표 4-1〉과 같다. 표에서 두 번째 질문인 "이 모임은 언제 끝내면 좋을까요?"는 얼핏 생각하면 열린 질문으로 판단하기 쉽다. 하지만 언제라는 것이 구체적인 정보를 물어보는 질문이며, 나올 수 있는 답도 구체적으로 다음 달이나 석 달 후와 같이 간단한

●표 4-1 닫힌 질문과 열린 질문

닫힌 질문	열린 질문
오늘 학교에서 별 일 없었니?	오늘 학교생활 어땠니?
이 모임은 언제 끝내면 좋을까요?	이 모임의 지속여부에 대해 어떻게 생각하나요?
우리 관계가 지속되기를 원하니?	우리 관계가 어떻게 되기를 원하니?
여기에 온 이유가 바로 돈 때문인가요?	여기에 어떤 이유 때문에 오셨나요?

특정 정보가 제시될 가능성이 높기 때문에 닫힌 질문으로 보는 것이 타당할 것이다. 만약 이 질문을 〈표 4-1〉에서와 같이 "이 모임의 지속여부에 대해 어떻게 생각하나요?"와 같이 물어본다면 끝내는 것이 좋을지 더 하는 것이 좋을지, 만약 끝낸다면 언제까지, 더 한다면 언제까지 하는 것이 좋을지 등 다양한 대안에 대해 생각하고 답을 하게 될 것이다. 또한 답을 하는 과정에서도 "다음 달에 끝내려고 한다."와 같이 간단하게 답하는 것이 아니라 "글쎄……. 지금까지 오랫동안 모임을 가져 왔는데, 이제 와서 생각해 보니 더 이상 할 얘기도 없는 것 같고……. 그래서 아쉽기는 하지만, 다음 달 정도에 끝내면 어떨까 하는 생각이 드네요." 등과 같이 말을 좀 더 많이 하게 될 가능성이 높을 것이다.

코칭과정에서는 코칭을 받는 피코치가 자신의 문제에 대해 스스로 다양한 관점에서 깊게 생각해 보고 답을 스스로 도출해 내며 이 과정에서 적극적으로 대화에 참여하도록 돕는 것이 중요하기 때문에 가능한 열린 질문을 많이 시도하는 것이 바람직하다. 피코치는 열린 질문에 답을 하면서 다양한 가능성에 대해 더 생각해 볼 기회를 갖게 된다. 일반적으로 〈표 4-1〉에서의 질문과 같이 '어떻게(How)'가 포함된 질문을 하게 되면 열린 질문이 될 가능성이 높다.

(2) 인정하기(Affirming)

코칭과정에서도 상담에서처럼 코치와 피코치 간의 라포 형성이 중요하다. 라포 증진을 위한 다양한 방법이 있지만 그중에서도 피코치에 대한 인정하기는 피코치와의 라포를 증진시키는 데 큰 효과가 있다. 인정하기는 피코치의 잘한 부분에 대해 칭찬하는 것이다. 물론 감사한다거나 뜻을 충분히 이해한다 또는 공감한다와 같은 표현도 상대를 지지하고 상대의 입장을 인정해 주는 것으로 볼 수 있다. 몇 가지 예를 들면 다음과 같다.

"그러한 답변을 하다니 대단하네요."
"대단히 열심히 노력하시네요."
"당신이 어떤 마음인지 충분히 이해합니다."

인정을 할 때는 "그러한 답변을 하다니 대단하네요."에서와 같이 피코치의 구체적인 행동에 대해 하는 것이 중요하다. 피코치가 자신의 어떤 행동에 대해 인정해 주는지를 인식할 수 있기 때문이다. 그래야 향후 인정을 받기 위해 이러한 행동을 지속적으로 하게 될 가능성이 높아지게 된다.

또한 인정할 때 단순히 피코치의 행동에 대해 인정하는 것보다 피코치의 특성과 연계시켜 인정하는 것이 더 효과적이다. 예를 들어, "오늘 일찍 와 주셔서 감사합니다."보다는 "오늘 일찍 오신 것을 보니 당신은 매우 성실한 사람인 것 같습니다."와 같은 표현이 더 효과적이다. 이 말은 상대의 긍정적인 개인 특성에 대해 칭찬하는 말이기 때문에 상대방의 자존감을 높이는 데 기여하게 된다.

(3) 반영적 경청(reflective listening)

코칭에서도 경청이 중요한 이유는 피코치 입장에서 자신이 말하는 것을 코치가 충분히 들어 주고 있다는 것을 인식하게 되기 때문이다. 이러한 인식이 들게 되면 피코치는 자신의 내면 속에 있는 얘기도 더 하게 되며 이를 통해 긴밀한 상호작용이 일어날 수 있게 된다. 반영적 경청은 단순히 상대방이 말하는 것을 단순히 들어 주는 것을 의미하는 것이 아니라 상대방이 말하려고 하는 의미를 이해하고 추론하려는 노력을 의미한다. 물론 피코치가 하는 얘기를 단순히 들어 주는 것이 나쁘다는 것을 얘기하는 것은 아니다. 코칭에서도 피코치가 하는 말을 단순히 들어만 주어도 어느 정도 성과를 볼 수 있다. 특히 피코치의 얘기에 눈을 마주치고 동의하는 제스처를 보이거나(예, 고개를 끄덕임) 또는 말로서 "네." "그렇군요." 등과 같이 동의한다는 언어적 표현만 해 주어도 효과를 볼 수 있다.

하지만 단순히 경청만 하다 보면 피코치가 얘기하는 내용을 명확히 이해하지 못하거나 잘못 이해하고 넘어가는 수도 있기 때문에 피코치가 얘기하려는 의도를 확인해 보는 것이 소통의 효과를 높이는 데 효과적이다. 또한 피코치가 말하면서 내포된 감정을 코치가 먼저 이해하고 이에 관해 언급할 경우 피코치 입장에서는 코치가 자신의 상황에 대해 관심을 갖고 충분히 공감을 해 준다고 인식하며 코치에 대한 신뢰가 높아질 수 있다.

일반적인 반영적 경청에는 크게 구분하면 단순반영과 복합반영이 있다. 이를 설명하기 전에 반영적 경청에서 가장 기본이 되는 원칙은 의문문을 만들지 말고 평서문을 만들라는 것이다. 예를 들어, 코칭과정에서 피코치가 화가 나 있음을 코치가 인식하고 이에 대해 반영적 경청을 하는데 "화가 나셨습니까?"라고 말하기보다는 "화가 나셨겠네요."라고 얘기하는 것이 더 효과적이다. 피코치에게 전자의 느낌은 화가 났는지 안 났는지 잘 모르는 상태에서 물어본다는 인식을 줄 수 있다. 반면에 후자의 경우 피코치 입장에서는 코치가 화가 났으리라는 예측을 하고 물어보는 것으로 인식될 수 있기 때문에 코치가 자신의 상황에 대해 더 잘 이해하고 있는 것으로 인식하게 된다.

① 단순반영(simple reflection)

단순반영은 코칭과정에서 피코치가 한 얘기를 코치가 거의 동일하거나 유사한 단어로 반복 또는 재진술해서 얘기하는 것을 의미한다. 예를 들어, 피코치가 다음과 같이 얘기할 경우 이에 대해 코치가 거의 동일한 말로 반복하는 것이다.

> **피코치**: 어제 오랜만에 친구 A와 통화하는데 30분 동안 자기 얘기만 하더라고요.
> **코치**: 아, 오랜만에 통화하는데 친구 A가 자기 얘기만 30분 동안 했었군요.

다음의 대화에서는 코치가 유사한 단어를 사용해서 피코치의 말을 재진술한 것이다.

> **피코치**: 어제 오랜만에 친구 A와 통화하는데 30분 동안 자기 얘기만 하더라고요.
> **코치**: 아, 오랜만에 통화하는데 친구 A가 자기 얘기만 길게 했었군요.

② 복합반영(complex reflection)

복합반영은 코치가 피코치의 말 속에서 피코치가 직접적으로 표현은 하지 않았지만 말하고 싶은 의미나 피코치가 느끼는 감정을 추론해서 반영해 주는 것이다. 앞서 제시한 예에서 아무래도 피코치 입장에서는 오랜만에 친구와 통화하는데 상대방만 얘기를 계속 해서 자신은 얘기할 기회가 없었다는 점을 얘기하고 싶었을 가능성이 크다. 특히 피코치가 이런 말을 할 때 말의 표현이 다소 불만 섞인 어투로 얘기를 한다면 이러한 예측이 맞을 가능성이 높다. 따라서 코치는 피코치가 말할 기회가 없었다는 점을 얘기하고 싶을 것이라는 점을 추론하여 미리 얘기함으로써 피코치의 입장에서 코치가 자신의 얘기에 매우 집중하고 있다는 인식을 갖도록 만들 수 있다. 이를 통해 피코치는 코치에 대한 신뢰도가 높아지고 더 적극적으로 마음속 얘기를 하게 될 것이다.

> **피코치**: 어제 오랜만에 친구 A와 통화하는데 30분 동안 자기 얘기만 하더라고요.
> **코치**: 아, 오랜만에 통화하는데 친구 A가 자기 얘기만 해서 피코치님은 말할 기회가 없었겠네요.

다음의 예는 앞의 예에서 피코치가 얘기하고 있는 내용을 통해 피코치의 감정 상태를 추론하여 이를 반영해 주는 것이다. 피코치는 자신이 말은 안 했지만 자신이 느끼는 감정을 코치가 먼저 알아서 얘기해 주게 되면 코치가 자신의 말에 대한 집중도가 높음을 인식하게 되고 코치에 대한 신뢰가 높아지게 될 것이다. 이는 코칭 진행에 긍정적으로 작용하게 된다.

앞의 예에서 피코치는 오랜만에 친구와 통화하게 되어 하고 싶은 얘기가 많을 텐데, 친구가 자기 혼자서만 말하는 바람에 기쁜 마음이 사라지고 오히려 화가 났을 가능성이 있다. 코치가 피코치의 말하는 어투나 제스처 또는 표정과 같은 비언어적 표현을 보고 피코치의 감정을 파악하고 다음과 같이 말할 수 있을 것이다.

> **피코치**: 어제 오랜만에 친구 A와 통화하는데 30분 동안 자기 얘기만 하더라고요.
> **코치**: 아, 오랜만에 통화하는데 친구 A가 자기 얘기만 하는 바람에 피코치님은 화가 좀 나셨겠네요.

이 예에서 피코치가 말하려는 의미와 피코치의 감정상태를 합해서 다음과 같이 표현해도 좋을 것이다.

> **코치**: 아, 오랜만에 통화하는데 친구 A가 자기 얘기만 하는 바람에 피코치님은 말할 기회가 없어서 화가 좀 나셨겠네요.

(4) 요약하기(summarizing)

코칭과정에서 피코치의 말이 길어지는 경우 피코치와 코치 모두 전체 내용을 이해하기 힘들어지게 된다. 이러한 상황에서는 중간에 코치가 피코치가 한 말을 간단히 정리해 주고 넘어가는 것이 도움이 된다. 이를 통해 피코치는 자신이 한 말을 이해하게 되고 코치가 자신의 말을 주의 깊게 경청하고 있다는 인식을 받게 된다. 요약하기는 다음과 같이 세 가지로 구분할 수 있다.

① 수집요약(Collecting)

수집요약은 피코치가 얘기한 긴 내용을 간단히 정리하여 언급하는 것이다. 예를 들어, 코치가 현재 걱정되는 것이 무엇이지 물어봤는데, 피코치가 다양한 걱정거리에 대해 얘기했을 경우 코치는 다음과 같이 요약 정리할 수 있다. 이와 같이 요약 정리를 한 후에는 추가로 얘기할 것이 있는지 물어볼 수 있다.

> **코치**: 지금까지 당신은 현 상황에서 살아가면서 걱정하고 있는 부분에 대해 결혼 문제, 직장 구하기, 그리고 기거할 원룸 구하는 문제에 대해 얘기하셨습니다. 혹시 그 밖에 또 얘기할 것은 어떤 것인가요?

② 연결요약(Linking)

연결요약은 피코치가 앞에서 했던 얘기와 지금 하고 있는 말을 연결시켜 정리하는 것을 의미한다. 예를 들어, 수집요약의 예에서 피코치가 현재 삶에서 걱정스러운 부분에 대해 얘기를 하면서 만나는 이성 친구가 있는데 언제 결혼할지 걱정이 된다고 얘기한 후 이어서 결혼하게 되면 집을 구해야 하는데 서울의 전셋값이 너무 비싸서 걱정이라고 얘기한 경우 코치는 결혼 문제와 집 구하는 문제가 서로 연결되어 있음을 짐작할 수 있다. 이 경우 코치는 두 문제가 서로 연결되어 있다는 것을 피코치가 인식할 수 있게끔 다음과 같이 요약 정리할 수 있다.

> **코치**: 지금 얘기하신 집 구하는 문제는 아까 얘기한 결혼 문제와 서로 연결되어 있는 것 같은데요. 어떻게 생각하시나요?

연결요약은 피코치가 이미 한 얘기와 지금 하고 있는 얘기가 서로 차이가 있거나 서로 반대가 될 경우 이를 정리하는 차원에서 활용할 수도 있다. 예를 들면, 피코치가 한참 결혼하고 싶다는 얘기를 하다가 다시 결혼이 힘들다는 얘기를 하게 될 경우 코치는 다음과 같이 정리할 수 있을 것이다.

코치: 아까는 결혼이 하고 싶다는 얘기를 하셨는데, 지금은 결혼이 힘들겠다는 얘기를 하시네요. 결혼에 대해 양가감정이 있으신 것 같습니다.

③ 전환요약(Transitional)

전환요약은 회기 내에서 피코치가 하던 얘기의 초점을 바꾸거나 변화시키는 경우에 많이 사용한다. 예를 들어, 1회기 때 피코치와 코칭의 목표에 대해 얘기하다가 현실탐색으로 넘어가려고 할 경우 지금까지 피코치가 얘기한 목표에 대해 정리하고 넘어가는 것이 좋다. 꼭 단계가 바뀌지 않는다 해도 대화를 하다 보면 코치가 대화하는 주제를 바꾸는 것이 좋겠다고 판단되는 경우가 생긴다. 또한 피코치가 본래 주제와는 다른 내용의 얘기를 하는 경우도 생길 수 있다. 이러한 경우 지금까지의 얘기를 정리해 주고 넘어가는 것이 피코치의 대화에 대한 몰입도를 높이는 데 도움이 될 수 있다. 예를 들어, 앞서 제시한 예에서 피코치와 결혼에 관한 얘기를 한참 하다가 코치가 이제 직장생활에 관한 얘기를 하는 것이 좋겠다고 판단된 경우 다음과 같이 전환요약을 할 수 있을 것이다.

코치: 지금까지 결혼생활에 대해 많은 얘기를 나눈 것 같습니다. 이제 직장생활에 관한 얘기를 나누면 좋을 것 같은데요. 그 전에 당신히 결혼생활에 관해 하신 얘기를 정리해 보고 넘어가려고 합니다. 이러이러한 얘기를 하신 게 맞으신가요? 혹시 제가 빠뜨린 점이 있으면 말씀해 주십시오.

연습

반영적 경청 실습을 하기 위하여 3명(A, B, C)이 한 팀이 되어 10분 동안 코칭을 진행한다. 셋 중에 두 명이 각자 코치와 피코치 역할을 하고 나머지 한 명은 관찰자 역할을 한다. 피코치 역할을 맡은 사람은 최근에 고민하고 있는 다소 가벼운 주제를 꺼내서 얘기하고 코치는 코칭을 진행하며 관찰자는 이들의 대화를 관찰하면서 코치가 OARS를 얼마나 자주 하는지 기록한다. 코칭이 다 끝나면 먼저 코치가 자신이 느끼기에 OARS를 얼마나 잘했다고 생각하는지 얘기한다. 다음은 피코치도 코치가 OARS를 얼마나 잘했다고 생각하는지 얘기하도록 한다. 마지막으로 관찰자는 기록한 내용을 코치에게 피드백한다.

2) 구체적 코칭스킬

앞에서는 코칭의 기본스킬에 대해 기술하였다. 앞에서 기술한 스킬은 동기강화 상담에서 사용하는 스킬을 코칭장면의 예를 들어 설명한 것이라서 상담을 할 때도 동일하게 중요한 스킬이다. 여기서는 코칭의 특성을 고려하여 코칭진행과정에서 코치가 유용하게 활용할 수 있는 코칭상황에 적합한 스킬에 대해 설명하고자 한다.

(1) 설문지 연구 결과

Vandaveer, Lowman, Pearlman과 Brannick(2016)은 27명의 임원코칭을 주로 하는 미국의 컨설팅심리학회(Society of Consulting Psychology)와 산업 및 조직심리학회(Society for Industrial and Organizational Psychology) 회원인 심리학자들을 대상으로 심층면접을 하고 이를 질문으로 만들어 동일 학회 회원에게 보내서 최종 282명으로부터 얻은 자료를 분석하였다. 여기에서는 분석 내용 가운데 코치들이 코칭과정에서 많이 사용하는 방법이나 기법, 코치에게 중요한 코칭스킬, 그리고 코치에게 중요한 개인적 특성에 관한 결과를 제시하고자 한다. 다만 다음에서 설명하는 내용은 임원코칭을 주로 하는 코치들을 대상으로 조사한 결과이기 때문에 일부 내용은 커리어나 학습코칭과 같이 다른 코칭을 하는 경우 관련성이 없거나 낮을 수 있다는 점을 고려할 필요가 있다. 또한 Vandaveer 등은 단순히 분석 결과만을 제시하고 특정 기법, 스킬, 특성 등이 중요한 것으로 나온 이유에 대한 설명이 없어서 다음의 결과에 대한 설명은 필자가 판단하여 기술한 것이다.

먼저 코치들이 가장 많이 사용하는 기법은 〈표 4-2〉에 제시되어 있다. 질문과 경청을 포함하는 소통기법이 82%로 가장 빈도가 높은 것으로 나왔으며, 다음은 코칭에서 중요한 피코치의 목표를 설정하는 것(75%)과 회기가 끝나고 다음 회기 때까지 과제를 내주는 것(72%)의 순서로 나타났다. 이러한 결과는 코칭에서 경청과 같은 기본스킬 이외에 질문이 그만큼 중요함을 말해 준다. 또한 피코치가 구체적이고 도전적인 코칭목표를 잘 설정할 수 있도록 돕는 것도 중요한 것으로 나타났다.

●표 4-2 가장 많이 사용하는 코칭 방법 및 기법

코칭 방법 및 기법	사용빈도에서 4점 또는 5점 이상 평가한 비율(%)
소통/대화 기법(예, 적극적 경청, 소크라테스식 질문 등)	82
목표설정	75
자기반영 연습을 포함하는 과제 내주기	72
브레인스토밍	67
지속적 피드백, 문제해결	65
인지재구조 기법	60
진행상황 점검	57
독서 과제 내주기	52
코치가 개발한 특정 기법	49
시간관리, 자기주장훈련과 같은 행동 또는 기술 개발 도구	48
관련 교육, 독서자료, 자원(멘토 등) 등 학습 및 개발 기회 추천	48
행동 및 인지 실험을 포함하는 과제 내주기	46
긍정적 탐문(appreciative inquiry), 긍정심리 기법	44
관찰연습을 포함하는 과제 내주기	36
정서관리/제어 기법	34
액션러닝	32
역할연기	24
부하, 상사, 동료와의 업무관계 증진기법	22
매일의 행동계획	17
개인 미션 진술문 작성	15
심리적 이완 기법	13
초점 집단(focus group)	2

주. Vandaveer et al.(2016)에서 가져옴.

코치는 코칭진행 과정에서 코칭회기가 끝날 때쯤 피코치가 다음 회기 때까지 집이나 사무실에서 실행해 보도록 과제를 내주는 경우가 많은데, 이러한 과제 중 피코치가 자신에 대해 다시 한번 생각해 볼 수 있는 과제를 내주는 방법을 많이 사용하는 것으로 나타났다. 예를 들어, 라이프코칭을 진행하는 경우 특정 회기에서 자신의 삶에서 가장 중요한 영역(예, 결혼, 직장, 친구 등)이 무엇인지를 얘기했다면 회기가 끝나면서 특정 영역에서 현재의 상황을 성찰해 보고 현재의 상황과 자신이 이상적으로 생각하는 모습과의 차이가 어느 정도인지를 다음 회기 때까지 생각해 오는 과제를 줄 수 있다. 이를 통해 피코치는 과제를 수행하면서 코칭 한 회기를 진행한 후 내용을 다 잊지 않고 다음 회기 때까지 코칭에 대한 몰입도를 높일 수 있게 된다.

〈표 4-2〉에서 보듯이 과제를 내주는 기법은 모두 네 차례나 나타났을 정도로 코치들이 코칭진행과정에서 이 기법을 많이 사용하고 있는 것으로 나타났다. 이 중에서도 자기반영을 연습하는 과제를 가장 많이 사용하고, 다음은 읽기 과제와 피코치가 하기로 했던 행동실행계획을 직접 해 보도록 하는 과제도 포함된 것으로 나타났다.

코치에게 중요한 코칭스킬과 관련해서는 코칭의 기본스킬에서도 언급한 적극적 경청이 가장 중요한 것으로 나타났다(〈표 4-3〉 참조). 무엇보다 코치에게 가장 중요한 스킬은 피코치의 얘기를 충분히 들어 주는 것임을 알 수 있다. 이 밖에 90%가 넘을 정도의 중요한 스킬로는 관계형성 및 유지(97%), 정보수집(96%), 그리고 구두소통(95%) 등이 포함되었다. 관계형성과 유지 스킬도 그만큼 코치는 피코치와 신뢰할 수 있는 관계를 구축하는 것이 성공적인 코칭 성과를 거두는 데 중요함을 알 수 있다.

정보수집 스킬에서 인터뷰 및 평가스킬이 포함되고 구두소통에서 발표 등이 포함된 것은 Vandaveer 등의 조사가 임원코칭을 전문으로 하는 코치들을 대상으로 이루어졌기 때문인 것으로 해석할 수 있다. 임원코칭에서는 피코치인 임원과 코칭을 진행하기 전 해당 임원을 알고 있는 주변 사람들(예, 상사, 동료, 부하 포함)과 인터뷰를 실시해서 해당 임원의 역량에 대한 객관적인 정보를 수집할 필요가 있기 때문이다. 하지만 임원코칭이 아닌 다른 코칭에서도 코치는 피코치의 특성이나 배경에 대한 정보를 수집할 필요가 있기 때문에 정보수집 스킬은 동일하게 중요할 수

●표 4-3 코치에게 중요한 코칭스킬

코칭스킬	중요도에서 4점 또는 5점 이상 평가한 비율(%)
적극적 경청	98
관계형성 및 유지	97
정보수집-인터뷰, 평가스킬	96
구두소통-발표스킬, 설득 등	95
전략적 사고	85
갈등해결	85
과정 촉진	81
협력/팀워크	80
모호성/복잡성/불확실성 관리	79
리더십	78
조직화 및 계획	77
글쓰기	56
사업개발	50
프로젝트 관리	41
테크놀로지 기반 소통	40

주. Vandaveer et al.(2016)에서 가져옴.

있다.

　구두소통 스킬과 관련해서도 발표나 설득이 포함된 것은 임원코칭에서 회사 인사담당자에게 코칭용역에 관한 제안서를 발표하거나 설득하는 과정이 필요하기 때문인 것으로 볼 수 있다. 하지만 어떤 코칭이든 진행과정에서 코치는 피코치와 소통이 잘 이루어져야 하기 때문에 발표나 설득을 제외한 다른 구두소통 스킬은 중요하다.

　〈표 4-4〉는 코칭과정에서 중요한 코칭의 특성과 경험에 관한 내용이다. 표에서 보듯이 90% 이상 중요도에서 4점 이상을 준 특성은 모두 11개나 되었다. 이 중에서도 코치의 정직성과 자기인식이 가장 중요한 것으로 나타났다. 코칭과정에서 코치는 피코치에게 솔직하게 대하는 것이 무엇보다 중요하다는 점을 다시 한번 보여 주고 있다. 예를 들어, 임원코칭과정에서 피코치인 임원의 부하들과 인터뷰를 통해 임원의 부족한 역량을 알아낸 경우 피코치에게 이 부분을 솔직하게 얘기하는 것이 바람직하다. 이를 통해 피코치는 자신의 부족한 역량을 어떻게 향상시킬 것인지에

관한 방법을 찾고 이를 실행하면서 결과적으로 자신의 역량을 증진시킬 수 있기 때문이다.

코칭을 통해 코치는 피코치가 자기인식을 통해 자신에 대해 성찰하는 기회를 갖고 이를 바탕으로 개선해야 할 점을 깨닫는 자기통찰을 경험하도록 이끌어 가는 것이 중요하다. 이를 위해서는 코치도 평소에 자기인식을 많이 하는 습관을 기를 필요가 있다. 이를 통해 자신의 행동을 점검해 보고 지속적으로 성장하는 노력을 기울일 필요가 있다. 그래야 코칭과정에서 자연스럽게 피코치의 성장을 돕는 행동이

•표 4-4 개인적 특성 및 경험

개인적 특성	중요도에서 4점 또는 5점 이상 평가한 비율(%)
정직성	98
자기인식-자기반영, 자기점검, 자기통제 등 포함	98
전문성에 대한 신뢰	96
적응성	96
비판적 사고	96
개방성	96
공감	95
판단-상황인식, 관찰스킬	94
자신감	94
학습 능력	91
모호성, 불확실성, 복잡성에 대한 대처	90
겸손함	87
유머감각	82
용기	80
다양한 전문분야에 관한 개인적 연구	76
서비스 오리엔테이션	75
성취지향성	75
마음챙김	72
다양한 배경과 인생경험	67
리더십 역할 경험	61
수퍼바이즈 받은 코칭경험(예, 인턴십)	54
고객 관련 산업 또는 비즈니스 경험	52

주. Vandaveer et al.(2016)에서 가져옴.

이어질 수 있을 것이다.

코치의 적응성도 중요한 것으로 나타났다. 코칭과정에서 코치가 의도했던 대로 피코치가 따라오는 것이 아니라 기대하지 않았던 방향으로 진행되는 경우가 자주 있다. 피코치가 코칭과정에서 코칭목표를 자주 바꾸는 바람에 여러 회기가 진행되어도 목표를 제대로 정하지 못하거나 회기가 끝나면서 다음 회기까지 꼭 하겠다고 다짐한 실행계획을 다음에 만날 때 잊어버리고 하지 않았다고 답하는 등 예기치 않은 사건들을 경험하게 된다. 코치의 적응성이 높아야 이러한 경우에 적절하게 대처해 나갈 수 있을 것이다.

비판적 사고 또한 다섯 번째로 중요한 것으로 나타났다. 코칭과정에서 코치는 피코치의 의견을 수용하는 자세도 중요하지만(〈표 4-4〉에서 공감도 중요한 특성으로 나타남) 피코치가 어떤 이유 때문에 현재의 행동을 하고 있는지 물어보고 현 상황을 다른 관점에서 볼 수 있도록 격려하는 노력도 중요하다. 이를 위해서 코치는 평소에 현 상황에 대해 어느 정도 비판적 사고를 가지고 현재 하고 있는 행동을 객관적으로 분석하고 경우에 따라 수정하는 자세가 필요할 것이다.

개방성이 중요하게 나타난 이유도 코치는 코칭과정에서 피코치를 편견을 가지고 판단하지 말고 열린 마음으로 피코칭의 상황을 이해하려는 노력이 중요함을 말해 주는 결과로 해석할 수 있을 것이다.

(2) 질적연구 분석 결과

코칭과정에서 중요한 코칭스킬을 이해하는 또 다른 방법은 코칭을 받은 피코치를 대상으로 코칭과정에 대해 인터뷰를 하고 그 내용을 분석하는 질적연구를 하는 것이다. 즉, 어떤 이유 때문에 코칭이 효과적이라고 생각하는지, 코치의 어떤 말이나 행동이 코칭을 효과적으로 만드는 데 기여하는지 등을 질문하여 이에 대한 피코치의 답변을 분석하는 것이다.

이러한 질적연구 가운데 하나로서, Passmore(2010)는 8회기 이상 임원코칭을 받은 6명의 관리자를 대상으로 반구조화된 인터뷰를 실시하여 코칭의 효과에 영향을 미친 코치의 특성과 행동에 대해 물어보았으며 피코치의 답변을 정리하였다. Passmore는 코치의 특성과 행동으로 구분하여 정리하였으나 둘 간의 구분이 명확하지 않아서 여기서는 필자가 중요하다고 판단되는 특성과 행동만을 같이 묶어서 설명하고자 한다.

먼저, 코치는 피코치를 인정해 주고 문제를 해결하도록 도와주는 등 지원적인 모습을 보이는 것이 중요한 것으로 나타났다. 코치는 판단하지 않는다는 것도 중요하게 나타났는데, 코칭과정에서 코치가 피코치가 얘기한 내용에 대해 판단하지 않고 충분히 경청해 주는 것이 중요하다. 피코치가 현 상황에서 머물러 있지 않고 새롭게 도전해 보도록 격려하는 도전적 자세도 도움이 되는 것으로 인식되었다. 코치가 해결방법을 제시하지 않고 피코치와 같이 해결방법을 찾아가는 비지시적 행동도 피코치에게 인상적인 것으로 나타났다. 문제해결을 위한 실행과정에서 피코치가 장애요인을 찾고 이를 극복하기 위한 방안을 찾도록 유도하는 해결중심 방법도 효과적인 것으로 나타났다.

피코치가 현 상황에 대해 좀 더 깊게 또는 다른 관점에서 생각해 보도록 격려하는 코치의 행동도 피코치에게 중요하게 인식되었다. 실제로 특정 피코치는 코치가 현 상황에 대해 더 깊게 생각해 보거나 다른 관점에서 바라보도록 격려하는 것이 좋았다고 답하였다.

코칭에서 기본적으로 중요한 질문, 경청, 반영 행동도 여전히 도움이 되는 것으로 나타났다. 피코치들은 코치가 코칭진행과정에서 피코치가 좀 더 생각해 보도록 지속적으로 질문하는 것이 도움이 되었다고 대답했다. 코치가 자신들의 얘기를 잘 들어 주고 자신들이 한 얘기의 핵심을 정리해서 말해 주는 것도 좋았다고 답했다.

(3) 코칭질문

다음은 코칭과정에서 유용하게 활용할 수 있는 몇 가지 코칭질문에 대해 설명하고자 한다. 이 코칭질문들은 필자도 코칭과정에서 자주 활용하는 질문들이다.

① 척도질문(scale question)

척도질문은 해결중심치료(solution focused therapy) 기법에서 주로 사용하는 것으로서 1점에서 10점까지의 점수 가운데 점수로 평정해 달라고 요구하는 것이다. 이 척도질문은 코칭과정 중 다양한 상황에서 활용할 수 있다. 예를 들어, 실행의도를 수립하는 과정에서 다음과 같이 활용할 수 있다. 다음의 예에서 피코치가 실행의지를 점수로 표현함으로써 코치는 피코치의 구체적인 실행의지를 파악할 수 있는 장점이 있다. 또한 점수를 물어보는 데 그치는 것이 아니라 피코치의 답변을 토대로 후속질문을 하는 데도 활용할 수 있다.

특히 코치 생각에 점수가 다소 낮다고 판단될 경우 왜 그렇게 낮은 점수를 주었 냐고 물어보지 말고(피코치에게 반감을 줄 수 있음) 다음의 예와 같이 점수를 몇 점 으로 높이기 위해서 무엇이 필요할지를 물어보는 것이 도움이 된다. 또한 중간에 "3점이 아니라 5점이라니 실행가능성이 있는 편이네요."와 같이 5점이 낮다고 비판 하지 말고 3점이라는 낮은 점수보다 더 높다는 점을 부각시키는 것도 피코치의 의 지를 높이는 데 도움이 된다. 이러한 후속질문을 통해 피코치는 실행할 수 있는 가 능성을 높이는 방법에 대해 다시 한번 더 생각해 보게 되고 이에 대한 대안을 도출 해 낼 수 있게 된다.

> 코치: 다이어트를 위해서 구체적으로 어떤 운동을 하시겠어요?
>
> 피코치: 다이어트를 위해서 매일 아침 7시가 되면 헬스장에 가서 30분 동안 러닝 머신에서 뛰겠습니다.
>
> 코치: 뛰겠다는 의지를 1점에서 10점까지의 점수로 평정하면 몇 점을 주시겠어 요? 1점은 전혀 하지 않겠다는 것을, 10점은 100%로 하겠다는 것을 나타 냅니다.
>
> 피코치: 음……. 5점 정도 줄 수 있을 것 같습니다.
>
> 코치: 그러시군요. 혹시 5점에서 7점 정도로 높이려면 무엇이 필요할까요?
>
> 피코치: 글쎄요……. 제가 좀 게을러서 아침에 일찍 일어나는 게 힘들어서 그랬 는데……. 전날 저녁에 좀 더 일찍 자는 것이 필요할 것 같습니다.

또한 척도질문은 다양한 상황에서 적용할 수 있다. 대표적인 적용 상황의 예를 들면, 다이어트를 통해 피코치가 달성하려는 코칭목표가 10kg 감량하는 것이라면 이를 달성하려는 동기나 의지가 얼마나 되는지(1점: 동기나 의지가 전혀 없다, 10점: 동기나 의지가 매우 높다)를 알아보는 데 적용할 수 있다. 또한 다이어트와 관련해 현 재 체중에 대한 만족도가 어느 정도인지(1점: 전혀 만족하지 않는다, 10점: 매우 만족 한다)를 알아봄으로써 현재 상태를 변화하려는 의지 정도를 파악하는 데 활용할 수 도 있다. 여러 회기에 걸쳐 피코치가 다이어트를 위해 열심히 노력해 오고 있는 진행과정(예, "지금까지 진행과정에 대해 얼마나 만족하십니까?" 1점: 전혀 만족하지 않는다, 10점: 매우 만족한다)에 대한 만족도를 물어보는 데도 적용하면 효과를 볼 수 있다.

정리하자면 척도질문은 목표나 실행의도를 실행하려는 동기나 의지와 같이 피코치가 언급한 해결방안에 대한 실행의지를 파악하는 데 활용하거나 지금까지의 진행과정이나 현재 상태를 평가하는 경우에 활용하면 효과적이다.

② 기적질문(miracle question)

기적질문은 코칭과정에서 피코치가 목표를 달성하기 위한 대안 또는 실행의도를 도출하기 힘들어하는 경우 적용하면 효과를 볼 수 있다. 해결중심치료에서도 배우자와의 갈등 때문에 상담을 받으러 온 내담자가 갈등을 해결할 수 있는 방안을 생각해 보라는 상담자의 질문에 관계가 너무 안 좋아서 갈등을 해결할 수 있는 방법이 없다고 했었는데 기적질문을 함으로써 해결방안을 도출하는 데 효과가 있었다. 이 상황에서 상담자는 내담자에게 하룻밤 사이에 기적이 일어나서 배우자와의 갈등이 해결되었다고 가정해 보자고 얘기한 후 그렇다면 다음날 아침 무엇이 달라졌을지 또는 기적이 일어났다는 것을 어떻게 알 수 있을지를 물어보았다. 내담자는 생각해 본 후 "그럴 리는 없지만 만약 기적이 일어났다면 제가 아침에 남편한테 굿모닝이라고 먼저 인사할 것 같습니다."라고 답하였으며, 이것이 하나의 해결방안이 될 수 있음을 깨닫게 되었다.

코칭과정에서 대부분의 코칭주제는 피코치에게 부정적인 정서를 유발하는 경우가 많으며, 이 상황에서 피코치가 새로운 해결방안을 도출하는 것은 쉽지 않을 수 있다. 앞서 제시한 예에서와 같이 기적이 일어났음을 가정하고 피코치에게 무엇이 달라졌을지를 물어보는 경우 효과를 볼 수 있다. 다음은 상사와의 불편한 관계로 인해 스트레스를 많이 받고 있는 팀원을 대상으로 코칭을 진행하는 예를 든 것이다. 다음의 예에서 보듯이 피코치는 기적질문에 답하면서 팀장과의 관계를 개선할 수 있는 방법을 도출하게 된다.

코치: 지금부터 제가 하는 얘기에 집중해 주시고 잘 따라 주시기 바랍니다. 하룻밤 사이에 기적이 일어나서 피코치께서 지금 힘들어하고 있는 상사와의 불편한 관계가 다 해결되었다고 상상해 주시기 바랍니다. 그렇다면 내일

아침 회사에 갔을 때 무엇이 달라질까요? 또는 기적이 일어났다는 것을 어떻게 알 수 있을까요?

피코치: 글쎄요. 그렇게 상상하는 게 쉽지는 않겠지만……. 기적이라고 하니까……. 아침에 상사를 만나면 웃으면서 "팀장님 안녕하세요."라고 먼저 인사를 할 것 같은데요.

코치: 그렇다면 팀장님은 뭐라고 할까요?

피코치: 글쎄요. 그럴 리는 없지만 제가 먼저 웃으면서 인사를 했으니 팀장님도 인사를 하지 않을까요?

코치: 다시 해결방안으로 돌아와서……. 아까는 해결방안을 생각하기가 힘들다고 얘기하셨는데……. 지금은 어떠신가요?

피코치: 아까는 팀장과의 관계가 워낙 나빠서 가능한 해결방안을 생각해 낼 수 없었는데, 기적질문을 통해 답변하다 보니 제가 먼저 상사한테 웃으면서 얘기하는 방법이 있을 것 같습니다.

2. 코칭의 효과

1) 이론적 접근

코칭은 왜 효과가 있을까? 이 절에서는 이 질문에 대한 답을 제공하기 위해서 심리학적 관점에서 접근해 보고자 한다. 다양한 심리적 이론 또는 모형을 통해 코칭의 효과를 설명하는 것이 가능하다. 먼저 동기강화상담을 토대로 설명하고자 한다. Miller와 Rollnick(2007)은 개인의 변화동기를 이끌어 내는 데 의지, 능력, 준비의 세 가지가 중요하다고 하였다. 즉, 개인의 행동에서 변화를 가져오기 위해서는 행동의 중요성(의지)을 인식해야 하고 변화에 대한 자신감(능력)을 가져야 하며 변화하고자 하는 준비가 되어 있어야 한다.

필자의 생각으로는 코칭을 통해 피코치가 변화하려는 중요성과 자신감을 증진시킬 수 있기 때문에 코칭을 통한 행동변화가 가능할 것으로 판단된다. 먼저 중요성과 관련된 심리학 연구를 살펴보도록 하자.

조직심리학 분야에서 조직구성원들의 동기부여를 위한 많은 이론 가운데 Hackman과 Oldham(1975)이 제시한 직무특성모형에 따르면 구성원들이 담당하는 업무에서 다양한 변화를 줌으로써 동기를 향상시키는 것이 가능하다고 한다. Hackman과 Oldham이 제안한 다섯 가지 업무특성에서의 변화 가운데 하나가 자율권인데, 코치가 부하에게 자신이 하고 있는 업무 진행 과정에서 많은 자율권을 부여하고 이를 통해 부하 스스로 업무진행 일정과 방법을 계획하여 실행하게 되면 부하는 그 업무에 대해 좀 더 책임감과 의미를 느끼게 된다. 이로 인해 업무수행에 관한 동기가 높아지게 되고 만족과 수행량이 높아지게 된다. 책임감과 의미를 느낀다는 것은 해당 업무의 중요성을 더 인식할 것으로 기대할 수 있다. 정리하자면, 자기 스스로 결정할 때 행동변화의 중요성을 더 인식하게 되고 행동으로 이어질 가능성이 높게 된다.

이와 유사한 연구로서, Deci(1975)가 아동들을 대상으로 실시한 연구에 따르면 아이들에게 크레파스나 물감 등을 주고 자기 마음껏 그리고 싶은 것을 무엇이든 그리도록 하고 행동을 관찰한 결과 이들의 도구를 가지고 노는 활동이 크게 증가하였다. 잠시 후 연구자가 들어와서 이 가운데 잘 된 작품을 골라서 시상하겠다는 한 마디를 하고 나왔는데, 그 말을 한 후 아이들의 활동이 급격하게 떨어진 것으로 나타났다.

이 연구는 외적보상이 사람들의 내적 동기를 떨어뜨릴 수 있다는 중요한 메시지를 전하기 위한 것이지만, 이 결과를 또 다른 관점에서 본다면 아이들에게 자기 마음대로 놀 수 있는 자율권을 줄 경우 좀 더 재미와 흥미를 느끼면서 자신의 활동에 더 몰입한다는 의미로도 해석할 수 있다. 이러한 연구는 누가 시켜서 하기보다는 스스로 선택해서 할 경우 특정 일이나 활동을 더 열심히 하려는 동기가 높아짐을 입증하는 결과이다.

이미 1장에서도 설명했지만 코칭과정에서 코치는 피코치가 스스로 코칭목표를 세우고 이를 달성하기 위한 구체적인 실행의도를 수립하도록 한다. 즉, 피코치가 자율적으로 해결방안을 세우게 된다. 앞서 설명한 이론과 연구결과에 따라서 피코치는 자신이 제시한 해결방안에 대해 책임감과 중요성을 더 인식하게 되며 이를 실행할 가능성이 높아지게 될 것이다. 즉, 코칭과정에서의 자율성은 피코치로 하여금 행동변화의 중요성을 더욱 인식하게 만드는 데 기여하며, 행동을 실행하여 코칭의 효과를 높이게 된다.

두 번째 요인인 자신감과 관련해서 Bandura(1982)의 자기효능감 연구를 통해 설명 가능하다. Bandura는 자기효능감에 영향을 미치는 여러 요인 가운데 타인의 칭찬과 과거 유사과업에 관한 성공경험이 중요함을 제안하였다. 특정 개인에 대해 잘 해낼 수 있다는 주변 피드백이 있을 경우 이를 통해 개인은 용기를 얻고 자기효능감이 높아지게 된다. 또한 과거 성공경험을 통해 새로운 과제에 대해 잘 해낼 수 있다는 자기효능감이 생기게 된다.

타인의 칭찬은 직접적인 칭찬을 의미하지만 긍정적인 기대감을 갖는 것도 간접적인 칭찬으로 인식될 수 있다. 심리학에서 내가 상대방에게 어떤 기대감을 갖게 되면 상대방이 그 기대에 부합하도록 행동하게 되고 결국 긍정적 결과를 가져오게 된다는 이론이 있다. 이를 자기충족예언(self-fulfilling prophecy) 또는 피그말리온 효과라고도 한다. 이 이론은 그리스 신화에 나오는 피그말리온이라는 조각가로부터 유래되었다. 이 조각가는 자신이 조각한 여자상에 대해 너무나 사랑하게 되는데 이를 보고 여신 아프로디테가 그 사랑에 감동하여 여자상에 생명을 주게 된다.

이 이론은 교육심리학을 비롯한 많은 심리학 연구에서 그 효과가 입증된 바 있다. Rosenthal과 Jacobson(1968)이 초등학생을 대상으로 한 연구에서도 수업을 담당한 교사에게 특정 반의 학생들이 더 똑똑하다고 거짓 정보를 주고(실제 두 반의 IQ 평균은 비슷했음) 한 학기가 지난 후 두 반의 IQ를 다시 측정한 결과 똑똑하다고 거짓 정보를 준 반의 학생들의 IQ가 크게 증가한 것으로 나타났다. 이러한 결과는 거짓 정보를 통해 연구 진행자와 교사 모두 특정 집단이 더 잘할 수 있다는 기대감을 가지게 되었고 이러한 기대감이 상대방에게 전달이 되어 이들이 더 열심히 하게 된 결과라고 해석할 수 있다.

코칭과정에서도 코치는 피코치가 스스로 문제를 해결해 낼 수 있는 잠재력을 가지고 있다고 믿기 때문에 피코치가 잘 해낼 수 있다는 기대감을 갖는다. 이러한 기대감이 피코치에게 여러 가지 경로(예, 따뜻하고 격려하는 말이나 표정, 제스처 등)를 통해 전달되며 피코치는 코치가 자신에 대해 긍정적인 믿음을 가지고 있다는 것을 인식하게 된다. 이로 인해 피코치는 좀 더 잘 해낼 수 있다는 자신감이 높아지며 궁극적으로 행동변화 의지도 높아지게 된다.

또한 코칭을 진행하면서 코치는 코칭이슈와 관련해 피코치의 과거 성공경험에 관한 질문을 많이 하게 된다. 피코치는 이러한 질문에 답하면서 자신의 과거 성공경험을 떠올리게 되며 이를 통해 현재의 코칭이슈를 해결할 수 있다는 자기효능감이 높아질 수 있을 것이다.

이와 같이 코칭을 통해 피코치는 코칭이슈와 관련된 행동변화의 중요성과 자신감을 인식하게 되며 이러한 인식은 피코치의 행동실행을 높이게 되고 이를 통해 코칭에서 수립한 목표를 달성할 수 있는 가능성을 증진시키게 될 것이다.

또한 코칭이 효과가 있는 이유를 설명하는 데 있어서 자기결정이론(self-determination theory: SDT; Deci & Ryan, 1985)을 통한 설명도 가능하다. Deci와 Ryan (1985)은 사람들이 특정 행동을 하는 이유를 행동주의와 같이 외적인 보상에 두지 않고 개인의 내적인 욕구에 초점을 두고 있다. 이들은 대표적인 인본주의심리학자인 Maslow(1954)와 같이 인간의 본성에 대해 긍정적인 입장을 취하면서 사람들은 태생적으로 성장지향적인 성향을 지니고 있고 성장과 발전을 촉진하는 경험을 추구하기 위해 노력한다고 가정한다. 또한 Deci와 Ryan은 개인은 자신의 성장을 위해 세 가지 기본심리욕구(basic psychological needs)를 충족하기 위하여 스스로 노력한다고 주장하였다. 여기서 세 가지 기본욕구는 스스로 결정하기를 원하는 자율성(autonomy) 욕구, 자신의 능력을 발휘해서 무엇인가 하고 싶고 능력이 있다는 것을 인정받고 싶어하는 유능감(competence) 욕구, 그리고 타인과 밀접한 관계를 맺으려는 관계(relatedness) 욕구를 의미한다.

이러한 자기결정이론은 코칭이 왜 효과가 있는지를 설명하는 데 중요한 이론적 기반을 제공할 수 있다. Spence와 Oades(2011)는 코칭을 통해 자기결정이론에서 강조하는 세 가지 기본심리욕구인 자율성, 유능감 및 관계 욕구가 충족될 수 있기 때문에 코칭이 효과가 있다는 주장을 펴고 있다. 먼저 자율성 욕구에 관해 살펴보면 코치는 코칭을 진행하는 과정에서 피코치가 스스로 자신의 코칭이슈에 대한 해결방법을 찾도록 유도하기 때문에 코칭을 통해 피코치의 자율성 욕구가 충족된다고 볼 수 있다. 또한 코칭과정에서 코치는 피코치의 잠재력을 믿고 피코치가 문제에 대한 해결안을 제시할 수 있다고 신뢰하고 강점을 인정하며 기대감을 갖고 있기 때문에 피코치의 유능감 욕구가 충족될 수 있다. 마지막으로 코칭과정에서 코치는 피코치를 존중하고 무조건적으로 수용하고 적극적으로 경청하고 공감해 주기 때문에 코치와 피코치 간에 작업동맹이 형성되고 이를 통해 피코치의 관계 욕구가 충족될 수 있다.

따라서 코칭을 통해 피코치의 기본심리욕구가 충족되기 때문에 피코치는 코칭진행과정에 만족을 느끼게 되고 목표달성을 위해 적극적으로 임하게 되며 결과적으로 피코치가 수립한 목표를 달성하는 코칭의 성과가 긍정적으로 나타날 가능성이 높다.

코칭이 효과가 있는 또 다른 이유로는 명료하고 즉각적인 피드백이 주어지고 피코치의 자율성을 향상시킬 수 있다는 점이다. 코칭세션을 통해 코치로부터 받게 되는 명료하고 즉각적인 피드백은 피코치로 하여금 자기 인식을 깊이 할 수 있도록 해 주기 때문에 목표 실행과 관련된 다양한 생각들을 정리할 수 있게 된다. 또한 피코치 스스로 '내적 피드백'을 통해 자신을 객관적이고 긍정적으로 돌아보는 자율성이 향상된다(Wesson & Boniwell, 2007).

또한 코칭을 통해 설정된 목표는 피코치 스스로 선택하였기 때문에 행동으로 이어질 가능성이 매우 높고 효과성이 뛰어난 자기일치(self-concordance) 목표가 될 가능성이 높다. 회사의 중견매니저를 대상으로 한 가지 목표에 대해 GROW 코칭대화모델을 적용하여 일대일 코칭을 실시한 뒤 자기일치 점수와 개인가치 점수를 조사한 Burke와 Linley(2007)의 연구에 따르면 코칭 사전, 사후에 유의미한 차이가 있었고 코칭을 받지 않은 제2와 제3의 목표까지 긍정적인 방향으로 개선되었음을 보여 주었다. Wesson과 Boniwell(2007)은 문헌연구를 통해 코칭이 피코치에게 집중감과 만족감을 주며, 미래의 목표에 좀 더 몰입할 수 있도록 하면서도 현재의 과제에 집중할 수 있게 하는 효과를 보인다고 주장하였다.

2) 효과의 지속성

앞에서도 여러 번 언급했지만 코칭의 목적은 피코치가 정한 목표를 달성하기 위한 것이다. 문제는 코칭이 끝나면서 코칭의 목표가 어느 정도 달성되었다 하더라도 이러한 효과가 얼마나 지속되느냐는 것이다. 많은 코칭 관련 연구에서 이러한 지속성을 알아보기 위하여 코칭이 끝난 후 일정 시간이 지난 후 다시 동일한 종속변인을 측정하여 종속변인의 값이 유지되거나 상승하는지를 분석하였다.

하지만 이와 관련해 대부분의 연구는 코칭효과의 지속성만 측정할 뿐 지속성에 영향을 주는 요인에 관한 연구는 거의 없는 실정이다. 탁진국, 조지연, 정현, 조진숙(2017)은 코칭효과의 지속성을 증진시키는 데 영향을 주는 변인을 알아보기 위하여 주도성 코칭프로그램을 실시하고 종료 후 1개월과 3개월이 지난 시점에서 다시 한번 종속변인들을 측정하였다. 이 과정에서 실험집단 38명을 무작위로 실험 1(21명)과 실험 2(비교집단: 17명)의 두 집단으로 나누어 실험 1 집단의 학생들에게는 코칭 종료 후 실행계획을 잘 실행하고 있는지를 물어보는 문자를 주 1회 보냈으며, 비교집단(실험 2) 집단 학생들에게는 아무런 연락도 하지 않았다.

분석 결과 실험 1 집단의 경우 모든 종속변인(예, 주도성 성격, 자기효능감, 대학생활적응 등)에서 시간이 지나도 점수가 유지되거나 다소 증가하는 것으로 나타났으며, 비교집단의 경우 종속변인의 점수가 다소 감소하는 것으로 나타났다.

코칭종료 1개월과 3개월 후 실시한 추후 검사에서 피코치들이 약속한 실행계획을 얼마나 잘 실천하고 있는지도 물어보았다. 이 자료를 분석한 결과, 실험 1 집단에서 실행계획 실천정도가 다소 약간 증가한 반면, 실험 2 집단에서는 실행계획 실천정도가 감소한 것으로 나타났다. 따라서 문자를 받은 실험 1 집단에서 종속변인 점수가 유지되거나 증가한 것은 코칭이 끝난 후에도 피코치 자신이 하겠다고 약속한 실행계획을 더 많이 실천함으로써 목표를 달성하는 데 좀 더 효과가 있었던 것으로 해석할 수 있다.

Sheldon과 Lyubomirsky(2006)의 연구에서는 실험참가자들의 긍정 정서를 향상시키기 위해 '감사하기'와 '최상의 자기 시각화하기'의 두 개의 활동을 연습하게 하였는데, 실험이 끝난 후 이 두 가지 활동을 지속적으로 실천할수록 긍정 정서에 긍정적 영향을 준 것으로 나타났다.

따라서 코칭효과의 지속성을 높이기 위해서는 코칭이 끝난 후에도 지속적으로 피코치와 접촉할 필요가 있다. 코칭비용이나 다른 이유 때문에 굳이 다시 만나지 않더라도 일주일에 한 번 정도 문자를 보내거나 또는 집단으로 코칭을 진행한 경우 단톡방을 만들어 지속적으로 소통을 하는 것이 도움이 될 수 있다.

하지만 이러한 노력들이 코치 입장에서는 부담이 될 수도 있기 때문에 비용을 적게 책정하고 일정 기간 동안 일주일에 한 번 정도 간단히 전화로 통화해서 진행상황을 점검하는 것도 고려해 볼 수 있다.

중요한 점은 코칭이 끝나면서 피코치가 도움이 되었다고 얘기를 하더라도 실제 자신이 수립한 실행계획을 지속적으로 해 나가야 하는데 그렇게 하기 힘든 경우가 나타날 수 있다는 점이다. Lally, Van Jaarsveld, Potts와 Wardle(2010)의 연구에 따르면 습관이 형성되기 위해서는 동일한 행동이 반복적으로 평균 66일 정도 지속이 되어야 하는 것으로 나타났다. 이들의 연구에서는 운동, 건강한 음식 먹기, 물 마시기 등과 같은 단순한 행동이었으며 인지적으로 복잡한 사고를 요구하는 행동(예, 타인과의 관계 개선 등)의 경우 습관으로 자리 잡는 데 더 오랜 시간이 걸릴 수 있다.

정리하자면 코칭효과의 지속성을 위해 코칭이 끝나면서 코치는 모든 것을 종료할 것이 아니라 추후에도 피코치의 행동변화가 지속적으로 일어나서 정착될 수 있도록 노력할 필요가 있을 것이다.

3. 코칭의 효과에 긍정적 영향을 미치는 요인

코칭과정에서 코칭성과에 긍정적 영향을 미치는 요인에 관한 연구들도 어느 정도 진행되었다. 이에 관한 연구들은 크게 보면 코칭성과에 영향을 미치는 선행변인을 파악하는 연구로서 주로 코치와 피코치의 특성 또는 행동을 들 수 있다. 다음은 코치와 피코치 간의 관계로서 이 변인은 선행변인과 코칭의 성과 간의 관계를 매개하는 역할을 하게 된다. 이와 관련된 연구들을 간단하게 정리하면 다음의 모형으로 기술할 수 있다([**그림 4-1**] 참조).

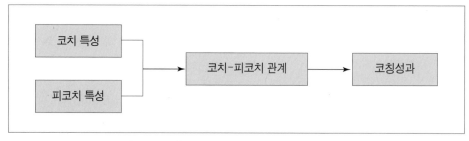

[그림 4-1] 코칭성과에 영향을 미치는 요인

1) 코치특성 또는 행동

Sonesh 등(2015)은 임원 MBA 과정 재학 중인 코치들이 학부생을 피코치로 하여 학부생의 리더십 역량을 증진시키는 코칭프로그램을 실시하고 이 과정에서 설문조사를 실시하여 결과를 분석하였다. 모두 55명의 코치와 44명의 피코치가 연구에 참여하였다. 코치의 코칭행동 가운데 일부 행동(동기조절)은 작업동맹과 유의하게 관련되었으며, 라포 형성과 진정성의 코칭행동은 정보공유와 유의하게 관련되었다. 하지만 코치의 심적 마음가짐(자신의 심리적 상태에 대한 관심, 파악하려는 능력, 이에 따른 성찰을 의미함)은 코치-피코치 간의 작업동맹 및 정보공유와는 유의하게 관련되지 않은 것으로 나타났다.

Ianiro와 Kauffeld(2014)가 48쌍의 코치-피코치들을 대상으로 5회기 코칭을 진행한 연구에서는 코치의 기분상태가 결과에 영향을 주는 것으로 나타났다. 첫 회기 이전의 코치의 긍정 기분상태는 코치의 주도적-우호적 대인관계 행동(예, 코치가 앉은 상태에서 피코치에게 좀 더 몸을 다가섬, 피코치의 반응을 이끌어 내는 다양한 질문을 함, 공감과 적극적 경청을 하는 행동 등)과 작업동맹에 긍정적 영향을 미치는 것으로 나타났다. 또한 코치의 주도적-우호적 대인관계 행동은 피코치의 주도적-우호적 대인관계 행동과 작업동맹에 긍정적 영향을 미치는 것으로 나타났다.

Ladegard와 Gjerde(2014)는 7명의 코치가 회사내 24명의 중간관리자와 상위관리자들을 대상으로 8회기 리더십코칭을 실시한 후 피코치들의 부하에게 설문을 보내 얻은 자료를 토대로 코치의 행동이 피코치들의 리더 역할효능감과 부하직원 신뢰에 미치는 영향을 분석하였다. 분석 결과 코칭프로그램이 리더의 역할효능감과 부하직원 신뢰에 긍정적인 영향을 미치는 것으로 나타났다. 또한 코칭과정에서 코치의 촉진적인 행동(예, 피드백을 제공하고, 지지해 주고, 도전에 직면토록 하는 행동 등으로 측정)은 이 두 종속변인에 유의미한 영향을 주는 것으로 나타났다.

Gessnitzer, Schulte와 Kauffeld(2016)는 31명의 대학생을 대상으로 5회기로 진행된 일대일 개인 진로코칭프로그램에서 진행된 코칭과정을 비디오로 녹화한 후 이 내용을 분석하면서 피코치의 자기효능 진술(self-efficient statement: 예, '나는 이것을 할 수 있는 자신감이 있다.' '다음 주에 나는 이것을 할 수 있을 것이다.' 등) 빈도를 계산하고 코치의 행동이 이 빈도에 미치는 영향을 분석하였다. 코치의 행동은 비디오로 촬영한 코칭과정을 분석하여 열린 질문, 해결방법 제시, 그리고 지지 등의 세 가지로 측정하였다.

이들은 코치행동이 피코치의 자기효능진술에 미치는 영향을 전체 코칭회기를 1회기, 3회기 그리고 5회기 등 세 회기로 구분하여 분석하였다. 분석 결과 코치의 열린 질문과 지지는 1회기에는 유의하지 않았고 3회기와 5회기에서만 유의하였다. 반면에 해결방법 제시는 1회기에서는 유의하였으나 3회기와 5회기에서는 유의하지 않았다. 이러한 결과는 코칭과정에서 코치가 피코치의 자기효능진술을 이끌어 내기 위해서 코칭 초반에는 피코치에게 코칭이슈에 대한 해결방법을 제안하는 것이 좀 더 효과적이며 코칭 중반 이후에는 열린 질문과 지지를 많이 활용하는 것이 좀 더 효과적임을 말해 준다.

저자들은 이러한 결과가 나타난 이유에 대해 설명하지 않았지만 필자는 이들의 연구에서 피코치가 대학생이고 코칭주제가 진로였기 때문에 나타난 결과로 해석할 수 있다고 판단한다. 코칭에 익숙하지 않은 대학생들이기 때문에 초반에 코치와 친밀한 관계가 형성되지 않은 상황에서 자신이 생각하는 해결방법을 제시하기 힘들 수 있을 것이다. 또한 진로코칭의 경우 초반에는 코치가 다양한 진로방향에 대한 아이디어를 제시할 수 있을 것으로 판단된다.

2) 피코치 특성

먼저 피코치 특성 가운데 성격과 관련된 변인을 살펴보면 Stewart, Palmer, Wilkin과 Kerrin(2008)은 피코치의 성격특성이 코칭의 성공에 영향을 미치는지를 연구하였다. 이들의 연구에서 코칭의 성공 정도는 코칭을 통해 학습한 내용을 업무현장에 얼마나 적용했는지를 측정하는 코칭전이(transfer)와 코칭에서 학습한 내용이 업무현장을 벗어나서도 효과가 있었고 유지되었는지를 측정하는 코칭 일반화 및 유지였다. 이들의 연구에서 참여한 피코치는 110명이었으며 모두 관리자급 이상의 직급에 해당되었고 모두 7회기 이상의 코칭프로그램에 참여한 경험이 있었다. 분석 결과 피코치의 성격 가운데 성실성은 코칭전이($r = .28$)와 코칭 일반화 및 유지($r = .22$) 모두와 유의하게 정적으로 관련되었다. 피코치의 개방성은 코칭전이($r = .24$)와만 유의하게 관련되었으며, 신경증도 코칭전이($r = -.21$)와만 유의하게 관련되었다. 이 연구결과에서 성격과 코칭성공 간의 상관이 유의하였지만 크지 않았기 때문에 피코치의 성격 이외에 다른 변인들이 코칭성공에 유의한 영향을 미칠 수 있음을 시사한다.

Sonesh 등(2015)은 임원 MBA 과정 재학 중인 코치들이 학부생을 대상으로 이들의 리더십역량을 증진시키는 코칭프로그램을 실시하고 이 과정에서 설문조사를 실시하여 결과를 분석하였다. 모두 55명의 코치와 44명의 학부생인 피코치가 연구에 참여하였다.

분석 결과 피코치의 코칭을 기꺼이 받으려고 하는 동기는 피코치의 목표달성 및 통찰과 정적으로 관련되었다. 추가로 피코치와 코치 간의 정보공유는 코칭행동 중 진정성과 통찰 간의 관계만을 매개하는 것으로 나타났다.

86명의 코치로부터 임원코칭을 받은 101명의 관리자급 이상의 피코치들을 대상으로 Bozer, Sarros와 Santora(2013)가 실시한 연구에 따르면 피코치의 훈련을 받으려는 동기는 이들의 자기평정 수행 및 자기인식과 정적으로 유의하게 관련되었다. 즉, 훈련동기가 높을수록 코칭을 받으려는 동기가 높을 것으로 예상할 수 있으며 이러한 태도가 긍정적인 결과를 가져온 것으로 해석할 수 있다. 피코치의 피드백 수용성도 자기평정수행 및 감독자가 평정한 수행과 유의하게 관련되었다. 피코치의 개발효능감은 자기평정수행과만 유의하게 관련된 것으로 나타났다. 하지만 이들의 학습목표지향성은 수행, 자기인식, 직무몰입 등의 종속변인과 유의하게 관련되지 않았다.

앞에서 기술한 Gessnitzer, Schulte와 Kauffeld(2016)의 연구에서 이들은 추가적으로 피코치의 자기효능진술이 코칭성과에 미치는 영향을 분석하였다. 분석 결과 코칭과정에서 회기가 진행될수록 피코치의 자기효능진술이 증가하는 것으로 나타났다. 또한 코칭 전체 과정에서 피코치의 자기효능 진술빈도와 피코치의 목표달성 정도는 유의하게 관련된 것으로 나타나서($r = .69$), 피코치가 자기효능진술을 많이 할수록 목표달성 정도가 높아짐을 알 수 있다. 이러한 결과는 피코치가 사용하는 언어가 코칭성과에 긍정적 영향을 미칠 수 있음을 보여 주는 것이다. 피코치의 자기효능진술은 자기효능감을 증진시키게 되고 이를 통해 목표를 달성할 수 있다는 자신감을 높여서 결과적으로 목표달성이 증진되는 것으로 해석할 수 있을 것이다.

3) 코치와 피코치 관계

코칭의 성과가 있기 위해서는 코치와 피코치 간의 관계가 중요하며 이들 간의 관계가 코칭의 성과에 미치는 영향에 관한 연구가 진행된 바 있다. Sonesh 등(2015)의 연구에서 이들은 코치와 피코치 간의 관계를 상담분야에서 사용되었던 작업동맹척도(Work Alliance Inventory Scale; Horvath & Greenberg, 1989)를 일부 수정 변경하여 (예, 코치와 나는 현재의 활동이 유용할 것이라고 생각한다) 활용하였다. 이러한 작업동맹이 코치 및 피코치 특성과 성과(피코치의 통찰과 목표달성) 간의 관계를 매개하는지를 분석한 결과 코치 특성에서는 코치의 동기조절과 목표달성 간의 관계를 매개하는 것으로 나타났다. 피코치 특성에서는 피코치의 동기가 피코치의 통찰에 주는 영향을 매개하는 것으로 나타났다.

Baron과 Morin(2009)은 73명의 관리자를 대상으로 8개월에 걸쳐 최대 14회기까지 코칭을 진행한 후 코칭프로그램이 피코치가 관리자로서 역할을 잘할 수 있다는 자기효능감에 미치는 영향을 분석하였다. 분석 결과 피코치의 코칭에 참가한 회기가 많을수록 자기효능감에 유의한 영향을 미치는 것으로 나타났다. 이러한 결과는 피코치와 코치 간의 코칭횟수가 많을수록 이들 간의 관계가 더 밀접해지고 이로 인해 코칭의 효과가 나타난 것으로 해석할 수 있다.

Boyce, Jackson과 Neal(2010)은 미 육군사관생도들의 리더십 역량 증진을 위하여 이들을 대상으로 8회기 리더십코칭프로그램을 실시하고 그 효과를 분석하였다. 코칭프로그램을 실시한 후 모두 74쌍의 코치-피코치로부터 자료를 얻어 분석한 결과 코치-피코치 관계를 측정한 라포(문항 예, 나는 코치/피코치와 강한 연대감을 느꼈다), 신뢰(문항 예, 나는 코치와 코칭과정을 신뢰했다) 및 몰입(문항 예, 코치는 내 리더십 개발을 위해 몰입했다)은 코칭성과(리더십 역량 자기평정, 코칭프로그램 만족도 등)를 유의하게 예측하는 것으로 나타났다.

또한 Boyce 등은 코치와 피코치가 서로 부합이 되는 수준을 업무차원과 관계차원을 측정하는 척도를 사용하여 각 차원에서 점수가 유사한 정도로 측정하였으며 이러한 부합도가 코치-피코치 관계와 코칭성과에 영향을 주는지를 분석하였다. 분석 결과 부합도가 높을수록 코치-피코치 관계가 높아지고 결과적으로 피코치의 코칭프로그램에 대한 만족도가 높아짐을 밝혀냈다.

코치와 피코치 간의 관계에 관한 연구는 상담 분야에 비해 아직 많지 않은 실정이다. 하지만 앞의 연구에서도 나타났듯이 일부 연구는 단순이 작업동맹척도를 활용하여 코치와 피코치 간의 관계를 측정하고 있기 때문에 구체적으로 어떤 관계로 인해 코칭성과가 나타났는지 파악하기 힘들다. 추후 연구에서는 코칭과정에서 코치와 피코치 간의 어떤 관계(예, 목표설정 또는 목표달성 촉진 등)가 중요한 역할을 하는지를 분석할 필요가 있다. 또한 상담장면에서 많이 활용되는 작업동맹척도를 코칭상황에 적합하게 새로운 척도를 개발하는 것도 필요하다.

4) 조절변인

앞에서 기술한 코칭성과에 영향을 주는 요인에 관한 모형에서 조절변인에 관한 연구는 매우 드문 실정이다. 위의 모형에서 선행변인과 코치-피코치 관계 또는 코치-피코치 관계와 코칭성과 간의 관계에서 조절변인의 역할을 할 수 있다. 조절변인에 관한 일부 연구(Sonesh et al., 2015)에서 목표난이도가 코치-피코치 관계와 목표달성간의 관계를 조절하는지를 분석한 결과 조절효과가 유의미하지 않은 것으로 나타났다.

5) 코칭의 효과 측정

Ely 등(2010)은 리더십코칭프로그램의 효과를 검증한 49개의 과거 리더십코칭 연구들을 고찰하고 코칭프로그램 성과 측정을 위해 어떤 변인을 측정하였는지를 Kirkpatrick(1994)이 제시한 네 가지 구분(반응, 학습, 행동, 결과)을 통해 분석하였다. 반응(reaction)은 단순히 피코치의 주관적인 만족도를 조사하는 것으로서 Ely 등의 연구에서는 피코치의 코칭에 대한 만족과 코칭효과성에 대한 인식으로 구분하였다. 학습(learning)은 피코치가 코칭을 통해 학습하게 된 내용을 의미한다. 이들의 연구에서는 학습을 인지학습(cognitive learning)과 감정학습(affective learning)으로 구분하고 인지학습에는 피코치의 자기인식과 인지적 융통성, 그리고 감정학습에는 자기효능감과 직무만족을 포함시켰다. 행동(behavior)은 코칭을 통해 피코치가 업무에서 행동상의 변화가 있는지를 알아보는 것으로서 목표달성에 대한 평가와 중요 리더십 행동에 대한 몰입으로 분류하였다. 마지막으로 결과(results)는 코칭을 통해 조직에서 얻게 된 성과를 의미하며 이들의 연구에서는 피코치의 유지(retention)와 조직의 수익(return on investment: ROI)으로 구분하였다.

분석 결과 가장 많이 사용된 코칭성과는 행동범주에 속하는 피코치의 리더십 관련 행동에 대한 몰입으로서, 조사한 연구 가운데 86%에서 사용된 것으로 나타났다. 즉, 코칭을 통해 피코치들의 특정 리더십 행동(예, 변혁적 리더십, 초진행동 등)에서 향상이 있는 것으로 나타났다. 다음은 반응 범주에 속하는 피코치의 코칭효과에 대한 인식이었고(49%), 학습범주에 속하는 자기인식과 자기효능감이 다음 순서였으며(각자 22%), 직무만족(10%)과 인지적 융통성(6%)은 덜 사용되었다. 가장 사용되지 않은 변인은 결과범주로서 유지는 단지 4%였고 조직의 수익을 분석한 연구는 10%에 불과했다.

Ely 등(2010)은 코칭의 효과검증을 위해 사용한 종속변인을 고찰하면서 대부분의 연구에서 결과적으로 나타난 성과에만 치중하였을 뿐 실제 코칭과정에 대한 분석이 미흡함을 지적하였다. 이들은 향후 코칭프로그램의 효과 검증을 위해서는 코칭과정에 대한 분석을 토대로 코칭과정에서 코치와 피코치 간의 어떠한 상호작용이 코칭 성과에 기여하는지를 파악할 필요가 있음을 강조하였다.

Ely 등의 연구결과에서도 나타났듯이 리더십코칭의 효과를 검증하기 위하여 사용하는 변인 가운데 가장 연구가 이루어지지 않은 영역은 결과범주이다. 이들이 조사한 49개 연구 가운데 효과검증을 위해 유지를 사용한 연구는 2개(4%)에 불과했으며 조직의 수익(ROI)을 분석한 연구도 5개(10%)에 불과했다. 리더십코칭을 실시하는 조직의 입장에서는 무엇보다 결과에 관심을 많이 가지고 있을 것이고 특히 리더십코칭을 실시하는 데 투자한 비용에 비해 조직에 얼마나 이익이 있는지를 평가하는 데 관심을 가지게 된다. 하지만 조직의 수익에 대한 연구는 아직도 많이 부족한 실정이며 조직의 수익을 분석한 일부 연구(McGovern et al., 2001)에서도 단순히 리더십코칭에 참여한 피코치들에게 자신의 코칭경험을 토대로 재정적인 이익이 얼마나 되는지를 추정토록 하였으며 이 추정 이익에서 프로그램 개발비용을 뺀 뒤 이를 프로그램 개발비용으로 나누어 계산한 수준에 머무르고 있다. 좀 더 정교한 방법으로 리더십코칭프로그램이 조직에 가져다주는 금전적 이익을 분석하는 방법과 연구가 필요한 실정이다.

4. 국내 코칭연구 현황

임그린, 이은주, 탁진국(2013)이 국내에서 2005년부터 2013년 6월까지 발표된 총 130편의 코칭학위 논문 및 연구논문들을 대상으로 분석한 바에 따르면 먼저 연구 방법에서는 조사연구가 84편(65%), 코칭프로그램을 실시하여 효과성을 연구한 실험연구 논문이 37편(29%), 문헌을 내용 분석한 문헌연구가 7편(5%), 관찰연구논문이 2편(2%)로 설문지를 통한 조사연구가 가장 많은 것으로 나타났다. 저자들의 전공에서는 심리학이 26.2%였고, 교육학이 30.8%, 경영학이 24.6%로 가장 많았고 이 밖에도 사회복지학, 간호학, 신학, 행정학 등 다양한 전공에서 코칭에 관한 논문을 쓰고 있는 것으로 나타났다.

연구대상에 있어서는 일반 회사에서 종사하는 임직원을 대상으로 한 논문이 73편(56%)으로 가장 많았으며, 다음은 다양한 집단(예, 초등학생, 대학생, 코치, 간호사, 중·고등학생, 부모 등)별로 각 10편 미만의 연구들이 진행된 것으로 나타났다. 특이하게 간호사를 대상으로 한 연구도 6편(5%)으로 나타나서 간호분야에서 코칭연구가 활발히 이루어지고 있음을 추론할 수 있다. 또한 회사의 임직원 대상 연구가 압도적으로 많은 것은 코칭영역 중 비즈니스코칭 분야에서 일하거나 일을 하려는 사람들이 많기 때문인 것으로 판단할 수 있다.

연구가 발표된 경로를 분석한 결과 학위논문이 81편(62%)으로 학술지논문(49편, 38%)보다 더 많았으며, 학위논문 가운데 대부분이 석사학위논문(86%)이었지만 박사학위논문은 11편(14%)으로 나타나서 코칭분야에서 박사학위논문을 쓰는 사람들이 점차 늘어나고 있는 것으로 나타났다. 저자 수로 보면 대부분이 한 명(72%)이었는데, 이는 학위논문의 비중이 크기 때문에 나타난 결과로 보인다. 또한 저자의 소속은 대학이 165명(92%)이고 실무가 15명(8%)로 나타나서 실무에서 코치로 일하면서 연구를 하는 경향이 낮은 것으로 나타났다.

130편의 논문 가운데 37편의 실험연구에 대해 코칭형태, 실험설계, 코칭주제 및 목적, 프로그램의 특성에 대한 분석을 실시한 결과, 코칭형태는 그룹코칭이 27편(73%)으로 가장 많았고, 다음이 일대일 코칭 9편(24%)이었으며, 전화와 이메일을 통한 일대일 e-코칭논문도 1편(3%) 있었다. 그룹코칭 연구가 많은 것은 석사학위

논문이 많다 보니 코칭횟수가 많은 일대일 코칭보다는 횟수가 적은 그룹코칭을 선호하기 때문에 나타난 결과로 추론할 수 있다.

실험연구를 코칭주제로 분류했을 때 라이프, 비즈니스, 학습, 커리어 등 크게 네 가지 유형으로 분류할 수 있었다. 이 가운데 라이프코칭 논문이 13편(35%)으로 가장 많았으며, 그다음으로 비즈니스코칭(9편, 24%), 학습코칭(9편, 24%), 커리어코칭(6편, 16%) 순서로 나타났다. 무엇보다 해외 코칭논문을 살펴보면 학습코칭에 관한 연구가 많지 않은데 국내에서는 학습코칭 연구가 상당한 비중을 갖고 있는 것으로 나타났다. 이러한 결과는 국내에서 청소년들의 학습에 대한 부모들의 의욕이 매우 강하기 때문에 나타난 것으로 해석할 수 있을 것이다.

코칭의 주제를 살펴보면 매우 다양한 것으로 나타났다. 라이프코칭에서는 부모 역량강화, 분노조절, 스트레스감소, 효능감 증진, 대인관계향상, 자아존중감, 자아탄력성, 행복 등이 코칭의 목표였으며, 비즈니스코칭에서는 성과향상, 대인관계향상, 자기효능감, 리더십 개발, 직무만족 등이 연구의 주제였다. 학습코칭에서는 자기주도학습력, 자기효능감, 학습능력, 학습기술, 학습동기, 자기조절력 등이었으며, 커리어코칭에서는 진로준비행동, 진로의사결정, 구직효능감, 진로결정수준, 희망, 자존감, 진로장벽 감소 등으로 나타났다.

효과의 지속성을 알아보기 위한 추후 검증의 실시 여부를 살펴보면 사전, 사후 검증과 추후 검증까지 있는 논문이 20편이었다. 이 가운데 15편이 추후 검증을 한 달이내에 실시해서 장기적으로 코칭효과의 지속성을 검증한 연구가 부족한 것으로 나타났다.

코칭프로그램 실시 주기에 대한 분석 결과에서는 주 1회 간격으로 실시한 논문이 23편(62%)으로 가장 많았으며, 주 2회가 6편(16%), 주 3회가 4편(11%)이었으며 심지어 주 5회와 월 2회 논문도 각각 1편씩 있었다.

이 연구가 국내에서 발표된 코칭연구논문을 대상으로 한 실태조사의 성격이라고 한다면 최근 코칭의 효과에 관해 메타분석한 연구도 발표된 바 있다. Jang과 Tak(2018)은 2018년 5월까지 국내에서 발행된 코칭리더십의 효과에 관한 연구논문들을 탐색하고 전문가의 검토를 통해 최종 65편, 총 272개의 데이터를 확정하였다. 이러한 자료를 토대로 CMA 프로그램을 활용하여 메타분석을 실시하였으며, 코칭리더십 및 코칭행동이 조직효과성에 미치는 전체 효과크기를 분석하고, 조사대상

(공공과 민간)과 측정도구에 따른 효과크기와 조절효과를 분석하였다.

분석 결과 코칭리더십 및 코칭행동의 전체 평균효과 크기는 .45로 크게 나타났다. 특히 다양한 종속변인 가운데 고객지향성(.63), 직무특성(.56), 조직몰입(.53), 직무만족(.57)에서 효과크기가 크게 나타났다. 또한 측정척도에 따른 효과크기 및 조절효과를 분석해 본 결과 측정척도에 따라 효과의 크기가 다르게 나타나서 측정척도의 조절효과가 검증되었다. 추가로, 연구 대상을 공공과 민간으로 구분하여 조절효과를 분석한 결과, 코칭리더십의 효과는 두 집단 모두 크게 나타나서 조절변인의 역할을 하지 못하는 것으로 나타났다.

▢ 참고문헌 ▢

임그린, 이은주, 탁진국(2013). 국내코칭연구현황 및 향후 연구방향. 미발표논문.

탁진국, 조지연, 정현, 조진숙(2017). 대학신입생 주도성 향상을 위한 코칭프로그램의 효과성연구. 청소년학연구, 24(8), 55-81.

Bandura, A. (1982). Self-efficacy mechanism in human agency. *American Psychologist, 37*, 122-147.

Baron, L., & Morin, L. (2009). The impact of executive coaching on self-efficacy related to management soft-skills. *Leadership & Organization Development Journal, 31*(1), 18-38.

Boyce, L. A., Jackson, R. J., & Neal, L. J. (2010). Building successful leadership coaching relationships: Examining impact of matching criteria in a leadership coaching program. *Journal of Management Development, 29*(10), 914-931.

Bozer, G., Sarros, J. C., & Santora, J. C. (2013). The role of coachee characteristics in executive coaching for effective sustainability. *Journal of Management Development, 32*, 277-294.

Burke, D., & Linley, P. A. (2007). Enhancing goal self-concordance through coaching. *International Coaching Psychology Review, 2*(1), 62-69.

Deci, E. L. (1975). *Intrinsic motivation.* NY: Plenum Press.

Deci, E. L., & Ryan, R. M. (1985). *Intrinsic motivation and self-determination in human behavior.* NY: Plenum Press.

Ely, K., Boyce, L. A., Nelson, J. K., Zaccaro, S. J., Hernez-Broome, G., & Whyman, W. (2010). Evaluating leadership coaching: A review and integrated framework. *The Leadership Quarterly, 21*, 585-599.

Gessnitzer, S., Schulte, E., & Kauffeld, S. (2016). "I am going to succeed": The power of self-efficient language in coaching and how coaches can use it. *Consulting Psychology Journal: Practice and Research*, *68*(4), 294-312.

Hackman, J. R., & Oldham, G. R. (1975). Development of the job diagnostic survey. *Journal of Applied Psychology, 60*(2), 159-170.

Horvath, A. O., & Greenberg, L. S. (1989). Development and validation of the Working Alliance Inventory. *Journal of Counseling Psychology, 36*, 223-233.

Ianiro, P. M., & Kauffeld, S. (2014). Take care what you bring with you: How coaches' mood and interpersonal behavior affect coach success. *Consulting Psychology Journal: practice and Research, 66*(3), 231-257.

Jang, M., & Tak, J. (2018). *A meta-analysis of the relationship between coaching leadership and organizational effectiveness in Korea.* Presented in 8th International Congress of Coaching Psychology. London.

Kirkpatrick, D. L. (1994). *Evaluating training programs: the four levels.* San Francisco: Berrett-Koehler.

Ladegard, G., & Gjerde, S. (2014). Leadership coaching, leader role-efficacy, and trust in subordinates. A mixed methods study assessing leadership coaching as a leadership development tool. *The Leadership Quarterly, 25*(4), 631-646.

Lally, P., Van Jaarsveld, C. H. M., Potts, H. W. W., & Wardle, J. (2010). How are habits formed: Modelling habit formation in the real world. *European Journal of Social Psychology, 40*, 998-1009.

Maslow, A. H. (1954). *Motivation and personality.* New York: Harper & Row.

McGovern, J., Lindemann, M., Vergara, M., Murphy, S., Barker, L., & Warrenfeltz, R. (2001). Maximizing the impact of executive coaching: Behavioral change, organizational outcomes, and return on investment. *The Manchester Review, 6*, 1-9.

Miller, W. R., & Rollnick, S. (2007). 동기강화상담: 변화준비시키기[*Motivational interviewing: Preparing people for change*]. (신성만, 권정옥, 손명자 역). 서울: 시그마프레스. (원전은 2002년에 출판).

Passmore, J. (2010). A grounded theory study of the coachee experience: The implications for training and practice in coaching psychology. *International Coaching Psychology Review, 5*(1), 48-62.

Rosengren, D. B. (2013). 동기강화상담기술훈련: 실무자워크북[*Building motivational interviewing skills: A practitioner workbook*]. (신성만, 김성재, 이동귀, 전영민 역). 서울: 박학사. (원전은 2012년에 출판).

Rosenthal, R., & Jacobson, L. (1968). *Pygmalion in the classroom: Teacher expectation and pupils intellectual development*. NY: Holt, Rinehart, Winston.

Sheldon, K. M., & Lyubomirsky, S. (2006). How to increase and sustain positive emotion: The effects of expressing gratitude and visualizing best possible selves. *Journal of Positive Psychology, 2,* 73–82.

Sonesh, S. C., Coutlas, C. W., Marlow, S. L., Lacerenza, C. N., Reyes, D., & Salas, E. (2015). Coaching in the wild: Identifying factors that lead to success. *Consulting Psychology Journal: Practice and Research, 67*(3), 189–217.

Spence, G. B., & Oades, L. G. (2011). Coaching with self-determination theory in mind: Using theory to advance evidence based coaching. *International Journal of Evidence Based Coaching and Mentoring, 9*(2), 37–55.

Stewart, L. I., Palmer, S., Wilkin, H., & Kerrin, M. (2008). The influence of character: Does personality impact coaching success? *International Journal of Evidence Based Coaching and Mentoring, 6,* 32–42.

Vandaveer, V. V., Lowman, R. L., Pearlman, K., & Brannick, J. P. (2016). A practice analysis of coaching psychology: Toward a foundational competency model. *Consulting Psychology Journal: Practice and Research, 68*(2), 118–142.

Wesson, K., & Boniwell, I. (2007). Flow theory: Its application to coaching psychology. *International Coaching Psychology Review, 2*(1), 33–43.

● ● ●
제5장

코칭과 목표이론

66 코칭과정에서 가장 중요한 것은 무엇일까? 세 가지 핵심단어를 들라고 하면 필자는 목표, 방법 그리고 실행이라고 얘기하고 싶다. 코칭은 간단히 설명하면 피코치가 원하는 목표를 잘 정하고 이를 달성할 수 있는 방법(즉, 실행의도/실행계획)을 도출한 후 이를 실행해서 목표를 달성하는 과정이기 때문이다. 코칭과정에서 먼저 목표가 수립되어야 이후 해결방법 및 실행에 이르는 과정이 뒤따르기 때문에 피코치가 원하는 목표를 정하는 것이 무엇보다 중요하다. 또한 궁극적으로 코칭효과가 있기 위해서는 목표를 달성해야 하기 때문에 코칭은 목표지향적 과정으로도 볼 수 있다.

대부분의 코칭과정에서 피코치는 코칭이슈가 있어서 찾아오기 때문에 코칭을 통해 달성하려는 목표를 정하는 것은 어렵지 않을 것으로 인식될 수 있다. 하지만 실제 코칭 과정에서 피코치가 코칭목표를 바꾸거나 코칭목표를 명확하게 말하지 못하는 경우가 자주 나타나서 코칭목표를 정하는 것이 생각만큼 쉽지는 않다. 이 장에서는 피코치가 코칭목표를 수립하고 이를 달성하는 과정에서 관련된 심리학 이론 및 연구결과를 살펴보면서 코칭에서 목표를 수립하고 달성하는 중요성을 다시 한번 인식하고자 한다. 99

1. 코칭에서 목표의 중요성

목표는 일반적으로 개인이 노력을 통해서 달성하려고 하는 성과(Grant, 2012), 또는 개인이 바라는 상태나 성과에 대한 내적 표상(Austin & Vancouver, 1996)으로 정의할 수 있다. 코칭에서 목표 설정은 매우 중요하다. GROW 모형에서의 G가 Goal(목표)을 나타내고 있듯이 피코치가 원하는 목표를 잘 설정해서 이러한 목표를 달성할 수 있는 구체적 계획을 세우는 것이 코칭에서는 중요하기 때문에 코칭을 목표지향적 활동(goal-focused activity; Grant, 2012)으로 간주하기도 한다. Grant(2012)는 이러한 목표지향적 활동을 설명하기 위하여 다음 그림([그림 5-1] 참조)을 제시하였다. 그림에서 보듯이 코치의 역할은 피코치의 코칭이슈를 확인하고 이를 통해 목

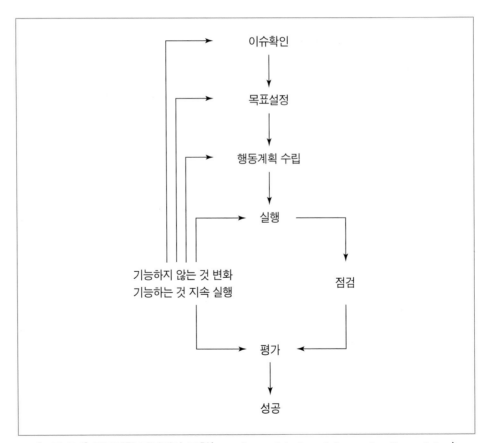

[그림 5-1] 목표지향 자기제어 모형(generic model of goal-focused self-regulation)

표를 설정하고 행동계획을 세우고 이를 실행하며, 실행과정에서 피코치가 지속적으로 점검하고 평가하며 더 나은 방법을 모색하여 궁극적으로 목표를 달성할 수 있도록 촉진하는 것임을 강조하였다. 또한 점검 및 평가 과정에서 제대로 진행되지 않을 경우 목표 또는 행동계획을 수정할 수도 있게 된다.

Schmidt(2003: Gregory, Beck, & Carr, 2011에서 재인용)는 목표를 명확히 하는 것이 코칭을 성공으로 이끄는 데 가장 중요한 요인이라고 주장한 바 있다. 또한 Smither와 Reilly(2001: Gregory, Beck, & Carr, 2011에서 재인용)도 목표설정과 목표달성을 위한 행동계획이 효과적인 코칭의 핵심요인이라고 주장하였다. 반면에 코칭 초반에 정한 목표에 치중하다 보면 코칭과정에서 피코치에게 언제든지 나타날 수 있는 새로운 이슈를 등한시하게 되거나 피코치의 성장에 중요한 근원적인 삶의 가치를 다루기 어렵다는 점 때문에 목표 설정에 대해 반대하는 입장도 있다(Grant, 2012).

Gregory 등(2011)은 임원코칭에서도 목표설정과 피드백이 중요함을 강조하였다. 즉, 코칭을 통해 피코치가 스스로 목표를 설정하고 목표를 달성하기 위한 자신의 행동에 대해 타인으로부터의 피드백을 적극적으로 받아들이려는 노력을 하거나 또는 자기 스스로 점검하면서 자신에게 피드백을 주는 노력이 중요함을 강조하였다. 이들은 이러한 두 가지 중요한 행동을 제어이론(control theory; Carver & Scheier, 1998)을 통해 설명하고자 하였다.

Carver와 Scheier(1998)는 실내 냉난방 시스템이 자동적으로 운영되는 방식을 개인의 목표추구행동에 응용하여 설명하였다. 실내 온도를 특정 온도로 설정해 두면 자동냉난방 시스템이 실내온도를 감지하여 설정온도와 차이가 발생할 경우 이러한 차이를 줄이기 위하여(discrepancy reduction) 자동적으로 냉방 또는 난방 시스템이 돌아가게 되며, 설정 온도에 도달하면 시스템이 자동적으로 멈추게 된다. 이러한 자동 장치가 지속적으로 반복되면서 실내온도는 설정된 온도에 맞추어져서 실내가 쾌적하게 유지되는 데 기여한다.

사람의 행동도 일단 목표를 수립하게 되면 현재 자신의 상황이 목표와 비교하여 부족한 것을 인식하게 되고 목표를 달성하기 위해서 특정 행동을 하게 된다. 이러한 행동을 통해 나타난 성과에 대해 타인 또는 자신으로부터 잘하고 있는지 또는 잘못하고 있는지에 관한 피드백을 받게 되고 이를 통해 목표 달성에 얼마나 도달했는지를 비교하게 되고 부족할 경우 지속적인 노력을 하게 된다. 하지만 기계와는 달리 사람은 이 과정에서 목표에 도달하지 못했다 하더라도 지속적인 노력을 하지 않고 포기하는 경우도 많이 있다. 즉, 사람은 자신의 의지나 자기조절 능력에 따라 지속적인 노력 여부가 결정될 가능성이 높다. 특히 Carver와 Scheier는 이 과정에서 개인의 성공에 대한 기대감이 중요하다고 하였다. 즉, 현재 자신의 노력을 통해 얻은 성과와 목표 간의 차이가 발생할 경우 무조건 추가 노력을 하는 것이 아니라 추가 노력을 해서 성공할 가능성이 있다고 기대할 때만 노력을 하게 되며 추가 노력을 하더라도 성공할 가능성이 없다고 인식한다면 노력을 하지 않게 된다.

Gregory 등(2011)은 임원코칭의 성과를 높이기 위하여, 첫째, 가능한 한 피코치가 상위목표를 생각해 보도록 유도하고, 둘째, 처음에는 쉬운 목표를 설정하고 코칭이 진행되면서 좀 더 도전적인 목표를 설정하도록 하며, 셋째, 피코치의 자기효능감을 높이기 위한 노력이 필요하다고 하였다(하지만 지나치게 높을 경우 노력을 안 하는 문제가 있을 수 있음을 인식해야 함). 또한 피코치가 여러 목표가 있는 경우 각 목표가 독립적인지 아니면 연계되어 있는지 파악하는 것이 중요하다고 강조하였다.

한편, 피드백과 관련해서 코치는 피코치에게 구체적이고 정확한 피드백을 제공할 필요가 있음을 주장하였다. 이 과정에서 긍정피드백의 경우 특정 행동보다는 사람에 대해서 피드백을 주는 것이 좋으며(예, "네가 이렇게 잘하다니 매우 똑똑한 것 같다." 등), 부정피드백의 경우에는 사람보다는 해당 과제나 특정 행동에 대한 피드백을 주는 것이 바람직하다.

Grant(2012)는 코칭과정에서 목표중심코칭의 중요성을 입증하기 위하여 49명의 피코치를 대상으로 5회기 해결중심 인지행동코칭프로그램을 실시하고 그 효과를 검증하였으며, 분석 결과 목표달성, 불안감소, 스트레스 감소 등에서 유의한 효과가 있는 것으로 나타났다. 추가적으로 목표중심 코칭스킬척도(Goal-focused Coaching Skills Questionnaire: GCSQ; Grant & Cavanagh, 2007)를 통해 코칭진행과정에서 코치는 피코치가 목표를 설정하고 목표 달성을 위한 구체적 실행계획을 수립하고 실행하는 데 얼마나 도움을 주었는지를 측정하였다. 또한 코칭과정에서 코치가 피코치의 얘기에 공감하고 경청하며 코치에 대해 신뢰감을 가질 수 있도록 얼마나 노력했는지에 관한 인간중심(person-centered) 코칭스타일 정도를 측정하기 위하여 Deci와 Ryan(2005: Grant 2012에서 재인용)의 지각된 자율성지원척도(Perceived Autonomy Support Scale: PASS)를 일부 수정하여 사용하였다.

각 척도점수는 코칭의 성공 여부를 측정하는 목표달성과 유의하게 관련되었으나 두 척도점수를 모두 회귀방정식에 넣고 분석하였을 때 목표중심코칭점수는 유의하였지만 자율성지원점수는 유의하지 않았다. 이러한 결과는 코칭의 성과를 나타내는 중요한 지표인 목표달성이란 관점에서 볼 때 코칭 진행과정에서 단순히 피코치의 얘기에 경청하고 공감하고 격려하는 인간중심적 코칭스타일보다는 목표지향적 코칭스타일을 사용하는 것이 더 효과적임을 시사하며, 그만큼 코칭에서 목표설정의 중요성을 의미하는 것으로 해석할 수 있다.

2. 목표위계

1) 목표위계(goal hierarchy) 개념

일상생활에서 개인의 목표는 계층화(goal hierarchy)되어 있다고 볼 수 있다(Chulef, Read, & Walsh, 2001). 즉, 상위의 목표가 있고 그 아래 상위의 목표를 달성하기 위한 하위목표가 있게 된다. 예를 들어, 내년에 공무원 시험에 합격하겠다는 목표를 세웠다면 이를 달성하기 위한 구체적인 공부계획을 수립하게 되며 이 공부계획이 하위목표가 되는 셈이다.

코칭에서도 이러한 목표의 위계 개념이 그대로 적용된다(Grant, 2012). 목표달성을 위해 구체적인 실행계획을 세우는 과정에서 방법과 구체적인 실행의도가 하위목표가 될 수 있기 때문이다. 예를 들어, 10kg 체중감량을 목표로 한 피코치가 이를 달성하기 위하여 조깅을 하겠다고 하면 조깅을 하는 것 또한 목표가 된다. 또한 조깅을 위해 매일 아침 7시가 되면 집 근처 공원에 가서 30분 동안 조깅을 하겠다는 실행의도를 세운 경우, 이 실행의도 또한 목표인 셈이다. 이 경우는 코칭목표인 10kg 체중감량을 가장 상위의 목표로 둘 경우 하위목표를 세우게 되는 과정을 의미한다.

그렇다면 이 상황에서 10kg 체중감량이 코칭에서 가장 상위목표일까? 만약 코치가 이를 최종 상위목표로 간주하고 더 이상 피코치에게 그 이상의 목표를 물어보지 않고 목표달성 방법과 실행의도만 물어본다면 10kg 체중감량이 최종 상위목표가 될 수 있다. 하지만 코치가 피코치에게 왜 체중감량을 하려고 하는지, 체중감량이 왜 그렇게 중요한지를 물어본다면 체중감량의 상위목표가 무엇인지를 탐색하게 되는 것이다.

피코치가 체중감량을 하려는 이유는 개인마다 다를 것이고 만약 체중이 많이 나가 건강이 나빠져서 건강 회복을 위해서라고 대답한다면 건강증진이 체중감량의 상위목표가 된다. 이 단계에서 코치는 건강이 피코치에게 왜 그렇게 중요한지에 대해 더 물어볼 수 있으며, 이는 건강보다 더 높은 상위목표를 탐색하는 것이다. 피코치가 자신이 집안의 가장인데, 자신은 삶에서 무엇보다 가족을 중요시하며 자신의 건강이 나빠지면 가족을 제대로 돌볼 수 없게 될까 걱정이 되어서 건강을 돌보려 한다고 대답했다고 가정하자. 이 상황에서는 피코치의 가족을 중시하는 가치가 건강증진의 상위목표가 될 수 있다. 아마도 계속적으로 질문을 하다 보면 최종적으로는 피코치가 중시하는 가치가 최종 상위목표로 나올 가능성이 있다.

그렇다면 코칭과정에서 코치는 피코치가 처음에 제시한 코칭목표에 대한 상위목표를 물어보는 것이 좋을까? 아니면 피코치가 얘기한 코칭목표를 최종 상위목표로 간주하고 하위목표에 해당하는 실행의도를 도출하는 데 집중하는 것이 좋을까?

2) 상위목표의 중요성

코칭에서의 목표위계는 목표사다리(Goal ladder; Dexter, Dexter, & Irving, 2011: Jinks & Dexter, 2012에서 재인용)로 표현될 수 있다. 목표사다리도 목표위계와 같은 의미로 해석할 수 있다. Jinks와 Dexter(2012)는 코칭과정에서 코치는 피코치가 언급한 코칭목표에 집중할 것이 아니라 피코치가 진정으로 삶에서 원하는 가치나 궁극적 목표(ultimate goal)에 대해 파악할 필요가 있다는 점을 강조하고 있다.

Jinks와 Dexter(2012)는 대부분의 코칭이 GROW 모형으로 진행되기 때문에 목표 설정 과정에서 SMART를 강조하고 목표를 구체화할 것을 요구하면서 피코치의 궁극적 목표에 대한 탐색이 부족함을 비판하고 있다. 이들은 코칭과정에서 피코치의 궁극적 목표인 가치에 대한 탐색이 필요하며 이를 다루어 주어야 피코치가 자신에게 진정한 의미가 있는 목표를 파악하게 되며 이를 통해 목표를 달성하려는 동기가 높아져서 코칭에 좀 더 몰입하게 된다는 점을 강조하고 있다. Grant(2012)도 코칭에서 SMART 목표만을 강조하는 것은 목표수립 과정을 지나치게 단순화시키는 것으로서 바람직하지 않음을 피력한 바 있다. 즉, 피코치가 크게 생각하지 않고 그냥 언급한 단순 목표에 치우쳐서 이를 달성하기 위한 행동을 이끌어 내는 데만 몰두하지 말고 피코치가 자신의 인생에 대해 다시 한번 생각해 보는 계기가 되도록 자신의 삶을 조망해 보고 자신이 언급한 목표가 이와 어떤 관련이 있는지를 생각해 보도록 코칭을 진행하는 것이 중요하다.

필자의 판단에도 코치는 피코치가 제시한 코칭목표에만 머물지 않고 피코치의 상위목표를 탐색할 필요가 있다. 상위목표를 탐색하게 되면 결국 궁극적으로 피코치가 삶에서 진정으로 원하는 것을 다루게 되고 이를 최종목표로 두게 되면 피코치는 자신이 정말로 원하는 목표를 달성하기 위해서 더 많은 노력을 하게 되어 목표에 대한 몰입도가 높아지며 코칭과정에도 더 적극적으로 몰입할 가능성이 높아지기 때문이다.

그렇다면 코칭과정에서 코치는 피코치가 처음에 설정한 목표에 대해 얼마나 지속적으로 그러한 목표를 세운 이유에 대해 탐색하는 것이 좋을까? 피코치의 삶에서의 궁극적인 목표, 즉 가치를 탐색하는 것이 말처럼 쉬운 것은 아니며, 코치 입장에서는 어느 정도나 지속적으로 질문을 해야 피코치가 추구하는 궁극적인 상위의 목표를 파악할 수 있을지에 대해 혼란스러울 수 있다. 앞서 제시한 예에서 코치는 피코치가 가족을 중시하는 가치 때문에 살을 빼려고 한다는 것을 파악했다고 하자. 여기서 코치는 추가적으로 피코치가 가족을 왜 그렇게 중요시하는지에 관한 질문을 할 필요는 없는지 결정하기가 쉽지 않을 것이다.

또한 다회기가 아닌 단회기로 코칭을 진행하는 경우 피코치가 얘기한 코칭이슈에 집중해서 진행을 하는 것이 바람직할 것이다. 그렇지 않고 피코치의 궁극적인 목표를 탐색하다 보면 단회기에 코칭을 끝마치기는 어려울 것이다.

코치는 피코치가 코칭 초반에 얘기한 목표를 너무 단순화해서 이를 구체화시키는 것이 중요하다는 생각만 가지고 코칭을 진행하는 것은 위에서 기술한대로 바람직하지 않을 수 있다. 하지만 그렇다고 해서 코칭상황을 고려하지 않고 무조건적으로 피코치의 가치를 탐색하겠다고 나서는 것도 문제가 있을 수 있다. 결국 결정은 코치의 몫이며, 목표설정 과정이 단순하지 않고 복잡한 과정이라는 점은 명심할 필요가 있을 것이다. 필자는 코칭과정에서 코치는 피코치가 언급한 코칭이슈에 대해 적어도 한두 번 정도는 그 이유를 물어보면서 상위의 목표가 무엇인지를 파악하는 노력이 필요하다고 판단한다. 이 정도 물어볼 경우 코칭시간에 큰 지장을 주지 않으면서 피코치가 현재의 코칭이슈의 중요성을 인식할 수 있기 때문이다.

3. 목표의 종류

1) 회피와 접근 목표

회피(avoidance)목표는 목표를 제시할 때 부정적인 데서 벗어나는 것으로 표현하며 접근(approach)목표는 긍정적으로 표현하는 것을 의미한다. 예를 들어, 반에서 꼴찌 하는 학생이 목표를 학교에서 꼴찌 하지 않는 것으로 정하면 회피목표가 되는 반면에 10등 올리기와 같이 긍정적으로 표현하면 접근목표가 된다. 목표를 제시할 때는 회피목표 보다는 접근목표 방식으로 제시하는 것이 바람직한 것으로 나타났다. 실제로 연구결과 회피목표를 추구하는 경우 장기적으로 웰빙이 감소되었으며 (Elliot, Sheldon, & Church, 1997), 접근목표를 추구하는 경우 학업수행과 웰빙이 높아지는 것으로(Elliot & McGregor, 2001) 나타났다. 따라서 일반적으로 코칭과정에서 코치는 피코치가 목표를 제시할 때 접근목표 방식을 활용하여 가능한 긍정적으로 표현할 것을 권유할 필요가 있다.

하지만 코칭과정에서 피코치가 긍정적으로 표현하는 것이 어렵다고 느낄 경우엔 원하지 않는 것을 그대로 표현하게 하는 것이 좋다. 피코치가 긍정적으로 다시 재진술 하는 것이 어려울 경우 자신이 적절한 목표를 세울 수 있는 능력이 없다고 자책할 가능성이 있기 때문이다(Jinks & Dexter, 2012).

2) 수행과 학습목표

수행(performance)목표가 강한 사람은 다른 사람으로부터 인정을 받기 위해 목표를 달성하려고 노력하는 반면에 학습(learning)목표를 중시하는 사람은 새로운 것을 배우기 위해, 즉 자기 성장을 위해 목표를 달성하려고 노력한다(Grant, 2012). 수행

목표가 강한 사람들은 경쟁심도 강하여 업무수행 성과가 높을 것 같지만 연구에 따르면 학습목표가 강한 사람들의 업무성과가 더 높은 것으로 나타나고 있다(Janssen & Van Yperen, 2004). 목표 달성 자체보다도 목표에 이르는 과정을 중요시하고 과정을 즐기면서 일하기 때문에 실패에 대한 스트레스가 적고 긍정정서를 많이 경험하기 때문이다.

이를 코칭장면에 응용해 보면 피코치가 목표를 수립할 때, 예를 들어 '10kg 체중감량하기'라고 하는 것보다 '10kg 체중감량하는 방법 배우기'와 같이 특정한 목표를 달성하기 위해 학습하고 배운다는 점을 강조하는 것이다. 이를 통해 피코치는 새로운 것을 배운다는 학습목표에 좀 더 치중하게 될 수 있다.

3) 보완과 경쟁 목표

코칭과정에서 피코치가 원하는 여러 목표가 서로 경쟁(competing) 또는 갈등을 일으키는 경우가 있다. 예를 들어, '가족을 위해 가정에서 더 많은 시간을 보내고 싶다.'와 '빨리 승진하고 싶다.'는 서로 갈등 또는 경쟁 관계에 있게 된다. 보완(complementary)목표는 피코치가 언급한 다양한 목표가 서로 보완 관계에 있어서 하나의 목표를 달성하면 다른 목표를 달성하는 데 도움이 되는 것을 의미한다.

코치는 코칭과정에서 피코치가 언급하는 여러 목표가 서로 경쟁관계에 있는지 또는 서로 보완관계에 있는지를 파악해서 이를 피코치가 이해하도록 만들 필요가 있다.

4) 자기일치목표

일상생활에서 개인은 수많은 목표를 세우게 된다. 이 중에서는 자신이 진정으로 달성하기 원하는 목표도 있을 것이고 특별한 목적 없이 그냥 외부의 압력 때문에 일단 목표를 수립하는 경우도 있다. 목표가 개인이 진정으로 달성하기를 원하는 경우 이를 달성할 가능성이 높아진다. 메타분석 결과에 따르면 자기일치(self-concordant goal)목표의 경우 그 효과는 $d = .37$로 나타났다(Koestner, Lekes, Powers, & Chicoine, 2002). Cohen(1992)에 따르면 d값의 크기는 .50보다 클 경우 보통크기의 효과로, d가 .20보다 작은 경우 효과가 작은 것으로 해석된다.

Koestner 등(2002)은 목표 달성을 위한 행동의 실행을 높이기 위해서는 실행의도 못지않게 자신이 세운 목표가 얼마나 자신이 원하는 목표인지가 중요하다는 결과를 보고하였다. 이들은 대학생을 대상으로 실시한 연구에서 목요일과 금요일 사이에 개인 목표(예, 페이퍼 초안 작성, 친구에게 관광장소 안내, 매일 밤 8시간 수면, 방청소 등)를 설정하게 하고 일요일에 다시 달성여부를 점검토록 하였다. 집단은 실행의도를 수립하게 한 실험집단과 아무런 조치도 취하지 않은 통제집단으로 구분하였다. 실험집단 학생들에게는 목표를 달성하기 위한 시간과 장소를 구체적으로 기술하게 하고 그 과정에서 나타날 수 있는 장애요인을 예측하고 이에 대한 극복방안을 도출하도록 하였다. 종속변인으로는 목표몰입, 목표효능감, 목표난이도, 정서상태를 측정하였다.

또한 자신이 설정한 목표가 얼마나 자기일치목표인지를 측정하기 위하여 자신이 목표를 추구하는 네 가지 이유에 대해 9점 척도(1점: 전혀 이 이유가 아니다, 9점: 완전히 이 이유 때문이다)로 평정토록 하였다. 이 네 가지 이유 가운데 첫 번째는 외적 이유로서 목표를 추구하는 이유가 다른 사람이 원하기 때문에 또는 목표를 추구하면 뭔가를 얻을 수 있기 때문이다. 두 번째는 내면화로서 목표달성을 위해 노력하지 않으면 뭔가 죄의식이 느껴지고 걱정이 돼서 노력하는 것을 의미한다. 세 번째 이유는 동일시로서 목표가 나한테 중요하고 정말로 가치가 있기 때문에 달성하려고 함을 의미한다. 마지막 네 번째 이유는 내적 이유로서 목표를 달성하기 위해 노력하는 과정이 진정으로 재미있고 즐겁기 때문이다. 자기일치목표의 점수는 동일시와 내적 이유 점수를 더한 값에서 외적 이유와 내면화 점수를 합한 값을 빼서 계산하였다.

분석 결과 자기일치목표는 목표달성과 유의미하게 관련되었으며 실험집단이 통제집단에 비해 목표달성이 높게 나타났다. 또한 집단과 자기일치목표 간의 상호작용도 유의하게 나타났으며, 이는 자기일치목표일수록 실행의도 집단에서 목표달성이 더 높게 나타났음을 의미한다.

연구 2에서도 유사한 연구를 반복하였으며 단지 목표를 주말목표가 아닌 새해목표로 정하도록 하였다. 즉, 새해 들어 1주일이 지난 후 새해결심을 한 표집을 대상으로 2주일 후 이메일로 접촉하여 목표몰입, 효능감, 긍정 및 부정 정서를 측정하였고 한 달 후 목표달성정도를 측정하였다. 분석 결과 연구 1에서와 동일하게 자기일치목표와 실행의도 간의 상호작용 효과가 유의하게 나타났다. 즉, 실행의도집단에서 자기일치목표일수록 목표달성 정도가 더 높게 나타났다.

이러한 결과는 자기일치목표와 실행의도가 상호작용하여 시너지효과를 발휘함으로써 목표달성 정도를 높일 수 있다는 것을 의미한다. 즉, 코칭과정에서 코치는 피코치가 목표달성을 위해 구체적인 실행의도를 수립하도록 하는 것 이외에 피코치가 설정한 목표가 자기일치목표인지를 확인하는 과정이 중요하다는 것을 시사한다.

Sheldon과 Elliot(1998)은 이와 유사한 연구에서 연구참여자들이 자율적인 목표(autonomous goal)를 수립한 경우 외적 동기나 내사적 동기(introjected motivation)와 같은 통제된 목표(controlled goal)를 수립한 경우보다 목표를 달성하기 위한 노력을 지속적으로 기울였고 궁극적으로 목표를 달성할 가능성이 높은 것으로 나타났다.

이들의 연구에서 자율적 목표를 내적 동기와 동일시 동기(identified motivation)로 구분하였는데, 내적 동기는 자신이 즐겁고 좋아서 하겠다고 결정한 것을 의미하며 동일시 동기는 실제로 즐겁지는 않지만 가치나 신념 때문에 해야 한다고 결정한 것(예, 훌륭한 사람이 되기 위해 열심히 공부하기)을 의미한다.

통제된 목표에 속하는 외적 동기는, 예를 들어 보상 때문에 목표를 달성하려고 하는 것이며, 내사적 동기는, 예를 들어 회사에서 월급을 받는데 열심히 하지 않으면 미안해서 일을 하는 것과 같이 하지 않으면 죄의식을 느끼기 때문에 목표를 달성하려고 노력하는 것을 의미한다. 통제된 목표의 경우 개인이 주인의식을 느끼기 힘들기 때문에 노력은 하지만 지속성과 목표 달성은 약할 것으로 기대할 수 있다.

연구참가자들은 각자 10개의 개인 목표를 기술하고 이 목표를 추구하는 네 가지 이유(앞의 네 가지 동기)를 각 이유에 대해 9점 척도(1점: 이 이유 때문이 전혀 아님, 9: 전적으로 이 이유 때문임)를 사용하여 평정하였다. 연구를 시작할 때 개인의 노력의도, 목표몰입, 목표자신감 등을 측정하였으며 연구 시작 2주와 4주 후에 각자 목표 달성을 위해 얼마나 노력했는지와 목표달성 정도를 측정하였다.

분석 결과 자율성 목표인 경우에만 2주와 4주 후의 노력 정도와 최종 목표달성 정도에 유의한 영향을 주는 것으로 나타났다. 통제된 목표의 경우에는 처음 시작할 때는 노력의도에 영향을 주었으나 추후 노력에는 영향을 주지 못했다. Koestner 등

(2002)의 연구결과와 유사하게 Sheldon과 Elliot의 연구에서도 자신이 자발적으로 원하는 목표를 정한 경우 노력을 더 하게 되고 결과적으로 목표를 달성할 가능성이 높아지는 것으로 나타났다.

코칭과정에서 코치는 피코치가 정한 목표가 앞서 기술한 네 가지 가운데 어떤 목표에 속하는지를 탐색해 보는 것도 필요하다. 이를 위해 피코치에게 왜 그러한 목표를 정하게 되었는지에 대한 이유나 해당 목표를 중요하게 생각하는 이유는 무엇인지를 물어보는 것이 도움이 될 수 있다. 만약 피코치가 정한 목표가 단순히 외적 이유나 내사적 동기와 같은 통제된 목표에 속한다면 코치는 피코치가 이 목표를 자율적 목표로 수정할 수 있는지를 탐색하는 것도 필요할 수 있다. 예를 들어, 피코치가 공부를 열심히 하려는 이유가 단순히 부모로부터 용돈을 받기 위해서이거나 그렇게 하고 싶지는 않지만 학생이니까 공부를 해야 되기 때문이라고 답한다면 코치는 이를 자율적 목표로 수정하는 노력을 기울일 필요가 있다. 이를 위해서는 내적 동기를 높이기 위해 공부를 통해서 즐길 수 있는 부분이 있는지를 물어볼 수 있다. 동일시 동기를 높이기 위해서는 피코치가 중시하는 가치를 물어보고 이러한 가치를 추구하는 것과 공부를 열심히 하는 것이 연계성이 있는지를 탐색하게 하는 것이 도움이 될 수 있다.

4. 실행의도

1) 실행의도 내용 및 효과

실행의도(implementation intentions)에 대해서는 3장의 코칭모형에서 간단히 설명한 바 있다. 실행의도는 코칭에서 실행계획(action plan)과 동일한 개념으로 이해하면 되며, 코칭과정에서 목표와 더불어 매우 중요한 역할을 하기 때문에 좀 더 설명하고자 한다.

행동변화에 관한 전통적인 연구들은 행동의도가 중요함을 강조한다(예, Aizen의 계획된 행동이론). 하지만 메타분석 결과에 따르면 행동의도와 실제 행동 간의 관계는 그렇게 높지 않은 것으로 나타나고 있다. 행동의도와 행동 간의 관계를 분석한

10개의 메타분석 연구들에 대한 메타분석을 실시한 Sheeran(2002)의 연구에 따르면 의도는 행동 변량의 28%를 설명하였으며, 이는 두 변인 간의 관계가 어느 정도 크다는 것을 시사한다. 하지만 Sutton과 Sheeran(2003: Gollwitzer & Sheeran, 2006에서 재인용)의 메타분석 연구에서는 과거 행동이 미래행동 변량의 26%를 설명하였으며 과거 행동을 통제할 경우 목표의도는 미래행동 변량에서 7%를 증가시키는 것으로 나타나서 목표의도의 효과 크기는 낮아지는 것으로 나타났다.

Webb과 Sheeran(2006)이 상관연구를 제외한 실험연구에 대한 메타분석 결과에 따르면 실험조작을 통해 목표의도는 크게 높아졌으나 목표의도를 조작할 경우 목표달성에 미치는 효과는 d = .36으로서, Cohen(1992)의 분류에 따르면 크지 않은 것으로 나타났다.

이와 같이 의도와 행동 간의 관계가 높지 않다면 의도가 행동으로 이어지는 과정에서 어떤 장애 또는 촉진요인이 작용할 가능성이 크며 이에 관한 연구가 필요함을 시사한다.

Gollwitzer(1999)는 행동변화가 일어나기 위해서는 단순한 목표의도보다 특정 상황에서 목표를 구체적으로 어떻게 실행할 것인지를 결정하는 것이 더 중요함을 강조하였다. 즉, 단순히 살을 빼기 위해 조깅하겠다가 아니라 살을 빼기 위해 집 근처 공원에서 매일 아침 7시에 일어나 조깅하겠다와 같이 구체적인 계획을 세우는 것을 의미한다. 구체적 실행의도를 정하게 되면 실행의도에서 언급한 특정 상황(예, 아침 7시 및 집 근처 공원)과 행동(조깅) 간에 연합이 일어나 기억이 쉽게 되어 특정 상황에서 인지적 부담 없이 자동적으로 특정 행동을 할 가능성이 높아지며, 이를 자동화과정(automaticity)이라고 한다.

좀 더 자세히 설명하면 목표의도가 '나는 무엇인가를 하려고 한다(I intend to reach X).'라고 한다면 실행의도는 '어떤 특정 상황에서 나는 특정 행동을 할 것이다(When situation X arises, I will perform response Y).'에 해당한다고 볼 수 있다. 여기서 실행의도는 '언제' '어디서' '어떻게'와 같이 구체적 행동을 하겠다는 것을 의미한다.

Gollwitzer는 처음에 대학생들 대상으로 연구를 실시했는데, 대학생들을 두 집단으로 구분한 후 한 집단은 크리스마스 짧은 방학기간 중 수업시간에 내준 보고서를 작성하는 목표를 주고 이를 달성하기 위해 구체적 실행의도(예, 크리스마스 이브가 되면 아침 9시에 일어나 책상에 앉아 3시간 동안 보고서 작성을 하겠다)를 수립하도록 했고, 다른 집단은 실행의도를 생각하지 않도록 했다. 연구 결과 실행의도를 수립한 집단은 2/3가 보고서 작성에 성공한 반면에 실행의도를 생각하지 않은 집단은 1/4만 성공하는 데 그쳤다.

이러한 결과는 즐겁지 않은 행동을 해야 하는 경우에도 동일하게 나타났다. Gollwitzer가 유방암 때문에 자신의 가슴을 자가진단하는 목표를 가진 집단을 대상으로 실시한 연구에서도 진단을 해야겠다는 목표의도 및 언제 어떻게 해야겠다는 구체적인 실행의도를 수립한 집단의 경우 100%가 그다음 달에 자가진단을 실시하였다. 하지만 단순히 진단을 해야겠다는 목표의도만을 가진 집단의 경우 단지 53%만이 그다음 달에 진단을 실시한 것으로 나타났다.

자기조절이 어려운 사람들의 경우에도 실행의도는 효과가 있는 것으로 나타났다. 아편중독자들을 대상으로 한 연구에서 이력서를 써서 오후 5시까지 제출하는 목표를 달성하는 과정에서 실행의도가 있는 집단의 경우 80%가 제시간에 제출하였으나 실행의도가 없는 집단의 경우 아무도 목표시간에 제출하지 못하였다.

심지어 의식적 행동통제를 관장하는 전두엽이 손상된 환자의 경우에도 실행의도가 효과가 있는 것으로 나타났다. 이러한 결과는 실행의도 효과가 의식적 처리보다는 뇌의 자동화 처리과정으로 인해 나타난다는 추론을 가능하게 한다. 즉, 특정 상황을 접하게 되면 이러한 단서가 활성화되어 의식적 노력 없이도 행동이 자동화 되어 나타나는 것이다.

2) 실행의도의 효과 이유

이러한 실행의도의 효과와 관련해 앞서 기술한 연구 이외에도 많은 연구가 실행되었으며, 메타분석 연구(Gollwitzer & Sheeran, 2006)에 따르면 실행의도와 행동 간의 관련성은 $d = .65$로 나타나 실행의도의 효과가 큰 것으로 보고된 바 있다.

실행의도가 행동으로 이루어지는 심리적 과정과 관련해서는 상황과 반응 간의 연합을 통해 특정 상황단서에 대한 기억이 반응을 자동적으로 유도하는 것으로 해석할 수 있다. 또 다른 가능한 해석은 실행의도로 인해 개인의 목표의도와 자기효능감이 높아져서 나타난다는 것이다. 하지만 실행의도가 목표의도 및 자기효능감을 증가시키지 않으며(Milne, Orbell, & Sheeran, 2002), 목표의도와 자기효능감이 높은 경우에도 실행의도가 목표달성을 높인다는 결과(Sheeran & Orbell, 2000)는 이러한 해석 가능성이 낮음을 시사한다.

실행의도의 효과와 관련된 연구에서 목표의도(goal intention)의 역할 또한 중요한 것으로 나타났다. 실행의도의 효과만 중요한 것으로 강조하다 보면 개인이 달성하려는 목표의도의 역할을 등한시할 수 있지만 연구 결과에 따르면 목표의도는 실행의도와 목표달성 간의 관계를 조절하는 것으로 나타났다(Sheeran, Webb, & Gollwitzer, 2005). 즉, 목표의도가 강할 때 실행의도의 효과가 강하게 나타났다.

이러한 결과는 코칭장면에서 매우 중요하다. 코칭과정에서 무엇보다 피코치가 수립한 목표를 달성하려는 의도가 강하고 또한 목표달성을 위한 실행의도가 강할 때 코칭의 효과가 크게 나타난다고 볼 수 있기 때문이다. 피코치의 목표의도가 강하도록 하기 위해서 코치는 피코치가 앞서 기술한 자기일치목표를 세우도록 이끌어 가고 적절하게 피드백을 제시하면서 점검할 필요가 있다.

3) 자기효능감의 기능

앞서 목표의도는 행동변화에 큰 영향을 미치지 못하며 오히려 구체적인 실행계획을 기술하는 실행의도가 행동변화에 더 큰 영향을 준다는 것을 설명한 바 있다. 그렇다면 실행의도 이외에 행동변화에 영향을 주는 변인은 또 어떤 것이 있을까? Luszczynska 등(2010)은 자기효능감이 행동변화에 직접적인 영향을 주는 동시에 실행의도와 상호작용하여 행동변화에 영향을 주는 것을 밝힌 바 있다. 중국 청소년(7~12학년) 706명을 대상으로 일주에 세 번 이상 규칙적인 운동을 할 의도가 있는지와 현재의 운동상태를 물어보고 4주 후 구체적인 계획을 세웠는지, 운동에 대한 자기효능감이 어느 정도이며 실제 운동을 얼마나 하고 있는지를 측정하였다.

조절된 매개모형검증을 통해 분석한 결과 목표의도는 실제운동에 유의한 영향을 미치지 못했으며 시작 시점에서의 운동활동, 구체적 계획수립 그리고 자기효능감은 실제운동에 유의한 영향을 미치는 것으로 나타났다. 특히 구체적 계획수립과 자기효능감의 상호작용이 실제운동에 유의한 영향을 미치는 것으로 나타났다. 추가 분석 결과 자기효능감이 높은 경우 구체적 계획수립은 실제운동에 유의한 영향을 미쳤지만 자기효능감이 낮은 경우 구체적 계획은 실제운동에 유의한 영향을 미치지 못하였다. 이러한 결과는 연구자들이 15세에서 19세까지의 폴란드 청소년 620명을 대상으로 실시한 연구에서도 동일하게 나타났다.

이 연구 결과는 코칭장면에서 실행의도가 실제 행동변화를 가져오는 데 효과적 이라는 과거 연구 결과와 일관된 것이며, 추가적으로 피코치의 자기효능감이 낮을 경우 실행의도가 행동변화에 영향을 주지 못할 수 있다는 결과를 제시하였다는 점에서 시사점이 있다. 코칭 진행과정에서 피코치가 구체적인 실행계획을 제시할 때 코치는 피코치의 실행의지뿐 아니라 이를 실행할 수 있는 자기효능감이 있는지를 파악할 필요가 있으며, 실행 자기효능감이 낮은 경우 이를 높일 수 있는 방법을 모색한 후 코칭을 마무리할 필요가 있다. 피코치의 실행 자기효능감이 낮음에도 불구하고 해당 회기 코칭을 마무리하게 되면 실행계획이 실행으로 이어지지 않고 의도에서 끝날 가능성이 있기 때문이다.

5. 심리적 대조

목표설정과정에서 목표를 달성하기 위해서는 목표에 대한 몰입도가 높아야 한다. 앞서 목표위계와 자기일치목표에서도 기술하였지만 코칭과정에서 피코치는 목표를 달성하려는 동기가 높아야 목표 달성을 위해 더 노력하게 되며 결과적으로 목표를 달성하게 된다. Oettingen(1999)은 목표를 달성하기 위해 몰입하는 정도를 높이기 위해 심리적 대조(mental contrast)라는 방법을 제시하였다. 이 방법은 개인이 자신이 생각하고 있거나 수립한 목표를 달성하게 되면 미래에 얻을 수 있는 긍정적 성과에 대해 생각해 보고 동시에 현 상황에서 이러한 성과를 얻는 데 장애요인으로 작용하고 있는 것이 무엇인지를 생각해 보게 하는 것이다. 이를 통해 괴리감을 인식하고 이를 해소하기 위해 목표에 몰입하게 된다는 것이다.

Oettingen, Pak과 Schnetter(2001)는 전체 집단을 심리적 대조를 하도록 한 집단, 미래의 긍정적 성과에 대해서만 생각하게 한 집단, 그리고 현재의 부정적 장애요인에 대해서만 생각하게 한 집단 등 세 개의 집단으로 구분한 후, 인지, 감정, 행동(노력, 수행정도) 등 다양한 종속변인에서 세 집단의 차이를 비교하였다. 분석 결과, 심리적 대조집단에서 모든 종속변인의 값이 가장 높게 나타나서, 미래의 긍정적 성과와 현재의 장애요인을 동시에 생각하는 것이 목표 몰입도를 가장 높게 만드는 것으로 나타났다.

Duckworth 등(2011)은 Oettingen 등(2001)의 연구를 토대로 심리적 대조와 실행의도의 두 가지 목표달성을 높일 수 있는 방법을 합할 경우 목표달성에 어떤 긍정적 효과를 주는지를 분석하였다. 대학입학을 위해 PSAT 작문 시험을 준비하는 고등학생을 대상으로 연구한 결과 심리적 대조(연습과제를 다 끝낼 경우 기대하는 두 가지 성과와 현 상황에서 두 가지 장애물에 대해 기술하게 함)와 실행의도(각 장애요인을 어떻게 해결할 것인지를 구체적으로 기술함)를 모두 다 연습하게 한 조건에 있는 학생들이 통제집단 학생들에 비해서 완성한 연습문제 개수가 60프로나 더 높게 나타났으며, 이 차이는 유의하였다.

이러한 결과를 코칭장면에 적용해 보면, 코치는 피코치가 코칭목표를 수립한 후 이러한 목표를 달성할 때 미래에 얻을 수 있는 긍정적인 성과에 대해 생각해 보고 얘기하도록 한다. 피코치가 이에 대해 얘기하면 이어서 현 상황에서 이러한 미래 성과를 얻는 데 장애가 되는 요인이 무엇인지를 파악하게 한다. 이러한 과정을 통해 피코치는 미래의 긍정적 성과를 얻는 것과 현재 상황과의 괴리가 있음을 인식하게 되고 이를 해소하기 위한 노력을 더 하게 된다. 이 상황에서 Duckworth 등의 연구결과에 따라 추가적으로 코치는 피코치에게 현 상황에서의 장애요인을 구체적으로 극복할 수 있는 실행의도를 수립하도록 요청할 수 있을 것이다.

6. 시각화

목표관련행동을 시각화하는 것도 목표를 달성하는 데 도움이 될 수 있다. 예를 들어, 다이어트를 위해서 체중을 10kg 감량하는 것을 목표로 삼고 매일 저녁 30분씩 근처 공원에서 걷겠다고 한 경우 이 걷는 모습을 시각화하여 머릿속에서 상상하게 하는 경우 효과를 볼 수 있다. Pham과 Taylor(1999)의 연구에서 시험공부하는 모습을 머릿속에서 시각화하도록 훈련받은 학생들은 더 공부를 많이 했고 성과도 더 높은 것으로 나타났다.

7. 종합

이 장에서는 코칭에서 목표의 중요성에 대해 기술하였으며 코칭진행과정에서 도움이 될 수 있는 목표와 관련된 다양한 내용에 대해 설명하였다. 앞서 기술한 내용을 간단히 정리하자면 코칭에서 목표설정과 목표달성이 중요하다고 설명할 수 있다. 이 장에서 기술한 내용 가운데 목표설정에 관한 내용은 목표위계와 목표의 종류로 볼 수 있다. 목표 설정 시 코치는 피코치의 상위목표에 대해 물어보거나 목표를 제시할 때 회피가 아닌 접근목표로 제시하도록 이끌어 갈 필요가 있다. 또한 코치는 피코치가 얘기한 목표가 자기일치목표인지를 확인할 필요가 있다.

목표달성과 관련된 내용은 먼저 실행의도를 들 수 있다. 코치는 피코치가 실행계획을 세울 때 구체적으로 어떤 상황에서 어떻게 행동하겠다고 얘기하도록 이끌 필요가 있다. 또한 코치는 피코치의 목표달성 가능성을 높이기 위하여 심리적 대조와 시각화 방법을 활용할 수 있을 것이다.

❑ 참고문헌 ❑

Austin, J. T., & Vancouver, J. B. (1996). Goal constructs in psychology: Structure, process, and content. *Psychological Bulletin*, *120*(3), 338-375.

Carver, C. S., & Scheier, M. F. (1998). *On the self-regulation of behavior*. New York: Cambridge University Press.

Chulef, A. S., Read, S. J., & Walsh, D. A. (2001). A hierarchical taxonomy of human goals. *Motivation & Emotion*, *25*(3), 191-232.

Cohen, J. (1992). Quantitative methods in psychology: A power primer. *Psychological Bulletin*, *112*(1), 155-159.

Duckworth, A. L., Grant, H., Loew, B., Oettingen, G., & Gollwitzer, P. M. (2011). Self-regulation strageties improve self-discipline in adolescents: Benefits of mental contrasting and implementation intentions. *Educational Psychology*, *31*(1), 17-26.

Elliot, A. J., & McGregor, H. A. (2001). A 2 x 2 achievement and goal framework. *Journal of Personality and Social Psychology*, *80*(3), 501-519.

Elliot, A. J., Shledon, K. M., & Church, M. A. (1997). Avoidance personal goals and subjective well-being. *Personality and Social Psychology Bulletin, 23*(9), 915-927.

Gollwitzer, P. M. (1999). Implementation intentions: Strong effects of simple plans. *American Psychologist, 54*, 493-503.

Gollwitzer, P. M., & Sheeran, P. (2006). Implementation intentions and goal achievement: A meta-analysis of effects and processes. *Advances in Experimental Social Psychology, 38*, 69-119.

Grant, A. M. (2012). An integrated model of goal-focused coaching: An evidence-based framework teaching and practice. *International Coaching Psychology Review, 7*, 146-165.

Grant, A. M., & Cavanagh, M. (2007). Te goal-focused coaching sill questionnaire: Preliminarily findings. *Social Behavior and Personality: An International Journal, 35*(6), 751-760.

Gregory, J. B., Beck, J. W., & Carr, A. E. (2011). Goals, feedback, and self-regulation: Control theory as a natural framework for executive coaching. *Consulting Psychology Journal: Practice and Research, 63*(1), 26-38.

Janssen, O., & Van Yperen, W. V. (2004). Employees' goal orientations, the quality of leader-member exchange, and the outcomes of job performance and job satisfaction. *Academy of Management Journal, 47*(3), 368-384.

Jinks, D., & Dexter, J. (2012). What do you really want: An examination of the pursuit of goal setting in coaching. *International Journal of Evidence Based Coaching and Mentoring, 10*(2), 100-110.

Koestner, R., Lekes, N., Powers, T. A., & Chicoine, E. (2002). Attaining personal goals: Self-concordance plus implementation intentions equals success. *Journal of Personality and Social Psychology, 83*(1), 231-244.

Luszczynska, A., Cao, D. S., Mallach, N., Pietron, K., Mazurkiewicz, M., & Schwarzer, R. (2010). Intentions, planning, and self-efficacy predict physical activity in Chinese and Polish adolescents: Two moderated mediation analyses. *International Journal of Clinical and Health Psychology, 10*(2), 265-278.

Milne, S., Orbell, S., & Sheeran, P. (2002). Combining motivational and volitional interventions to promote exercise participation: Protection motivation theory and implementation intentions. *British Journal of Health Psychology, 7*, 163-184.

Oettingen, G. (1999). Free fantasies about the future and the emergence of developmental goals. In J. Brandstädter & R. M. Lerner (Eds.), *Action & Self-Development:*

Theory and research through the lifespan (pp. 315-342). Thousand Oaks, CA: Sage.

Oettingen, G., Pak, H., Schnetter, K. (2001). Self-regulation of goal setting: Turning free fantasies about the future into binding goals. *Journal of Personality and Social Psychology, 80*, 736-753.

Pham, L. B., & Taylor, S. E. (1999). From thought to action: Effects of process-versus outcome-based mental simulations on performance. *Personality and Social Psychology Bulletin, 25*, 250-260. doi:10.1177/0146167299025002010.

Sheldon, K. M., & Elliot, A. J. (1998). Not all personal goals are personal: comparing autonomous and controlled reasons for goals as predictors of effort and attainment. *Personal and Social Psychology Bulletin. 24*, 546-557.

Sheeran, P. (2002). Intention-behavior relations: A conceptual and empirical review. In W. Stroebe & M. Hewston (Eds.), *European Review of Social Psychology* (Vol. 12, pp. 1-30). New York: Wiley.

Sheeran, P., & Orbell, S. (2000). Using implementation intentions to increase attendance for cervical cancer screening. *Health Psychology, 19*, 283-289.

Sheeran, P., Webb, T. L., & Gollwizter, P. M. (2005). The interplay between goal intentions and implementation intentions. *Personality and Social Psychology Bulletin, 31*, 87-98.

Webb, T. L., & Sheeran, P. (2006). Does changing behavioral intentions engender behavior change? A meta-analysis of the experimental evidence. *Psychological Bulletin, 132*(2), 249-268.

● ● ●
제6장
코칭 및 코칭심리 연구방법

66 이 장에서는 코칭 및 코칭심리와 관련된 학위논문이나 연구논문을 쓰고자 할 때 작성하는 방법에 대해 설명하고자 한다. 또한 연구논문 주제가 코칭프로그램을 개발하고 실시하여 그 효과를 검증하고자 하는 경우 통계분석패키지인 SPSS-WIN25를 이용하여 분석하는 방법에 대해 기술하고자 한다. 99

1. 연구논문 작성법

코칭심리에서 석사 또는 박사 논문을 쓰는 경우 심리학에서는 대부분 다음과 같은 양식을 사용하여 논문을 기술하게 된다. 여기서는 심리학에서 일반적인 논문 작성방법에 대해 간단히 설명하기로 한다. 하지만 여기서 기술하는 작성방법은 대부분 다른 학문분야에도 적용될 수 있기 때문에 코칭심리가 아닌 코칭분야에서 논문을 쓰는 경우에도 활용할 수 있다.

1) 국문초록

논문에서 제일 첫 페이지에 들어가는 것은 국문초록이다. 국문초록에서는 연구목적, 조사대상, 중요한 연구결과, 그리고 핵심적인 논의사항을 간단히 기술한다. 가능하면 1페이지를 넘지 않도록 핵심적인 내용만 기술하는 것이 중요하다. 원칙적으로 초록은 짧게 쓰기 때문에 보통 첫 줄에서 시작된 내용을 중간에 새로운 줄에서 시작하지 않고 그대로 이어서 쓰게 된다.

2) 영문초록

영문초록(Abstract)에서는 일반적으로 국문초록을 영문으로 번안하여 기술하면 된다.

3) 서론

서론에서는 연구의 필요성과 목적을 기술하는 것이 핵심이다.

(1) 연구 필요성과 목적

연구 필요성과 목적은 너무 많이 기술하지 말고 보통 3페이지 이내로 하면 된다. 내용이 너무 길 경우 연구 필요성과 목적이 무엇인지 오히려 혼동될 수 있으니 핵심적인 내용만 기술하도록 한다.

일반적으로 연구주제와 관련된 이슈가 무엇인지에 대한 기술로부터 시작한다. 예를 들어, 고등학생을 대상으로 행복증진 강점코칭프로그램을 개발하여 실시하고 효과를 검증하려고 한다면 처음에는 현재 한국 고등학생들의 행복 수준이 낮다는 문제점을 기술하면서 이를 증진시킬 필요가 있음을 언급한다.

다음은 현재의 연구주제와 관련된 과거 연구에 관해 간단히 기술하면서 과거 연구에서 부족한 부분이 무엇인지를 기술할 필요가 있다. 이어서 이러한 부족함을 개선 또는 해결하기 위하여 본 연구에서 다루는 주제에 관한 연구가 실행될 필요가 있음을 기술하면서 본 연구의 목적을 기술하면 된다. 이를 통해 본 연구가 과거 연구와 어떤 차별성이 있는지를 부각시킬 필요가 있다.

앞서 제시한 예를 들면, 한국 고등학생들의 행복 수준이 낮기 때문에 이를 증진시키기 위한 연구들이 있었지만 대부분 설문지 연구를 통해 행복에 영향을 주는 변인이 무엇인지를 밝히는 데 그쳤으며 실제 특정 프로그램을 개발하여 행복을 증진시키는 노력은 없었다는 점을 강조하면 된다. 또한 고등학생 대상으로 실시된 일부 상담프로그램들은 이들의 우울이나 불안을 해소하는 데 초점을 두었으며 행복 자체를 증진시키는 데 목적을 둔 연구는 없었다는 점도 기술하면 된다. 따라서 현재의 연구는 이러한 문제점을 해소하기 위하여 고등학생을 대상으로 이들의 행복을 증진시키는 데 목적을 두고 강점코칭프로그램을 개발하고 실시하고자 한다고 기술한다.

(2) 이론적 배경

서론에 대한 기술이 끝나면 다음은 이론적 배경에 관한 내용을 기술한다. 일반적으로 '이론적 배경'이란 제목을 쓰고 해당 연구에서 사용하는 다양한 변인에 대한 설명과 이에 관한 과거 연구 결과에 대한 기술이 필요하다.

앞서 제시한 예에서 '강점코칭프로그램이 고등학생의 행복증진에 미치는 영향'으로 제목을 정했다면 소제목으로 '강점'과 '행복' 등이 가능하다. 소제목인 '강점'에서는 강점의 정의가 무엇이고 강점을 활용한 프로그램은 어떠한 것들이 있었으며 강점코칭은 어떻게 진행하는 것인지에 대한 설명이 필요하다. 또한 소제목인 '행복'에서는 행복에 대한 정의와 행복 증진을 위한 프로그램과 관련된 과거 연구에 대한 설명이 필요하다. 마지막 문단에서는 강점코칭프로그램이 어떠한 이유 때문에 행복을 증진시킬 수 있는지에 대한 설명을 기술하고 바로 아래에 다음과 같은 가설을 기술한다.

가설 1 '강점코칭프로그램은 행복에 긍정적 영향을 줄 것이다.'

만약 종속변인이 행복 이외에 희망과 같은 변인이 추가될 경우 소제목으로 '희망'을 만들고 희망의 정의와 희망수준을 높이기 위해 실시된 과거 연구결과들을 간단히 고찰한다. 이어서 강점코칭프로그램이 희망을 향상시킬 수 있는 이유가 무엇인지를 논리적으로 설명하고 이를 통해 다음과 같은 가설을 도출할 수 있다고 기술한 후 다음과 같이 가설 2를 기술하면 된다.

가설 2 '강점코칭프로그램은 희망에 긍정적 영향을 줄 것이다.'

즉, 가설은 서론이나 연구방법 등에서 기술하지 말고 이론적 배경의 관련 소제목에서 내용을 기술한 다음 마지막 부분에 기술하는 것이 바람직하다. 또한 기술한 가설 바로 위에 반드시 왜 이와 같은 가설을 세울 수 있는지에 대한 설명이 있어야 한다.

만약 연구주제가 코칭프로그램을 개발하고 효과를 검증하는 것이라면 코칭프로그램에 대한 설명이 포함되어야 하는데, 이론적 배경에서 가설을 제시한 후 다음에 '코칭프로그램 내용'과 같은 소제목을 넣고 연구자가 개발한 코칭프로그램에 대해 설명하면 된다.

(3) 연구방법

서론과 이론적 배경에 관한 기술이 끝나면 다음은 연구방법에 대해 기술하게 된다. 여기서는 일반적으로 연구대상이 되는 조사대상자 또는 참가자들이 몇 명인지와 이들에 대한 간단한 인구통계적 변인, 측정하려는 변인에 대한 설명인 측정도구, 그리고 분석하는 데 사용하는 통계방법에 대해 기술하게 된다.

① 조사대상자 및 연구절차

해당 연구에서 자료를 모으게 되는 조사대상자는 누구이고 몇 명이며, 기타 조사대상자들에 관한 인구통계적 변인(예, 성별, 학력, 결혼여부, 직장인의 경우 근속연수, 직급 등)에 대해 기술하고, 추가적으로 자료는 어떠한 과정을 거쳐서 얻게 되었는지에 대해서도 설명한다. 설문조사의 경우 온라인조사업체를 통해 자료를 얻었는지 또는 오프라인을 통한 경우 어떻게 조사대상자를 접촉하여 설문을 얻었는지에 대한 과정을 설명해야 한다. 코칭프로그램의 효과를 연구하는 경우 코칭프로그램에 참여하는 참가자들을 어떻게 모집하였고 실험과 통제집단은 어떻게 구분하였는지에 대한 설명이 필요하다. 연구절차 과정의 내용이 긴 경우 연구절차를 소제목으로 독립시켜 기술할 수도 있다.

　연구주제가 코칭프로그램을 개발하고 실시하여 효과를 검증하는 내용인 경우 코칭을 실시하는 실험집단과 코칭을 실시하지 않는 통제집단 두 집단을 모집해야 한다. 모집하는 방법은 만약 연구자가 15명에 대해 개인 코칭 또는 그룹코칭으로 진행하려는 경우 15명의 두 배인 30명을 모집해야 한다. 30명을 모집한 후 무선적으로 실험과 통제 집단으로 15명씩 배정하게 된다. 통제집단에게는 당장 코칭을 진행하기 어려운 상황을 얘기하고 기다려 주면 실험집단에 대한 코칭이 끝난 후 해 줄 것을 약속하고 이들은 대기집단으로 기다리게 한다. 실험집단에 대한 코칭을 끝낸 후 다시 대기하고 있는 통제집단 참가자들에게 연락하여 코칭을 진행한다.

　또한 이 과정에서 코칭의 효과를 검증하기 위해 코칭을 시작할 때 연구에서 사용하는 종속변인 검사를 실시하고 코칭이 끝난 후 동일한 설문을 실시하게 된다. 일반적으로 실시할 때 하는 검사를 사전검사(pre-test), 끝난 후 하는 검사를 사후 검사(post-test)라고 한다. 사전과 사후 검사는 실험과 통제집단 모두에게 동일한 시점에서 실시해야 한다. 통제집단은 현재 코칭을 하지 않기 때문에 나중에 실시하는 것으로 잘못 생각할 수 있지만 그렇지 않다는 점을 기억할 필요가 있다.

　이와 같이 처음에 전체 인원을 모집하는 방법이 원칙적이기는 하지만 현실적으로 한번에 30명 정도의 많은 인원을 모집하는 것이 쉽지 않을 수 있다. 또한 이들을 두 집단으로 구분하여 통제집단에 속한 사람들에게 당장 코칭을 해 주기 어렵다는 말을 할 경우 이들의 반발을 걱정하여 한번에 전체 인원을 모집하는 것이 꺼려질 수 있다. 이러한 경우 현실적으로 15명의 실험집단을 모집한 후 통제집단은 코칭프로그램을 신청하지는 않았지만 실험집단 참가자들과 연령이나 다른 인구통계적 변인특성이 유사한 사람들을 찾아 이들에게 부탁하는 경우가 있다.

　하지만 이러한 경우 실험집단과 통제집단의 특성에서 차이가 나고 이러한 차이가 종속변인에 영향을 줄 소지가 있다. 한번에 전체 인원을 모집하는 이유는 이들이 특정 코칭프로그램을 받으려는 동기 수준이 유사하기 때문이다. 하지만 실험과 통제 집단을 따로 모집하는 경우 실험집단은 코칭을 받으려는 동기가 있는 사람들이지만 통제집단은 그렇지 않기 때문에 동기수준에서 차이가 있고 이러한 차이가 사전과 사후 검사에서 측정하는 종속변인의 값에 영향을 줄 수 있다.

　추가적으로 코칭이 끝난 후 코칭의 효과가 지속되는지를 알아보기 위해서는 코

표 6-1 실험과 통제 집단에 대한 연구설계

집단	사전검사	코칭프로그램	사후검사	추후검사	코칭프로그램
실험집단	○	○	○	○	×
통제집단	○	×	○	○	○

칭이 끝난 후 일정 시간이 지난 후 사전과 사후 검사와 동일한 설문지를 사용해서 다시 측정해야 한다. 이를 추후 검사(follow-up test)라고 한다. 일반적으로 코칭이 끝난 후 1개월, 3개월, 6개월 정도가 지난 후 다시 실시하게 되며, 효과의 지속성에 대한 과정을 정확하게 알아보기 위하여 한 번이 아니라 두 번 이상 측정하는 경우도 있다.

앞서 설명한 내용을 도표로 나타내면 〈표 6-1〉과 같다. 실험과 통제 집단 모두에게 사전, 사후, 추후 검사를 동일한 시점에 실시한 후 통제집단에게 코칭프로그램을 진행하게 된다. 물론 앞서 설명했듯이 검사비교만을 위해 통제집단을 별도로 모집한 경우 추후검사가 끝난 후 코칭을 진행하지 않아도 된다.

② 측정도구

해당 연구에서 사용한 변인들에 대해 변인별로 어떠한 척도를 사용하였는지에 대해 기술한다. 주로 누가 개발한 척도를 사용하였고, 과거 연구에서 이 척도의 신뢰도나 타당도는 어떠했는지에 대해서도 간단히 기술한다.

③ 분석방법

해당 연구에서 결과를 얻기 위하여 사용할 통계분석 방법에 대해 기술한다.

(4) 결과

이곳에는 해당 연구에서 분석한 결과에 대한 기술한다. 결과 내용이 많을 경우 소제목으로 구분하여 정리할 수도 있다. 결과 기술에서 중요한 점은 통계분석 결과를 있는 그대로 기술한다는 점이다. 결과에 대한 해석은 이곳에서 기술하지 않으며, 해석 부분은 논의에서 기술하게 된다.

결과를 기술하면서 내용을 일목요연하게 정리하여 제시할 필요가 있을 때 표나 그림을 사용하는 경우도 자주 있다.

(5) 논의

논의에서 기술하게 되는 중요 내용은 연구결과를 연구자가 좀 더 자세하게 해석하여 논문을 좀 더 풍요롭게 하기 위한 것이다. 결과는 통계분석 결과를 나온 그대로 기술하면 되기 때문에 연구자가 분석한 통계에 대해 충분히 알고 있으면 기술하는 데 큰 어려움은 없다. 하지만 논의에서는 연구에서 나타난 결과를 연구자가 과거 연구결과와 비교하면서 연구자의 생각과 판단을 통해 좀 더 자세하고 결과에 숨어 있는 내용을 들추어 내어 기술해야 하기 때문에 결과보다 기술하기가 더 어렵다.

일반적으로 논의에서는 먼저 간단히 연구 결과를 요약해서 기술한 후 각 결과별로 좀 더 자세히 기술하게 된다. 해당 연구 결과가 과거 유사 연구 결과와 얼마나 유사하며 해당 연구의 특징은 무엇인지에 대해 기술할 필요가 있다. 만약 가설이 지지되지 않았을 경우 왜 지지되지 않았는지에 대한 설명이 필요하다.

마지막으로 연구 결과의 시사점에 대해 학문적 시사점과 실무적 시사점으로 구분하여 정리하며, 해당 연구의 제한점과 이러한 제한점을 바탕으로 미래 연구 시 어떠한 연구가 가능한지에 대한 기술하면서 논문을 끝맺는다.

(6) 참고문헌

해당 연구에서 인용한 과거 연구에 대한 문헌을 정리하여 이곳에 기술한다. 심리학에서 참고문헌을 정리하는 방법은 다른 전공과 다르고 매우 복잡하기 때문에 심리학회에서 발간한 편집지침서(권선중 외, 2012)를 참고하는 것이 좋다. 또한 본문에서 참고문헌을 인용할 때도 전공별로 차이가 있으니 반드시 심리학 분야에서 사용하는 방법을 숙지하여 정리해야 한다. 여기서는 몇 가지 중요한 내용만 간단히 정리하고자 한다.

예를 들면, 참고문헌을 정리할 때 국문 참고문헌을 먼저 쓰고 그 밑에 영어 참고문헌을 쓰게 된다. 국문 참고문헌에서 저자 이름은 성을 먼저 쓰고 이름을 이어서 쓰며, 논문을 제시하는 순서는 논문 저자의 성을 기준으로 가나다 순서로 작성한다. 즉, 김철수를 탁진국보다 먼저 기술한다. 이름 다음에는 논문이 발표된 연도, 논문제목, 논문이 발표된 학회지 이름, 권수, 페이지 번호의 순서로 쓰게 된다. 내용이 길어서 두 번째 줄로 넘어가는 경우 두 번째 줄은 4칸 들여쓰기를 해야 한다.

이름과 논문제목, 페이지 번호는 신명조 10으로 하고 학회지 이름과 권수는 중고딕으로 쓴다. 예를 들면, 다음과 같다.

> 탁진국(2017). 흥미, 적성, 성격 및 직업가치를 통합한 커리어코칭. 한국심리학회지: 코칭,
>   1, 27-45.

영문 참고문헌의 경우 국문과 같이 성을 먼저 쓰고 콤마를 찍은 후 이어서 이름을 쓰지만 국문과는 달리 이름을 다 쓰지 않고 이름의 첫 글자만 쓴다. 예를 들어, Tak, Jinkook으로 쓰는 것이 아니라 Tak, J.로 쓴다. 논문 제시 순서는 논문 저자의 성을 기준으로 영어 알파벳 순서대로 작성한다. 즉, Kim을 Tak보다 먼저 기술한다. 이름 다음에는 국문에서와 동일하게 논문이 발표된 연도, 논문제목, 논문이 발표된 학회지 이름, 권(호)수, 페이지 번호의 순서로 쓰게 된다. 내용이 길어서 두 번째 줄로 넘어가는 경우 두 번째 줄은 4칸 들여쓰기를 해야 한다.

영문 참고문헌을 정리할 때 많이 틀리는 부분은 대문자와 소문자 구분하는 것과 글씨체이다. 다음의 예를 들어 설명하면 논문제목에서 처음에 나오는 알파벳만 대문자로 쓰며 다른 단어는 모두 소문자로 쓴다. 심리학이 아닌 다른 전공에서는 각 단어의 첫 글자를 대문자로 쓰는 경우가 있기 때문에 다른 분야 논문에서 참고문헌을 정리한 것을 그대로 가져와서 쓰게 되는 경우 틀리게 된다.

영어 학회지 이름은 다음 예에서 보듯이 이탤릭체로 표시해야 하고 논문제목과는 달리 각 단어의 첫 번째 철자를 대문자로 표시해야 한다. 논문이 포함된 권수는 이탤릭체로 표시한다. 마지막 페이지 번호는 이탤릭체로 표시하지 않는다는 점에 주의해야 한다. 글씨체는 모두 신명조 10으로 한다.

> Tak, J. (2017). Integrating interest, aptitude, personality, and work value for career
>   oaching. *Korean Journal of Coaching Psychology, 1*, 27-45.

(7) 부록

일반적으로 부록에서는 연구에 사용한 설문지 문항을 제시하거나 코칭프로그램인 경우 프로그램 진행하면서 사용한 활동지 등을 포함시킨다.

2. 논문 프로포절 작성법

석사나 박사 논문을 쓰는 사람들은 논문을 작성하기 앞서서 논문을 어떻게 쓰겠다는 프로포절을 작성해서 이에 대해 심사를 받게 된다. 프로포절 작성은 앞의 연구논문 작성법에서 국/영문초록, 결과 및 논의가 빠져 있는 상태로 생각하면 된다. 즉, 서론, 이론적 배경, 연구방법, 그리고 참고문헌과 부록만 포함하면 된다. 또한 연구방법에서 기술할 때 향후 자료를 모아 실시할 것이기 때문에 조사대상자, 측정도구, 분석방법에 대해 과거 시제(예, 자료를 모았다)가 아닌 미래시제(예, 자료를 모을 것이다)로 작성해야 한다. 예를 들어, '200명의 직장인으로부터 자료를 얻을 것이다.' '진로미결정은 탁진국이 개발한 척도를 사용하여 측정할 것이다.' '통계분석을 위해 혼합변량분석방법을 실시할 것이다.' 등과 같이 기술해야 한다.

3. 통계분석 방법

여기에서는 코칭프로그램을 개발하고 이를 실시하여 코칭의 효과를 검증하려는 실험 논문을 쓰려는 경우 통계패키지인 SPSS-WIN25를 사용하여 분석하는 구체적인 방법에 대해 설명하고자 한다.

연구자가 개발한 코칭프로그램의 효과를 검증하고자 할 때는 먼저 연구에서 사용한 종속변인의 값을 구할 필요가 있다. 이 값을 구해야 실험과 통제 집단 간의 차이와 사전과 사후 검사에서의 차이를 분석할 수 있기 때문이다. 이에 대한 방법은 다음과 같다.

1) 종속변인 생성

해당 연구 제목이 '강점코칭프로그램이 자기효능감에 미치는 영향'인 경우 연구에서 사용한 종속변인인 자기효능감 문항들을 합해서 전체 자기효능감 척도의 값을 구해야 한다.

134

만약 자기효능감의 문항이 3개로 구성되어 있다면 이미 코딩되어 있는 각 문항의 값을 다 합한 후 3으로 나누면 된다. 구체적인 방법은 다음과 같다.

- SPSS: [메뉴바]에서 [변환] 선택 → 맨 위의 [변수 계산] 선택

- 왼쪽의 [목표변수] 박스에 변수 이름을 만들어서 넣는다(한글 4자: 자기효능).
- 오른쪽의 [숫자표현식] 박스에서 3개 문항을 다 더한 후 3으로 나누는 수식을 입력한다[예, (자기1 + 자기2 + 자기3)/3].
- 확인을 누르고 빠져나온다.

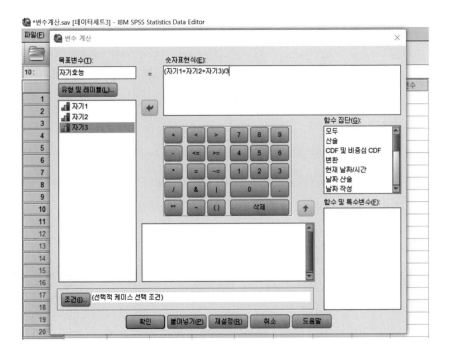

• data 화면에 새로운 자기효능 변수와 값이 만들어짐

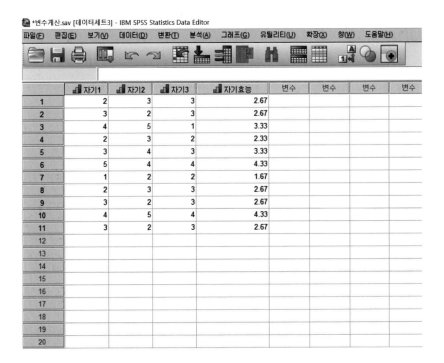

2) 집단의 동질성 검사

코칭의 효과를 분석하기 전 실험집단과 통제집단이 실험 전 동질적인지를 분석할 필요가 있다. 즉, 두 집단의 참가자들이 코칭을 받기 전 종속변인에서의 값이 유사한지를 분석하는 것이다. 만약 통계적으로 유의한 차이가 있다면 이 두 집단은 무선적으로 할당되지 않았을 가능성이 크다.

구체적인 방법은 각 종속변인 별로 실험과 통제집단 간에 사전 검사에서 차이가 있는지를 알아보기 위하여 다음과 같이 독립표본 t 검증을 실시하면 된다.

- SPSS에서 독립표본 t 검정하기: 메뉴바 분석에서 [평균 비교] 선택
- [독립표본 T 검정]을 선택한다.

- 우측 박스의 [검정 변수]에 종속변인을 왼쪽 박스에서 선택하여 우측 박스로 보낸다.

- 검정 변수 바로 밑의 집단변수 박스에는 통제와 실험 집단을 구분한 집단변인 이름을 왼쪽 박스에서 선택하여 이쪽으로 보낸다(예, 이름을 [집단]으로 가정).
- 화면에 [집단(? ?)]과 같이 표시된다.

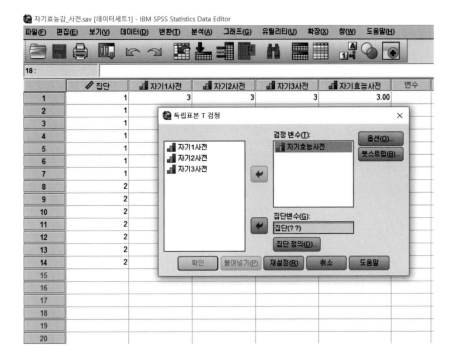

- 바로 밑의 [집단 정의] 박스를 클릭한다.
- 그룹 1(통제집단)의 자료상에서의 값인 [1]을 넣고 그룹 2(실험)에는 실험집단의 자료상에서 값인 [2]를 넣는다.
- [계속]을 클릭하고 빠져나온다.
- [확인]을 클릭하고 빠져나온다.

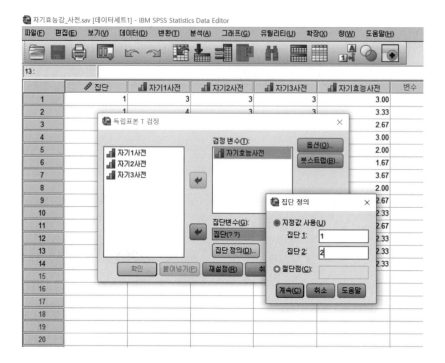

결과해석은 결과표에서 등분산이 가정됨에 있는 Levene의 등분산검정에 있는 F값과 유의확률을 보면 된다. 여기서 영가설은 실험과 통제집단 간에 분산이 동일하다는 등분산을 가정하는 것이라서 이 가설을 기각하지 않는 것이 좋다. 즉, 유의확률이 .05보다 높게 나와야 한다. 그래야 등분산을 기각하지 못하기 때문에 두 집단의 분산이 같고 이는 두 집단의 종속변인에서의 값이 차이가 없음을 나타낸다. 결과적으로 실험과 통제 집단의 동질성이 확보되었음을 의미한다. 다음 〈표 6-2〉에서 보듯이 유의확률이 .692라서 영가설을 기각하지 못하며 따라서 동질성이 확보되었다.

만약 이 값이 .05보다 작으면 유의한 것이고 이는 영가설인 등분산을 기각하는 것이다. 등분산 기각은 분산이 동일하지 않다는 의미이고 결국 두 집단의 종속변인에서의 값이 달라서 동질성이 확보되지 않았음을 의미한다. 통계분석 결과에서 거의 대부분은 통계적으로 유의한 것이 좋지만 여기서는 반대로 유의하지 않은 것이 동질성이 확보되는 것이기 때문에 유의해야 한다. 일반적으로 논문을 쓸 때 등분산 결과표는 제시하지 않고 글로만 기술하게 된다.

• 표 6-2 등분산 결과표

		Levene의 등분산 검정		평균의 동일성에 대한 t-검정						
		F	유의 확률	t	자유도	유의 확률 (양쪽)	평균차	차이의 표준오차	차이의 95% 신뢰구간	
									하한	상한
자기 효능	등분산이 가정됨	.165	.692	1.761	12	.104	6.57143	3.73073	-1.55714	14.70000
	등분산이 가정되지 않음			1.761	11.717	.104	6.57143	3.73073	-1.57897	14.72183

3) 코칭의 효과검증

코칭프로그램의 효과 검증 결과에서 가장 이상적인 모습은 코칭을 실시하지 않은 통제집단은 특정 종속변인에 대한 사전과 사후 검사에서 차이가 없으나 코칭을 실시한 실험집단에서는 사전보다 사후에 종속변인에서의 점수가 유의하게 향상되는 것이다. 이러한 결과가 나와야 실험집단에서 점수가 올라간 것은 코칭을 받았기 때문이라는 결론을 내릴 수 있게 된다.

이 상황에서 자료를 분석하기 위해서는 2원 혼합변량분석(two-way mixed ANOVA)을 실시해야 한다. 좀 더 구체적으로 기술하면 독립변인이 두 개인데, 하나는 실험과 통제 집단을 구분하는 집단에 관한 변인이고 다른 하나는 사전검사와 사후 검사를 구분하는 시점에 관한 변인이다. 여기서 집단변인은 실험과 통제집단의 사람들이 서로 다르기 때문에 집단 간(between group) 변인이 되며, 시점변인은 사전과 사후 검사를 받은 사람들이 동일하기 때문에 집단 내(within group) 변인이 된다. 집단 간 변인과 집단 내 변인이 공존하고 있기 때문에 이를 혼합변량분석이라고 부른다.

SPSS-WIN25를 사용하여 혼합변량분석을 실시하는 방법은 다음과 같다. 먼저 데이터를 코딩하는 방법은 다음과 같이 사전과 사후 검사 변인을 따로 만들어 각 검사에 해당되는 점수를 입력하고 실험과 통제집단은 집단변인 하나만 만들어 1(실험집단인 경우) 또는 2(통제집단인 경우)를 입력한다.

Id	사전	사후	집단
01	10	15	1
02	11	11	2

이와 같이 자료에 대한 입력이 끝났으면 다음은 SPSS에서 분석 명령어를 선택하는 것이다. 구체적인 방법은 다음에 제시한다.

- 분석에서 [일반선형모형(GLM)]을 선택한 후 여러 대안 중에서 [반복측도]를 선택한다.

- 박스 상단의 [개체-내 요인이름]에 적당한 이름을 만들어 넣는다. 여기서는 사전과 사후를 의미하기 때문에 이해하기 쉽게 [시점]으로 한다.
- [수준 수]는 2로 한다. 사전과 사후 검사 점수 2개가 있기 때문이다.
- [추가]를 클릭한다.
- 박스 하단에 있는 [측도 이름]에서는 종속변인점수의 새로운 이름을 만들어 이곳에 기입한다(예, 효능).
- 바로 아래 [추가]를 클릭한다.

- 바로 아래 [정의]를 클릭하면 새로운 화면으로 이동한다.
- 화면이 바뀌면서 상단에 [개체-내 변수]가 보이고 바로 아래에 위에서 만든 [시점]이 보이며 그 아래 박스에 [?(1, 효능)] [?(2, 효능)]과 같이 나타난다.

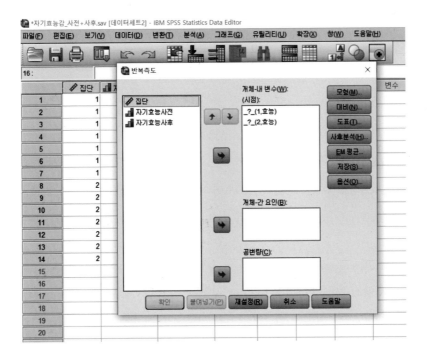

- 박스 왼쪽에 사전검사 점수에 해당하는 [자기효능사전]을 선택한 후 가운데 있
는 [오른쪽 화살표]를 누르면 [자기효능사전]이 오른쪽으로 이동하며 [자기효
능사전(1, 효능)]으로 바뀐다. 동일한 방법으로 왼쪽에서 [자기효능사후]를 선
택한 후 [오른쪽 화살표]를 누르면 오른쪽으로 이동해서 [자기효능사후(2, 효
능)]와 같이 변경된다.
- [개체-간 요인]에는 왼쪽에 있는 [집단]을 이동시킨다.

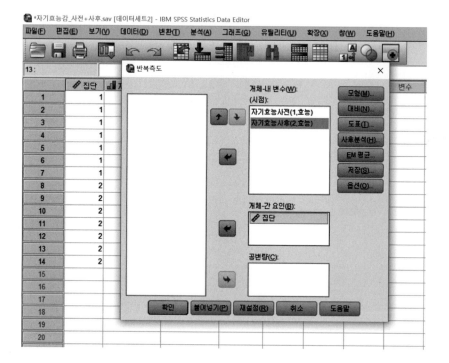

■ 도표(plot) 선택

도표는 사전과 사후 검사에서 실험과 통제 집단의 점수를 그림으로 보여 주기 위
하여 필요하다.

- 현재의 박스 오른쪽에 있는 여러 작은 박스 가운데 [도표]를 선택한다.
- 도표 화면이 뜬다. [수평축 변수]에 왼쪽에 있는 [시점]을 선택하여 옮긴다.
- [선구분 변수]에 왼쪽에 있는 [집단]을 선택하여 옮긴다.

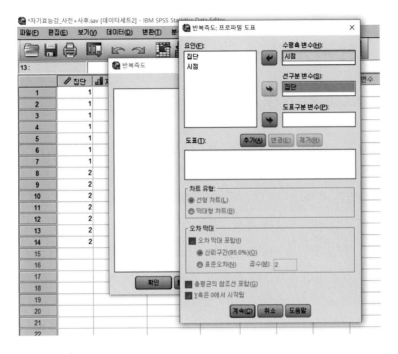

- [추가]를 누르면 하단에 [시점*집단]이 생긴다.
- 아래에 있는 [계속]을 누른다.

4. 결과 해석

1) 사전과 사후 검사만 실시한 경우

(1) 집단 간 비교

먼저 사전과 사후 검사 점수를 평균해서 통제집단과 실험집단 간에 차이가 있는 지를 보는 방법은 개체-간 효과검정(test of between-subjects effects) 결과를 보면 된다. 결과표에서 집단의 F값과 유의확률을 보면 되는데, 유의확률이 .05보다 작으면 통제와 실험 집단 간에 유의미한 차이가 있음을 의미하며 .05보다 크면 유의미한 차이가 없음을 나타낸다. 〈표 6-3〉의 결과표를 보면 집단의 유의확률이 .026으로 .05보다 작기 때문에 유의한 차이가 있음을 알 수 있다. 두 집단 간에 차이가 있다는 것은 실험집단의 사전검사 점수와 사후검사 점수의 평균을 낸 값과 통제집단의 사전검사 점수와 사후검사 점수의 평균을 낸 값이 차이가 있다는 의미이다.

이러한 차이가 있다는 의미는 실험집단과 통제집단이 사전검사에서 차이가 없다는 것을 가정할 때 사후검사에서 실험집단의 점수가 높게 상승한 가능성을 시사한다. 즉, 코칭의 효과가 있을 가능성이 높다. 하지만 반드시 그렇다고 결론을 내릴수는 없다. 사전검사에서 실험집단이 통제집단보다 유의하게 높고 사후검사에서도두 집단의 점수가 거의 변하지 않을 경우 두 집단 간의 차이는 유의한 것으로 나올가능성이 있다([그림 6-1] 참조). 이 경우 코칭을 받은 실험집단에서 점수가 높아지지 않았기 때문에 코칭의 효과가 있다고 말할 수 없게 된다. 따라서 단순히 두 집단간에 종속변인에서 차이가 있다고 해서 코칭의 효과가 있다는 결론을 내리기는 어렵다.

•표 6-3 개체 간 효과검정 결과

소스	제III유형 제곱합	자유도	평균제곱	F	유의확률
절편	248.016	1	248.016	480.769	.000
집단	.108	1	.022	1.969	.026
오차	6.190	12	.516		

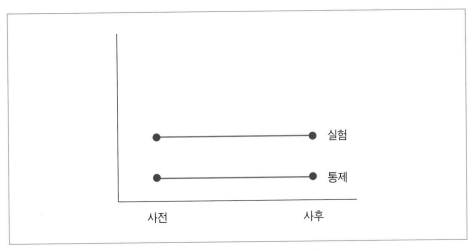

[그림 6-1] 코칭프로그램의 효과검증

(2) 집단 내 비교

사전과 사후 검사 간에 차이가 있는지 그리고 검사시점(사전, 사후)과 집단(실험, 통제)의 상호작용 효과가 있는지를 알아보기 위해서는 개체-내 효과검정(test of within-subjects effects) 결과를 보면 된다.

결과표에서 [소스]가 [시점](사전과 사후 시점을 의미함)인 경우 구형성 가정에 해당하는 F값과 유의확률을 보면 된다. 유의확률이 .05보다 작으면 유의한 것이고 이는 실험과 통제집단을 통합했을 때 사전검사와 사후검사 간에 차이가 있다는 의미이다. 〈표 6-4〉의 결과표를 보면 시점의 구형성 가정에 해당하는 F값이 69.360이고 이에 해당하는 유의확률은 .000이므로 유의한 차이가 있음을 알 수 있다. 일반적으로 사후검사 점수가 더 높게 되면 사전검사 점수에서 실험과 통제집단 간에 차이가 없다는 것을 가정할 경우 코칭의 효과로 인해 실험집단의 사후 점수는 증가했지만 통제집단의 사후점수는 변화가 없는 것으로 나타날 가능성이 있다.

하지만 반드시 그렇다고만 해석할 수 없다. 만일 사전검사에서 두 집단 간에 유의한 차이가 있고 이러한 차이가 사후검사에서도 동일하게 나타나는 경우에도 사전과 사후 검사 간에는 유의한 차이가 있게 된다([그림 6-2] 참조). 이 경우 실험집단에서 사후검사가 증가했기 때문에 코칭의 효과가 있는 것으로 생각할 수 있으나 코칭을 받지 않은 통제집단에서도 사후검사 점수가 증가했기 때문에 코칭의 효과

●표 6-4 개체 내 효과검정 결과

소스		제III유형 제곱합	자유도	평균 제곱	F	유의 확률
시점	구형성 가정	4.587	1	4.587	69.360	.000
	Greenhouse-Geisser	4.587	1.000	4.587	69.360	.000
	Huynh-Feldt	4.587	1.000	4.587	69.360	.000
	하한	4.587	1.000	4.587	69.360	.000
시점 * 집단	구형성 가정	4.063	1	4.063	61.440	.000
	Greenhouse-Geisser	4.063	1.000	4.063	61.440	.000
	Huynh-Feldt	4.063	1.000	4.063	61.440	.000
	하한	4.063	1.000	4.063	61.440	.000
오차(시점)	구형성 가정	.794	12	.066		
	Greenhouse-Geisser	.794	12.000	.066		
	Huynh-Feldt	.794	12.000	.066		
	하한	.794	12.000	.066		

가 있다고 말하기 어렵게 된다. 코칭의 효과로는 코칭을 받지 않은 통제집단에서 사후검사 점수가 증가한 이유를 설명할 수 없기 때문이다.

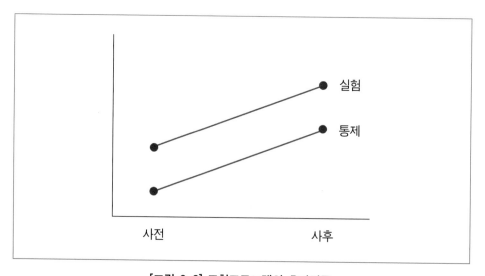

[그림 6-2] 코칭프로그램의 효과검증

(3) 상호작용 검증

개체-내 효과검정 결과표에서 가장 중요한 정보는 시점과 집단 간의 상호작용 효과이다. 이 결과는 [소스]가 [시점*집단]인 경우 구형성 가정에 해당하는 F값과 유의확률을 보면 된다. 유의확률이 .05이하면 유의한 상호작용 효과가 있다는 것을, .05보다 크면 상호작용 효과가 유의하지 않다는 것을 의미한다. 〈표 6-4〉의 시점*집단의 구형성 가정에 해당하는 F값이 3.191이고 유의확률은 .000이므로 상호작용 효과가 유의하다고 결론내릴 수 있다.

사후 시점과 집단 간의 상호작용 효과가 있다는 의미는 집단에 따른 종속변인에서의 차이가 시점에 따라 달라진다는 것이다. 즉, 한 독립변인이 종속변인에 미치는 영향이 또 다른 독립변인 수준에 따라 달라진다는 것을 의미한다. 예를 들어, [그림 6-3]에서 보듯이 실험과 통제 집단은 사전검사에서는 차이가 없으나 사후 검사에서 실험집단의 점수가 통제 집단에 비해 유의하게 높게 나타나는 경우를 의미한다. 즉, 실험집단이 통제 집단보다 점수가 항상 높은 것이 아니라 사전검사에서는 비슷하며 사후검사에서만 더 높게 나타나는 경우를 의미한다. 이는 연구자가 가장 원하는 결과이다.

시점과 집단 간의 상호작용 효과가 유의미하지 않다는 것은 집단에 따른 종속변인에서의 차이가 시점에 따라 달라지지 않는다는 것이다. [그림 6-1]과 [그림 6-2] 모두 이에 해당한다. [그림 6-1]과 [그림 6-2] 모두 사전과 사후 검사에서 실험집단

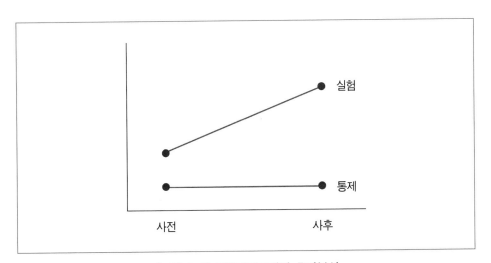

[그림 6-3] 코칭프로그램의 효과분석

148

의 점수가 통제집단보다 더 높기는 하지만 두 집단의 사전검사에서의 차이는 사후검사에서의 차이와 서로 다르지 않고 거의 동일한 수준임을 알 수 있다. 즉, 상호작용이 없다는 것은 하나의 독립변인이 종속변인에 주는 영향이 또 다른 독립변인의 수준에 따라 달라지지 않는다는 것을 의미한다.

결과표에서 제시되는 상호작용이 유의한지의 결과에 대한 해석은 결과 맨 아래에 제시되는 프로파일 도표를 보고 해석하면 된다. 앞서 설명하였듯이 이 도표에는 사전과 사후 검사에서의 점수와 실험과 통제 집단의 점수가 제시되기 때문에 도표를 보고 상호작용의 의미를 해석할 수 있다. 위의 혼합변량 분석 결과를 논문에서 제시할 때는 다음과 같이 보고하면 된다(〈표 6-5〉 참조).

°표 6-5 자기효능감에 대한 집단(2)×시점(2) 혼합변량 분석 결과

소스	자유도	평균제곱	F	유의확률
집단	1	.022	1.969**	.000
시점	1	4.587	69.360**	.000
시점*집단	1	4.063	61.440**	.000

주. ** $p < .001$.

(4) 추가 분석

상호작용 효과가 유의하게 나온 경우 앞에서도 설명했듯이 [그림 6-4]와 같은 결과가 나올 가능성이 높다. 하지만 이와 유사한 결과가 나온 경우에도 실험집단의 사후검사 점수가 사전보다 유의하게 높은지는 알 수 없다. 또한 통제집단도 사후점수가 사전점수에 비해 차이가 없는지에 대해 통계적으로 검증할 필요가 있다.

이를 검증하기 위해서는 각 집단별로 대응표본 t 검증을 통해 사전과 사후점수를 비교해야 한다. 구체적인 방법은 다음과 같다.

① **집단선택**
- 먼저 각 집단별로 분석해야 하기 때문에 실험집단을 선택하기 위해서 데이터 화면 상단의 메뉴바에서 [데이터] 선택 후 아래쪽에 있는 [케이스 선택]을 클릭한다.

• [케이스 선택] 화면이 뜨면 오른쪽 박스 [선택]에서 두 번째 [조건을 만족하는 케이스]를 선택하고 [조건] 박스를 클릭한다.

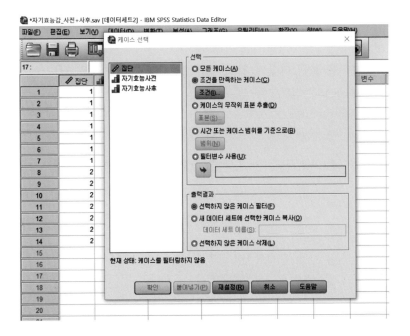

- [조건] 화면이 뜨면 오른쪽 상단 박스에 [집단 = 1]과 같이 실험집단을 선택하는 수식을 입력한다(집단에서 1은 실험, 2는 통제임을 가정).
- 아래 [계속]을 클릭하고 빠져나온다.
- [케이스 선택] 화면에서 [확인] 클릭 후 빠져나온다.

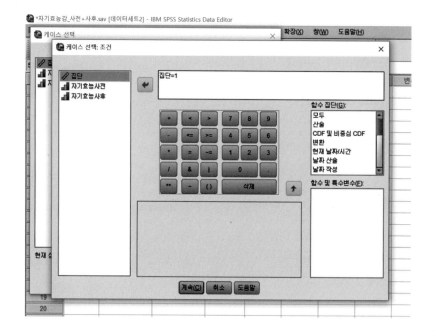

- 데이터 화면을 보면 다음과 같이 집단 2인 통제집단에 해당되는 번호에 사선이 그어져 있다.

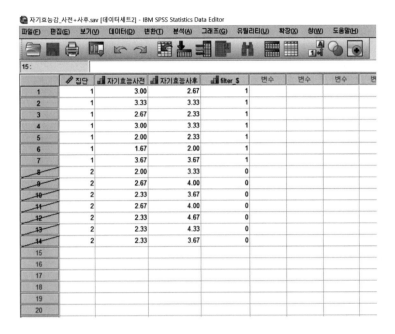

② 대응표본 t 검증

• 메뉴바 분석에서 [평균 비교] 선택 후 [대응표본 T 검정]을 선택한다.

- 좌측 박스에서 자기효능사전과 자기효능사후를 선택하여 우측 박스의 대응변수 1과 2로 보낸다.
- [확인]을 클릭하고 빠져나온다.

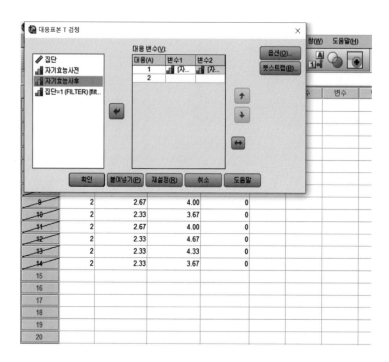

결과는 대응표본검정 결과표에 있는 대응1의 t 값과 유의확률을 보면 된다. 유의확률이 .05보다 작으면 사전과 사후 검사 간에 유의한 차이가 있음을 의미한다. 〈**표 6-6**〉에서 보듯이 t 값이 -.42이고 유의확률은 .012라서 차이가 유의함을 알 수 있다.

● 표 6-6 대응표본 검정 결과

		대응차							
		평균	표준화 편차	표준오차 평균	차이의 95% 신뢰구간		t	자유도	유의확률 (양측)
					하한	상한			
대응 1	자기효능 사전-자기 효능사후	-.04762	.29991	.11336	-.32499	.22975	-.420	6	.012

다음은 자료에서 다시 통제집단만을 선택한 후 앞에서 기술한 분석을 다시 동일하게 실시하면 통제집단에 대한 사전과 사후 검사 점수 간의 차이가 유의한지 아닌지를 알 수 있다.

2) 추후검사를 실시한 경우

코칭효과의 지속성을 알아보기 위해서는 코칭이 끝나고 일정 시간이 지난 후 추후검사를 실시해서 추후검사에서의 점수와 사후검사에서의 점수를 비교해 볼 필요가 있다. 이 경우 연구자가 가장 원하는 이상적인 그래프는 다음과 같을 것이다([그림 6-4] 참조). 그림에서 보듯이 실험집단은 코칭이 끝난 후 추후검사에서도 종속변인의 점수가 유지되거나 또는 증가하는 반면에 통제집단은 계속 일정한 점수가 유지되는 경우가 가장 이상적이다. 만약 실험집단에서 추후검사점수가 감소한다면 코칭효과는 지속성이 없다는 결론을 내리게 된다. 하지만 이 경우 사후검사에서 종속변인의 점수가 상승했다 하더라도 코칭의 효과가 있다는 결론을 내릴 수 있는지는 의문이다.

이와 같이 추후검사가 있는 경우에도 일단 코칭의 효과검증을 위해서는 혼합변량 분석을 해서 시점(사전, 사후, 추후)과 집단(실험, 통제) 간에 상호작용 효과가 있는지를 알아보는 것이 필요하다. 상호작용이 있는 경우 실험집단과 통제집단 간의 차

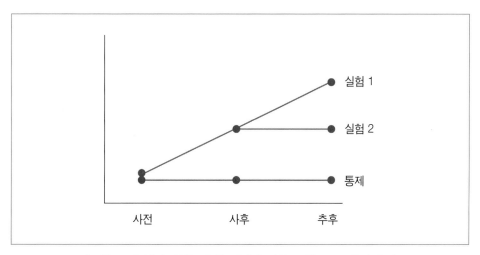

[그림 6-4] 사전, 사후, 추후 검사에 따른 코칭프로그램의 효과

이가 시점에 따라 달라진다는 의미이기 때문에 **[그림 6-4]**에서 실험 1과 실험 2 집단 모두 통제집단과 비교 시 상호작용이 유의한 것으로 나타나게 된다. 실험 1 집단의 경우 통제집단과 비교 시 사전검사에서는 차이가 거의 없지만 사후에는 차이가 크고 추후에는 그 차이가 더 커지기 때문이다. 실험 2 집단의 경우에도 통제집단과 비교 시 사전검사에서는 차이가 없지만 사후와 추후에서 차이가 있기 때문에 상호작용이 유의한 것으로 나타날 가능성이 높다.

SPSS-WIN25를 활용한 구체적인 분석방법은 다음과 같다. 먼저 데이터를 코딩하는 방법은 다음과 같이 사전, 사후, 추후 검사 변인을 따로 만들어 각 검사에 해당되는 점수를 입력하고 실험과 통제집단은 집단변인 하나만 만들어 1(실험집단인 경우) 또는 2(통제집단인 경우)를 입력한다.

Id	사전	사후	추후	집단
01	10	15	16	1
02	11	11	10	2

앞에서와 같이 자료에 대한 입력이 끝났으면 다음은 SPSS에서 분석 명령어를 선택하는 것이다. 구체적인 방법은 다음에 제시되어 있다. 앞에서 사전과 사후만 있을 때 설명했던 방법과 거의 동일하다.

- 분석에서 [일반선형모형(GLM)]을 선택한 후 여러 대안 중에서 [반복측도]를 선택한다.
- 박스 상단의 [개체-내 요인이름]에 적당한 이름을 만들어 넣는다. 여기서는 사전, 사후, 추후를 의미하기 때문에 이해하기 쉽게 [시점]으로 한다.
- [수준 수]는 3으로 한다. 사전, 사후 및 추후 검사 점수 3개가 있기 때문이다.
- [추가(Add)]를 클릭한다.
- 박스 하단에 있는 [측도 이름]에서는 종속변인 점수의 새로운 이름을 만들어 이곳에 기입한다(예, 효능).
- 바로 아래 [추가]를 클릭한다.
- 바로 아래 [정의]를 클릭하면 새로운 화면으로 이동한다.

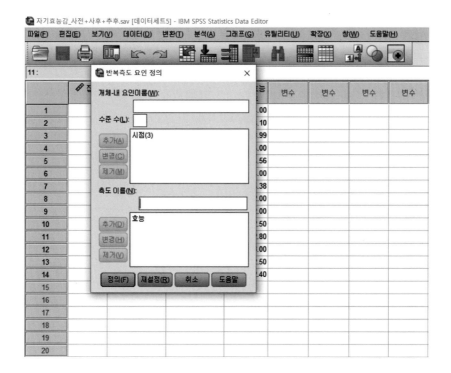

- 화면이 바뀌면서 상단에 [개체-내 변수]가 보이고 바로 아래에 위에서 만든 [시점]이 보이며 그 아래 박스에 [?(1, 효능)] [?(2, 효능)] [?(3, 효능)]과 같이 나타 난다.

- 박스 왼쪽에 사전검사 점수에 해당하는 [자기효능사전]을 선택한 후 가운데 있 는 [오른쪽 화살표]를 누르면 [자기효능사전]이 오른쪽으로 이동하며 [자기효 능사전(1, 효능)]으로 바뀐다. 동일한 방법으로 왼쪽에서 [자기효능사후]를 선 택한 후 [오른쪽 화살표]를 누르면 오른쪽으로 이동해서 [자기효능사후(2, 효 능)]과 같이 변경된다. [자기효능추후]에 대해서도 동일하게 이동시키면 [자기 효능추후(3, 효능)]으로 변경된다.

- [개체-간 요인]에는 왼쪽에 있는 [집단]을 이동시킨다.

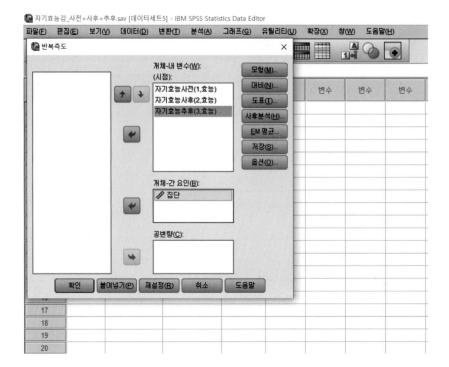

■ 도표(plot) 선택

도표는 사전과 사후 검사에서 실험과 통제 집단의 점수를 그림으로 보여 주기 위하여 필요하다.

- 현재의 박스 오른쪽에 있는 여러 작은 박스 가운데 [도표]를 선택한다.
- 도표 화면이 뜬다. [수평축변수]에 왼쪽에 있는 [시점]을 선택하여 옮긴다.
- [선구분변수]에 왼쪽에 있는 [집단]을 선택하여 옮긴다.
- [추가]를 누르면 하단에 [시점*집단]이 생긴다.
- 아래에 있는 [계속]을 누른다.

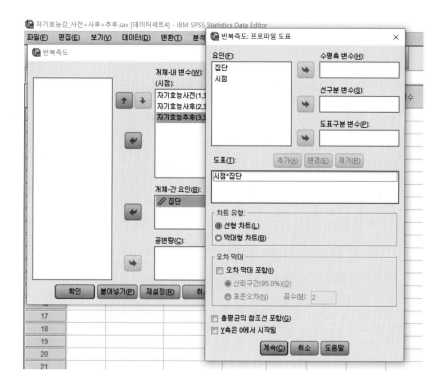

결과해석은 위의 사전과 사후 검사 결과에 대해 설명한 내용과 동일하게 해석하면 된다. 먼저 사전, 사후, 추후 검사 점수를 평균해서 통제집단과 실험집단 간에 차이가 있는지를 보는 방법은 개체-간 효과검정(test of between-subjects effects) 결과를 보면 된다.

결과표에서 집단의 F값과 유의확률을 보면 되는데, 유의확률이 .05보다 작으면 통제와 실험 집단 간에 유의미한 차이가 있음을 의미하며 .05보다 크면 유의미한 차이가 없음을 나타낸다. 〈표 6-7〉에서 보듯이 집단의 F 값이 85.014이고 이에 해

•표 6-7 사전-사후-추후 개체 간 효과검정 결과

소스	제Ⅲ유형 제곱합	자유도	평균제곱	F	유의확률
절편	380.685	1	380.685	1906.692	.000
집단	16.974	1	16.974	85.014	.000
오차	2.396	12	.200		

당하는 유의확률은 .000이기 때문에 집단 간 차이가 유의함을 알 수 있다. 두 집단 간에 차이가 있다는 것은 실험집단의 사전, 사후, 그리고 추후 검사 점수의 평균을 낸 값과 통제집단의 사전, 사후 및 추후 검사 점수의 평균을 낸 값이 차이가 있다는 의미이다.

사전과 사후 검사 간에 차이가 있는지 그리고 검사시점(사전, 사후, 추후)과 집단(실험, 통제)의 상호작용 효과가 있는지를 알아보기 위해서는 개체-내 효과검정(test of within-subjects effects) 결과를 보면 된다.

결과표에서 [소스]가 [시점]인 경우 구형성 가정에 해당하는 F 값과 유의확률을 보면 된다. 유의확률이 .05보다 작으면 유의한 것이고 이는 실험과 통제 집단을 통합했을 때 사전, 사후, 추후 검사 점수 간에 유의한 차이가 있다는 의미이다. 〈표 6-8〉에서 보듯이 시점의 구형성 가정에 해당하는 F 값이 12.691이고 유의확률이 .000이기 때문에 차이가 유의함을 알 수 있다.

상호작용 효과는 [소스]가 [시점*집단]인 경우의 F 값과 유의확률을 보면 된다. 유

*표 6-8 사전-사후-추후 개체 내 효과검정 결과

소스		제III유형 제곱합	자유도	평균 제곱	F	유의 확률
시점	구형성 가정	4.196	2	2.098	12.691	.000
	Greenhouse-Geisser	4.196	1.308	3.209	12.691	.001
	Huynh-Feldt	4.196	1.525	2.751	12.691	.001
	하한	4.196	1.000	4.196	12.691	.004
시점 * 집단	구형성 가정	4.168	2	2.084	12.607	.000
	Greenhouse-Geisser	4.168	1.308	3.188	12.607	.002
	Huynh-Feldt	4.168	1.525	2.733	12.607	.001
	하한	4.168	1.000	4.168	12.607	.004
오차(시점)	구형성 가정	3.967	24	.165		
	Greenhouse-Geisser	3.967	15.690	.253		
	Huynh-Feldt	3.967	18.299	.217		
	하한	3.967	12.000	.331		

의확률이 .05 이하이면 유의한 상호작용 효과가 있다는 것을, .05보다 크면 상호작
용 효과가 유의하지 않다는 것을 의미한다. 〈표 6-8〉에서 살펴보면 시점*집단의 구
형성 가정 F 값이 12.607이고 유의확률은 .000이기 때문에 상호작용효과가 유의함
을 알 수 있다. 논문에서 이 결과를 표로 제시하는 방법은 〈표 6-9〉와 같다.

•표 6-9　자기효능감에 대한 집단(2)×시점(3) 혼합변량분석 결과

소스	자유도	평균제곱	F	유의확률
집단	1	16.974	85.014**	.000
시점	2	2.098	12.691**	.000
시점*집단	2	2.084	12.607**	.000

주. ** $p < .001$.

시점과 집단 간의 상호작용 효과가 있다는 의미는 집단에 따른 종속변인에서의
차이가 시점에 따라 달라진다는 것이다. 즉, 한 독립변인이 종속변인에 미치는 영
향이 또 다른 독립변인 수준에 따라 달라진다는 것을 의미한다. 예를 들어, [그림
6-4]에서 보듯이 실험 1 집단과 통제집단은 사전검사에서는 차이가 없으나 사후 검
사에서 실험집단의 점수가 더 높게 나타나고 추후검사에서는 그 차이가 더욱 커지
게 된다. 실험 2 집단의 경우에도 통제집단과 비교하면 사전검사에서는 차이가 없
으나 사후와 추후에서는 차이가 있기 때문에 상호작용이 있는 것으로 나타날 가능
성이 높다. 이러한 결과는 코칭의 효과가 있으며 이러한 효과가 지속된다는 것을
말해 준다.

하지만 이러한 결과는 실험집단에서 사후검사 점수가 사전검사 점수에 비해, 또
는 추후검사 점수가 사전과 사후 점수에 비해 유의하게 증가했는지를 알려 주지는
않는다. 이러한 정보를 얻기 위해서는 앞서 추가분석에서 설명한 것과 같이 또 다
른 분석이 필요하다.

• 먼저 자료에서 실험집단 자료만 선택해야 하며, 위의 ① 집단선택에서 설명한
　내용을 참조한다.

	집단	자기효능사전	자기효능사후	자기효능 추후	filter_$	변수	변수	변수
1	1	3.00	3.33	4.00	1			
2	1	3.33	4.00	4.10	1			
3	1	2.67	3.67	3.99	1			
4	1	3.00	4.00	4.00	1			
5	1	2.00	4.67	4.56	1			
6	1	1.67	4.33	4.00	1			
7	1	3.67	4.21	4.38	1			
8	2	2.00	2.05	2.00	0			
9	2	2.67	2.19	2.00	0			
10	2	2.33	2.33	2.50	0			
11	2	2.67	3.00	2.80	0			
12	2	2.33	2.33	3.00	0			
13	2	2.33	2.00	2.50	0			
14	2	2.33	2.10	2.40	0			
15								
16								
17								
18								
19								
20								

- 상단 메뉴바의 분석에서 [일반선형모형(GLM)] 선택 후 [반복측도]를 선택한다.
- 박스 상단의 [개체-내 요인이름]에 적당한 이름을 만들어 넣는다. 여기서는 사전, 사후, 추후를 의미하기 때문에 이해하기 쉽게 [시점]으로 한다.
- [수준 수]는 3으로 한다. 사전, 사후 및 추후 검사 점수 3개가 있기 때문이다.
- [추가]를 클릭한다.
- 박스 하단에 있는 [측도 이름]에서는 종속변인 점수의 새로운 이름을 만들어 이곳에 기입한다(예, 효능).
- 바로 아래 [추가]를 클릭한다.
- 바로 아래 [정의]를 클릭하면 새로운 화면으로 이동한다.

- 화면이 바뀌면서 상단에 [개체-내 변수]가 보이고 바로 아래에 위에서 만든 [시점]이 보이며 그 아래 박스에 [?(1, 효능)] [?(2, 효능)] [?(3, 효능)]과 같이 나타난다.

- 박스 왼쪽에 사전검사 점수에 해당하는 [자기효능사전]을 선택한 후 가운데 있는 [오른쪽 화살표]를 누르면 [자기효능사전]이 오른쪽으로 이동하며 [자기효능사전(1, 효능)]으로 바뀐다. 동일한 방법으로 왼쪽에서 [자기효능사후]를 선택한 후 [오른쪽 화살표]를 누르면 오른쪽으로 이동해서 [자기효능사후(2, 효능)]과 같이 변경된다. [자기효능추후]에 대해서도 동일하게 이동시키면 [자기효능추후(3, 효능)]으로 변경된다.

- 사전, 사후, 추후 검사 점수를 그래프로 보기 위해서 [도표]를 선택한 후 [수평
  축변수]에 왼쪽에 있는 [시점]을 선택하여 옮긴다.
- [추가]를 누르면 하단에 [시점]이 생긴다.
- 아래에 있는 [계속]을 누른다.

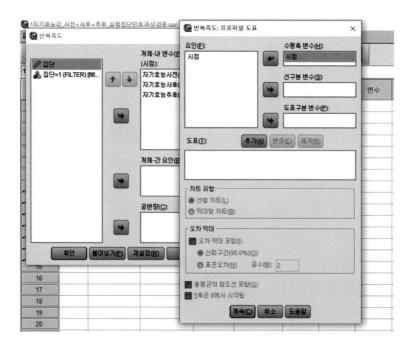

- 사전, 사후, 추후 검사 점수 간의 유의한 차이를 알아보기 위해 처음의 [반복측
  도] 화면 오른쪽에 있는 여러 작은 박스 가운데 [EM 평균]을 선택하면 [추정 주
  변 평균] 화면이 뜬다.
- [추정 주변 평균] 아래 [요인 및 요인 상호작용]에서 [시점]을 선택하여 우측의
  [평균 표시 기준] 박스로 보낸다.
- 바로 아래 [주효과 비교]를 선택한다.
- 아래의 [신뢰구간 수정]에서 [Bonferroni]를 선택하고 [계속]을 누른다.

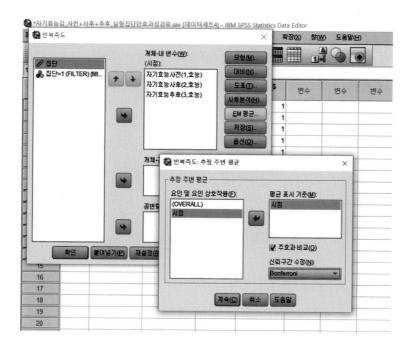

- 처음의 [반복측도] 화면 오른쪽에 있는 여러 작은 박스에서 [옵션]을 선택하면
  [반복측도: 옵션] 화면이 뜬다.
- 아래의 [표시] 박스에서 [기술통계량]과 [효과크기 추정값]을 선택하고 [계속]을
  클릭한 후 화면에서 빠져나온다.
- 처음의 [반복측도] 화면에서 [확인]을 누른다.

164

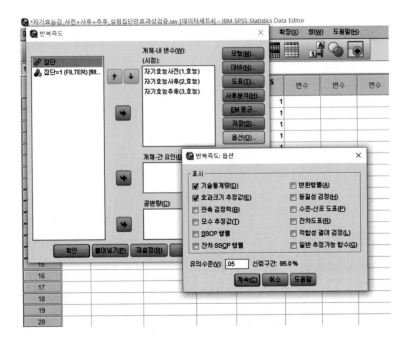

이 내용에서 만약 본인이 가지고 있는 SPSSWIN 버전이 25가 아니라 구 버전이라면 다음과 같이 분석해야 한다. 앞에서 기술한 다른 분석방법은 구 버전과 비교해 일부 단어만 다르고 별다른 차이가 없다.

- 사전, 사후, 추후 검사 점수 간의 유의한 차이를 알아보기 위해 [옵션]을 선택하면 새로운 화면이 뜬다.
- [주변 평균 추정]의 좌측 박스에서 [시점]을 선택하여 우측의 [평균 출력 기준] 박스로 보낸다.
- 바로 아래 [주효과 비교]를 선택한다.
- 아래의 [신뢰구간 조정]에서 [Bonferroni]를 선택한다.
- 아래의 [표시] 박스에서 [기술통계량]과 [효과크기 추정값]을 선택하고 [계속]을 클릭한 후 화면에서 빠져나온다.
- 처음의 [반복측정] 화면에서 [확인]을 누른다.

분석 결과를 해석하는 방법은, 먼저 사전, 사후, 추후 검사 점수 간에 차이가 있는지를 알아보기 위해서는 개체-내 효과검정 결과표의 [시점]에서 구형성 가정의 F 값과 유의확률을 보면 된다. 유의확률이 .05보다 작으면 세 점수 간에 차이가 있음을 의미한다. 〈표 6-10〉에서 보듯이 시점의 구형성 가정에 해당하는 F 값이 15.106이고 유의확률이 .001이기 때문에 세 점수 간에 유의한 차이가 있음을 말해 준다. 하지만 이는 세 점수 간에 차이가 있다는 의미이지, 구체적으로 어떤 두 점수 간에 차이가 있는지는 알 수 없다.

● 표 6-10　실험집단 사전-사후-추후 개체 내 효과검정 결과

소스		제Ⅲ유형 제곱합	자유도	평균 제곱	F	유의 확률	부분 에타 제곱
시점	구형성 가정	8.262	2	4.131	15.106	.001	.716
	Greenhouse-Geisser	8.262	1.087	7.598	15.106	.006	.716
	Huynh-Feldt	8.262	1.142	7.233	15.106	.005	.716
	하한	8.262	1.000	8.262	15.106	.008	.716
오차 (시점)	구형성 가정	3.282	12	.273			
	Greenhouse-Geisser	3.282	6.524	.503			
	Huynh-Feldt	3.282	6.853	.479			
	하한	3.282	6.000	.547			

두 집단 간의 차이를 알려 주는 결과는 다음 〈표 6-11〉의 대응별 비교 결과표에 제시되어 있다. 결과표에서 사전과 사후 검사 점수 간의 차이는 1과 2, 사전과 추후 검사 점수 간의 차이는 1과 3, 사후와 추후 검사 점수 간의 차이는 2와 3에 해당하는 유의확률을 보면 된다. 이 값이 .05보다 작으면 두 점수 간에 유의미한 차이가 있음을 의미한다. 〈표 6-11〉에서 보듯이 사전(1)과 사후 검사(2) 간의 평균차이는 -1.268이고 이에 해당하는 유의확률은 .043으로 나타나 두 점수 간의 차이가 유의함을 알 수 있다. 사전(1)과 추후(3) 간의 차이에 대한 유의확률도 .008로 나타나서 사전과 추후 검사 간에도 유의한 차이가 있는 것으로 나타났다. 마지막으로 사후 (2)와 추후(3) 간의 평균차이는 -.117이고 유의확률은 .05보다 큰 .078로 나타나 두 검사점수 간의 차이는 유의하지 않음을 알 수 있다.

• 표 6-11 실험집단 사전-사후-추후 검사점수 간 비교

(I) 시점	(J) 시점	평균차이(I-J)	표준오차	유의확률[b]	차이에 대한 95%신뢰구간[b]	
					하한	상한
1	2	-1.268[*]	.372	.043	-2.491	-.045
	3	-1.385[*]	.285	.008	-2.322	-.448
2	1	1.268[*]	.372	.043	.045	2.491
	3	-.117	.121	.078	-.515	.280
3	1	1.385[*]	.285	.008	.448	2.322
	2	.117	.121	.078	-.280	.515

주. 추정 주변 평균을 기준으로 *. 평균차이는 .05 수준에서 유의함. b. 다중비교를 위한 수정: Bonferroni

5. 신뢰도와 타당도

검사개발이 연구 목적이 아닌 경우 검사의 신뢰도와 타당도가 그렇게 중요하지 않을 수 있다. 하지만 설문지 연구에서는 당연히 여러 변인을 측정해야 하고 코칭 효과를 검증하는 논문에서도 여러 종속변인을 사용해야 하기 때문에 이 변인들의 신뢰도 및 타당도를 보고할 필요가 있다. 방법의 측정도구에서 간단히 해당 변인의 과거 신뢰도 및 타당도 결과를 간단히 기술하고 결과에서도 해당 변인의 신뢰도는 보고하는 것이 일반적이다. 따라서 여기서는 검사의 신뢰도와 타당도의 의미가 무엇인지 간단히 설명하고자 하며 탁진국(2007)의 심리검사 책에서 일부 내용을 발췌하여 기술하고자 한다.

1) 신뢰도

검사 또는 측정도구의 신뢰도(reliability)는 여러 번 검사를 실시할 때 점수가 일관되게 나오는 정도를 의미한다. 예를 들어, 새로 개발한 지능검사를 여러 번 실시할 때 점수가 매번 일치하거나 비슷하게 나온다면 신뢰도가 높은 것이고 점수가 다르게 나오는 정도가 클수록 신뢰도는 낮은 것이다.

신뢰도를 측정하는 방법에는 여러 가지가 있다. 가장 신뢰로운 방법은 검사-재검사(test-retest) 방법이다. 이 방법은 새로 개발한 검사를 한 집단에게 실시하고 동일한 검사를 일정한 시간이 지난 후 동일한 집단에게 다시 실시한 후 두 검사점수 간의 상관계수를 구한다. 이 상관계수가 신뢰도계수가 된다.

신뢰도의 본래 정의와 일치하는 방법으로 신뢰도를 계산하기 때문에 적절한 방법으로 알려져 있다. 하지만 동일한 검사를 두 번 실시해야 하기 때문에 신뢰도를 계산하는 데 시간이 오래 걸리고 비용도 많이 든다는 단점이 있다.

일반적으로 검사의 신뢰도 계산 시 가장 많이 사용되는 방법은 내적일관성 방법(internal consistency method)이다. 이 방법은 검사에서 각 문항을 검사로 가정하고 각 문항에 대해 사람들이 얼마나 일관되게 응답하였는지의 정도를 측정해서 이 값을 신뢰도로 계산한다. Cronbach가 개발한 알파(alpha) 계수가 내적일관성 방법을 통해 구한 신뢰도계수로 가장 많이 활용되고 있다. 이 방법은 검사를 한 번만 실시하고 신뢰도계수를 계산할 수 있기 때문이다. 검사를 한 번만 실시하기 때문에 본래 신뢰도의 정의에 맞지는 않지만 편의성이란 장점이 있어서 가장 많이 활용되고 있다. Cronbach alpha 계수는 SPSS-WIN을 통해 쉽게 구할 수 있다.

설문지연구에서 사용되는 모든 변인과 코칭효과 검증과 관련된 연구에서 사용된 종속변인들에 대해 연구방법에서 설명할 때 해당 연구에서 계산한 각 변인에 대한 Cronbach 알파계수를 보고해야 한다.

2) 타당도

타당도는 검사가 측정하려고 하는 것을 실제로 얼마나 잘 측정하고 있는지의 정도를 나타낸다. 일반적으로 검사의 타당도는 내용타당도(content validity), 구성타당도(construct validity), 준거관련타당도(criterion-related validity) 등 세 가지로 구분된다.

(1) 내용타당도
내용타당도는 검사문항들이 측정하고자 하는 내용을 얼마나 잘 대표하는지의 정도를 평가하는 방법이다. 내용타당도를 평가하는 방법은 연구자가 일차적으로 개발한 문항을 해당 분야 전문가들에게 각 문항이 측정하려는 내용을 얼마나 잘 반영하고 있는지를 평가해 달라고 하여 그 자료를 분석한다. 만약 각 문항에 대해 Likert 7점 양식(1: 전혀 관련성이 없다, 7: 매우 관련성이 높다)으로 평정했으면 문항별로 평균점수를 구해서 특정 점수(예, 5점) 이상인 문항들만 선정하면 된다.

(2) 구성타당도

구성타당도는 연구자가 개발한 심리검사가 원래 측정하려는 구성개념을 얼마나 정확하게 측정하고 있는지를 평가하는 것이다. 구성타당도를 평가하는 방법은 일반적으로 수렴타당도(convergent validity), 변별타당도(discriminant validity), 그리고 요인분석(factor analysis) 방법이 있다.

수렴타당도는 연구자가 개발한 검사를 이와 동일하거나 유사한 특성을 측정하는 검사들과 같이 실시해서 두 검사 간의 관련된 정도를 상관계수를 통해 분석하는 것이며 두 검사 간의 상관이 높을수록 수렴타당도가 높다는 것을 의미한다. 반대로 두 검사 간의 상관이 낮을 경우 연구자가 개발한 검사의 수렴타당도가 낮다는 의미가 된다.

변별타당도는 이와는 반대로 연구자가 개발한 검사를 이와 다른 특성을 측정하는 기존의 검사와 같이 실시해서 두 검사 간의 관련된 정도를 상관계수를 통해 분석하는 것이며 두 검사 간의 상관이 낮을수록 변별타당도가 높다는 것을 의미한다. 두 검사는 서로 다른 특성을 측정하기 때문에 두 검사 간의 상관은 낮아야 한다는 가정을 충족시키기 때문이다. 반대로 두 검사 간의 상관이 높으면 변별타당도는 낮다는 의미가 된다.

마지막으로 요인분석은 연구자가 개발한 검사의 요인이 동일하게 나타나는지를 분석하는 방법이다. 예를 들어, 연구자가 지능검사를 개발하기 위해 어휘력과 수리력의 두 요인을 가정하고 문항을 만들었다면 요인분석을 통해 두 개의 요인이 동일하게 나타나는지를 분석하는 것이다. 만약 두 개의 요인이 동일하게 나타난다면 검사의 구성타당도가 높다고 할 수 있다.

(3) 준거관련타당도

준거관련타당도는 연구자가 개발한 검사와 준거와의 관련성을 분석하는 방법이다. 준거란 검사를 평가하는 기준을 의미하는데 검사를 통해 측정하는 구성개념의 결과로서 나타날 수 있는 특성으로 생각하면 이해가 쉽다. 예를 들어, 기업체에서 선발용으로 적성검사를 개발했다면 이 검사의 준거는 입사 후 신입사원의 수행점수가 될 수 있다. 적성검사를 통해 측정하는 적성에서 점수가 높으면 결과적으로 입사 후 일을 잘할 것으로 기대할 수 있기 때문이다. 준거관련타당도를 구하는 방법에는 예언타당도(predictive validity)와 공존타당도(concurrent validity)의 두 가지가 있다.

① 예언타당도

예언타당도는 현 시점에서 연구자가 개발한 검사를 실시하고 일정 시간이 지난 후 준거를 측정하여 두 점수 간의 상관을 구하는 방법이다. 상관이 높게 나오면 예언타당도가 높다고 얘기한다. 앞에서 예를 들었듯이 새로 개발한 적성검사의 예언타당도를 구하기 위해서는 신입사원들에게 적성검사를 실시하고 입사 후 6개월 정도 지나서 신입사원들의 수행점수를 구해서 적성검사점수와 수행점수 간의 상관을 구하는 것이다. 상관이 높을 경우 특정 신입사원의 적성검사 점수만 보고도 이 사람이 회사에 들어와서 일을 얼마나 잘할 것인지를 정확하게 예측할 수 있기 때문에 예언타당도라고 한다.

이 방법은 본래 준거관련타당도의 정의에 부합되기 때문에 바람직한 타당도 측정 방법이라고 할 수 있다. 하지만 준거를 구하기 위해 일정 시간 기다려야 하는 어려움이 있다. 또한 앞의 예에서와 같이 적성검사를 본 모든 응시자의 준거를 구하는 것이 아니라 합격자들만의 수행점수를 구하기 때문에 이들이 전체 모집단을 잘 대표한다고 보기 어려운 문제점이 있다.

② 공존타당도

공존타당도는 연구자가 개발한 검사를 실시하고 동 시점에 준거점수를 구해서 두 점수 간에 상관을 구하는 방법이다. 앞의 적성검사 예에서 새로 개발한 적성검사를 현직자에게 실시하고 이들의 수행점수를 동시에 얻어서 상관을 구하는 방법이다. 예언타당도와 같이 일정 시간을 기다려서 준거를 얻을 필요가 없기 때문에 준거관련타당도 분석 시 많이 사용되고 있다. 하지만 본래 적성검사 개발 목적은 응시자들에게 실시하기 위한 것인데, 이를 현직자에게 실시하기 때문에 이들이 모집단을 대표한다고 보기 어려운 단점이 있다.

◻ 참고문헌 ◻

권선중, 민윤기, 석동헌, 심은정, 이민규, 최성진(2012). 학술논문작성 및 출판지침. 서울: 박영사.
탁진국(2007). 심리검사: 개발과 평가방법의 이해. 서울: 학지사.

제2부

코칭심리 응용

• • •
제7장
긍정심리코칭

❝ Linley와 Harrington(2006)에 따르면 긍정심리와 코칭은 수행과 주관적 안녕의 증진에 관심이 있고, 인간 본성의 긍정적인 부분에 초점을 두고 있으며, 개인의 강점과 무엇을 잘하는지에 초점을 두고 있다. 즉, 긍정심리와 코칭은 접근방법상 공통점이 크며, 실제로 코칭에서 다루어진 많은 부분이 긍정심리와 관련되어 있다고 볼 수 있다. 따라서 긍정심리에서 제시하는 다양한 기법을 코칭과정에 지속적으로 접목하여 실시하고 그 효과를 검증할 필요가 있다.

이번 장에서는 먼저 긍정심리의 개념에 대해 설명하고 긍정심리에서 중요 연구 주제 가운데 하나인 강점에 대해 설명하고자 한다. 또한 강점을 코칭에 활용한 강점코칭에 대해서도 설명하고자 한다. 추가로 행복에 영향을 주는 요인과 코칭에서 활용 가능한 긍정심리 관련 척도에 대해 설명하고자 한다. ❞

1. 긍정심리

21세기 들어서 인간의 강점 및 경쟁력 향상에 초점을 둔 긍정심리학에 대한 관심이 증가하고 있다(Seligman & Csikszentmihalyi, 2000; Snyder & McCullough, 2000). Seligman(1999)이 미국 심리학회 회장 취임 연설에서 긍정심리학을 강조한 이후 긍정심리는 급속도로 발전하면서 다양한 분야에 영향을 주고 있다.

역사적으로 보면 아리스토텔레스의 철학을 긍정심리학의 근원으로 볼 수 있다. 아리스토텔레스는 인간은 타고난 12가지 덕성(예, 용기, 긍지, 정의 등)이 있으며, 이러한 타고난 잠재성을 개발함으로써 행복을 찾을 수 있다고 하였다. 긍정심리학에서도 강점과 미덕을 강조하며 이러한 강점을 키우는 것을 강조하고 있다.

긍정심리학이 본격적으로 심리학의 한 분야로서 과학적 연구를 실시하게 된 것은 Seligman의 영향이 크다. Seligman(1999)은 미국심리학회장이 된 후 기조연설에서 심리학이 제2차 세계대전 이후 개인의 삶의 질을 풍요롭게 만드는 방향에서 벗어나 개인의 정신병리를 치료하는 방향으로 변화되었다고 주장하였다. 다시 말하자면 Seligman은 본래 심리학은 정신병리 치료, 일반 사람들이 좀 더 생산적이 되고 만족스러운 삶을 살아가도록 도움을 주는 것, 그리고 개인의 재능을 파악하고 이를 향상시키는 것에 관심을 가졌는데, 제2차 세계대전 이후 정신병리 치료에만 초점을 두게 되었다고 강조하였다.

Seligman은 심리학이 단순히 아픈 사람을 치료하는 의학의 연장선상에 있는 것이 아님을 강조하면서 이제 개인의 삶의 질을 높이는 심리학의 근원으로 돌아갈 필요가 있으며, 이를 위해 우울이나 불안과 같은 개인의 부정적인 측면에서 벗어나 즐거움이나 행복, 희망과 같은 긍정적 부분에 대한 연구에 초점을 둘 필요가 있음을 주장한 바 있다. 즉, 개인에 대한 연구가 병리 중심에서 일반인을 대상으로 하는 연구로 초점이 변화되어 갈 필요가 있음을 강조하였으며, 이와 관련된 학문을 긍정심리학으로 부르게 되었다.

긍정심리학에 관한 정의를 몇 가지 살펴보면, 긍정심리학은 개인의 행복이나 만족감을 가져오는 상황에 초점을 두면서 개인의 최적 기능을 과학적으로 연구하는 학문으로서 행복, 지혜, 창의성 및 강점 등이 핵심적인 연구주제이다(Linley &

Harrington, 2005). Seligman과 Csikszentmihalyi(2000)는 긍정심리학을 긍정정서와 경험, 긍정적 성격 특질, 긍정 기관과 시민정신에 대한 연구로 정의하였다. 또한 이들은 긍정심리학의 목적을 보통의 사람들에게 초점을 두고 이들이 더 강하고 생산적이 되도록 만드는 데 관심을 가지며, 인간의 높은 잠재력을 실현시키기 위해 노력한다고 주장하였다.

Gable과 Haidt(2005)는 긍정심리를 "사람, 집단, 조직이 최적의 기능을 하도록 만드는 데 기여하는 조건이나 과정에 대해 연구하는 학문"으로 정의하였다. 또한 Sheldon과 King(2001)은 긍정심리학을 "보통사람들이 지니는 강점과 덕성에 대한 과학적인 연구"로 정의한 바 있다.

이러한 정의에서 공통적이거나 자주 등장하는 단어는 보통 또는 일반 사람들, 행복, 잠재력, 강점 등으로 볼 수 있다. 여기서는 행복과 강점에 관한 내용을 중점적으로 살펴보고자 한다.

2. 긍정심리와 코칭심리

먼저 긍정심리와 코칭심리는 어떤 점에서 유사성이 있는지를 설명하고자 한다. Linely와 Harrington(2005)은 긍정심리와 코칭심리 간에 다음과 같은 공통점이 있음을 강조하고 있다.

첫째, 둘 다 개인의 수행과 주관적 안녕의 증진에 관심이 있다. 즉, 긍정심리에서도 일반인의 수행증진과 생산성 향상에 관심이 있는데, 코칭의 목적도 코칭을 통해 피코치의 수행을 증진시키는 것이기 때문이다.

둘째, 긍정심리와 코칭심리 모두 인간 본성의 긍정적인 부분에 초점을 두고 있다는 공통점이 있다. 긍정심리는 인간의 본성에 대한 기본적인 가정에서 인간은 건설적인 방향으로 나아가려는 동기를 가지고 있기 때문에 이것이 가능하도록 올바른 환경상황을 제공해 주는 것이 중요함을 강조한다. 코칭심리도 인간의 본성에 대해 동일한 가정을 하고 있다.

마지막으로 둘 다 개인의 강점에 초점을 둔다는 점이다. 위의 긍정심리에 관한 정의에서도 기술하였듯이 긍정심리는 개인의 강점을 과학적으로 연구함을 중요시한다. 과거 심리학연구에서 창의성, 희망, 낙관성과 같이 개인의 강점에 대한 연구가 없었던 것은 아니지만 개인의 강점을 체계적으로 구분한 시도는 없었다. 긍정심리가 등장하면서 VIA 강점검사(Peterson & Seligman, 2004) 개발을 통해 강점에 대한 체계적인 분류가 완성되었고 다양한 강점에 관한 연구가 진행되었다. 한편, 코칭심리도 피코치의 잠재력을 개발하고 성장을 도모하는 데 궁극적 목적이 있기 때문에 피코치의 약점보다는 강점을 찾아 자신의 잠재력을 개발하는 데 초점을 두고 있다.

Linley와 Harrington의 이러한 주장 이외에도 필자의 판단으로는 긍정심리는 위에서도 기술하였듯이 일반인을 대상으로 연구를 진행하기 때문에 코칭을 진행할 때 활용할 수 있는 연구결과나 이론 또는 모형들을 많이 제공하고 있다는 점에서 코칭심리에 기여하는 부분이 크다고 할 수 있다.

예를 들어, 탁진국, 임그린, 정재희(2014)는 긍정심리 분야에서 진행된 행복 증진과 관련된 많은 연구를 토대로 행복과 관련이 있는 감사, 강점, 목표, 긍정적 사고 등을 코칭프로그램에 반영하여 대학생을 대상으로 코칭을 실시한 결과 주관적 행복, 정신건강, 삶의 만족 등의 종속변인이 향상되는 것으로 나타났다.

3. 강점과 긍정심리

1) 강점의 정의

앞에서 기술하였듯이 긍정심리를 보통사람들이 지니는 강점과 덕성에 관한 과학적인 연구(Sheldon & King, 2001)로 정의하였듯이 긍정심리에서 강점에 관한 연구는 매우 중요하다.

그렇다면 강점은 어떻게 정의되고 있는가? Clifton과 Nelson(1992)은 강점(strength)이라는 구성개념을 "한 사람의 재능 및 그와 관련된 지식, 기술, 노력을 결합한 것이며 특정 과제에서 일관되게 완벽에 가까운 수행을 할 수 있게 하는 능력"으로 정의한바 있다. 이들의 정의에서 관심있게 살펴봐야 할 점은 사람은 다양한 재능을 타고나지만 이러한 재능이 강점으로 발휘되거나 나타나기 위해서는 개인의 지식, 기술, 노력 등이 뒷받침되어야 한다는 점이다. 즉, 개인의 노력 없이는 타고난 재능이 강점으로 승화하지 못한다는 점을 강조하고 있다.

Peterson과 Seligman(2004)은 강점 앞에 기질(character)을 추가하여 기질 강점(character strength)으로 부르고 있으며 이를 '사고, 정서 및 행동에 반영되어 있는 긍정적 특질'로 정의하였다. 강점 앞에 기질을 추가한 이유는 개인마다 독특한 자신의 강점이 있다는 점을 강조하고 이러한 강점은 기질적이라서 쉽게 변화하지는 않지만 노력에 따라 변화 가능하다는 점을 언급하기 위한 목적이 있다고 판단된다. 강점에 관한 많은 논문과 책에서 'character strength'를 성격강점으로 번역하여 사용하고 있으나 필자의 생각으로 성격강점은 적절하지 못한 것으로 판단된다. Peterson과 Seligman이 언급하고 있는 24개 강점 가운데는 판단력, 창의성, 리더십과 같은 능력에 가까운 강점이 있으며 공정성과 같은 가치와 관련된 강점도 있기 때문이다.

한편, Linley와 Harrington(2006)은 강점을 "가치 있는 성과를 위하여 최적의 기능을 할 수 있도록 느끼고 생각하고 행동하는 역량"으로 정의하고 있다. 이들은 강점을 설명하는 데 있어서 강점은 타고난 것이고(pre-existing), 일상생활에서 강점을 발휘할 때 편안함을 느껴야 된다는 의미의 진정성(authentic), 그리고 강점을 발휘할 때 힘과 에너지가 넘쳐서 활력이 넘친다는(energizing)의 세 가지 요인을 강조하고 있다.

예를 들어, 호기심이 강점인 사람은 자신이 먹어 보지 않았던 새로운 음식을 먹는 것에 대해 편안함을 느끼며 지금까지 먹어 보지 못했던 것을 시도해 본다는 데 대해 신이 나고 식당으로 가는 길이 즐거우며 먹는 순간 어떤 맛일지 궁금해하며 먹는 순간을 즐기게 된다. 당연히 호기심이 강점이 아닌 사람은 새로운 음식을 먹는 것에 대해 맛이 이상하면 어떡하나 걱정이 앞서서 마음이 편치 않으며, 식당에 가는 과정부터 먹는 순간까지 신이 나지 않고 마지못해 먹는다는 생각을 하게 될 것이다.

2) 강점 측정

Clifton과 Nelson(1992)은 강점검사를 개발하였고 현재 갤럽을 통해 검사를 판매하고 있다. 이들이 도출한 강점은 모두 34개로서 그 이름은 다음과 같다. 착상(Ideation), 탐구심(Input), 조정(Arranger), 연결성(Connectedness), 사고

(Intellection), 학습(Learner), 분석(Analitical), 복구(Restorative), 전략(Strategic), 책임감(Responsibility), 활동성(Activator), 극대화(Maximizer), 긍정성(Positivity), 포괄성(Includer), 관계(Relator), 적응력(Adaptability), 공감(Empathy), 조화(Harmony), 매력(Woo, Winning Others Over), 일관성(Consistency), 명령(Command), 신중성(Deliberative), 신념(Belief), 미래지향성(Futuristic), 경쟁(Competition), 성취(Achiever), 자기확신(Self-assurance), 개인화(Individualization), 질서(Discipline), 의사소통(Communication), 맥락(Context), 개발(Developer), 초점(Focus), 그리고 중요성(Significance)이다.

Peterson과 Seligman(2004)은 기질 강점(character strength)을 '사고, 정서 및 행동에 반영되어 있는 긍정적 특질'로 정의하였으며 24개의 강점으로 구성된 VIA 강점검사(Value in Action Inventory of Strength)를 개발한 바 있다. 이 24개 강점은 시간과 문화를 초월하여 대체로 일관되게 나타나는 것으로 여겨지는 6개의 핵심 덕목(지혜 및 지식, 용기, 자애, 정의, 절제, 초월) 안에 포함되어 있다. 지혜 및 지식 덕목에 속하는 강점으로는 창의성(Creativity), 호기심(Curiosity), 판단력(Judgment/Critical Thinking), 학구열(Love of Learning) 및 통찰(Perspective)의 5개 강점이 있고, 용기 덕목에는 용감성(Bravery), 끈기(Industry/Perseverance), 진실성(Authenticity/Honest), 및 활력(Zest)의 4개 강점이 포함된다. 자애 덕목에는 친절(Kindness), 사랑(Love) 및 사회지능(Social Intelligence)의 3개 강점이, 정의 덕목은 협동심(Teamwork/Citizenship), 공정성(Fairness), 및 리더십(Leadership)의 3개 강점을 포함한다. 절제 범주에는 용서(Forgiveness/Mercy), 겸손(Modesty/Humility), 신중성(Prudence) 및 자기통제력(Self-control/Self-regulation)의 4개 강점이, 마지막으로 초월 범주에는 감상력(Awe/Appreciation of Beauty and Excellence), 감사(Gratitude), 희망(Hope), 유머감각(Playfulness), 및 영성(Spirituality)의 5개 강점이 포함된다.

국내에서는 김기년, 탁진국(2013)이 청소년을 대상으로 한 강점검사를 개발하였으며, 현재 이 검사는 (주)가이던스를 통해 구입이 가능하다. 척도 개발을 위해 기존 연구들과 교사와 학무모와의 개방형 설문과 면담, 교사의 청소년들에 대한 학생 특성기술문 등을 바탕으로 청소년들의 강점을 분석하여 27개 강점 요인을 도출하였고, 총 256개의 예비문항을 개발하였다. 고등학생 810명을 대상으로 한 예비조사와 고등학생 928명을 대상으로 실시한 본조사를 통해 분석한 결과 최종 107개 문항과 20개 요인으로 구성된 척도를 개발하였다. 도출된 20개 요인은 유머, 끈기, 창의력, 리더십, 학구열, 경쟁, 신중함, 공정성, 지혜, 진실함, 낙관성, 용기, 도덕성, 대인관계, 미래지향성, 배려, 신체활동, 예술성, 의사전달, 그리고 자기조절이다.

각 요인의 신뢰도는 적합한 것으로 나타났으며 모든 강점요인은 준거변인인 학교성적 및 삶의만족(자기만족, 가족만족, 학교만족, 친구만족, 주변환경만족 요인으로 구성)과 대부분 유의하게 관련되어서 청소년 강점척도의 신뢰도와 타당도가 입증되었다.

임그린 등(2015)은 후속 연구에서 김기년, 탁진국(2013)의 청소년용 강점검사를 재타당화하기 위해 전국 규모의 표집을 통해 동일한 20개 요인구조가 도출되는지를 검증하였다. 또한 이러한 요인구조가 전체 청소년뿐 아니라 성별(남/여), 학년(중학교/고등학교), 남자(중/고등학생), 여자(중/고등학생) 등 하위집단으로 구분하였을 때도 동일하게 나타나는지를 분석하였다.

전국의 중학교 및 고등학교 학생 33,379명을 대상으로 설문을 실시하여 불성실 응답자를 제외한 총 32,640명의 자료를 요인분석 한 결과, 문항 수는 94개로 줄었지만 남자 고등학생 집단을 제외한 모든 집단, 즉 전체 집단, 전체 여학생, 전체 남학생, 고등학생 전체, 여자 고등학생, 중학생 전체, 남자 중학생, 여자 중학생 집단에서 동일한 20개 요인이 도출되어, 20개 요인구조모형이 일관성 있게 적용되는 것으로 나타났다.

성인이 대상인 경우 VIA 성인강점검사(http://www.viacharacter.org)를 실시하거나 강점코칭심리연구소(http://strength.or.kr)에서 개발한 성인강점검사를 활용할 수 있다.

3) 강점특성에 대한 이해

(1) 강점과 성격

이상의 강점 측정도구에서 사용되는 강점들을 토대로 강점의 특성을 정리해 보면 강점은 성격, 능력, 가치 등을 모두 포함하는 통합개념으로 볼 수 있다. 예를 들어, VIA 강점검사도구를 살펴보면 호기심, 끈기, 정직, 신중성과 같은 성격특성으로 볼 수 있는 요인들이 있는 반면에 판단력, 분석력, 통찰력, 리더십과 같이 능력과 관련된 요인들도 포함되어 있다. 또한 공정성이나 감사와 같이 가치와 관계되는 요인도 포함되어 있다. 즉, 강점은 인지적인 요인과 비인지적인 요인 모두를 포함하는 개념으로 볼 수 있다. 따라서 앞에서 기술한 VIA 강점을 국내에서 많은 서적과 논문에서 성격강점(character strength)으로 명명하고 있는데, 이는 바람직한 번역이 아니라고 판단된다. 일반인들에 강점은 성격특성이라는 오해를 불러일으킬 수 있기 때문이다.

정일진 등(2014)은 강점과 성격 간의 상관계수의 크기를 분석하였다. 중·고등학생 1,746명(중학생 485명, 고등학생 1,232명)을 대상으로 청소년강점검사와 NEO 청소년성격검사 간의 상관을 분석한 결과 상관계수 크기가 큰 것보다는 보다 작은 경우가 더 많았다.

구체적으로 살펴보면 상관계수 크기가 .60 이상은 총 2개로 외향성이 대인관계($r = .62$) 및 리더십($r = .67$)과 높게 관련되었다. 상관계수 크기가 .50 수준은 총 6개로 성실성이 끈기($r = .59$) 및 의사전달($r = .50$), 외향성은 용기($r = .55$), 유머($r = .59$), 그리고 의사전달($r = .52$)과, 개방성은 창의력($r = .50$)과 높게 관련되었다. 상관계수 크기 .40 수준은 총 7개였고 나머지는 이보다 낮은 수준으로 상관계수 크기 .30 수준은 총 23개, 상관계수 크기 .20 수준은 총 28개, 상관계수 크기 .10 수준은 총 16개였으며, 나머지 18개는 상관계수 크기 .10 미만이었다. 따라서 Cohen(1988)의 상관 크기 분류에 따르면 상관이 크다고 볼 수 있는 .50 이상은 전체 100개 상관가운데 8개에 불과하였고 보통 크기의 상관인 .30 이하가 전체의 80%(85개)였으며, 이 중 낮은 상관인 .10대이거나 .10 이하가 34개로 나타났다. 이러한 결과는 강점과 성격 간의 관련성이 높지 않음을 시사하는 것으로 해석할 수 있다.

또한 정일진 등(2014)의 추가 연구에서 강점은 성격이 삶의 만족을 설명하는 것 이상으로 유의한 변량을 설명하는지를 알아보기 위하여 위계적 회귀분석을 실시하여 회귀모형에서 성격을 1단계에, 강점을 2단계에 넣고 분석하였다. 분석 결과 강점은 삶의 만족에 유의한 영향을 미치는 것으로 나타났으며, 이러한 결과는 삶의 만족을 5개 하위 요인으로 구분하여 동일한 분석을 실시했을 때도 일관되게 나타났다. 이러한 결과는 개인의 강점은 성격과 개념적으로 중복되는 부분도 있지만 서로 구분되는 개념으로 볼 수 있음을 시사한다.

(2) 강점은 타고나는가?

앞에서 Linley와 Harrington(2006)은 강점을 타고나는 것(pre-existing)으로 설명한 바 있다. 즉, VIA 강점으로 설명하면 누구나 24개 강점을 타고난다고 할 수 있다. 하지만 자라나면서 본인의 노력과 환경의 영향을 통해 특정 강점이 개인의 강점이 될 수 있다.

필자는 이를 그림으로 표현하자면 다음과 같은 그림으로 설명할 수 있을 것 같다. 다음 [그림 7-1]에서 수평으로 그려진 선을 태어나는 시점 또는 특정 환경에 접하기 전의 시점으로 가정한다. 선 아래쪽에 다양한 강점이 위치하고 있으며, 이 강점의 크기는 다르다. 즉, 모든 개인이 동일한 강점을 가지고 태어난다고 해도 유전적인 영향으로 인해 특정 개인이 가지고 있는 특정 강점의 크기는 다를 수 있을 것이다.

개인이 자라나면서 특정 강점들이 가운데 있는 박스와 같이 언제라도 수면위로 올라올 위치에 자리 잡게 된다. 하지만 이 중에서 일부만이 오른쪽 박스와 같이 개인의 강점으로 자리 잡게 된다. 이 과정에서 개인의 노력과 환경의 영향이 큰 영향을 미치게 된다. 예를 들어, 특정 개인에게 유머강점이 유전적 특성이 강하다고 가정하자. 하지만 개인이 성장하면서 가정 또는 학교에서 유머스러운 얘기를 할 때 사람들로부터 부정적인 평가를 받게 된다면 강점이 되기 힘들 것이다. 반면에 주변 사람들로부터 긍정적 평가를 받게 되면 강점으로 자리 잡게 될 것이다.

이러한 과정은 개인이 사회생활을 하면서 언제든지 나타날 수 있다. 예를 들어, 특정 개인이 직장에서 팀장으로 승진하게 되었다고 가정해 보자. 이 개인은 이제 리더십을 발휘할 기회가 많이 생기게 되며, 이는 [그림 7-1]에서 좌측 아래쪽에 있

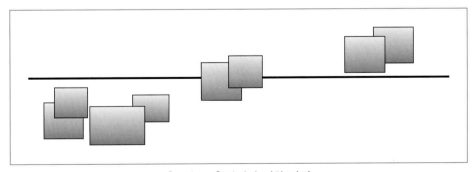

[그림 7-1] 강점의 진화 과정

는 강점이 중간 박스와 같이 올라오기 시작하는 것과 같다. 만약 이 개인이 리더십을 발휘할 기회를 잘 살려서 구성원들을 잘 이끌어 간다고 하면 이제 리더십이 개인에게 새로운 강점이 될 수 있으며, 이는 그림에서 오른쪽 박스에 해당한다.

따라서 개인의 강점은 타고나는 것이지만 자라면서 새로운 환경에 접하게 되어 특정 강점을 발휘할 기회가 생기면 새로운 강점이 자리 잡게 된다. 즉, 개인의 강점은 변할 수 있다.

(3) 강점의 최적수준

앞에서 자신의 강점을 일상생활에서 자주 활용하게 되면 더 많은 기쁨과 즐거움을 느끼게 된다고 기술하였다. 하지만 일부 개인에게 있어서 자신의 강점을 싫어하는 경우가 가끔씩 발생한다. 예를 들어, VIA 강점검사 결과 인내심이 상위 강점으로 나온 50대 주부가 자신은 인내심을 싫어하는데 왜 상위 강점으로 나왔는지 모르겠다고 얘기하는 경우가 발생할 수 있다.

Biswas-Diener(2010)에 따르면 이러한 문제가 발생하는 이유는 강점활용 과정에서 개인마다 최적수준(optimal level)이 있기 때문이다. 즉, 강점을 활용하면 할수록 즐거움이 계속 증가하는 것이 아니라 특정 수준을 넘어서면 강점활용이 더 이상 즐거움을 증진시키지 못한다는 것이다. 다음 [그림 7-2]는 이러한 내용을 설명한다.

앞서 제시한 50대 주부의 예를 들어 설명하면 그동안 이 주부는 배우자 또는 자

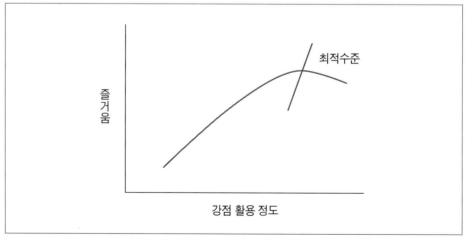

[그림 7-2] 강점의 최적수준

녀가 자신을 무시하는 투의 말을 할 경우 가족의 평화를 위해 자신의 강점인 인내심을 발휘하여 참아 왔으나 이러한 말투가 더 심해짐에 따라 더 이상 참기가 힘들어지는 상황이 되었다. 이로 인해 이 주부는 인내심을 잘 발휘할 수 있지만 더 이상 인내심을 발휘하고 싶지 않게 된 것이다. 따라서 이러한 상황에서 이 주부에게 인내심은 더 이상 강점으로 인식되기 힘들어지게 되며, 코치는 이 주부에게 인내심을 덜 활용할 것을 권유할 필요가 있다.

(4) 강점과 약점

'강점에서는 약점은 다루지 않는가?' 하는 의문이 생길 수 있다. 여기에 대한 답은 "아니요."다. 여기에서는 강점과 약점을 돛단배에 비유해서 설명하기로 하자(Biswas-Diener, 2010). **[그림 7-3]**에서 보듯이 약점은 돛단배에서 배에 있는 구멍이고 강점은 돛으로 비유할 수 있다. 만약 배에 있는 구멍을 막지 않으면 배가 가라앉게 된다. 하지만 한 번만 막아서 물이 들어오지 않으면 되는데도 걱정이 되어 여러 차례 구멍을 막기 위한 노력을 하는 사람이 많다. 한편, 구멍을 막는다 해도 배가 앞으로 나가지는 못한다. 배가 앞으로 나가기 위해서는 무엇보다 돛의 역할이 중요하다. 우리가 배를 타는 이유는 원하는 목적지까지 가기 위함인데 구멍을 막는 것은 우리의 목표를 달성하는 데 큰 도움이 되지 않는다. 목표를 달성하기 위해서는 돛의 역할이 중요하다.

일상생활에서 우리는 약점도 고려할 필요가 있다. 하지만 약점을 무조건 개선하기 위한 노력을 하기 전에 먼저 약점으로 인해 일상생활이나 업무에서 얼마나 많은 어려움을 경험하고 있는지 파악할 필요가 있다. 만약 약점의 강도가 커서 돛단배의

[그림 7-3] 강점과 약점에 대한 이해를 위한 돛단배

구멍과 같다면 이를 개선하기 위한 노력이 필요하다. 예를 들어, 영업사원이 사람과의 관계가 약점이라면 이는 업무수행에서 문제가 되기 때문에 이를 개선하기 위한 노력이 반드시 필요하다. 하지만 영업사원이 리더십이 약점이라고 한다면 현 상황에서 자신의 업무를 수행하는 데 크게 문제될 것이 없다. 만약 그렇다고 한다면 약점을 개선하는 것에 대해 크게 고려할 필요가 없다. 개선하지 않아도 생활하는 데 큰 지장이 없기 때문이다. 어차피 약점을 개선하는 것은 매우 어려운 일이고 개선하지 않아도 큰 문제가 없다면 아예 시도하지 않는 것이 좋을 것이다.

(5) 강점 간의 비교

강점검사 결과를 해석할 때 중요한 점은 본인 내부에서 다른 강점과 비교하여 어떤 것이 상대적으로 볼 때 상위의 강점인지를 파악하는 것이다. 대부분의 심리검사 결과를 해석할 때와 같이 강점검사의 결과에서 나온 각 강점의 점수를 다른 사람과 비교하여 상대적으로 얼마나 높은지를 알아보는 것은 바람직하지 못하다.

강점검사를 하는 중요한 목적 중의 하나는 개인이 자신의 강점을 파악하고 이를 통해 '나도 잘하는 것이 있다.'는 자신감 또는 자존감을 향상시키는 데 있다. 그런데 자신의 검사 점수를 타인의 점수와 비교할 경우 점수가 높은 사람은 상관이 없지만 강점들의 점수가 낮은 개인은 오히려 실망하게 될 것이다. 자신의 가장 상위의 강점이 다른 사람들의 강점점수와 비교 시 중간 정도밖에 안 된다는 것을 인식하게 되면 당연히 실망감이 클 것이다.

따라서 강점검사 결과는 전체 강점 요인 가운데 어떤 강점요인이 상위로 나왔는지를 파악하는 것이 중요하며 이를 타인의 점수와 비교하는 것은 바람직하지 못하다.

(6) 강점인식과 강점활용
① 강점인식

자신의 강점을 알게 되면 어떤 이점이 있을까? 자신이 잘하는 것이 없다고 느끼는 사람들이 자신의 강점을 알게 된다면 자연스럽게 자존감이 향상될 가능성이 높다. 나도 잘하는 것이 있다는 것을 깨닫게 되기 때문이다. 실제 코칭장면에서 강점검사를 통해 피코치의 강점을 파악하게 되면 대부분의 피코치는 자신이 미처 파악하지 못했던 강점을 가지고 있다는 것을 깨닫고 긍정정서를 느끼게 되며 코칭에 대한 몰입도가 높아지는 경우가 많다.

코치로서 자신의 강점을 잘 인식하는 것도 중요하지만 타인이나 피코치의 강점을 잘 파악하는 것도 중요하다. 특히 코칭과정에서 강점을 활용해서 진행할 경우 코치의 강점파악 역량은 더 중요할 수 있다. Linley 등(2010)은 개인의 강점파악 역량에서 개인차가 있을 것으로 가정하고 타인의 강점을 파악하는 역량 정도를 측정하는 강점파악 척도(strength spotting scale)를 개발하였다. 이들은 능력(ability), 정서(emotional), 동기(motivation), 빈도(frequency), 그리고 적용(application)의 다섯 가지 요인으로 구성된 20개 문항을 최종 척도로 개발하였다. 능력요인은 강점파악을 얼마나 잘할 수 있는지를 측정하고(문항 예, 나는 타인의 강점을 쉽게 파악할 수 있다), 정서요인은 강점파악 시의 정서상태(예, 타인의 강점을 알게 되면 기분이 좋아진다)를, 동기요인은 타인의 강점을 파악하려는 동기가 얼마나 있는지(문항 예, 타인의 강점에 주의를 기울이는 것은 매우 중요하다)를, 빈도요인은 실생활에서 타인의 강점파악을 얼마나 자주 하는지(문항 예, 나는 늘 사람들의 강점에 대해 얘기한다)를, 마지막으로 적용요인은 타인에게 강점을 활용, 적용, 개발하는 방법을 알려 주거나 제안하는 정도(문항 예, 나는 자주 타인에게 강점을 활용하도록 권유한다)를 측정한다.

타당도 분석 결과, 가정한 대로 5개의 요인이 도출되었으며 각 요인은 낙관성 및 긍정적 감정과 정적으로 유의하게 관련되었다. 성격과의 상관에서는 모든 요인은 외향성 및 호감성과 정적으로 유의하게 관련되었으며 정서요인을 제외한 다른 요인들은 모두 개방성과 유의하게 관련되었다.

② 강점활용

강점을 알게 되는 것도 중요하지만 이것에서 그쳐서는 안 되며 파악한 강점을 일상생활이나 업무에서 지속적으로 활용하는 것도 동시에 중요하다. 강점을 지속적으로 활용하게 되면 자신이 잘하는 것을 계속하기 때문에 이 과정에서 긍정적인 정서를 느끼게 되며 이로 인해 다양한 긍정적 성과가 나타날 수 있다.

강점에 관한 연구에 따르면 강점활용을 통해 개인의 행복감이 증진된다. Seligman, Steen, Park과 Peterson(2005)은 대학생을 대상으로 다양한 실험집단을 구성하여 어떠한 경우에 행복점수가 가장 높은지와 효과가 지속적인지를 검증하였다. 먼저 통제집단은 70명으로서 일주일 동안 매일 밤 어린 시절의 기억을 기술토록 하였다. 첫 번째 실험집단은 감사를 활용하는 집단으로서 80명에게 자신에게 매우 친절했으나 미처 감사한다는 말을 하지 못한 사람에게 감사의 편지를 써서 전달하는 과제를 내주었다. 두 번째 실험집단은 59명으로서 일주일 동안 매일 저녁 그날 기분이 좋았던 세 가지 일과 그 원인에 대해 기술토록 하였다. 세 번째 집단은 68명으로서 먼저 가장 좋았던 때를 기술한 후 그 이야기에 나타난 자신의 강점을 생각토록 하였으며, 일주일 동안 하루에 한 번씩 이 이야기를 검토하고 자신의 장점에 대해 생각해 보도록 하였다. 네 번째 실험집단 66명은 www.authentichappiness.org에 접속해서 강점검사지에 응답 후 자신의 다섯 가지 대표강점 가운데 하나를 일주일 동안 매일 새롭고 다른 방법으로 활용토록 하였다. 마지막 다섯 번째 실험집단 68명한테는 네 번째 집단과 동일하게 강점검사지에 응답하고 자신의 다섯 가지 대표강점을 향후 일주일 동안 많이 활용하도록 하였다.

분석 결과 세 번째 집단과 다섯 번째 집단의 경우 효과가 가장 큰 것으로 나타났는데, 한 달, 석 달, 6개월 후에도 통제집단에 비해 행복점수가 높았고 우울점수는 낮았다. 감사방문 집단은 한 달 동안은 점수가 높았으나 그 후로는 점차 감소되면서 통제집단과 차이가 없었다. 다른 집단에서는 큰 효과가 없는 것으로 나타났다.

Govindji와 Linley(2007)는 강점인식 및 활용 척도(〈**부록 1**〉 참조)를 개발하고(문항 예, 나는 언제나 내 강점을 활용한다 등) 이 척도를 이용하여 개인의 강점활용 정도가 주관적 안녕감과 심리적 안녕감에 유의한 영향을 주는 것을 밝혔다. 이들의 연구에서 자신의 강점에 대해 알고 있는 강점인식도 주관적 안녕감과 심리적 안녕감과 유의하게 관련된 것으로 나타났다.

Linley, Nielsen, Gillett와 Biswas-Diener(2010)는 강점활용이 주관적 안녕감에 영향을 미치는 과정에 관심을 가지고 대학생 240명을 대상으로 설문을 실시하여 이 과정을 분석하였다. 분석 결과 개인이 자신의 대표강점을 많이 활용할수록 자신이 세운 목표를 달성하는 정도가 높았고 이를 통해 자신의 욕구가 충족되었다고 인식하는 정도가 높았으며, 결과적으로 6주와 16주 후에 측정한 주관적 안녕감을 증진시키는 것으로 나타났다. 강점을 활용할수록 목표달성 정도가 높아지는 것은 목표달성을 위해 자신이 잘 하는 것을 활용하기 때문에 목표를 달성할 수 있다는 자기효능감이 향상되기 때문에 나타난 결과로 해석할 수 있을 것이다. 또한 강점활용은 업무수행도 증대시키는 것으로 나타났다(Clifton & Harter, 2003: Linely et al., 2010에서 재인용).

국내 연구에서 김민과 탁진국(2017)은 여자고등학생을 대상으로 자신의 강점에 대해 잘 알수록 자신이 강점과 관련된 진로를 생각해 볼 기회를 더 많이 갖게 되어 진로미결정 수준이 낮아질 것으로 가정하였다. 또한 강점활용이 강점인식과 진로미결정간의 관계를 매개할 것으로 가정하였다. 분석 결과 강점인식은 진로미결정에 직접적으로 유의한 영향을 미쳤으며 강점활용은 유의한 매개역할을 하는 것으로 나타났다. 즉, 개인이 자신의 강점에 대해 알게 되면 이러한 강점을 일상생활에서 자주 활용하게 되며 이를 통해 강점과 관련된 진로에 대해 더 많이 생각해 보게 되어 진로미결정 수준이 낮아지는 것으로 해석할 수 있다.

Tsai, Chaichanasakul, Zhao, Flores와 Lopez(2013)는 개인이 자신의 강점을 파악하고 이를 일상생활에서 적용할 수 있는 능력이 있다고 믿는 정도를 측정하기 위하여 강점자기효능감 척도(strength self-efficacy scale)를 개발하였다(문항 예, 내 강점을 직장에서 잘 활용할 수 있다, 〈부록 2〉 참조). 이들의 연구에서 강점자기효능감 척도의 최종 문항 수는 11개였고 alpha계수는 .86이었으며 한 달 간격으로 실시된 검사-재검사 신뢰도는 .82였다. 탐색적 및 확인적 요인분석 결과 이 척도는 단일요인으로 나타났다. 또한 자존감과 삶의 만족과는 높게 관련되어 수렴타당도가 입증되었으며 사회적 바람직성 척도와는 낮게 관련되어 변별타당도가 입증되었다.

강점인식 및 활용에 관한 향후 연구와 관련해서 Biswas-Diener, Kashdan과 Minhas(2011)는 강점을 하나씩 보지 말고 두세 개 강점을 묶을 때 이 합해진 강점들의 특성은 어떻고 효과는 어떠한지를 파악하는 연구가 필요하며, 특히 어떤 강점과 어떤 강점이 연계될 때 더 시너지가 나는지에 대한 연구가 필요함을 주장하였다.

이와는 별도로 팀 또는 집단 내에서 여러 명의 구성원이 있을 경우 구성원별로 어떤 강점을 가진 사람들이 팀 또는 집단의 응집력과 시너지를 높이는 데 기여하는지에 대한 연구도 필요하다. 또한 팀 전체로 볼 때도 평균적으로 구성원들이 어떤 상위강점을 가지고 있는 것이 도움이 되는지, 이러한 상위강점은 업종이나 업무에 따라 달라지는 지 등에 관한 연구도 필요할 것이다.

4) 강점코칭프로그램

강점코칭프로그램은 직장인을 대상으로 긍정심리학에서 중요한 개념인 강점을 토대로 이를 활용하여 개인의 목표를 해결하기 위한 프로그램이다. 강점코칭프로그램의 핵심은 다른 일반 코칭프로그램과 비교해서 목표를 달성하기 위한 실행의도 또는 실행계획을 수립하고 이를 실행하는 과정에서 실행가능성을 더욱 높일 수 있다는 점이다.

동일한 목표라 하더라도 과거에 강점을 모르는 상태에서 목표 달성을 위해 세웠던 실행계획과 자신의 강점을 파악하고 강점을 활용하여 세운 실행계획 사이에는 실행 과정에서 어떤 차이가 있을까? 후자의 경우 실행계획을 실천할 가능성이 더 높아질 것이다. 그 이유는 자신의 강점을 활용하는 실행계획이기 때문이다. 즉, 자신의 강점을 활용하기 때문에 실행계획을 내가 잘 해낼 수 있다는 자신감이 생기게 된다.

예를 들어, 직장에서 일본어 능력향상을 위해 6개월만에 일본어로 일본 사람과 말하는 것을 목표로 삼았는데, 강점 중의 하나가 자기조절이라고 한다면 관련 실행계획을 '일본어 매일 30분씩 공부하기'로 세울 수 있을 것이다. 계획을 세운 후 이를 실행하는 과정에서 '나는 자기조절 강점이 있기 때문에 하루 30분씩 일본어 공부를 하는 것은 어려운 것이 아니고 잘 해낼 수 있어.'라는 자신감이 생기게 되며 이것이 자기에 대한 암시로 이어져 지속적으로 이러한 행동을 실행할 가능성이 높아지게 되는 것이다.

Bandura(1977)는 개인의 건강 관련 행동변화를 위해 무엇보다 자기효능감이 중요함을 주장한 바 있다. 즉, 담배나 술을 끊기 위해서는 우선적으로 내가 이를 해낼 수 있다는 자신감이 있어야 가능하다는 의미이다. Bandura는 이러한 자기효능감을 높이기 위해 성공경험, 주변의 격려, 본받을 수 있는 모델 제시 등 다양하고 구체적인 방안을 제시한 바 있다. 앞에서 기술하였듯이 강점을 활용한 실천계획 수립은 이를 달성할 수 있다는 자신감을 가져오게 되며 결과적으로 Bandura의 주장대로 이를 실천하는 행동변화가 일어날 가능성이 높아지게 될 것이다.

(1) 강점인식 및 활용 사례

강점을 코칭과정에서 활용하기 위해서 먼저 코치는 피코치가 자신의 강점을 인식하고 이를 수용하도록 유도하는 것이 중요하다. 앞에서 설명한 다양한 강점검사를 통해 피코치가 자신의 강점을 인식하도록 할 수도 있지만 검사를 실시하기 어려운 경우 코치는 피코치와의 대화를 통해 강점을 이끌어 내는 역량이 중요하다. 이를 위해서는 평소 본인을 비롯한 주변 사람들의 특성이나 행동을 살펴보면서 그 사람의 강점은 무엇이고 이를 구체적으로 어떻게 명명할 수 있을지를 연습해 보는 노력이 필요하다. 여기서는 Biswas-Diener(2010)의 책(pp. 23-24)에서 코치가 피코치의 강점을 이끌어 내고 이를 명명하는 사례를 소개하고자 한다.

코치: 어떻게 지내세요?

피코치: 끔찍해요. 아무것도 되는 일이 없어요. 한 주 내내 절망적이에요.

코치: 절망적이요?

피코치: 네. 난 음악만 듣고 음악 파일 정리만 하고 있었어요. 사실 내가 해야 할 일에 대해 피하고만 있었어요.

코치: 목소리를 들어 보니 스트레스가 상당한 것 같네요.

피코치: 맞아요. 하루 종일 앉아서 머리만 쥐어뜯고 있어요.

코치: 일을 미루는 패턴을 가지고 있나요?

피코치: 맞아요. 고등학교 때도 그랬고, 대학교 때, 의대에서도 마찬가지였어요.

코치: 일을 미뤄요?

피코치: 네, 항상요. 마지막 순간까지요.

코치: 그럼 정시에 과제나 페이퍼를 제출하는 경우가 얼마나 되나요?

피코치: (기가 막힌 듯) 항상 제때에 제출해요. 농담하세요?

코치: (기가 막힌 듯) 그래요? 그럼 한 번 정리해 보지요. 당신은 마지막 순간까지 미룬다고 하는데 한 번도 시간을 어겨서 제출한 적은 없다는 말씀이지요?

피코치: 그럼요.

코치: 그렇다면 마지막 순간까지 미루다 제출한 과제나 페이퍼의 질은 어떤가요?

피코치: 질이요……. 음……. 우수한 것 같은데…….

코치: 우수해요?

피코치: 네. 우수해요.

코치: 그럼 여기에서 좀 도전적인 말을 해도 될까요?

피코치: 네.

코치: 당신은 스스로를 '게으름뱅이'라고 했지만 나는 그렇게 생각하지 않아요.

피코치: 그래요?

코치: 전혀 아니지요. 당신이 마지막까지 미루다가 그저 그런 수준의 과제나 페이퍼를 낸다면 그건 '게으름뱅이'일 수 있지요. 그렇지만 당신은 마지막 순간까지 미루기는 하지만 우수한 결과를 내잖아요.

피코치: 그런가요?

코치: 여기에서 당신의 강점을 발견할 수 있을 것 같아요. 그걸 '인큐베이터'라고 합시다.

피코치: 인큐베이터요? 정말 좋네요. 맘에 들어요.

이 사례에서 보듯이 코치는 피코치의 얘기를 주의 깊게 경청하면서 피코치가 부족하다고 인식하고 있는 미루는 습관을 오히려 '인큐베이터'라는 강점으로 전환시키는 역량을 발휘하였으며 이를 통해 피코치가 자신도 인식하지 못했던 새로운 강점을 파악하는 데 성공하였다.

다음은 강점을 활용하는 예를 코치와 피코치 간의 대화를 통해 살펴보고자 한다. 다음의 사례는 졸업을 앞둔 대학생이 취업을 위해 TOEIC 성적을 올리는 것을 목표로 두고 이를 달성하기 위하여 피코치가 자신의 강점을 활용한 해결방법을 찾는 과정을 설명하고 있다.

코치: 오늘 어떤 이야기를 나누고 싶으세요?

피코치: 이제 다음 학기에 졸업을 하게 돼서 취업 준비를 해야 하는데 아직 구체적인 준비를 못하고 있어서 걱정이에요.

코치: 요즘 취업이 힘들다고 하던데 많이 힘드시겠네요.

피코치: 네, 그래요.

코치: 취업하려는 분야는 정하셨나요?

피코치: 네, 인사나 교육 분야로 가려고 해요.

코치: 분야를 정했다니 다행이네요. 4학년인데도 아직 구체적인 진로를 정하지 못한 사람도 많은 것 같던데.

피코치: 네, 입학할 때부터 그 분야로 가려고 했어요.

코치: 그럼 준비할 것이 많을 텐데 먼저 무엇부터 준비해야 할까요?

피코치: 아무래도 제가 TOEIC 성적이 부족해서 그 점수부터 올려야 될 것 같아요.

코치: 아, 그렇군요. 그럼 TOEIC 점수는 어느 정도 올리면 될까요?

피코치: 적어도 750점 정도는 되어야 할 것 같아요.

코치: 혹시 현재 TOEIC 점수는 얼마나 되세요?

피코치: 600점 정도예요.

코치: 그럼 현재 어떤 노력을 하고 있나요?

피코치: 지난달부터 TOEIC 학원에 다니고 있어요.

코치: 아! 그럼 구체적인 방법을 살펴보면 좋겠네요. 혹시 만나기 전 얘기한 강점 검사는 해 오셨나요?

피코치: 네, 여기 가지고 왔어요.

코치: 그중에서 순서에 상관없이 본인이 생각할 때 자신의 진정한 강점이라고 생각하는 것을 5개 정도 골라 보세요.

피코치: 네, 여기 골랐어요.

코치: 네, 그럼 그 가운데 TOEIC 성적을 올리기 위해서 활용할 수 있는 강점이 있을까요?

피코치: 음……. 글쎄요……. 생각을 좀 해 봐야 할 것 같은데…….

코치: 네, 좀 더 생각해 보세요.

피코치: 생각해 보니 대인관계와 호기심 두 가지 강점을 활용할 수 있을 것 같아요.

코치: 음, 그런가요? 대인관계와 호기심을 어떻게 활용할 수 있을까요?

피코치: 먼저 대인관계는 제가 지금 친구들과 같이 학원에 다니는데 학원 끝나고 같이 남아서 공부를 하면 좋을 것 같아요. 지금은 끝나면 집으로 바로 가는데, 집에 가서는 잘 안 하게 되거든요. 그런데 제가 대인관계가 좋으니 같이 공부해도 잘할 수 있을 것 같아요.

코치: 그거 좋은 방법이네요. 대인관계가 강점이니까 충분히 잘할 수 있으리라 생각이 드네요. 호기심은 어떤가요?

피코치: 호기심 활용을 위해서는 수업이 끝난 후 강사님이 운영하시는 카페가 있는데 거기에 매일 하나씩 질문을 하면 좋을 것 같아요.

코치: 그거 좋은 방법이네요. 수업 시간에 질문하는 것은 어떤가요?

피코치: 남들 앞에서 질문하는 것은 조금 힘들 것 같아요.

코치: 네, 좋습니다. 두 가지 강점을 활용해서 TOEIC 점수를 올리는 방법을 생각해 봤는데, 어떠세요? 얼마나 잘할 수 있을 것 같으세요?

피코치: 네, 제 강점을 활용해서 하는 거니까…… 잘할 수 있을 것 같습니다.

코치: 그렇군요. 그럼 실행가능성에 대해 10점 척도를 이용해서 점수를 준다면 몇 점 정도를 줄 수 있을까요? 1점은 '전혀 안 할 것 같다'이고 10점은 '반드시 할 것 같다'예요.

피코치: 네, 아마도 8점에서 9점 사이일 것 같은데요.

코치: 네, 그렇게 얘기하는 것을 보니 잘 해낼 것 같네요. 그럼 오늘 코칭은 이것으로 끝내겠습니다.

이 사례를 통해 알 수 있듯이 피코치는 자신의 TOEIC 점수를 향상시키기 위한 목표를 달성하기 위한 실행계획을 수립하는 과정에서 자신의 강점인 대인관계와 호기심을 활용하는 방법을 찾게 되었다. 피코치가 말한 내용에서도 나타나 있듯이 자신의 강점인 대인관계와 호기심을 활용하기 때문에 실행하기가 수월할 것 같다는 인식을 하고 있다.

(2) 강점코칭프로그램 내용 및 연구

구체적인 강점코칭프로그램을 설명하기 위하여 여기서는 선혜영, 김수연, 이미애, 탁진국(2017)이 직장인을 대상으로 실시한 연구에 대해 기술하기로 한다. 이들의 연구에서는 실험집단 21명 대해 일대일코칭으로 각 5회기 총 105회기를 진행하였고, 사전, 사후 검사와 3개월 후에 추후검사를 실시하였다.

프로그램 내용은 〈**표 7-1**〉에 제시되어 있다. 표에서 보듯이 1회기는 강점코칭이해 및 본인의 강점이해를 주제로 먼저 강점코칭과정에 대해 설명하고 피코치가 자신의 강점을 얼마나 이해하고 있는지를 파악해 보며 피코치의 코칭목표를 정하게 된다. 1회가 끝나면서 피코치에게 과제로 VIA강점검사를 해 보고 다음 회기까지 결과를 가져오도록 하였다. 만약 가능하다면 강점검사 결과를 주변의 다른 사람에게 얘기해 보고 그들이 얼마나 동의하는지 의견을 물어보도록 한다.

2회기에서는 피코치가 가져온 강점검사 결과를 코치와 같이 보면서 자신에게 중

●표 7-1 강점코칭프로그램의 회기별 내용(선혜영 외, 2017에서 발췌)

회기	주제	내용
1	강점코칭이해 및 본인의 강점이해	• 코칭개념 및 진행방법 소개하기, 긍정적인 관계 맺기, 사전진단 • 피코치의 니즈 및 코칭목표 파악 • 강점소개 및 강점활용을 통한 문제해결방향코칭 • 과거성취 경험으로 강점추론하기 • 과제(VIA강점검사)
2	강점파악 및 해석	• 강점검사결과 대한 소감 및 주변반응 나누기 • 5가지 강점선택 후 자신의 활용도 나누기 • 강점과의 비교설명, 대표강점 기록지 기입 • 강점기반 자신만의 별칭 만들기 • 일상/업무에서 목표달성 위한 강점활용 코칭 • 과제(일상/업무에서 강점활용방법 추가작성)
3	강점활용방법 이해증진 및 약점에 대한 이해	• 일상/업무에서 코칭목표-현실인식 코칭 논의. 잘된 점과 잘되지 않은 점, 그 이유 • 약점을 파악하고 보완 및 개선 노력방법 논의 • 약점이 일상/업무에서 어떤 영향을 주는지 기록지에 적고 그에 대한 논의 • 과제(일상/업무에서 강점을 활용하여 약점을 보완할 수 있는 방법 고안 및 추가작성)
4	강점활용 행동계획 수립 및 실천방안	• 세션별 강점활용 실행계획실천 및 검토 • 코칭목표와 연계한 강점과 약점 코칭 • 코칭목표를 돕기 위한 자원구축 코칭 • 과제(코칭목표-강점활용지 작성, 일상/업무에서 자신의 목표 실천)
5	행동계획 점검 및 논의 셀프코칭 유지	• 강점활용 지속적인 코칭목표 실행의지 확인 및 격려 • 실행할 가능성, 장애요인, 극복방안 등 구분 셀프코칭 유지 존속 격려 • 사후검사 실시 • 추후검사 3개월 후 실시 안내

요한 상위강점 5개 정도를 선정하도록 한 후 이 강점들을 토대로 피코치 자신만의 별칭을 만들도록 한다(〈부록 3〉에서 제시된 강점목록 활동지 활용). 이 과정을 통해 피코치가 자신의 상위강점을 충분히 인식하고 수용하도록 한다. 다음은 일상생활과 업무에서 피코치가 자신의 강점을 활용하는 방법을 익히도록 하며(〈부록 4〉에서 제시된 활동지 활용), 2회기가 끝나면서 자신의 강점을 활용하는 구체적 방법을 도출해 보는 과제를 주며 마무리한다.

3회기에서는 시작하면서 피코치가 생각해 본 강점활용 방법에 대해 얘기해 본다. 다음은 피코치의 약점에 대해 얘기를 나누게 되는데, 강점검사 결과에서 최하위 강점부터 살펴보면서 자신이 생각하는 부족한 요인 다섯 개 정도를 선정토록 한다. 이러한 약점이 피코치의 업무와 일상생활에서 얼마나 어려움을 초래하는지를 판단하게 하며 반드시 개선해야 할 부족한 요인을 선정토록 한다. 다음은 이러한 부족한 부분을 개선하기 위한 방법을 찾는 과정에서 자신의 강점을 활용한 방법을 찾도록 한다. 예를 들면, 리더십이 부족해서 약점으로 생각하는 관리자라고 하면 이를 개선할 필요가 있다. 이때 성실과 호기심이 이 관리자의 강점이라고 한다면 성실 강점을 발휘하여 리더십을 향상시킬 수 있는 구체적인 장단기 계획을 수립한 뒤 이를 실행할 수 있으며, 호기심 강점을 활용하여 리더십 향상과 관련된 책이나 논문을 찾아 적절한 방법을 도출할 수 있을 것이다. 이 과정에서 〈부록 5〉에 제시된 활동지를 활용할 수 있다.

4회기에서 코치는 피코치의 코칭목표가 1회기 때와 동일한지를 확인하고 동일하다면 피코치가 이러한 목표달성을 위해 구체적인 실행의도를 수립하게 하고 이를 실행할 것을 격려하게 된다. 4회기에서는 〈부록 6〉에 제시된 활동지를 활용할 수 있다.

마지막 5회기는 피코치가 자신의 목표를 달성하기 위해 지속적으로 자신의 강점을 활용하는 방법을 실행하고 있는지를 점검하는 것이다. 만일 잘하고 있다면 지속적으로 노력하도록 긍정적 피드백을 제공하며, 진행이 잘되지 않을 경우 이에 대한 원인과 장애요인을 확인하고 이에 대한 극복방안을 모색할 필요가 있다. 이를 통해 강점코칭의 효과가 지속적으로 유지되도록 하는 것이 5회기의 목표이다.

선혜영 등(2017)의 연구결과 일대일 강점코칭프로그램 실시 후 강점자기효능감, 긍정정서, 자기효능감, 직무열의와 조직몰입이 유의하게 향상되는 것으로 나타났다. 또한 프로그램 종료 후 3개월 시점에서도 프로그램의 효과가 지속된 것으로 나타났다.

김기년과 탁진국(2018)의 연구에서는 강점코칭프로그램이 청소년의 삶의 만족도를 높이는 데 기여하는지를 알아보기 위해 중학생 47명(실험집단 1: 16명, 실험집단 2: 15명, 통제집단: 16명)을 대상으로 강점인식에만 초점을 둔 그룹코칭프로그램과 강점인식뿐 아니라 강점활용에도 중점을 둔 그룹코칭프로그램을 8회기 동안 실시하고 각 프로그램이 학생들의 삶의 만족도(자기만족, 가족만족, 친구만족, 학교만족)에 미치는 영향을 검증하였다. 강점인식 집단에서는 자신, 가족 및 친구의 강점을 파악하고 이해하는 데 초점을 두었으며, 강점인식 및 활용 집단은 자신, 가족 및 친구의 강점을 파악하고 자신의 강점을 일상생활에서 활용하는 방법과 가족 및 친구와의 관계 개선을 위해 강점을 활용하는 방법을 학습하는 데 초점을 두었다.

분석 결과, 첫째, 통제집단에 비해 실험집단 1(강점인식)과 실험집단 2(강점인식 및 활용)에서 삶의 만족이 유의하게 높게 나타났다. 또한 강점인식집단보다 강점인식 및 활용집단에서 삶의 만족점수가 더 높게 나타났으며, 이러한 경향은 3개월 후 추후검사에서도 일관된 것으로 나타났다. 이러한 결과는 단순히 자신과 타인의 강점을 파악하는 것보다는 강점을 활용하는 노력이 중요함을 시사하는 것으로 해석할 수 있다.

강점을 활용한 코칭프로그램은 진로와 관련된 영역에도 활용될 수 있다. 조지연, 탁진국(2016)은 대학생들을 대상으로 자신의 흥미와 강점을 파악하고 이와 관련된 직업을 탐색해 보는 강점코칭프로그램을 실시한 후 이들의 자기효능감과 진로결정에 긍정적 영향을 미치는지를 연구하였다. 이들의 연구에서 10명의 대학생들에게 주 1회 60분씩 6회기 일대일 강점코칭을 실시한 결과 자기효능감과 진로결정 중 일부 요인(직업정보 부족, 자기명확성 부족, 우유부단 등)에 긍정적 영향을 미치는 것으로 나타났다.

최경화, 탁진국(2017)이 경력단절여성 12명을 대상으로 6명씩 두 집단으로 구분한 후 강점중심 그룹코칭을 실시한 결과 자존감과 회복탄력성뿐 아니라 구직효능감을 증진시키는 데 유의한 영향을 미치는 것으로 나타났다. 이들의 프로그램에서는 피코치들이 자신의 강점을 인식하고 이를 활용하며, 강점을 통해 자신에게 적합한 진로 및 직업을 찾아보게 하고 강점을 활용한 자기소개서를 써 보는 활동도 포함하였는데, 이러한 내용들이 구직효능감을 포함한 다양한 종속변인에 긍정적 영향을 미친 것으로 해석할 수 있다.

해외연구에서 Madden, Green과 Grant(2011)는 38명의 초등학교 5학년 남학생을 대상으로 4명 또는 5명으로 구성된 그룹으로 구성한 후 2학기 동안에 걸쳐 모두 8회기로 진행된 강점기반 그룹코칭프로그램을 실시하고 그 효과를 검증하였다. 프로그램의 기본 내용은 선혜영 등(2017)의 연구에서와 같이 피코치들이 자신의 강점을 인식하고 이를 활용하여 목표를 달성하는 과정으로 구성되었다. 분석 결과 피코치들의 희망과 목표달성에 대한 몰입수준이 코칭이 종료된 후 향상된 것으로 나타났다.

그렇다면 이러한 강점코칭프로그램을 통해 긍정적 효과가 나타나는 이유는 무엇일까? 앞에서도 기술하였듯이 프로그램을 통해 자신이 잘하는 것을 인식함으로써 자존감이 높아지고, 자신의 강점을 활용하는 실행의도를 수립함으로써 이를 잘해낼 수 있다는 자기효능감이 높아져서 긍정적 결과를 초래한다고 설명할 수 있다. 하지만 구체적인 내용을 파악하기 위해서는 강점코칭프로그램에 참여한 피코치들을 대상으로 어떤 점에서 효과가 있는지를 물어보고 면접 내용을 분석하는 질적연구가 필요하다.

Elton과 Boniwell(2011)은 금융서비스업에 종사하는 6명의 여성을 대상으로 강점코칭프로그램을 실시하고 피코치들의 경험을 인터뷰를 통해 물어본 후 근거이론을 통해 강점인식과 활용이 어떻게 효과를 발휘하는지에 대해 분석하고자 하였다.

분석 결과 강점의 가치는 8개의 하위주제로 구분할 수 있었다. 이 여덟 가지 내용들은 긍정정서, 행동실행, 긍정적인 시각, 자신의 가치 인식, 진정성 인식, 개인의 차이 중시, 성취감, 타인으로부터의 긍정적 피드백 등이었다. 즉, 강점코칭을 통해 피코치들은 기본적으로 자신이 잘하는 것을 파악하고 이를 활용하는 연습을 하기 때문에 즐겁고 행복한 긍정정서를 많이 경험하였다고 보고하였다. 또한 강점활용 방법 학습을 통해 실제로 구체적인 행동을 하는 것이 더 쉬워졌다고 하였다. 코칭과정 초반에는 직장에서의 부정적 경험을 얘기하면서 현상을 부정적으로 보는 경향이 강했으나 강점코칭을 통해 현상을 긍정적으로 바라보는 경향이 강해졌다는 내용도 도출되었다. 네 번째 자신의 가치인식은 주변 상황을 긍정적으로 보게 됨으로써 이를 통해 자신을 더욱 긍정적으로 보는 결과를 가져온 것을 의미한다.

　진정성인식은 강점인식을 통해 자신이 잘하고 편하게 할 수 있는 것이 무엇인지를 파악할 수 있게 되었다는 것을 의미한다. 또한 자신의 강점만 보는 것이 아니라 타인의 강점도 살펴보게 됨으로써 남이 나와 다르다는 것을 중시하게 되었다는 장점도 있었다. 자신의 강점을 활용하여 새로운 일을 끝낼 수 있게 됨으로써 성취감을 느꼈다는 보고도 있었다. 마지막으로 타인으로부터 잘하고 있다는 긍정적 피드백을 받게 되어 긍정정서를 경험하고 더 몰입하게 되었다는 인터뷰 내용도 있었다.

5) 강점 응용 연구

(1) 리더십 응용

Arakawa와 Greenberg(2007)는 긍정심리를 기반으로 긍정리더십의 모형을 제시하고 이를 측정하는 척도를 개발하였다(〈**부록 7**〉 참조). 이 척도는 세 가지 요인으로 구성되어 있으며 첫 번째 요인이 강점요인이다. 리더는 종업원의 강점 파악을 통해 이들의 개인차를 이해하고 이에 적합하게 업무를 할당하고 배치시킴으로써 이들의 생산성을 높일 수 있다고 가정하였다. 이 요인에 속하는 문항으로는 '내 코치는 내 강점을 알아주며 칭찬한다.' '내 코치는 내 재능과 달성해야 하는 과업을 잘 연결시킨다.' 등과 같이 리더가 구성원의 강점을 파악하고 강점에 적합한 업무를 할당하는 것을 중요시한다.

　두 번째 요인은 관점(perspective)으로서 어려운 일이 있어도 긍정적 관점을 유지하는 것을 의미한다. 리더는 이러한 긍정적 관점을 통해 구성원들이 잘 해낼 수 있다는 믿음을 갖고 이를 구성원에게 심어 주게 된다. 문항의 예로 '나의 코치는 내가 어려움에 처할 때, 잘 해낼 수 있다고 말해 준다.' 등이 있다.

　세 번째는 인정(recognition) 요인으로서 리더가 구성원의 업무수행을 칭찬하고 격려하는 행동을 의미한다. 문항의 예로는 '나의 코치는 내 업적에 대해 늘 칭찬해 준다.' 등이 있다.

　Arakawa와 Greenberg(2007)는 이와 같은 세 가지 요인을 측정하는 긍정리더십 척도를 개발하고 이러한 특성을 가진 관리자가 팀을 이끌 경우 팀성과와 종업원의 업무에 대한 몰입이 높아진다는 결과를 제시한 바 있다.

(2) 진로분야

탁진국, 강지연, 조지연, 경일수, 송미애(2015)는 개인에게 적합한 진로를 안내해 주는 데 강점을 활용하기 위하여 강점이 기존 진로영역에서 많이 사용되어 온 홍미유형과 어떠한 관련성이 있는지를 알아보고자 하였다. 이를 위해 전국의 중학교 및 고등학교 학생 1,640명(남학생 903명, 여학생 737명)을 대상으로 청소년 강점검사와 진로(적성)탐색검사를 실시하였다. 상관분석 결과 실재형(R형/현장형)은 20개 강점 요인 가운데 신체활동과 가장 높게 관련되었고, 탐구형(I형)은 학구열, 예술형(A형)은 예술성과 창의력, 사회형(S형)은 배려, 기업형(E형/진취형)은 리더십 및 의사전달, 그리고 관습형(C형/사무형)은 신중성 및 공정성과 높게 관련되었다.

국외 연구에서는 Proyer, Sidler, Weber와 Ruch(2012)가 청소년을 대상으로 강점과 직업홍미의 관계를 분석하였다. VIA 강점검사를 활용하여 24개 강점과 홍미유형과의 관계를 분석한 결과 실재형은 용서 및 신중과, 탐구형은 학습 및 호기심 강점과, 예술형은 미와 탁월성, 창의성 및 호기심과 높게 관련되었다. 또한 사회형은 창의성, 자기통제 및 희망과, 기업형은 리더십 및 창의성, 그리고 마지막으로 관습형은 학습, 호기심 및 리더십과 높게 관련된 것으로 나타났다.

이러한 결과들은 모든 강점요인이 홍미유형과 높게 관련된 것은 아니지만 특정 강점요인과 특정 홍미유형 간에는 의미 있는 관계가 있음을 시사한다. 탁진국 등(2015)은 진로 안내 시 강점을 활용하는 방법으로 먼저 피코치의 홍미유형과 관련된 직업들이 자신에게 적합한 직업임을 다시 한번 확인하는 방법을 제시하고 있다. 예를 들어, 홍미유형에서 실재형이 높게 나오고 강점검사에서도 신체활동이 높게 나왔다면 실재형과 관련된 직업들이 피코치에게 적합함을 확인할 수 있다.

두 번째는 홍미유형 결과 실재형이 높게 나왔는데, 강점검사에서는 용기와 같은 강점이 높게 나온 경우 적용할 수 있는 방법이다. 이 경우 강점검사를 홍미검사의 보조도구로 활용할 수 있다. 즉, 실재형과 관련된 많은 직업들 가운데 용기라는 강점이 상대적으로 많이 요구되는 직업을 선택하는 방법으로 강점검사를 활용할 수 있을 것이다.

4. 행복에 영향을 주는 요인

긍정심리에서 핵심적인 단어 가운데 하나는 행복이다. Lyubomirsky, Sheldon과 Schkade(2005)는 인간의 행복을 결정하는 중요한 요인으로 유전적 요인, 환경적 요인, 의도적 활동을 제시하였는데, 유전적 요인이 전체의 약 50%, 사회경제적 수준, 학력, 나이, 성별 등과 같은 환경적 요인이 약 10%, 그리고 본인의 자발적인 노력과 행동을 의미하는 의도적 활동이 나머지 약 40%를 결정한다고 주장하였다. 이러한 주장은 개인의 노력 여하에 따라 누구나 충분히 행복해질 수 있음을 시사하는 것이다.

또한 Lyubomirsky 등(2005)은 개인-활동부합(person-activity fit)을 주장하였는데, 이는 특정 의도적 활동이 모든 사람의 행복 증진에 동일한 효과가 있는 것은 아니라는 것이다. 특정 활동이 일부 사람들의 행복증진에 도움이 될 수 있지만 다른 사람들에게는 효과가 없을 수 있다는 것이다.

행복증진을 위한 의도적 활동에는 어떠한 것들이 있을까? 이와 관련해 많은 연구가 진행되어 왔으며 여기서는 이 가운데 일부 연구만을 선정하여 정리하고자 한다. 특히 코칭을 진행하는 과정에서 효과적으로 활용할 수 있는 연구들을 소개하고자 한다. 다음에 기술하는 내용은 필자와 동료 연구자들(탁진국, 임그린, 정재희, 2014)이 발표한 행복증진 코칭프로그램의 효과에 관한 논문을 주로 참고하여 정리하였다.

1) 감사

감사는 자신에게 이익을 준 특정 대상(타인뿐 아니라 자기 자신과 비인격적 대상 및 인간 이외의 자원들)에 대해 인식하여 느껴지는 정서로 적응적인 행동 경향성을 가진다(노지혜, 이민규, 2011). 감사하는 사람은 상대적으로 더 행복하고 활기차며 희망적이고 긍정적인 감정을 더 자주 경험하며, 감사하는 마음을 가질수록 우울, 불안, 질투 등 신경증적인 양상을 보일 가능성이 줄어드는 것으로 나타났다(McCullough, Emmons, & Tsang, 2002).

감사가 행복을 증진시키는 이유는 다음과 같다. 첫째, 감사한 마음을 갖게 되면 삶에서 긍정적인 경험들에 대해 더욱 의미를 부여할 수 있다. 둘째, 감사를 표현하면 자기의 가치와 자존감이 강화되며, 셋째, 감사하는 능력은 스트레스를 유발하는 부정적인 체험을 긍정적으로 재해석하는 적응방법이 될 수 있고, 넷째, 감사의 표현은 도덕적인 행동을 촉진하고, 다섯째, 감사는 사회적인 유대를 쌓고 기존의 관계를 강화하고 새로운 관계를 맺는 데 도움이 되고, 여섯째, 감사를 표현하면 다른 사람과의 비교를 억제하는 경향이 나타나며, 일곱째, 감사의 실천은 부정적인 감정과 공존하기 어려우며, 마지막으로, 감사는 쾌락적응을 지지하는 데 도움이 된다 (Lyubomirsky, 2008).

Emmons와 McCullough(2003)는 대학생을 대상으로 감사활동의 효과를 알아보는 실험적 연구를 실시하였는데, 세 집단으로 나눠 한 집단에게는 10주 동안 한 주에 한 번씩 고마운 일 5가지를 열거하도록 하였고, 나머지 두 집단은 한 주 동안에 있었던 힘들었던 일들과 주요사건들을 나열하도록 하였다. 실험결과 고마운 일 5가지를 열거하도록 한 집단 참가자들은 다른 집단의 참가자들에 비해 스스로 더 낙관적이라고 보고하였으며 삶에 대한 만족도도 더 높게 나타났다.

또한 고마운 사람에게 감사편지를 써서 직접 전달하기(Seligman et al., 2005), 한 주에 15분씩 한 사람을 선정하여 감사편지 쓰기(Lyubomirsky, 2008), 그리고 한 주에 한 번씩 축복 헤아려 보기(Lyubomirsky et al., 2005) 등의 방법도 행복을 증진시키는 데 긍정적 영향을 미쳤다.

국내 연구에서도 감사훈련은 감사 성향과 주관적 안녕감을 향상시켰으며(이지현, 2009), 감사증진 프로그램은 삶의 만족도를 증가시키고 부정적 정서를 감소시켰다(신현숙, 김미정, 2008). 노지혜와 이민규(2011)의 연구에서 일주일 동안 매일 주변 사람들과 세상이나 환경, 그리고 자기 자신에게 감사할 수 있는 일들을 각각 세 가지씩, 총 아홉 가지를 쓰도록 한 감사일지 집단이 자신의 일상 경험을 같은 방식으로 쓰도록 한 통제 집단에 비해 인지적 안녕감과 자기존중감, 낙관성이 유의미하게 높게 나타났다.

이와 같이 다양한 연구에서 감사표현 활동이 행복증진에 영향을 주는 것으로 나타났다. 따라서 코칭장면에서도 코칭주제나 영역에 상관없이 피코치의 긍정정서가 낮다고 판단되는 경우 코치는 피코치에게 감사표현 활동을 권유해 볼 수 있을 것이다. 단순히 감사하는 마음을 갖는 것도 영향을 줄 수 있지만 Emmons와 McCullough(2003)의 연구에서와 같이 감사하는 내용을 직접 써 보도록 하는 것이 긍정정서를 증진시키고 삶의 만족을 높이는 데 효과가 있을 것이다.

2) 강점

앞에서도 기술하였듯이 강점에 대한 인식과 활용은 행복, 삶의 만족, 긍정정서 등을 증진시키는 데 영향을 미치는 것으로 나타났다(예, 김기년, 탁진국, 2018; 선혜영 외, 2017; Seligman et al., 2005). 강점에 관한 세부적인 분석에 따르면 Park 등(2004) 의 연구에서 삶의 만족도는 낙관성, 활력, 감사, 사랑, 호기심 강점과 관련이 깊은 것으로 나타났으며 감상력, 창의성, 개방성, 학구열 등과 같은 강점과는 약하게 관련되었다.

자신의 강점을 인식하고 이를 활용하는 것을 행복에 긍정적 영향을 미치는 것으로 나타났지만 어떤 강점을 활용하는 것이 행복증진과 밀접한 관련이 있는지에 대한 연구는 지속적으로 실행될 필요가 있다. 코칭과정에서 피코치가 자신의 강점을 인식하고 활용하는 방법에 관한 내용은 위에서 자세히 기술하였기 때문에 여기서는 생략한다.

3) 목표

Lyubomirsky(2008)는 긍정심리학자들의 경험적 연구결과를 분석하여 행복증진에 효과적인 12가지 방법을 설명하였는데, 그중 하나가 목표에 몰입하는 것이었다. 목표를 향해 나가는 것은 지속적인 행복에 가장 중요한 부분으로 작용한다. 목표에 몰입하게 되면 개인에게 삶에서 목적의식을 주며 자신의 삶을 통제하고 있다는 느낌을 주기 때문이다(Cantor, 1990: Lyubomirsky, 2008에서 재인용).

또한 의미 있는 목표를 가지게 되면 자극을 받아 자신의 자신감과 능력을 다시 한번 인식하게 됨으로써 자존감이 강화된다. 또한 목표는 어려운 문제에 더 잘 대처할 수 있는 능력을 갖게 한다. 마지막으로 목표를 추구하는 과정에서 많은 사람을 만날 수 있는 기회를 제공해 주기 때문에 그 만남을 통해 관계를 유지하는 것만으로도 행복해질 수 있다(Lyubomirsky, 2008).

목표가 주관적 안녕감에 영향을 미친다는 국내 연구들을 살펴보면 먼저 황진석과 이명자(2010)는 목표설정이론을 토대로 자기설정목표동기의 구성요인이 목표설정과 목표전념을 거쳐 지각된 학업성취도와 주관적 안녕에 미치는 모형을 검증하였으며 자율동기가 목표설정과정을 통해 주관적 안녕에 정적 영향을 미치는 것으로 나타났다. 소연희(2007) 연구에서는 숙달목표가 자기효능감 또는 자기결정성에 영향을 주었고, 이는 다시 학습동기 및 학업성취를 매개로 주관적 안녕감에 영향을 주는 것으로 나타났다. 이민주(2012) 연구에서도 자기향상동기를 지닐수록 성취목표가 높아졌고, 성취목표지향성의 하위요인 중 숙달접근목표는 의미추구적 행복과 정적으로 관련된 것으로 나타났다.

이러한 결과는 삶에서 목표를 갖는 것이 행복증진에 중요한 영향을 미친다는 것을 의미하며, 코칭과정에서 코치는 피코치가 자신이 해결해야 할 목표가 무엇인지를 분명히 인식하도록 하는 것도 중요하며, 동시에 피코치가 이러한 목표를 통해 달성하려는 상위 목표는 무엇인지를 생각해 보게 하는 것도 필요하다. 5장에서 기술하였듯이 상위목표를 질문하다 보면 피코치가 삶에서 추구하는 목표가 무엇인지 인식하게 될 수 있으며, 이러한 목표를 가지는 것이 피코치의 행복을 증진시키는 데 기여할 수 있을 것이다.

4) 긍정적 사고

긍정심리학의 관점에서 보면 부정적인 생각보다는 긍정적인 생각이나 사고방식에 대한 관심이 크다. 어떤 사람들은 역경에 굴복하지만 다른 사람들은 역경을 통해 새로운 삶의 방향과 의미를 발견하기도 한다. Goodhart(1985)는 이와 같은 개인차를 인지적 해결방법의 하나로 긍정적 전환이라는 긍정적 사고의 개념으로 설명하였다. 그는 긍정적 사고란 일어난 명백한 스트레스 사건의 결과에 대해 긍정적으로 평가하는 것이라고 하였다.

Taylor와 Brown(1988)은 긍정적으로 편향된 착각이 정신건강을 증진할 수 있다고 하였는데, 여기에는 자신에 대한 긍정적인 지각, 상황에 대한 통제감, 미래에 대한 낙관성의 요소가 포함된다. Folkman(1997)은 스트레스 상황을 긍정적인 측면에서 바라보고 상황을 재평가하는 것이 유용한 대처방식의 하나라고 했다(김현정 외, 2006에서 재인용). 이를 종합하여 김현정 등(2006)은 긍정적 사고를 개인과 삶에 대해 부정적인 면이 있더라도 긍정적으로 수용하며 개인적 성장을 추구하는 인지적 태도 및 대처방식이라고 하였다.

긍정적 사고는 단순히 미래를 낙관적으로 기대하고 목표를 어떻게 이룰 수 있는지에 대해 고려하지 않는 낙관주의와는 분명한 차이가 있어 보인다. 즉, Peale(1956)은 긍정적 사고가 상황이 긍정적이든 부정적이든 간에 그 자체를 수용하고 의미를 찾으며 미래의 목표를 위해 노력하는 사고방식을 포함한다고 정의하였다(이소혜, 2012에서 재인용). 오화미(1998)의 연구에서는 긍정적 사고가 긍정적 정서, 일반 만족도, 영역별 만족도에 독립적인 영향을 미치는 것으로 나타났다. 이러한 연구 결과들을 토대로 긍정적 사고는 개인의 행복을 증진시키는 데 유의한 영향을 주는 것으로 기대할 수 있다.

따라서 코칭과정에서도 코치는 피코치가 상황을 부정적으로 보지 말고 가능한 한 긍정적으로 해석하도록 격려하는 노력이 필요하다. 여러 가지 방법이 있겠지만 인지행동치료 방법을 사용하거나 좀 더 장기적인 관점에서 상황을 바라보게 하는 것도 방법일 수 있다. 예를 들어, 현재 고등학생인 피코치가 공부하는 것이 힘들어서 스트레스를 받고 있는 경우 몇 년 후의 미래를 생각해 보게 하면 현재의 부정적인 생각에서 벗어나 몇 년 후 어려움을 극복하고 대학에 들어간 자신의 모습을 그려 보면서 현재 상황을 좀 더 긍정적으로 바라볼 수 있을 것이다.

5) 행복증진코칭프로그램

여기서는 피코치의 행복증진을 위해 탁진국, 임그린, 정재희(2014)가 실시한 코칭프로그램과 결과를 간단히 소개하고자 한다. 탁진국 등은 위에서 기술한 행복에 영향을 주는 다양한 과거 연구결과를 토대로 변인들을 선정하고 이들을 코칭프로그램 내용으로 반영하였다. 구체적인 프로그램 내용은 〈표 7-2〉에 제시되어 있다.

표에서 보듯이 1회기는 라포 형성을 위한 각자 소개와 코칭프로그램의 목적 및 진행방법에 대한 설명으로 시작하였다. 행복의 의미에 대해 논의하고 행복을 증진하는 방법으로 감사일기 작성 및 강점검사를 과제로 내주면서 마무리하였다. 감사

• 표 7-2 행복증진코칭프로그램 내용(탁진국 외, 2014에서 발췌)

주차	주제	세부 내용
1주차	행복이란?	아이스브레이크(활동지)
		Ground Rule 설정(전지)
		행복에 대한 이해(파워포인트)
		과제(감사일기 작성 및 VIA 강점검사)
2주차	강점 파악	감사일기 나누기
		강점 나누기(동영상, 검사 결과지)
		강점 vs. 약점(파워포인트)
		강점으로 별칭 만들기
		과제(감사일기)
3주차	긍정적으로 바라보기	강점발휘 사건 나누기
		뇌구조 그리기(활동지)
		긍정적 말의 힘(파워포인트)
		변화의 순간 연습하기(활동지)
		과제
4주차	목표 세우기 1	변화의 순간 나누기
		생애 무지개(활동지)
		존 고다드 꿈의 목록(동영상)
		사명선언서 만들기(활동지)
		과제
5주차	목표 세우기 2	사명선언서 나누기
		계획된 우연(파워포인트)
		단기목표 설정(SMART, 활동지)
		활용강점 찾기
		과제
6주차	타인과 함께 행복하기	활용강점 나누기
		'네 속마음을 보여 줘!'(파워포인트)
		의사소통 반응 연습하기(활동지)
		과제

7주차	셀프코칭	실천한 점 나누기
		하루 스캔해 보기(활동지)
		변화고 싶은 나의 모습 작성하기(CRIES, 활동지)
		셀프코칭
8주차	마무리	전체 과정 리뷰(활동지)
		상호 피드백(도전할 점/격려, 지지할 점)
		전체 소감 나누기

일기 과제는 매주 1편씩 작성하도록 하였으며 프로그램 참가기간뿐 아니라 종료 후에도 지속하도록 격려하였다.

2회기에서는 감사일기를 각자 얘기하고 파악해 온 자신의 강점에 대해 대표강점 5가지를 대표할 수 있는 별칭을 만들어 보고 강점을 활용하는 방안에 대해 논의하였다. 3회기에는 뇌구조를 그려 봄으로써 최근에 자신에게 어떤 일들이 일어나는지 작성해 보고 부정적인 사건이었다 하더라도 긍정적으로 해석할 수 있는 방법을 모색해 보았다. 4회기, 5회기에는 행복을 추구하는 데 있어서 중요한 목표 설정을 다루었는데, 4회기에는 생애 무지개를 작성해 봄으로써 자신의 역할에 따라 서로 다른 목표를 가졌음을 인식하고 자신의 삶에서 상위 목표를 설정해 보도록 하였다.

5회기에는 이 목표를 좀 더 세부적으로 장, 단기 목표로 구분한 뒤, 단기목표를 달성할 수 있는 구체적인 실행계획을 세우도록 하였으며, 이러한 실행계획을 자신의 강점을 활용하여 실천하는 방법에 대해 생각해 보도록 하였다.

6회기에서는 인생의 행복을 이루는 데 빠질 수 없는 인간관계를 점검해 보고 의사소통 전략을 학습하였다. 7회기에는 평소 생활 속에서도 행복을 증진할 수 있도록 셀프코칭 방법을 실행하였고, 마지막으로 8회기에는 7회기까지의 전체 코칭 내용을 정리해 보고 서로에 대한 피드백을 하는 것으로 마무리하였다.

탁진국 등(2014)은 이상의 프로그램을 서울 소재 대학생 12명을 대상으로 실험집단과 통제집단으로 나누어 그룹코칭프로그램을 실시하였고, 사전, 사후, 추후 1(1개월), 추후 2(3개월), 추후 3(6개월) 등 다섯 시점에 거쳐 행복감과 관련이 높은 생애만족, 정신건강, 희망, 낙관성, 주관적 행복감을 측정하여 자료를 분석하였다. 프로그램의 효과성을 검증하기 위하여 프로그램 실시 사전, 사후의 시점과 집단 간의 상호작용 효과를 분석한 결과, 희망을 제외한 생애만족, 정신건강, 낙관성, 주관적 행복감에서 시점과 집단 간에 상호작용 효과가 나타나 프로그램 효과가 검증되었다. 즉, 통제집단에서는 사전과 사후에 변화가 없었으나 실험집단에서는 사후 검사 점수가 증가한 것으로 나타났다.

프로그램 효과의 지속성을 검증하기 위하여 프로그램 효과가 검증된 생애만족, 정신건강, 낙관성, 주관적 행복감에 대해 프로그램 실시 후 1개월, 3개월, 그리고 6개월 시점에서의 종속변인 점수를 분석한 결과, 낙관성을 제외한 생애만족, 정신건강, 주관적 행복감의 사후점수가 실시 후 1개월, 3개월 및 6개월까지 유의미한 차이를 보이지 않아 프로그램 효과가 지속된 것으로 나타났다.

5. 코칭에서 활용 가능한 척도

여기서는 코칭을 진행하면서 코칭과정에 긍정심리 개념, 또는 다양한 이론이나 연구결과를 적용하기 위해 사용할 수 있는 척도에 대해 설명하고자 한다.

1) 강점검사

이미 위에서도 많이 기술하였지만 강점검사는 긍정심리 분야에서 가장 많이 사용되는 검사이다. 〈**표 7-1**〉에 제시한 강점코칭프로그램으로 진행할 경우 당연히 강점검사가 필요하다. 하지만 강점코칭프로그램과 같은 방식으로 진행하지 않는다 하더라도 코칭과정에서 피코치의 자존감이 낮다고 판단되는 경우 강점검사를 실시하게 되면 도움이 될 수 있다. 강점검사를 통해 자신도 잘 하는 것이 있다는 것을 알게 되면 피코치의 자존감이 증진되며, 이를 통해 피코치가 경험하게 되는 긍정정서로 인해 피코치는 코칭과정에 좀 더 몰입할 수 있게 된다.

또한 피코치가 자신감이 낮아서 코칭목표를 달성하기 위한 실행의도를 수립하기 힘들어하거나 수립했다 하더라도 실행하기 어렵다고 인식하는 경우 강점검사가 도움이 될 수 있다. 강점검사를 통해 파악된 자신의 강점을 자신이 가지고 있는 중요한 개인 자원으로 인식하게 되면 이러한 자원을 통해 어려움을 극복해 낼 수 있다는 자신감이 생기게 되고 극복 방법을 찾는 데도 도움이 될 수 있다.

2) 삶의 만족

긍정심리에서 일반인들의 삶의 만족을 증진시키는 데 관심이 높기 때문에 삶의 만족 또는 생애만족 척도는 긍정심리에 관한 연구에서 많이 활용되고 있다. 이 척도는 코칭과정에서 유용하게 사용될 수 있다.

삶의 만족 척도는 일반적으로 이 분야 연구의 대가인 Diener가 동료들과 개발한 생애만족 척도(Diener, Emmons, Larsen, & Griffin, 1985)를 많이 사용한다. 이 척도는 총 5문항으로 구성되며, 과거와 현재의 삶에 대한 만족도와 삶을 바꾸고 싶은 바람 등을 7점 Likert 형식(1: 전혀 동의하지 않는다, 7: 매우 동의한다)으로 평정하도록 되어 있다. Diener 등(1985)의 연구에서 신뢰도 Cronbach's α 계수는 .87이었다. 문항 내용은 다음과 같다.

① 전반적으로 나의 인생은 내가 이상적으로 여기는 모습에 가깝다.
② 현재 내 주변상황에 대해 만족한다.
③ 현재 내 삶에 만족한다.
④ 지금까지 나는 내 인생에서 원하는 중요한 것을 이루어 냈다.
⑤ 다시 태어나도 지금처럼 살 것이다.

이 척도는 7점 척도로 구성되어 있기 때문에 5문항의 평균을 구해서 평균점수가 4점 가까이 나오면 피코치의 현재 삶의 만족 수준이 보통이라고 해석하면 되고 평균이 7점에 가까울수록 삶의 만족 수준이 높으며 평균이 1점에 가까울수록 삶의 만족 수준이 낮은 것으로 해석하면 된다.

아무래도 코칭과정에서는 1회기 라포 형성이 어느 정도 끝난 후에 코칭이슈와 상관 없이 실시할 수 있다. 특히 피코치의 코칭이슈가 명확하지 않은 경우에 좀 더 효과적으로 활용될 수 있다. 피코치의 전체 만족 점수가 낮게 나온 경우 코치는 그렇게 나온 이유를 물어보고 점수를 높이기 위하여 삶의 어떤 영역에서 어떤 노력이 필요할지를 물어보면 자연스럽게 코칭이슈가 명료해질 수 있을 것이다.

또한 각 문항별로 피코치가 응답한 점수 가운데 낮은 점수가 나온 문항을 살펴볼 필요가 있다. 예를 들어, 1번 문항인 '전반적으로 나의 인생은 내가 이상적으로 여기는 모습에 가깝다.'에서 점수가 낮은 경우 피코치가 인생에서 이상적으로 생각하는 모습은 무엇이고, 현재의 상황은 어떠한지를 물어보는 것이 좋다. 이를 통해 피코치가 이상적인 모습과 현재 모습간의 불일치를 인식하게 되고 불일치를 감소시키려는 노력을 할 수 있기 때문이다.

'주변상황에 대해 만족한다.'는 문항에서 점수가 낮은 경우에는 먼저 피코치가 생각하는 주변상황은 무엇인지 물어보고 주변상황 가운데 어떤 상황에서 만족도가 낮은 것인지 알아본 후 만족도를 1점 정도 높이기 위해서는 어떤 노력이 필요한지를 물어보면서 코칭을 진행할 수 있다.

3) 희망

희망도 긍정심리 연구에서 많이 사용되는 대표적인 변인이다. 희망을 측정하는 척도 중에서는 Snyder가 동료들과 개발한 희망척도(Dispositional Hope Scale; Snyder et al., 1991)가 많이 사용된다. 이 척도에서는 목표를 중요시한다. 희망이 있다는 의미는 달성해야 할 목표가 있다는 의미와 상통하기 때문이다.

희망척도는 두 가지 요인으로 구성되어 있는데, 첫 번째 요인은 주도성(agency)으로서 목표지향적인 결심을 나타내며, 희망척도에서는 동기요인으로서 목표를 달성하기 위한 노력을 시작하고 이를 유지하는 힘을 제공한다. 두 번째 요인은 경로(pathway) 요인으로서 목표를 달성하기 위한 방법을 계획하는 것을 나타내며 희망척도에서는 능력요인으로서 어려움을 극복하고 목표에 도달하기 위한 방법을 찾을 수 있다고 믿는 것을 의미한다. 즉, 희망은 목표를 달성하려는 동기와 이를 달성하기 위한 방법을 도출할 수 있다고 믿는 능력이 합쳐진 것으로 해석할 수 있다.

여기서는 Snyder 등(1991)이 개발한 희망 척도를 최유희, 이희경, 이동귀(2008)가 한글로 번안하여 만든 한국판 희망척도(K-DHS) 8문항을 제시하고자 한다. 한국판 희망척도(K-DHS)는 4점 Likert 형식(1: 전혀 아니다, 4: 매우 그렇다)으로 평정하도록 되어 있다. 최유희 등의 연구에서 신뢰도 Cronbach's α 계수는 .77이었다.

① 나는 곤경에서 벗어날 많은 방법을 생각할 수 있다.

② 나는 원기왕성하게 목표를 추구한다.

③ 어떤 문제라도 길은 많이 있다.

④ 나는 삶에서 나에게 중요한 것들을 얻을 많은 방법을 생각할 수 있다.

⑤ 다른 사람들은 절망할 때라도 나는 내가 문제를 해결할 방법을 찾을 수 있다는 것을 안다.

⑥ 나는 과거 경험들로 인해 미래를 잘 준비하게 되었다.

⑦ 나는 스스로 정한 목표를 따른다.

⑧ 나는 인생에서 꽤 성공적이다.

이 척도에서 문항 2, 6, 7, 8은 주도성 요인에 해당되며 나머지 1, 3, 4, 5는 경로 요인에 포함된다. 코치는 이 척도에서 피코치의 점수를 두 요인으로 구분하여 살펴볼 필요가 있다. 피코치가 주도성 요인에서 점수가 낮다면 목표 달성에 대한 동기가 낮은 것이기 때문에 미래를 긍정적으로 바라보게 하는 노력이 필요할 것이다. 만약 경로 요인에서 점수가 낮다면 브레인스토밍 등의 방법을 통해 목표 달성을 위해 가능한 다양한 방법을 찾아보는 노력이 필요하다.

부록 1. 강점인식 및 활용 척도(Govindji & Linley, 2007)

다음 척도는 Govindji와 Linley(2007)가 개발한 강점인식과 강점활용 척도이다. 각 8개 문항과 14개 문항으로 구성되어 있는데, 유사한 내용의 문항들이 여러 개 있어서 연구할 때 다른 설문지 문항이 많을 경우 강점인식과 활용 척도의 문항을 줄여서 사용해도 될 것으로 판단되며, 이를 위해 각 문항별 요인계수를 제시한다. 요인계수가 큰 순서대로 문항을 선정하여 사용할 수 있을 것이다.

다음은 여러분의 강점, 즉 개인이 가지고 있는 사고, 감정 및 행동과 관련된 것으로서 이를 발휘할 때 자연스럽고 편안함을 느끼며 에너지가 넘치고 이로 인해 행복감을 느끼게 되는 것에 대한 질문입니다. 문항의 내용이 자신의 모습과 얼마나 일치하는지 그 정도를 솔직하게 응답해 주시기 바랍니다.

강점인식 척도

1. 내가 잘하고 있는 것을 알고 있다. .74
2. 내가 언제 가장 잘하고 있는지 알고 있다. .72
3. 내 강점을 잘 안다. .70
4. 내 강점들을 알고 있다. .66
5. 내가 가장 잘하는 것을 알고 있다. .57
6. 내가 무엇을 가장 잘하는지 알고 있다. .57
7. 다른 사람들이 내 강점을 안다. .51
8. 내 강점이 무엇인지 알기 위해 생각을 많이 해야 한다. .50

강점활용 척도

1. 내가 잘하는 일을 꾸준히 할 수 있다. .79
2. 여러 가지 다양한 방법으로 강점을 활용할 수 있다. .75
3. 강점을 활용하는 것이 익숙하다. .67
4. 항상 나의 강점을 잘 활용한다. .67

5. 많은 다양한 상황에서 내 강점을 사용할 수 있다. .63

6. 항상 내 강점을 활용하기 위해 노력한다. .62

7. 내 강점을 활용하는 것이 자연스럽다. .60

8. 일상생활에서 강점을 쉽게 활용한다. .60

9. 나는 매일 내 강점을 활용한다. .54

10. 내 강점을 사용함으로써 내가 원하는 것을 이룬다. .54

11. 일상생활에서 내 강점을 여러 가지 다양한 방법으로 활용하고 있다. .53

12. 내 강점을 활용할 수 있는 기회가 많다. .53

13. 일상생활에서 내가 원하는 것을 얻기 위해 내 강점을 활용한다. .52

14. 내가 잘하는 일에 많은 시간을 쓴다. .51

부록 2. 강점자기효능감 척도(Tsai et al., 2013)

다음 문항은 여러분이 자신의 강점을 활용할 수 있는 능력에 관해 물어보는 것입니다. 각 문항에서 기술된 내용을 적용할 수 있는 능력에 대해 얼마나 자신감이 있는지 아래 응답방식(1: 전혀 자신감이 없다, 6: 보통 정도의 자신감이 있다, 11: 매우 높은 자신감이 있다)에 따라 적절한 번호에 체크해 주십시오.

1. 내 강점을 직장에서 활용한다.
2. 내 강점을 아무런 어려움 없이 활용한다.
3. 내 강점을 일상생활에서 적용하는 방법을 찾는다.
4. 내 강점을 활용하여 많은 것을 성취한다.
5. 내 강점을 직장이나 학교에서 적용한다.
6. 내 강점을 많은 상황에서 활용한다.
7. 내 강점을 성공적으로 활용한다.
8. 내 강점을 직장이나 학교에서 매일 활용하는 방법을 찾는다.
9. 내 강점을 언제라도 활용한다.
10. 내 강점을 삶의 목표를 달성하는 데 활용한다.
11. 내 강점을 내가 잘하는 영역에서 연습한다.

부록 3. 강점목록

강점 이름	강점 정의
1.	
2.	
3.	
4.	
5.	
6.	
7.	

강점 네이밍:

부록 4. 강점활용 활동지

강점	강점을 활용한 최근 경험
강점 1	
강점 2	
강점 3	
강점 4	
강점 5	

부록 5. 약점파악 및 보완 활동지

약점 이름	약점 정의	강점을 활용한 보완방법
1.		
2.		
3.		
4.		
5.		

부록 6. 목표와 강점활동 연계 활동지

목표			
강점		실행 정도 및 잘 되었거나 되지 않은 이유	점수
액션 플랜	•	월:	
		화:	
		수:	
		목:	
		금:	
		토:	
		일:	
	•	월:	
		화:	
		수:	
		목:	
		금:	
		토:	
		일:	

부록 7. 긍정리더십 척도(Arakawa & Greenberg, 2007)

[강점 중심 접근]

1. 나의 코치는 나의 강점보다는 약점을 언급하는 데 더 많은 시간을 쓴다.

2. 나의 코치는 나의 강점을 알아주며 칭찬한다.

3. 나의 코치는 나의 재능과 달성해야하는 과업을 잘 연결시킨다.

4. 나의 코치는 높은 성과를 창출할 수 있도록 나의 약점을 보완하는 데 도움을 준다.

5. 나의 코치는 높은 성과를 창출할 수 있도록 나의 강점을 강화하는 데 도움을 준다.

[관점]

6. 업무 수행에 문제가 발생할 때, 나는 주로 내 상사에게 도움을 청한다.

7. 업무 수행에 문제가 발생할 때, 나는 내 상사에게 도움을 청하는 것을 피한다.

8. 업무 수행에 문제가 발생할 때, 내 코치는 내가 해결방안을 도출해 내도록 도와준다.

9. 나의 코치는 자신의 감정을 잘 조절할 수 있다.

10. 나의 코치는 내가 어려움에 처할 때, 잘 해낼 수 있다고 말해 준다.

[인정]

11. 나의 코치는 내 업적에 대해 늘 칭찬해 준다.

12. 나의 코치는 내 업무의 중요성을 인정해 준다.

13. 나의 코치는 부하를 늘 격려하는 역할을 하는 사람이라고 말할 수 있다.

14. 나의 코치는 아주 작은 업적이라도 인정해 준다.

15. 나는 코치가 나에게 무엇을 기대하는지 정확하게 알고 있다.

16. 나는 나의 노력과 헌신을 코치가 인정해 주리라는 것을 알고 있다.

17. 나의 코치는 늘 나를 격려해 준다.

▣ 참고문헌 ▣

김기년, 탁진국(2013). 청소년 강점척도 개발 및 타당화. 한국심리학회지: 일반, 32(4), 803-828.

김기년, 탁진국(2018). 청소년의 삶의 만족증진을 위한 강점코칭프로그램의 효과. 한국심리학회지: 학교, 15(3), 331-360.

김민, 탁진국(2017). 여자 고등학생의 강점인식이 진로미결정 수준에 미치는 영향: 강점활용의 매개효과. 청소년학연구, 24(7), 279-301.

김현정, 오윤희, 오강섭, 서동우, 신영철, 정지영(2006). 긍정적 사고 척도의 개발 및 타당화 연구. 한국심리학회지: 건강, 11(4), 767-784.

노지혜, 이민규(2011). 나는 왜 감사해야 하는가?: 스트레스 상황에서 감사가 안녕감에 미치는 영향. 한국심리학회지: 임상, 30(1), 159-183.

선혜영, 김수연, 이미애, 탁진국(2017). 강점코칭프로그램이 직장인의 강점자기효능감, 긍정정서, 자기효능감, 직무열의와 조직몰입에 미치는 영향. 한국심리학회지: 산업 및 조직, 30(2), 223-248.

소연희(2007). 학습자 동기 특성 변인들이 고등학생들의 주관적 안녕감에 미치는 영향-성취목표지향성, 자기효능감, 자기결정성, 학습동기 및 학업성취를 중심으로-. 교육심리연구, 21(4), 1007-1028.

신현숙, 김미정(2008). 감사 증진 프로그램이 중학생의 주관적 안녕감과 지각된 사회적 지지에 미치는 영향. 청소년학연구, 16(1), 205-224.

오화미(1998). 긍정적 사고와 부정적 사고가 심리적 안녕에 미치는 영향. 이화여자대학교 대학원 석사학위논문.

이민주(2012). 사회비교동기, 성취목표지향성과 행복 간의 관계. 한양대학교 대학원 석사학위논문.

이소혜(2012). 청소년의 긍정적 사고와 학교생활적응의 관계에서 자아존중감의 매개효과. 숙명여자대학교 대학원 석사학위논문.

이지현(2009). 중학생에게서 감사 훈련이 미치는 긍정적 효과. 서강대학교 대학원 석사학위논문.

임그린, 김기년, 탁진국, 김태은, 임광모, 김거도, 방준석, 임슬기(2015). 청소년 강점척도의 구성타당도 분석. 한국심리학회지: 일반, 34(1), 185-203.

정일진, 정재희, 김소영, 김윤나, 김대선, 탁진국(2014). 청소년의 강점, 성격과 삶의 만족도의 관계. 한국심리학회지: 학교, 11(3), 563-583.

조지연, 탁진국(2016). 긍정심리기반 강점 코칭프로그램이 대학생들의 자기효능감, 진로의

사결정 및 진로결정수준에 미치는 영향. 청소년학연구, 23(1), 279-304.

최경화, 탁진국(2017). 경력단절여성 대상 강점 중심 그룹코칭프로그램이 자존감, 구직효능감, 회복탄력성에 미치는 영향. 한국심리학회지: 코칭, 1(1), 73-97.

최유희, 이희경, 이동귀(2008). Snyder의 희망척도 한국 번역판의 타당화 연구. 한국심리학회지: 사회 및 성격, 22, 1-16.

탁진국, 강지연, 조지연, 경일수, 송미애(2015). 진로 안내를 위한 흥미와 강점의 통합에 관한 탐색적 연구. 청소년학연구, 22(10), 237-259.

탁진국, 임그린, 정재희(2014). 행복증진을 위한 긍정심리기반 코칭프로그램 개발 및 효과성 검증. 한국심리학회지: 일반, 33(1), 139-166.

황진석, 이명자(2010). 자기설정목표동기, 자기설정목표, 목표전념, 학업성취 및 주관적 안녕의 관계. 교육심리연구, 24(2), 397-421.

Arakawa, D., & Greenberg, M. (2007). Optimistic managers and their influence on productivity and employee engagement in a technology organization: Implications for coaching psychologist. *International Coaching Psychology Review, 2*, 78-89.

Bandura, A. (1977). Self-efficacy: Toward a unifying theory of behavioral change. *Psychological Review, 84*, 191-215.

Biswas-Diener, R. (2010). *Practicing positive psychology coaching: Assessment, activities and strategies for success.* New Jersey: John Wiley & Sons, Inc.

Biswas-Diener, R., Kashdan, T. B., & Minhas, G. (2011). Dynamic approach to psychological strength development and intervention. *The Journal of Positive Psychology, 6*(2), 106-118.

Clifton, D. O., & Nelson, P. (1992). *Sour with your strengths.* New York: Delacorete Press.

Cohen, J. (1988). *Statistical power analysis for the behavioral sciences* (2nd ed.). Hillsdale, NJ: Lawence Erlbaum Associates, Pub.

Diener, E., Emmons, R. A., Larsen, R. J., & Griffin, S. (1985). The satisfaction with life scale. *Journal of Personality Assessment, 49*, 71-75.

Elton, F., & Boniwell, I. (2011). A grounded theory study of the value derived by women in financial services through a coaching intervention to help them identify their strengths and practice using them in workplace. *International Coaching Psychology Review, 6*(1), 16-32.

Emmons, R. A., & McCullough, M. E. (2003). Counting blessings versus burdens: An experimental investigation of gratitude and subjective well-being in daily life. *Journal of Personality and Social Psychology, 84*(2), 377-389.

Gable, S. L., & Haidt, J. (2005). What (and why) is positive psychology? *Review of General Psychology, 9*, 103–110.

Goodhart, D. E. (1985). Some psychological effects associated with positive and negative thinking about stressful events outcomes: Was Pollyanna right? *Journal of Personality and Social Psychology, 48*, 216–232.

Govindji, R., & Linley, P. A. (2007). Strengths use, self-concordance and well-being: Implications for strengths coaching and coaching psychologists. *International Coaching Psychology Review, 2*(2), 143–153.

Linley, P. A., Garcea, N., Hill, J., Minhas, G., Trenier, E., & Willars, J. (2010) Strengthspotting in coaching: Conceptualization and development of the Strengspotting Scale. *International Coaching Psychology Review, 5*(2), 165–176.

Linley, P. A., & Harrington, S. (2005). Positive psychology and coaching psychology: Perspectives on integration. *The Coaching Psychologist, 1*, 13–14.

Linley, P. A., & Harrington, S. (2006). Playing to your strengths. *The Psychologist, 19*, 86–89.

Linley, P. A., Nielsen, K. M., Gillett, R., & Biswas-Diener, R. (2010). Using signature strengths in pursuit of goals: Effects on goal progress, need satisfaction, and well-being, and implications for coaching psychologists. *International Coaching Psychology Review, 5*(1), 6–14.

Lyubomirsky, S. (2008). 행복에도 연습이 필요하다[*The how of happiness: A scientific approach to getting the life you want*]. (오혜경 역). 서울: 지식노마드. (원전은 2007년에 출판).

Lyubomirsky, S., Sheldon, K. M., & Schkade, D. (2005). Pursuing Happiness: The architecture of sustainable change. *Review of General Psychology, 9*(2), 111–131.

Madden, W., Green, S., & Grant, A. M. (2011). A pilot study evaluating strengths-based coaching for primary school students: Enhancing engagement and hope. *International Coaching Psychology Review, 6*(1), 71–83.

McCullough, M. E., Emmons, R. A., & Tsang, J. A. (2002). The gratitude disposition: A conceptual and empirical topography. *Journal of Personality and Social Psychology, 82*(1), 112–127.

Park, N., Peterson, C., & Seligman, M. E. P. (2004). Strengths of character and well-being. *Journal of Social and Clinical Psychology, 23*, 603–619.

Peterson, C., & Seligman, M. E. P. (2004). *Character strengths and virtues: A handbook and classification*. New York: American Psychological Association & Oxford University Press.

Proyer, R. T., Sidler, N., Weber, M., & Ruch, W. (2012). A multi−method approach to studying the relationship between character strengths and vocational interests in adolescents. *International Education and Vocational Guidance, 12*, 141−157.

Seligman, M. E. P. (1999). The president's address. *American psychologist, 54*, 559−562.

Seligman, M. E. P., & Csikszentmihalyi, M. (2000). Positive psychology: An introduction. *American psychologist, 55*(1), 5−14.

Seligman, M. E. P., Steen, T. A., Park, N., & Peterson, C. (2005). Positive psychology progress: Empirical validation of interventions. *American Psychologist, 60*, 410−421.

Sheldon, K. M., & King, L. (2001). Why positive psychology is necessary. *American Psychologist, 56*(3), 216−217.

Snyder, C. R., Harris, C., Anderson, J. R., Holleran, S. A., Irving, L. M., Sigmon, S. T., Yoshinobu, L. R., Gibb, J., Langelle, C., & Harney, P. (1991). The will and the ways: Development of an individual−differences measure of hope. *Journal of Personality and Social Psychology, 60*, 570−585.

Snyder, C. R., & McCullough, M. E. (2000). A Positive Psychology Field of Dreams: "If You Build it, They Will Come⋯". *Journal of Social and Clinical Psychology, 19*(1), 151−160.

Taylor, S. E., & Brown, J. D. (1988). Illusion and well−being: A social psychological perspective on mental health. *Psychological Bulletin, 103*(2), 193−210.

Tsai, C., Chaichanasakul, A., Zhao, R., Flores, L. Y., & Lopez, S. J. (2013). Development and validation of the Strengths Self−Efficacy Scale (SSES). *Journal of Career Assessment, 22*(2), 221−232.

제8장
심리학이론 응용 코칭:
인지행동코칭, ACT코칭, 성장마인드셋

　　앞 장에서 긍정심리를 코칭에 응용하여 코칭을 진행하는 방법에 대해 설명하였다. 이 장에서는 긍정심리 이외에 다른 분야에서 코칭장면에 좀 더 폭넓게 적용할 수 있는 이론 또는 기법에 대해 설명하고자 한다. 구체적으로 상담심리 분야에서 많이 활용되는 인지행동과 ACT 기법을 코칭에 적용하는 방법에 대해 살펴보고자 한다. 인지행동코칭에서도 기술하겠지만 주로 일반인을 대상으로 피코치가 목표를 수립하고 이를 달성하기 위한 해결방법을 찾는 코칭의 기본 철학을 유지하면서 상담심리 분야에서 사용하는 많은 기법을 코칭장면에 적용할 수 있다. 이 장에서는 추가로 성장마인드셋에 대해서도 알아보고자 한다. 개인의 지능이나 능력이 개인의 노력에 따라 충분히 변화 가능하다고 믿는 성장마인드셋은 성장을 중시하는 코칭의 철학과도 유사한 부분이 있기 때문이다. 〞

1. 인지행동코칭

코칭과정에서 피코치가 코칭목표를 정하고 이와 관련된 얘기를 나누다 보면 자기제한적/패배적 사고('더 이상 실수하면 안 되는데…….' '잘되지 않을 것 같다.'), 비생산적 행동(우유부단), 지속적 불안과 같은 정서문제 등으로 인해 진전이 되지 않는 경우가 발생한다. 인지행동코칭은 피코치가 자신의 이러한 사고와 믿음을 파악하고 이를 변화시켜서 생산적인 행동을 할 수 있는 스킬을 개발하도록 돕는 코칭과정을 의미한다(Neenan, 2008).

인지행동코칭은 Beck(1976)과 Ellis(1962)의 인지행동치료(Cognitive Behavior Therapy)를 근거로 한다. 일반적으로 개인의 정서나 행동은 믿음에서 비롯된다. 예를 들어, 길거리에서 멧돼지를 보면 두렵다는 정서가 생기고 도망가는 행동이 나타나게 된다. 이러한 정서와 행동을 경험하게 되는 이유는 멧돼지가 나를 물거나 공격할지도 모른다는 믿음이 있기 때문이다. 하지만 동물원 우리 안에 있는 멧돼지를 보면 두렵다는 정서가 생기지 않고 도망가는 행동도 나타나지 않는다. 멧돼지가 우리 안에 있기 때문에 나를 물거나 공격할 수 없다는 믿음이 있기 때문이다. 즉, 우리가 부정적 사건으로 인해 부정적 정서를 경험하거나 부정적 행동을 하는 이유는 사건 그 자체 때문이 아니라 그 사건에 대한 우리의 믿음 또는 해석 때문이다.

문제는 이러한 믿음이나 신념이 합리적이지 않은 경우가 나타나고 이로 인해 부정적인 정서나 행동을 경험하게 된다는 것이다. 예를 들어, 약속 시간에 상대방이 조금이라도 늦는 경우 매우 초조해하고 화를 내는 사람이 있다. 이 사람이 이렇게 행동하는 이유는 평소에 약속시간에 조금이라도 늦어서는 안 된다는 믿음이 있기 때문이다. 이러한 믿음이 합리적인 것일까? 물론 약속시간에 늦는 것은 바람직한 행동은 아니다. 하지만 차가 예상보다 막히는 등 여러 가지 이유 때문에 약속 시간에 조금 늦을 수도 있는데, '어떤 일이 있어도 약속시간에 조금이라도 늦어서는 안 된다.'고 강하게 믿는 것은 합리적인 믿음 또는 신념이라고 하기 어렵다.

이러한 상황에서 만약 이 사람이 자신의 믿음을 바꾸어서 '약속시간에 조금은 늦을 수 있다.'고 생각한다면 상대방이 조금 늦는다 해도 초조해하거나 화내지 않고 '뭐 그럴 수도 있지……. 차가 좀 막히나 보네.' 하고 차분한 마음으로 기다릴 수 있을 것이다. 이와 같이 부정적인 사건에 대해 개인이 어떻게 생각하는지에 따라 대처하는 방법에 있어서 차이가 있고 결과도 달라지게 된다. 인지행동치료는 부정적 사건에 대한 개인의 믿음 또는 신념을 변화시켜서 상황에 보다 효율적으로 대처할 수 있게 해 준다.

1) 인지행동코칭과 인지행동치료의 차이

그렇다면 인지행동코칭은 인지행동치료와 어떤 차이가 있는 것일까? 앞에서도 기술했듯이 인지행동코칭은 인지행동치료를 기반으로 하기 때문에 적용하는 기법적인 측면에서는 차이가 없다. 하지만 이미 이 책의 1장에서 코칭과 상담 간의 차이에 대해서 기술하였듯이 피코치의 심리적 문제점의 강도나 지속성에 따라 코칭으로 진행하는 것이 좋을지 또는 상담으로 진행하는 것이 좋을지 판단할 수 있다. 피코치의 심리적인 문제가 크지 않고 자신이 세운 목표를 달성하기 위해서 집중할 수 있는 상황이라고 한다면 인지행동코칭 방법을 사용하여 진행하면 된다. 하지만 피코치가 심리적인 어려움이 크고 오랫동안 지속이 되어서 목표달성에 몰입하지 못한다면 인지행동코칭을 적용하기는 어려울 것이다. 이 경우 코치의 과거 임상경험 정도에 따라서 본인이 계속 진행할 수도 있고 상담자를 소개할 수도 있을 것이다.

또한 코칭은 일반적으로 심리적 문제가 크지 않은 일반인들을 대상으로 하기 때문에 인지행동치료에서의 주요 대상과는 차이가 있을 수 있다. 일반인들도 일상생활에서 자신의 비합리적인 믿음이나 신념 때문에 심리적 고통을 경험하는 경우가 많이 있기 때문에 코칭적인 접근방법을 통해 이들의 어려움을 해결할 수 있다. 예를 들어, 일상생활에서 계획했던 일을 제때 하지 않고 미룬다거나 평소 시간관리를 잘 못하거나 끈기가 부족하거나 등의 행동을 보이는 사람들이 많이 있다. 이러한 행동들도 인지행동코칭을 통해 변화시켜 나갈 수 있으며, 구체적인 방법에 관해서는 아래에서 설명하기로 한다.

1장에서도 기술했지만 코칭은 피코치가 구체적인 목표를 정하고 이를 달성할 수 있는 구체적인 실행의도 또는 실행계획을 수립하는 목표지향적 행동을 강조한다는 점도 인지행동치료와의 차이점으로 볼 수 있을 것이다.

2) 적용모형 및 기법

여기서는 인지행동코칭과정에서 활용할 수 있는 모형과 기법에 대해 설명하고자 한다.

(1) ABCDE 모형

인지행동치료에서 많이 활용되는 ABCDE 모형(Dryden & Neenan, 2004)을 코칭장 면에서도 동일하게 사용할 수 있다. 이 모형에 관해 설명하면 다음과 같다.

① A: 상황(Activating event)/중요사건(critical event)

여기서 A는 피코치가 직면하고 있는 상황을 의미하는데, 먼저 코치는 피코치가 어려움을 겪고 있는 상황에 대해 객관적으로 얘기해 줄 것을 요구한다. 예를 들면, 피코치는 회의석상에서 자신의 의견을 개진하지 못한다거나 사람들이 부탁을 할 때 힘들어도 거절하지 못하고 매번 수용하는 상황에 대해 얘기할 수 있다.

중요사건 A는 이 상황에서 피코치가 주관적으로 인식하는 문제점이다. 예를 들어, 회의에서 의견을 개진했다가 시시하다고 무시당하거나 타인의 부탁을 거절할 경우 관계가 끊어질 것을 걱정할 수 있다.

② B: 믿음(Belief)

코치는 이러한 상황에 대해 피코치가 생각하고 있는 믿음이나 신념이 무엇인지를 물어본다. 피코치는 무시당하는 것을 두려워해서 자신의 의견이 절대 시시해서는 안 된다는 믿음을 가지고 있다고 답할 수 있다. 또한 타인의 부탁은 무조건 다 수용해야 관계가 유지된다는 믿음 또는 신념을 가질 수도 있다. 이러한 믿음 또는 신념으로 인해 피코치의 행동은 제한된다.

③ C: 결과(Consequences)

코치는 이러한 믿음으로 인해 결과적으로 피코치가 느끼는 정서나 보이는 행동은 무엇인지 물어본다. 이 상황에서 피코치는 정서적으로 회의 때마다 불안을 느끼거나 남들 눈을 살짝 피하는 행동을 보인다고 답할 수 있다. 또한 타인의 부탁과 관련해서는 남이 부탁할 때마다 이를 거절하지 못하는 자신에 대해 짜증이 나고 이 일을 또 어떻게 처리해야 하는 걱정이 앞서며 스스로를 책망하는 행동을 보인다고 답할 수 있다.

④ D: 논박(Disputing)

이제 다음 단계는 피코치의 잘못된 믿음에 대해 논박하는 것이다. 이 과정이 가장 어려운 부분이라고 할 수 있다. 많은 사람이 자신이 잘못된 믿음이나 신념을 가지고 있다는 것을 쉽게 인정하려고 하지 않기 때문이다. 코치는 이 과정에서 몇 가지 기준을 가지고 접근할 필요가 있다. 먼저 논리적인 측면에서 접근할 필요가 있다. 즉, 피코치의 믿음이나 신념이 논리적으로 상식적인 것인지를 물어볼 필요가 있다. 앞의 예에서 아이디어가 절대 시시해서는 안 된다는 생각이 논리적으로 상식적인 것인지 물어본다. 추가로 사람들이 제시하는 아이디어어가 어떻게 매번 다 훌륭할 수 있는지를 물어보면서 피코치가 아이디어가 시시해서는 안 된다는 생각이 상식적으로 적절하지 않음을 인식하도록 유도할 필요가 있다. 타인의 부탁을 매번 다 수용해야 한다는 믿음이나 다 수용하지 않으면 관계가 끊어진다는 믿음도 상식적으로 적절한 것인지 판단토록 한다. 부탁을 한 번 들어주지 않은 경우 상대가 섭섭하게 생각할 수 있지만 반드시 관계가 끊어진다고 가정하는 것은 논리적이지 못하기 때문이다.

두 번째 기준은 현실적으로 검증 가능한지의 여부이다. 코치는 피코치가 회의에서 제시하는 아이디어가 시시한지 아닌지는 결국 타인이 판단할 문제이기 때문에 자신이 통제할 수 없으며 현실적으로도 검증하기 어려운 것임을 피코치가 인식하도록 유도할 필요가 있다.

세 번째 기준은 엄격성 측면이다. 즉, 코치는 피코치에게 자신이 제시한 아이디어가 시시하면 안 된다는 믿음이 너무 엄격한 것이 아닌지 생각해 보라고 권유할 필요가 있다. 어떻게 제시하는 아이디어가 항상 시시하지 않고 훌륭할 수 있는지, 예외적으로 가끔은 시시한 아이디어일 수도 있는 것은 아닌지 논박할 필요가 있다. 타인의 부탁도 매번 수용해야 한다는 믿음도 너무 지나친 것은 아닌지, 경우에 따라서 너무 심하면 거절할 수도 있는 것 아닌지를 피코치가 생각해 보게끔 유도할 필요가 있다.

네 번째는 효용성 측면에서 피코치가 이러한 믿음이 가져오는 손해와 이득은 무엇인지를 생각해 보도록 하는 것이다. 아이디어가 시시해서는 안 된다는 믿음으로 인해 회의 때마다 걱정이 되고 참여하고 싶지 않게 되는 손해가 있을 것이고 이득 또는 매번 타인의 부탁을 들어주어야 한다는 믿음으로 인해 손해와 이득은 회의 시간이 조금 단축된다는 정도라고 한다면 손해가 더 크다는 것을 피코치가 인식할 수 있게 된다. 타인의 부탁을 매번 들어줘야 한다는 믿음도 이로 인한 근심걱정 등의 손해와 주변으로부터 착한 사람이라는 인식과 같은 이득을 비교해 봄으로써 어느 쪽이 더 큰지 판단토록 한다.

⑤ E: 효과(Effect)

마지막 단계는 논박을 통해 피코치의 믿음 또는 신념이 비논리적이고, 비현실적이며 지나치게 엄격하다는 것 등을 깨닫고 향후 긍정적인 행동을 하겠다는 의지를 다지게 된다. 앞의 예에서 회의 시간에 아이디어를 제시해 보겠다거나 타인의 부탁을 경우에 따라서는 거절할 수도 있음을 인식하게 되고 향후 그러한 행동을 하겠다는 의지를 보이게 된다.

(2) 추론 연계(inference chaining)

인지행동코칭과정에서 코치는 피코치의 비합리적인 핵심 믿음 또는 신념이 무엇인지를 정확하게 파악하는 것이 중요하다. 추론연계 기법은 코치가 일련의 가설적인 질문을 계속해 나가면서 피코치자가 상황에 대해 갖고 있는 핵심적인 믿음이 무엇인지를 파악하는 것이다.

다음의 예는 Neenan(2008)이 제시한 사례를 가져온 것으로서 부하가 최근 수행이 나빠져서 부하와 면담을 해야 하는 관리자와의 코칭과정에서 추론연계 기법을 활용한 것을 보여 준다.

코치: 불안해하는 이유는 무엇인가요?
피코치: 부하가 좋아하지 않을까 봐요.
코치: 만약 좋아하지 않는다면 무엇이 문제가 되나요?
피코치: 저한테 화를 낼 것 같아요.

코치: 그럴 수 있겠네요. 만약 화를 낸다면요?

피코치: 제 입장이 애매할 것 같아요.

코치: 왜 그렇게 생각하세요?

피코치: 저는 화난 사람과 얘기하는 것을 좋아하지 않아요. 언제든지 피하려고 하거든요.

코치: 만약 피하지 않고 직면해야 된다면요?

피코치: 글쎄요. 아마 말문이 막히고 얼굴이 붉어지고 머릿속이 하얘지고 아마 엉망이 될 것 같은데요.

코치: 만약 엉망이 된다면요?

피코치: 관리자로서 신용을 잃게 되겠죠. 사무실에 다 퍼질 거예요. 그 부하는 아마 자신이 이겼다고 히죽거리고 어깨를 으쓱거리며 돌아다닐 것 같은데요.

코치: 그렇다면 관리자로서 신뢰를 잃는 것이 이 상황에서 가장 문제가 되는 것인가요?

피코치: 네 신뢰를 잃는 것, 바로 그거예요.

이상의 대화를 통해 코치는 피코치가 주변 사람들로부터 신뢰를 잃을지도 모른다는 걱정을 하고 있으며 피코치가 가지고 있는 핵심적인 믿음이 '부하와 얘기할 때 절대 관리자로서 신뢰를 잃어서는 안 돼, 그렇지 않으면 약하고 형편없이 보일 거야.'라는 것을 알게 된다.

(3) 일반적 인지적 왜곡에 대한 이해

인지행동코칭과정에서 코치는 사람들이 일반적으로 범하는 인지적 왜곡 내용에 대해 알고 있는 것이 피코치의 비합리적 믿음을 파악하는 데 도움이 된다. 대표적인 인지적 왜곡 내용에 대해 간단히 설명하면 다음과 같다.

① 모 아니면 도

일종의 흑백논리로서 다양한 경우가 있을 수 있음에도 불구하고 이분법적으로 좁혀서 생각하는 오류를 의미한다. 예를 들면, '세상 사람들은 내 친구 아니면 적이다.'라고 생각하는 것을 말한다.

② 지나친 일반화

조그만 사건이나 불충분한 증거를 가지고 큰 결론이나 해석을 내리는 경우를 의미한다. 예를 들어, '이번 과제에 실패했기 때문에 다른 과제도 실패할 것 같다는' 생각을 말한다.

③ 비관적 신념

지나치게 최악만을 가정하는 경우를 말한다. 예를 들어, '이번 대학입시에 실패하면 나는 영원히 대학에 못 들어갈 거야.'라는 생각이 이에 해당한다.

④ 자기비난

자신의 잘못이 아님에도 불구하고 모든 것을 자신의 잘못으로 생각하는 오류를 의미한다. 예를 들어, 자녀가 여행가다 교통사고가 나서 다친 경우 이것도 여행을 보내 준 자신의 잘못으로 생각하는 것이 이에 해당된다.

⑤ 강박적 사고

자신과 타인에 대해 너무 엄격한 잣대를 들이대어 항상 ～해야 한다, 또는 ～해서는 안 된다는 생각을 하는 것을 의미한다. 예를 들어, '모든 사람은 약속시간에 조금이라도 늦어서는 안 돼.' 또는 '사람은 항상 나처럼 일찍 일어나야만 해.'와 같은 생각이 이에 해당된다.

⑥ 완벽주의

일을 하는 데 있어서 합리적 기준을 벗어나서 지나칠 정도의 완벽을 중시하는 오류를 의미하며, 예를 들어, '모든 것을 항상 완벽하게 해야 해. 그렇지 않으면 나는 쓸모없는 사람이야.'와 같은 믿음이 여기에 해당한다.

3) 적용 사례

여기서는 일반인들이 일상생활에서 어려움을 표현하는 지연행동, 시간관리 그리고 도전행동에 대해 알아보기로 한다. 모두 인지행동코칭 기법을 활용해서 문제점을 해결하는 방법에 대해 기술한다. 이 방법들은 탁진국(2015)이 『워커코드』에서 제시한 내용 중 일부를 수정한 것이다.

(1) 지연행동

많은 사람이 일상생활에서 계획했던 일들을 제때에 실행하지 못하고 미루는 경향이 있다. 사람들이 할 일을 미루는 중요한 이유 중의 하나는 일반적으로 특정 일을 하는 것에 대해 뭔가 부정적으로 느끼거나 지금 하고 싶지 않기 때문이다. 결정을 미룰 경우 뭔가 불편한 상황을 일단 피할 수 있고 이를 통해 편안해지기 때문인 것으로 해석할 수 있다.

필요한 결정을 지금 내리지 않고 자꾸 미루는 사람의 유형에는 여러 가지가 있다. Sapadin(1997)의 분류에 따르면 첫 번째로 완벽주의 유형이 있다. 이 유형의 사람들은 모든 것을 완벽하게 처리하려는 성향이 강하기 때문에 현 시점에서 이를 처리했다가 제대로 안 되는 것이 아닐까 하는 걱정 때문에 미루게 된다.

두 번째는 걱정이 많은 유형으로 매사에 자신감이 없다 보니 지금 실행할 경우 나중에 무언가 잘못 되지 않을까, 제대로 못하는 것은 아닐까 하는 걱정을 지나치게 하게 된다. 따라서 실행 또는 결정을 내리지 못하고 나중으로 미루게 된다.

위기상황을 즐기는 유형도 있다. 즉, 매번 일을 미리 끝내지 않고 마지막 순간에 몰아서 하려는 사람들이 이러한 유형에 속한다. 특히 해야 할 업무가 따분한 경우 이를 미리 하는 것을 참지 못하고 막판까지 미루는 경향이 있다.

그렇다면 이러한 습관을 어떻게 바꾸어 나갈 수 있을까? 결정이나 실행하지 못하고 자꾸 미루거나 지연시키는 행동을 변화시키는 효과적인 방법 가운데 하나는 앞에서 설명한 인지행동기법을 활용하여 자신의 생각 또는 믿음을 바꾸는 것이다. 일반적으로 사람들은 미루는 과정에서 불합리한 생각을 하는 경우가 많다. 예를 들어, 현재 해야 하기는 하지만 업무 내용이 지루해서 미루고 싶은 과제가 있다고 하자. 이 경우 자신은 지루한 일을 해야 할 사람이 아니며 이와 같이 단순한 일에 동기화될 수 없다고 생각하기 때문에 일을 시작하기가 쉽지 않다. 또한 그런 생각을 하다 보니 일을 시작하려고 할 때 이런 단순한 일을 해야 하는 자신에게 화가 나기도 한다. 이 상황에서 효과적인 방법은 이러한 생각을 바꾸는 것이다.

Neenan과 Dryden(2002)은 자꾸 미루는 습관을 바로잡기 위해 네 가지 단계를 언급한 바 있다. 첫 번째 단계는 자신이 미루고 있다는 사실을 인식하고 어떠한 이유 때문에 미루는지를 파악하며 해당 이유가 합리적이지 못함을 깨닫고 좀 더 합리적인 방향으로 생각을 정리하는 것이다. 예를 들어, 어떤 사람이 직장에서 해야 할 업무가 있는데 자꾸 미루고 있음을 깨닫고 이에 대한 이유를 분석한 결과 자신감이 없어서 자꾸 미룬다고 가정하자. 이 사람은 '좀 더 업무경험을 쌓은 다음에 하는 것이 좋겠어. 아직은 좀 무리인 것 같아.'라고 자신에게 얘기하면서 자꾸 해야 할 중요한 일을 미루고 있다. 이 경우 이 사람은 '어떤 업무를 하기 위해서는 반드시 해당 업무를 잘할 수 있는 역량을 갖추고 있어야 해.'와 같은 생각을 가지고 있을 가능성이 높다. 하지만 이러한 생각이 얼마나 합리적인 것일까? 모든 업무를 완벽하게 잘할 수 있는 사람은 많지 않다. 대부분은 하다가 실패하는 경우도 많이 있으며 이를 통해 경험을 쌓고 자신감이 생기게 되는 것이 일반적이다.

따라서 이와 같이 현재 자신이 미루고 있다는 사실을 인식하고 왜 이렇게 미루고 있는지를 파악하는 것이 중요하다. 또한 이를 통해 미루고 있는 원인에 대한 생각이 합리적이지 못함을 깨닫고 이를 좀 더 합리적인 방향(누구나 실패할 수 있음)으로 생각하는 것이 중요하다.

두 번째 단계는 구체적이고 측정 가능한 목표를 세우는 것이다. 즉, 해당 업무를 미루지 않고 꼭 해야겠다고 마음먹는 것보다는 '이 일이 잘 안 될 수도 있지만 다음 주 목요일까지는 끝내겠다.'라고 마음먹는 것이 더 효과적이다.

세 번째 단계는 이러한 구체적 목표를 실행하는 것이다. 많은 경우 사람들은 구체적 목표를 세운 후 반드시 하겠다고 마음먹는다. 즉, 대부분의 사람은 '이를 달성하기 위해 노력할 거야(try).'라고 결심하지만 결국 성과를 보지 못하는 경우가 많다. 많은 사람은 아무리 하겠다고 마음먹어도 현재 바로 시작하는 것에 대해 불편함을 느낀다. 단순히 '하기 위해 노력할 거야.'라고 마음먹는 것만 가지고는 충분하지 않으며, '한다(do)'라는 행동이 중요하다.

마지막 단계는 지속성이다. 마음만 먹어서 되는 것이 아니라 지속적인 행동이 필요하다. 지속적 행동을 통해 습관화되는 것이 중요하다. 이를 위해서는 무엇보다 자신에 대한 유지 메시지가 중요하다. 예를 들어, '모든 내 시간은 다 중요해. 뭔가를 미루면서 낭비할 수는 없어.'와 같은 메시지를 자신에게 지속적으로 주는 것이 필요하다.

코치는 피코치가 이와 같은 단계를 통해 자신의 비합리적인 믿음을 변화시키고 자신이 원하는 목표를 달성할 수 있도록 이끌어 가는 노력이 필요하다.

(2) 시간관리의 어려움

시간관리에 관한 수많은 책과 연구가 있고 많은 사람이 나름대로 시간관리하는 방법을 알고 있다. 하지만 이러한 방법을 실행에 옮기는 과정에서 어려움을 경험하는 사람들이 많이 있다. Neenan과 Dryden(2002)은 지금까지 제시된 시간관리 방법이 실행과정에서 고려해야 할 개인의 정서문제를 제대로 다루지 않아서 실패했다고 주장한다. 예를 들어, 취미활동으로 주말마다 낚시나 골프를 하고 싶고 계획을 세워 보지만 막상 실행하려니 가족과 같이 보내는 시간이 줄어들기 때문에 걱정이 되어 이를 실행하지 못하는 경우가 발생할 수 있다.

어떤 직장인의 경우 중요한 가치는 직장에서 일 잘하고 원만한 가정생활을 영위하고 건강하게 생활하는 것이다. 이 사람의 가치와 적합한 목표는 직장에서 업무관리를 잘하는 것이고 구체적으로 기술해 보면 정시에 회의 끝내기와 전화시간 줄이기 등이 될 수 있다.

다음은 직장에서의 하루 일과를 작성하고 분석해 보니 전화를 길게 하고 미팅시간도 긴 것으로 나타났다. 여기서 왜 미팅시간이 긴지에 대해 곰곰이 생각해 보니 다른 사람이 회의 주제와 관련성이 떨어지는 얘기를 할 때 이를 중간에 끊고 주제와 관련된 얘기만 하도록 요구해야 하는데 그렇게 하지 못했다는 점을 인식하게 된다. 이때 어떤 이유 때문에 요구를 하지 못했는지 생각해 보니 중간에 다른 사람의 말을 중단시킬 경우 그 사람이 나를 싫어할까 봐 걱정이 되어 그냥 놔둔 것임을 깨닫게 된다. 이러한 행동은 본인이 남들이 자신을 좋아하기를 바라는 니즈가 강한 경우 더 발생할 가능성이 크다. 이 상황에서 이러한 정서적 문제를 해결해야 시간관리 계획이 제대로 실행될 수 있다.

이러한 경우 코치는 인지행동기법을 통해 피코치의 생각을 바꾸는 것이 가장 이상적인 방법이다. 다른 사람이 나를 싫어할까봐 그 사람이 회의와 관련 없는 말을 하는 것을 그냥 내버려 두고 결과적으로 내가 설정한 목표를 달성하지 못하게 되는 것이 과연 합리적인 생각일까? 그렇게 놔두는 것이 내가 정한 목표를 달성하지 못하는 것을 상쇄할 정도로 그렇게 중요한가? 곰곰이 생각해 본다면 누구나 이러한 판단이 합리적이지 못하고 그렇게 중요한 것이 아니라는 결론에 이르게 된다.

생각해 보면 회의 석상에서는 그 사람이 나를 싫어할지도 모르지만 회의가 끝나면 다시 원래대로 돌아올 가능성이 높다는 생각을 할 수 있다. 또한 다른 사람의 생각이 중요한 것이 아니라 내 생각이 중요하고 내가 정한 목표를 달성하는 것이 중요하며 더 나아가서 내 삶이 중요하다는 생각을 할 수 있다. 이와 같은 생각을 하게 되면 시간관리를 위해 계획했던 내용을 실행할 가능성이 높아지게 된다.

(3) 도전하지 않는 행동

일상생활이나 업무에서 지금까지 타성적으로 해 오던 방식에서 벗어나서 새롭게 도전적인 시도를 해 보고 싶은 경우가 많이 있지만 막상 그런 기회가 오게 되면 겁이 나고 위험부담에 대한 걱정으로 망설이게 되는 경우가 많다. 귀찮기도 하고 타성에 젖어서 지금까지 해 오던 방식에서 벗어나고 싶지 않기 때문이기도 하다.

자신을 위해 새로운 도전이 필요함을 알고 있음에도 불구하고 잘 실행되지 않는 이유는 무엇일까? 사람들은 왜 도전을 피하려고 하는 걸까? Neenan과 Dryden(2002)은 이에 대한 해답을 제공하기 위해 도전을 피하려는 사람들을 위험회피형과 자신감부족형으로 구분하였다. 위험회피형은 실패와 거절 때문에 도전을 회피하려는 경향이 높다. 이런 유형은 새로운 일에 도전하거나 새로운 방법으로 일을 하고 싶지만 잘못해서 실패할까 두려워한다. 직장에서 업무가 많아 동료에게 부탁하고 싶지만 그렇게 하지 못하는 것도 동료가 싫다고 거절할까 봐 두려워서이다. 도전을 실패나 거절과 연계시켜 생각하게 되면 매사에 새롭게 도전을 하기는 매우 어려워진다. 실패에 대한 두려움이 큰 사람의 경우 그 내면에는 '실패할 경우 다른 사람들이 나를 어떻게 생각할까?' '나를 못난이로 보지 않을까?' 하는 생각이 자리 잡고 있을 수 있다. 상대방이 거절하는 경우에도 내면에는 '거절당함으로써 상대방이 나를 우습게 보지 않을까?' 하는 생각이 있을 수 있다.

이러한 상황에서 인지행동기법을 활용한 코칭이 효과를 볼 수 있다. 코칭을 통해 이러한 생각이 비합리적이고 비논리적이라는 것을 피코치가 깨닫도록 하는 것이 중요하다. 사람이 일을 하다 보면 잘 못하는 경우도 있는 것이지 어떻게 매번 다 잘할 수 있는가? 사람이기 때문에 잘 못할 수 있는 데, 과연 그렇다고 해서 다른 사람들이 이를 비난하며 우습게 볼 것인가? 그런 사람도 있을 수 있겠지만 그렇지 않은 사람도 많이 있다. 많은 사람이 각자 자기 할 일에 바쁘기 때문에 남의 일에 그렇게 신경 쓰지 못하는 것이 사실이다. 신경 쓴다 하더라도 그때 잠깐뿐이지 시간이 조금만 지나도 대부분 잊어 먹게 된다.

이러한 다양한 생각을 피코치가 하도록 유도하고 이를 토대로 비합리적이고 비논리적인 생각을 바꿀 수 있다면 새로운 일에 도전하는 것이 좀 더 쉬워질 수 있을 것이다. 잘 못하거나 실패한다 하더라도 '다른 사람들이 이해해 줄 거야.' '다른 사람은 내 실패에 대해 그렇게 관심 없어.'라고 생각하거나, 부탁을 거절하는 경우에도 '그 사람이 워낙 바쁘다 보니까 그럴 수 있는 거지. 나를 무시하거나 우습게 여겨서 그러는 것은 아니야.'라고 생각한다면 좀 더 편한 마음으로 도전에 임할 수 있다.

한편, 자신감부족형은 새로운 일에 도전하려고 할 경우 속으로 '이런 일을 하려면 경험이 충분히 있어야 완벽하게 할 수 있는데, 이 일은 내가 해 보지 않았기 때문에 제대로 하기 힘들 것 같아. 정말 제대로 해 낼 자신감이 없어.'라는 생각을 하는 경우가 많다.

자신 없는 일은 해서는 안 된다는 이러한 생각이 과연 합리적일까? 만약 그렇다면 모든 일을 다 경험한 사람은 아무도 없기 때문에 누구라도 새로운 일을 하는 사람은 없을 것이다. 완벽하지는 않지만 새로운 일을 시도하면서 이를 통해 새로운 경험을 쌓게 되고 이를 통해 자꾸 하다 보면 자신감도 생겨나서 일도 제대로 끝낼 수 있게 된다. 따라서 코치는 피코치가 '하다 보면 잘하게 되고 자신감도 생겨나게 되는 거야.' '처음부터 잘할 수는 없어, 못해도 한 번 해 보는 거야.'라는 긍정적인 방향으로 생각하도록 유도할 필요가 있다.

또한 완벽주의적 성격인 사람들의 경우 일을 하는 데 있어서 실수가 있어서는 안 되며 누가 일과 관련해 물어볼 경우 모든 내용을 다 알고 있어야 한다는 생각을 가지는 경우가 많다. 이들은 이러한 생각 때문에 많은 스트레스를 경험하게 된다. 이로 인해 새로운 일에 도전하지 않을 수도 있다. 만약 이들이 '뭐 하다 보면 실수할 수도 있는 거지. 어떻게 매번 완벽하게 해낼 수 있나'라는 생각을 갖게 된다면 좀 더 편한 마음으로 새로운 일에 도전할 수 있을 것이다.

2. ACT코칭

1) ACT란

ACT는 수용전념치료(acceptance commitment therapy)의 약자로서 기존의 인지치료의 문제점을 개선하기 위해서 등장하게 되었다(Hayes, 2004). 예를 들어, 인지치료에서 개인의 생각을 바꾸는 것이 그렇게 쉬운 일이 아니며 바람직하지 않은 생각을 억제하려는 경우 오히려 그 생각에 집착하여 악순환이 되는 경우도 많다(Hulbert-Williams et al., 2016). 행동변화와 관련된 다양한 심리치료 방법을 살펴보면 1세대가 스키너의 조건화 기법에 초점을 두고 2세대는 인지치료를 통해 비합리적인 믿음을 수정하는 데 초점을 두었다고 한다면 3세대 기법인 ACT는 생각이나 감정을 변화시키는 데 초점을 두지 않고 오히려 이를 그대로 수용하면서 행동을 변화시키는 데 초점을 두고 있다(Hayes, 2004).

ACT(수용전념치료)의 궁극적 목표는 개인의 심리적 유연성(psychological flexibility)을 증진시키는 것이다. 이를 위해 수용(acceptance), 탈결합(defusion), 맥락으로서의 자아(self-as-context), 전념 행동(commitment), 가치(value), 현재 상태 몰입(contact with present moment) 등의 6가지 핵심과정을 중요시하고 있다(Hayes, 2004).

2) ACT의 여섯 가지 핵심 과정

먼저 ACT에서 궁극적으로 추구하는 심리적 유연성은 개인이 의식 있는 존재로서 지금 이 순간을 받아들이고, 자신이 추구하는 가치와 일치하는 방향으로 행동하는 것으로 정의한다. 심리적 유연성에 대한 ACT 6가지 핵심과정은 서로 상호작용하며 연관되어 있으며, 이를 크게 구분하면 수용, 탈결합, 맥락으로서 자기를 통해 마음 챙김과 수용을 이루는 것과 현재 상태 몰입, 가치, 전념행동을 통한 전념의 두 가지 과정으로 나눌 수 있다(Hayes, 2004). 즉, 크게 보면 ACT의 핵심적인 내용은 수용전념치료라는 제목에서도 볼 수 있듯이 수용과 전념이다. 다음에서 여섯 가지 핵심과정에 대해서 간단히 설명하고자 한다(Hayes, Luoma, Bond, Masuda, & Lillis, 2006).

(1) 수용

수용은 심리적으로 힘든 사고나 감정을 회피하거나 변화시키려 하지 않고 있는 그대로 인식하는 것을 의미한다. 예를 들어, 코치의 폭언으로 인해 심리적인 불안을 경험하고 있는 사람의 경우 이를 피하려 하지 않고 불안한 감정을 그대로 느끼도록 한다.

(2) 탈결합

많은 사람이 일상생활에서 특정 사건으로 인해 실패나 좌절을 경험할 때 '나는 가망이 없는 사람이야.' '나는 아무리 해도 안 되는 사람이야.' 등과 같이 자신을 부정적으로 규정짓는 경우가 있다. 즉, 자신과 부정적인 생각을 결합시켜서 생각하는 것이다. 탈결합은 이러한 결합으로부터 벗어나는 것을 의미하며 이를 통해 자신을 다른 관점에서 볼 수 있게 된다.

(3) 현재 상태 몰입

개인이 경험하는 심리적인 사건 및 일반 사건을 판단하지 않고 있는 그대로 받아들이는 것을 의미한다. 일반적으로 개인이 현재 경험하고 있는 사건들에 대해 있는 그대로 얘기하게 함으로써 현재 상태를 폭넓게 인식하게 한다. 현재의 상황을 개인의 판단을 통해 설명하게 되면 제한된 관점에서 상황을 해석하게 된다. 하지만 판단하지 않고 있는 그대로를 설명하게 되면 현 상황을 좀 더 융통성 있게 바라볼 수 있게 된다.

(4) 맥락으로서의 자아

맥락으로서의 자아는 자아를 제한된 관점이 아니라 좀 더 융통성 있게 다양한 관점에서 인식하는 것을 의미한다. 예를 들어, 탈결합을 통해 '나는 가망이 없는 사람이야.'에서 벗어나면서 자신이 할 수 있는 다양한 것을 파악하고 '나는 어떠한 것들을 할 수 있다.'는 인식을 할 수 있게 된다.

(5) 가치

가치는 개인이 삶에서 중요시하는 것을 찾는 과정을 의미한다. 심리적인 어려움을 경험하고 있는 경우 이로 인해 자신이 살아가면서 중요시하는 것이 무엇인지에 대해 생각해 볼 기회를 갖지 못하게 되며 이러한 가치와 일치되는 행동을 하기 어렵게 된다. 자신이 중시하는 가치를 탐색해 봄으로써 이러한 가치를 추구하기 위한 행동을 가져올 수 있는 계기가 될 수 있다.

(6) 전념행동

전념행동은 자신에게 중요한 가치를 추구하기 위해 필요한 행동을 선정하고 이를 실행하는 데 전념하는 것을 의미한다. 가치추구행동이 오랫동안 이루어지기 위해서는 전념행동이 유지될 필요가 있다.

3) ACT 사례

다음의 사례는 ACT 기법을 활용한 코칭을 이해하기 위해 Hulbert-Williams 등 (2016)이 제시한 것을 요약한 내용이다. 피코치인 30대 중반인 Carla는 현재 법률회사에서 변호사로서 일하고 있으며 특별히 업무를 싫어하는 것은 아니지만 현 직업이 자신에게 주는 의미가 없다고 생각한다. 하지만 부모님의 희망을 실망시키기 어려워서 별다른 대안 없이 헤매고 있으며 회사 인사부서에서도 Carla가 스트레스로 인한 문제가 큰 것으로 인식하고 있다. Carla는 6개월에 걸쳐 다섯 번의 코칭을 받았으며 다음은 코칭을 진행한 내용에 관해 설명한 것이다.

(1) 현재 상태 분석

코치는 Carla가 현 상황에서 자신이 느끼는 감정이나 생각 등을 명확하게 들여다보게 하였다. 이를 통해 Carla는 자신이 도전하지 않고 현재의 문제를 회피하기 위해 아예 신경을 쓰지 않고 술만 마시면서 보냈다는 것을 인식하게 된다.

(2) 탈결합

Carla는 현재 모든 것이 희망 없다는 생각을 깊게 하고 있으며 코칭과정에서 "이

상황에서 나는 희망이 없어."라는 얘기를 많이 하고 있었다. 하지만 Carla 자신도 변호사라는 직업에 대한 동일시와 결합이 강해서 이를 변화시키는 것이 어려운 실정이었다. 이러한 생각에서 완전히 벗어나는 것은 어렵기 때문에 코치는 Carla가 일단 자신이 희망이 없다고 깊게 생각하는 것을 인식하게 한 후 이에 관심을 갖고 조금이라도 이러한 생각에서 벗어날 수 있도록 하는 데 초점을 두고 진행하였다.

(3) 맥락으로서의 자아

코치는 Carla가 법률가로서만의 자아가 아닌 자신이 가진 다양한 자아를 인식하도록 하는 데 초점을 두었다. 이를 통해 Carla는 법률가 이외에도 예술가, 친절함 등 다양한 자아가 있음을 인식하게 되었다. 이 과정에서 흥미검사나 강점검사와 같은 심리검사를 통해 피코치가 자신의 또 다른 자아를 파악하는 데 도움을 줄 수 있을 것이다.

(4) 수용

코치는 Carla가 현재의 고통스러운 생각이나 감정을 제거토록 하지 않고 이를 있는 그대로 수용하는 데 초점을 두고 코칭을 진행하였다. 이를 위해 '불안 괴물과의 줄다리기 게임'을 활용하였다. 이 기법은 코치가 괴물의 역할을 맡고 Carla와 서로 줄다리기를 하는 것으로서 Carla가 계속 줄을 잡아당길수록 상대방도 줄을 잡아당겨서 힘만 들게 되는 상황에서 줄을 놔 버리면 힘든 상황에서 벗어난다는 것을 깨닫도록 하기 위한 것이다. 여러 번의 활동을 통해 Carla는 괴물이 자꾸 게임하자고 해도 응대하지 않는 것이 좋은 방법임을 인식하게 되었다. 즉, 현재의 힘든 생각이나 감정을 있는 그대로 수용하는 방법을 배우게 된 것이다.

(5) 가치

코치는 Carla가 삶 또는 경력에서 중요시 하는 가치를 탐색해 보게 하고 어떤 행동을 하고 싶은지를 파악해 보게 하였다. Carla는 무엇보다 타인에게 친절하게 대하는 것을 중요시하는데 현재는 이를 반영하고 있지 못함을 인식하게 되었다.

(6) 전념

코치는 Carla가 자신이 중요시하는 가치 충족을 위해 어떤 행동을 할 수 있을지를 탐색해 보도록 하였다. Carla의 경우 당장 직업 전환은 어렵고 자신의 가치를 반영해 타인(아이들)을 돕는 행동에 초점을 두고 심리학 공부를 하고 요리를 배우는 활동에 시간을 보내겠다는 마음을 먹게 되었다.

결과적으로 Carla는 전념을 통해 삶에 에너지가 생기게 되었으며 주 4일 근무하고 다른 직업을 탐색하는 노력을 하기 시작했다. 즉, 법률가로서의 정체성에 대한 결합에서 조금 벗어나서 아이들을 위해 일하는 직업을 찾기 시작하였다. 코칭이 끝난 6개월 후 Carla는 스트레스에서 많이 벗어나서 일에 몰입하게 되었다. 미래에 대한 불안은 여전히 남아 있었지만 이로 인해 아무것도 못할 정도에서는 완전히 벗어나게 되었다. 이와 같이 ACT의 목표는 증상 자체를 감소시키는 것이 아니라 고통스러운 생각이나 감정과 다른 관계를 맺어(즉, 이를 수용하면서) 삶에서 새로운 의미를 찾는 것이다.

4) ACT 응용

정혜경과 탁진국(2018)은 ACT 개념을 활용하여 직무스트레스에 대처하는 척도를 개발하였다. 먼저 ACT 개념에 대해 충분한 전문지식이 있는 박사수료생 9명을 대상으로 개방형 설문을 실시하여 ACT를 활용한 직무스트레스 문항을 기술해 줄 것을 부탁하였다. 또한 기존의 ACT 척도를 직무스트레스 상황에 적합하게 일부 수정하여 수집한 문항들을 포함하여 73개 예비문항을 완성하였다. 다시 심리학 전공 교수와의 두 차례 논의를 통해 31개 문항으로 축소하였다. 선정된 31개 예비문항을 직장인 201명을 대상으로 실시한 결과 요인분석을 통하여 총 16개 문항과 4개의 하위요인이 도출되었다. 마지막으로 ACT를 활용한 직무스트레스 대처 척도의 타당화를 위하여 직장인 500명을 대상으로 온라인 설문조사를 실시하였다. 확인적 요인분석 결과 4요인 모형의 부합도가 적합한 것으로 나타났으며 4개 요인은 준거 변인 가운데 소진의 하위요인인 직업효능감 감소와 부적으로 유의하게 관련되었다.

정혜경과 탁진국의 연구에서 도출된 4개 요인은 직무스트레스 인식, 가치인식행동, 직무스트레스 수용, 그리고 목표전념행동이었으며, 4개 요인에 포함되는 문항은 〈**부록 1**〉에 제시되어 있다. 직무스트레스 인식 요인은 자신의 직무스트레스 정도가 어느 수준이고 이로 인해 어떤 불편함을 인식하고 있는지를 알아보는 것으로서 '내가 받는 스트레스가 어느 정도인지 판단해 본다.'와 '스트레스에서 유발된 불편한 감정이 나에게 어떤 의미인지를 찾으려 노력한다.' 등과 같은 문항으로 구성되어 있다.

가치인식 요인은 자신의 삶이나 직장 생활에서 자신이 중요하게 생각하는 가치가 무엇인지를 탐색하는 정도를 의미한다. 직장에서 직무스트레스가 심하다 보면 자신이 중요시하는 가치가 무엇인지 잊고 사는 경우가 많게 된다. 힘들어도 시간을 내어 자신이 중요시하는 것이 무엇인지를 생각해 보게 되면 이를 토대로 가치와 연계되는 목표를 이끌어 낼 수 있을 것이다. 문항의 예로는 '업무로 인해 힘들 때 내 삶의 가치가 무엇인지 고민한다.' '내가 무엇을 위해 회사에서 열심히 일을 하고 있는지 생각해 본다.' 등이 있다. 세 번째 직무스트레스 수용 요인은 개인이 지각하는 직무스트레스를 회피하거나 인지적으로 재구성하거나 하지 않고 있는 그대로 받아들이는 정도를 측정한다. 문항의 예로는 '스트레스로 인해 경험하는 생각과 감정을 통제하지 않고 그대로 받아들인다.' '업무로 인해 겪는 스트레스를 피하지 않고 그대로 받아들인다.' 등이 있다.

마지막으로 목표전념행동 요인은 자신이 직장에서 추구하고자 했던 목표를 다시 한번 파악해 보고 이를 달성하기 위해 노력하는 정도를 측정한다. 직무스트레스 정도가 심해서 이에 시달리다보면 자신이 직장에 들어와서 달성하려고 했던 목표가 무엇인지 인식하지 못하고 시간을 보낼 수 있다. 자신의 목표가 무엇인지 생각해 보고 이를 달성하기 위해 전념한다면 스트레스로 인한 어려움을 극복하는 데 도움이 될 수 있을 것이다. 이 요인에 속하는 문항의 예로는 '스트레스가 많지만 내가 추구하고자 하는 바를 달성하는 데 집중한다.' '스트레스 상황에서도 나의 역량을 펼칠 수 있는 올바른 전략에 대해 생각한다.' 등이 있다.

이 척도를 활용하여 코칭을 진행하는 방법은 먼저 〈**부록 1**〉에 제시되어 있는 척도를 피코치에게 실시하고 전체 문항 및 각 요인의 평균점수를 구한다. 이 척도에서 점수가 높을수록 직무스트레스에 대처를 잘 한다는 의미이다. 5점 척도로 측정하였기 때문에 코치는 피코치의 전체와 요인별 평균점수를 보면서 3점(보통)을 기준으로 점수가 높은지 낮은지를 판단한다. 이 척도는 각 요인별로 접근하기보다는 전체 평균을 활용하는 것이 더 바람직하다.

이 직무스트레스 대처척도는 ACT 개념을 토대로 한 것이기 때문에 각 요인이 서로 연계 되어 있고 상호작용하면서 직무스트레스에 영향을 주기 때문에 한 요인에서만 점수가 높다고 해서 직무스트레스로 인한 문제점이 해결되는 것이 아니다. 즉, 가치인식, 수용, 목표전념 등의 요인들 모두에서 점수가 높게 나와야 직무스트레스에 적절하게 대처할 수 있게 된다. 물론 코치는 피코치가 특정 요인에서 점수가 상대적으로 더 낮게 나온 경우 해당 요인에 좀 더 초점을 두고 피코치가 이 요인에서 점수를 높일 수 있는 방법을 찾도록 유도할 필요가 있다. 특정 요인에서 점수가 높게 나온 경우에도 코치는 피코치에게 어떤 이유로 인해 해당 요인에서 점수가 높은지에 대해 물어볼 필요가 있다. 전체적으로 코치는 피코치의 각 요인에서의 점수를 어느 수준 이상으로 끌어올린다는 전략을 갖고 피코치가 구체적인 방법을 찾도록 이끌어나가는 것이 중요하다.

3. 성장마인드셋

1) 정의

Dweck과 Leggett(1988)은 내현이론(implicit theory)을 토대로 개인의 지능 또는 능력의 변화에 대한 믿음에 따라 각기 다른 목표지향성과 행동변화를 가져온다고 주장하였다. 이들은 자신들의 주장을 토대로 사람들을 지능이나 능력이 고정적이어서 노력해도 향상되지는 않는다는 고착마인드셋(fixed mindeset)을 가진 사람과 지능과 능력은 가변적이어서 개인의 노력에 따라 향상될 수 있다고 믿는 성장마인드셋(growth mindset)을 가진 사람으로 구분하였다.

또한 Dweck과 Leggett(1988)은 각각의 마인드셋을 가진 사람들의 특성에서의 차이점에 대해 설명하였다. 먼저 목표지향성에서 차이가 나는데, 고착마인드셋을 가진 사람은 수행목표(performance goal)를 추구하며 성장마인드셋을 가진 사람은 학습목표(learning goal)를 추구한다. 수행목표를 추구하는 사람들은 목표를 추구하는 주요 이유가 목표를 달성해서 자신의 유능감에 대한 인정을 받기 위해서이다. 반면, 학습목표를 추구하는 사람들은 새로운 것을 배워서 지금보다 더 성장하고 유능해지려는 것이 중요한 목표 추구 이유이다.

고착형의 사람이 수행목표를 추구하는 이유는 개인의 지능이나 능력이 변하지 않는다고 믿기 때문에 만약 목표를 달성하지 못해서 자신의 능력에 대해 인정받지 못한다면 자신은 무능력자로 인식되며 이제 더 이상 자신의 능력을 보여 줄 기회가 없다는 것을 두려워하기 때문이다. 따라서 어떻게 하든 목표를 달성하여 주변 사람으로부터 인정을 받는 것이 중요하다.

반면, 성장형의 사람은 지능이나 능력이 변화 가능하다고 믿기 때문에 목표를 달성하지 못해서 그 시점에서 인정을 받지 못한다 하더라도 그 과정에서 도움이 될 만한 것을 배운 것이 있으며, 이를 통해 차후에 노력을 하게 되면 인정을 받을 수도 있다는 생각을 하게 된다. 또한 이 사람들은 주변 사람의 인정보다는 목표를 달성하기 위해 노력하는 과정에서 무엇을 학습했고 이를 통해 자신이 성장했는지가 중요하기 때문에 인정에 대한 관심이 낮다.

두 번째로는 도전적 행동에서의 차이이다. 고착형 사람은 도전적 행동을 피하는 경향이 있는데, 이는 도전했다가 실패하면 능력이 없는 사람으로 인정받게 되고 이렇게 되면 영원히 자신은 무능력자로 인식되는 것을 두려워하기 때문이다. 하지만 성장형 사람은 도전했다가 실패하더라도 주변의 인정에 대한 관심이 적고 도전을 통해서 무엇인가 새로운 것을 학습하는 것을 즐기고 중요시하기 때문에 적극적인 도전적 행동을 보이게 된다.

2) 성장마인드셋의 효과

앞에서 기술했듯이 Dweck과 Leggett(1988)은 성장마인드셋을 가진 사람들이 학습목표 지향적 태도를 가지고 있고 도전적 행동을 보인다고 주장하였다. 성장마인드셋과 관련된 연구에서 성장마인드셋의 긍정적 효과가 보고되고 있다. Blackwell, Trzesniewski와 Dweck(2007) 중학교 1학년생을 대상으로 한 연구에서 성장마인드셋을 가진 학생은 향후 2년간 성적이 상승하였으나 고착형 학생은 변화가 없었다. 또한 중학교 1학년생을 대상으로 한 또 다른 연구에서 성장형 마인드셋에 대한 강의를 진행한 후 실험집단 학생들의 학습동기는 강의를 받지 못한 통제집단 학생에 비해 긍정적으로 증가한 것으로 나타났다. 또한 통제집단 학생들의 성적은 지속적으로 떨어졌지만 실험집단 학생들의 성적은 지속적으로 향상된 것으로 나타났다.

Van Vianen, Dalhoeven와 De Pater(2011)가 직장인을 대상으로 실시한 연구에서 마인드셋은 성별, 교육, 나이와는 관련이 없는 것으로 나타났다. 또한 고착형일수록 훈련 및 개발의 의지가 낮고, 도전적 업무에 대한 회피 경향이 강한 것으로 나타났으며 반대로 성장형일수록 훈련 및 개발의지가 높고 도전적 업무를 회피하려는 경향이 약한 것으로 나타났다.

국내에서 이정아와 탁진국(2018)은 직장인 6명을 대상으로 8회기로 구성된 일대일 성장마인드셋 코칭프로그램을 실시하고 그 효과를 검증하였다. 효과 검증을 위해 성장마인드셋, 학습목표지향성 그리고 직무스트레스를 종속변인으로 두고 측정하였다. 코칭프로그램은 성장의 의미와 필요성 그리고 성장마인드셋으로의 변화 필요성을 인식하고 성장목표를 설계하며 이를 달성하기 위한 실행계획을 수립하는 과정으로 진행되었다. 분석 결과 학습목표지향성과 직무스트레스에서 유의한 효과가 있는 것으로 나타났으며 성장마인드셋의 점수는 증가하였지만 유의하지는 않았다.

조진숙과 탁진국(2018)은 성장마인드셋 개념을 학습코칭 분야에 적용하여 학습부진 남자고등학생을 대상으로 11회기로 구성된 일대일 학습코칭프로그램을 실시하였다. 프로그램 내용은 크게 학습동기와 학습전략으로 구분되었고, 학습동기는 성장마인드셋을 증진시키는 내용으로 구성되었으며, 학습전략은 시간관리, 집중력, 그리고 기억력 증진 등을 다루었다. 분석 결과 성장마인드셋, 내재적 학습동기, 자기효능감, 학업적 자기효능감 등 모든 종속변인에서 시점과 집단 간의 상호작용 효과가 유의한 것으로 나타났다. 즉, 통제집단에서는 사전과 사후 검사에서 유의한 변화가 없었으나 실험집단에서는 유의한 차이가 나타났다. 이러한 결과는 학습코칭 분야에서도 학생들의 성장마인드셋 변화를 통해 학생들이 노력하면 자신의 지능이나 능력이 변화될 수 있다는 믿음을 갖도록 만드는 것이 학습동기를 높이고 결과적으로 코칭프로그램의 효과를 증진시키는 데 기여한다는 것을 시사한다.

최근 연구에서 성장형 마인드는 자기조절을 증진시키는 것으로 나타났다(Mrazek et al., 2018). 이들은 개인이 자기조절 변화가 가능하다고 믿는 성장형 마인드를 가지게 되면 노력에 대한 인식을 바꾸게 되고 이를 통해 자기조절이 증진된다고 가정하였다. 대학생을 대상으로 한 Mrazek 등(2018)의 연구에서 자기조절 능력이 노력에 의해 변화 가능하다고 믿는 성장형 마인드 훈련을 받은 학생들은 단순히 관계훈련을 받은 학생에 비해 자기조절(불가능한 단어를 만들어내는 인내력으로 측정)이 더 향상된 것으로 나타났다. 또한 이 연구에서 매개변인에 대한 분석 결과 피로귀인이 성장형 마인드가 자기조절에 영향을 미치는 과정을 매개하는 것으로 나타났다. 즉, 자기조절 능력이 노력에 의해 변한다고 믿을수록 실험과정에서 나타나는 피로를 자기조절 능력이 증진됨에 따라 나타나는 현상으로 귀인하였으며 이로 인해 결과적으로 자기조절이 향상된 것으로 해석할 수 있다.

이들은 다른 대학생을 대상으로 성장형과 고착형 마인드 집단으로 구분하고 각 집단에게 성장형과 고착형 마인드에 관한 기사를 각각 보여주고 실험을 진행하였다. 분석 결과 연구 1에서와 동일하게 성장형 마인드는 피로귀인을 매개로 하여 자기조절에 영향을 주는 것으로 나타났다. 또한 성장형 마인드 집단은 고착형 집단에 비해 자기조절이 더 높게 나타났다.

이러한 결과는 자기통제 증진을 위해서는 무엇보다 자기통제능력이 노력에 의해 변화가능하다고 믿는 것이 중요함을 시사한다. 개인은 이러한 믿음을 통해 노력하려는 의지가 증진되고 자기조절을 발휘하는 과정에서 나타나는 피로감을 자기조절 능력이 증진된다고 긍정적으로 해석하는 경향이 강하며 이로 인해 지속적으로 노력해서 결과적으로 자기조절 능력이 향상되는 것으로 해석할 수 있을 것이다.

3) 성장마인드셋의 변화

개인의 마인드셋을 변화시켜서 성장마인드셋을 갖도록 하기 위한 다양한 방법에 대해 살펴보기로 한다. Keating과 Heslin(2015)은 최근 연구에서 종업원들의 업무 몰입을 높이기 위한 개인자원으로 성장마인드셋의 중요성을 인식하고 이를 증진시키는 방법에 대해 기술하였다. 첫 번째는 뇌의 성장잠재성을 강조하는 것으로서 종업원들에게 뇌와 근육이 서로 연계되어 있다는 것을 인식토록 한다. 구체적으로는 새로운 것을 배울 때 뇌에서 새로운 연합이 생성된다는 신경심리학분야의 연구결과를 인용하면서 뇌와 능력은 근육과 같아서 적절한 연습을 통해 성장할 수 있다는 것을 인식하도록 한다. 피코치의 성장마인드셋을 증진시키는 것이 목적인 코칭과정에서 코치는 피코치에게 이에 대한 설명을 하고 피코치 본인을 포함해 주변의 다른 사람들이 나이가 먹어서 새로운 능력을 개발한 사례를 생각해 보도록 한다거나 피코치가 천재라고 알려진 세계적으로 유명한 사람들을 떠올리게 하고 실제 이 사람들이 얼마나 많은 노력을 했는지를 이해하게 한다.

두 번째 방법은 피코치가 처음에는 힘들어했으나 지금은 잘하고 있는 영역을 파악하도록 하는 것이다. 지금에 이르기까지의 과정을 생각해 보고 구체적으로 어떤 과정을 거쳤는지 얘기해 보도록 한다. 이를 통해 현재 피코치가 어려워하고 있는 분야에 있어서도 동일한 노력을 하면 가능할 수 있다는 것을 성찰해 보도록 한다.

세 번째는 피코치에게 자신의 주변 사람들 중 능력이나 지능이 변화되기 힘들다고 생각하는 사람을 생각해 보도록 하고 그 사람에게 능력은 충분히 변화할 수 있다는 내용을 담은 글을 2~3장 써 보도록 한다. 이 과정에서 코치는 피코치가 변화 가능한 이유를 자신이나 다른 사람의 예를 활용해서 쓰도록 한다.

네 번째는 인지부조화를 이용하는 방법으로서 코치는 피코치에게 자신이 알고 있는 사람 가운데, 거의 성공하기 힘들 것으로 생각했는데 막상 새로운 것을 배우는 데 성공한 사람을 떠올리게 한다. 이를 통해 피코치가 사람의 능력에 관해 의심을 갖는 것의 시사점이 무엇인지를 깨닫게 하는 것이 목적이다.

마지막 기법은 역할연기로서 피코치에게 과거 도전적인 과제에 직면했을 때 고착화된 마인드를 가지고 접근해서 제대로 일을 처리하지 못한 때를 떠올리게 하며 이때 속으로 어떤 생각을 했는지를 자신에게 직접 얘기하게 하고 이를 녹음하도록 한다. 다음은 성장형 마인드를 통해 접근할 경우 자신에게 할 얘기를 하고 이를 녹음토록 한다. 이 두 가지를 비교하면서 어떠한 차이가 있는지를 인식토록 한다.

4) 성장마인드셋 측정

성장마인드셋을 측정하는 기존의 문항은 단순히 능력이 변화하지 않는다고 생각한다 등과 같은 3개의 문항을 사용하도록 되어 있다(Chiu, Hong, & Dweck, 1997). 이 척도는 마인드셋의 기본적인 구성개념을 측정한다는 장점이 있지만 이러한 마인드셋을 가진 사람들의 특성은 측정하고 있지 못하다는 단점이 있다. 국내에서 경일수, 서은영, 김혜균, 탁진국(2018)은 이러한 기존 척도의 단점을 보완하기 위하여 개인의 성장마인드를 측정하는 성장지향성 척도를 개발하고 타당도를 검증하였다.

경일수 등(2018)은 척도개발을 위하여 선행연구와 기존 척도를 고찰하여 성장지향성 개념을 확립하고 여섯 개 요인 53문항을 선별하여 예비문항을 작성하였다. 이후 고등학교, 대학교, 성인 등 총 684명을 대상으로 예비조사를 실시하고, 신뢰도와 타당도를 확인한 후 다섯 개 요인 34문항을 도출하였다. 최종적으로 성장지향성 척도의 구성개념타당도와 준거관련 타당도를 검증하기 위해 중학생과 고등학생, 대학생 및 성인 등 총 986명을 대상으로 본조사를 실시한 후 전체 집단을 두 집단으로 나누어 첫 집단의 자료는 탐색적 요인분석을, 두 번째 집단의 자료는 확인적 요인분석을 실시하였다. 요인분석 결과 28문항으로 구성된 다섯 개 요인구조 모형이 적합한 것으로 나타났으며, 두 번째 집단을 통한 확인적 요인분석 결과 다섯 개 요인구조 모형의 부합도가 높게 나타나 성장지향성의 구성개념타당도가 입증되었다. 최종 다섯 개 요인은 지능신념, 과정지향수행태도, 실패·스트레스 회복탄력성, 운명신념, 재능신념으로 나타났다. 성장지향성 척도의 준거관련 타당도 분석을 위해 상관분석을 실시한 결과 다섯 개 각 요인과 전체 점수는 세 개의 준거변인(삶의 만족도, 주관적 행복, 자기효능감)과 모두 유의하게 관련되었다.

다섯 개 요인 가운데 지능신념, 운명신념, 그리고 재능신념은 각각이 변화될 수 있다고 믿는 정도를 측정한다. 과정지향수행태도는 결과나 성과보다는 노력하는 과정에서 새로운 것을 배우는 것을 중시하는 태도를 의미하며 마지막으로 회복탄력성은 실수나 실패로 인해 크게 실망하거나 좌절하지 않고 적절하게 대응하는 태도를 측정한다. 구체적인 문항은 〈부록 2〉에 제시되어 있다.

부록 1. ACT 활용 직무스트레스대처 척도

다음은 귀하가 직장에서 스트레스에 어떻게 대처하는지에 대해 알아보기 위한 문항입니다. 다음의 문항을 잘 읽어 보시고 각 내용에 동의하는 정도에 따라 1점(전혀 그렇지 않다)에서 5점(매우 그렇다)으로 표시해 주십시오.

1. 요인 1: 직무스트레스 인식 5문항

① 현재 경험하는 스트레스 정도를 과거와 비교해 본다.

② 과거에 지금과 같은 스트레스가 없었는지 생각해 본다.

③ 내가 받는 스트레스가 어느 정도인지 판단해 본다.

④ 스트레스에서 유발된 불편한 감정이 나에게 어떤 의미인지를 찾으려 노력한다.

⑤ 내가 겪는 스트레스가 지속되었을 때 어떠한 상황이 전개될지 생각해 본다.

2. 요인 2: 가치인식행동 4문항

① 업무로 인해 힘들 때 내 삶의 가치가 무엇인지 고민한다.

② 내가 중시하는 삶의 가치를 우선순위를 생각하고 내가 중요하게 생각하는 가치를 명확하게 재정립한다.

③ 내가 무엇을 위해 회사에서 열심히 일을 하고 있는지 생각해 본다.

④ 나의 삶에서 직장이 가지는 가치가 어느 정도인지 판단해 본다.

3. 요인 3: 직무스트레스 수용 4문항

① 스트레스로 인해 경험하는 생각과 감정을 통제하지 않고 그대로 받아들인다.

② 업무로 인해 겪는 스트레스를 피하지 않고 그대로 받아들인다.

③ 스트레스를 받는 것은 자연스러운 것이라고 생각한다.

④ 다른 사람들도 일반적으로 스트레스를 겪는다고 생각하며 내가 겪는 스트레

스를 그대로 받아들인다.

4. 요인 4: 목표전념행동 3문항

① 스트레스 상황에서도 나의 역량을 펼칠 수 있는 올바른 전략에 대해 생각한다.
② 스트레스가 많지만 내가 추구하고자 하는 바를 달성하는 데 집중한다.
③ 스트레스 상황을 수용하면서, 발전적인 대안을 찾는다.

부록 2. 성장지향성 척도

각 문항의 내용에 얼마나 동의하는지를 Likert 5점 척도(1점: 전혀 그렇지 않다, 5점: 매우 그렇다)를 사용하여 적절한 번호에 체크하십시오.

1. 요인 1: 지능신념 7개 문항

① 나의 지능은 학습과 노력에 의해 변화될 수 있다.
② 지능은 타고나는 것이지만 얼마든지 향상될 수 있다.
③ 내가 어떤 사람이든 간에, 나의 지능은 바뀔 수 있다.
④ 배움을 통한 지능의 변화는 충분히 가능하다.
⑤ 나의 재능은 향상될 수 있다.
⑥ 비록 재능이 없어도 지속적으로 노력하면 충분히 향상될 수 있다.
⑦ 나는 항상 나의 똑똑한 정도를 크게 바꿀 수 있다.

2. 요인 2: 과제수행태도 8개 문항

① 평가의 결과와 상관없이 알아 가는 배움 그 자체가 즐겁다.
② 내가 공부하는 주된 이유는 학습내용을 철저히 알고 싶기 때문이다.
③ 새로운 것을 배우고 싶어서 종종 여분의 과제를 한다.
④ 시험이나 취업에 직접 관계가 없는 분야일지라도 배움을 위하여 최선을 다한다.
⑤ 수행 과제가 평가에 반영되지 않아도 나는 그 과제에 최선을 다한다.
⑥ 모르는 내용이 있으면 어떻게든 확실히 알려고 노력한다.
⑦ 뻔하고 쉬운 과제보다는 도전을 필요로 하는 어려운 과제에 더 관심이 간다.
⑧ 어려운 문제를 끝까지 풀어내는 자신이 무척 대견스럽다.

3. 요인 3: 회복탄력성 6개 문항

① 나의 실패의 결과에 크게 감정적으로 흔들리지 않는다.

② 실패 이후 부정적인 기분이나 감정으로 인해 일이나 공부에 지장을 받지는 않는다.

③ 나는 실수나 실패에 대해 빨리 잊고 다시 시도하는 편이다.

④ 실패를 먼저 예상하고 미리부터 걱정하지 않는다.

⑤ 큰 평가를 앞에 두고 크게 긴장하거나 떨려서 평가를 망치지는 않는다.

⑥ 비록 결과가 잘 나오지 않았을 때라도 '다음에 잘 보면 되지.'라는 마음이 먼저 든다.

4. 요인 4: 운명신념 4개 문항

① 정해진 운명도 바뀔 수 있다.

② 자신의 운명은 자기 하기 나름이다.

③ 타고난 팔자도 노력하면 바꿀 수 있다.

④ 자신의 앞날은 자신이 만들어 가는 것이다.

5. 요인 5: 재능신념 3개 문항

① 유능한 강점을 가졌더라도 끈기 있게 노력하는 자를 뛰어넘을 수는 없다고 생각한다.

② 위대한 예술가는 1%의 타고난 재능에 99%의 노력이 더해져야 만들어진다.

③ 타고난 재능만을 가진 사람보다는 끊임없이 그것을 개발한 자가 그 재능으로 성공할 수 있다.

□ 참고문헌 □

경일수, 서은영, 김혜균, 탁진국(2018). 성장지향성 척도 개발 및 타당화. 한국심리학회지: 일
　　반, 37(1), 1-31.

이정아, 탁진국(2018). 성장마인드셋 코칭프로그램이 성장마인드셋, 학습목표지향성, 직무
　　스트레스에 미치는 효과. 한국심리학회지: 코칭, 2(1), 1-27.

정혜경, 탁진국(2018). 직무 스트레스 대처 척도 개발 및 타당화: ACT 개념을 토대로. 한국심
　　리학회지: 건강, 23(2), 427-446.

조진숙, 탁진국(2018). 학습부진 고등학생을 위한 성장마인드셋 기반 학습코칭프로그램의
　　효과. 청소년학연구, 25(11), 323-345.

탁진국(2015). 워커코드. 서울: 프리이코노미라이프.

Beck, A. T. (1976). *Cognitive therapy and the emotional disorders*. New York:
　　International Universities Press.

Blackwell, L., Trzesniewski, K., & Dweck, C. S. (2007). Implicit theories of intelligence
　　predict achievement across an adolescent transition: A longitudinal study and an
　　intervention. *Child Development*, 78, 246-263.

Chiu, C., Hong, Y., & Dweck, C. S. (1997). Lay dispositionism and implicit theories of
　　personality. *Journal of Personality and Social Psychology*, 73(1), 19-30.

Dryden, W., & Neenan, M. (2004). *Rational emotive behavioral counselling in action*
　　(3rd ed.). London: Sage Publications.

Dweck, C. S., & Leggett, E. L. (1988). A social-cognitive approach to motivation and
　　personality. *Psychological Review*, 95(2), 256-273.

Ellis, A. (1962). *Reason and emotion in psychotherapy*. Secaucus, NJ: Citadel (rev. ed.
　　New York: Birch Lane Press, 1994).

Hayes, S. C. (2004). Acceptance and commitment therapy, relational frame theory, and
　　the third wave of behavioral and cognitive therapies. *Behavior Therapy*, 35(4),
　　639-665.

Hayes, S. C., Luoma, F. B., Bond, F. W., Masuda, A., & Lillis, J. (2006). Acceptance and
　　commitment therapy: Model, processes, and outcomes. *Behaviour Research and
　　Therapy*, 44, 1-25.

Hulbert-Williams, L., Hochard, K., Hulbert-Williams, N, Archer, R., Nicholls, W., &
　　Wilson, K. (2016). Contextual behavioral coaching: An evidence-based model for

supporting behavioral change. *International Coaching Psychology Review*, *11*(2), 142-154.

Keating, L. A., & Heslin, P. A. (2015). The potential role of mindsets in unleashing employee engagement. *Human Resource Management Review*, *25*, 329-341.

Mrazek, A. J., Ihm, E. D., Molden, D. C., Mrazek, M. D., Zedelius, C. M., & Schooler, J. W. (2018). Expanding minds: Growth mindsets of self-regulation and the influences on effort and perseverance. *Journal of Experimental Social Psychology*, *79*, 164-180.

Neenan, M. (2008). From cognitive behaviour therapy (CBT) to cognitive behaviour coaching (CBC). *Journal of Rational-Emotive & Cognitive-Behavior Therapy*, *26*, 3-15.

Neenan, M., & Dryden, W. (2002). *Life coaching: A cognitive-behavioural approach.* London: Routledge.

Sapadin, L. (1997). *It's about time.* New York: Penguin.

Van Vianen, A. E. M., Dalhoeven, B. A. G. W., & De Pater, I. E. (2011). Aging and training and development willingness: Employee and supervisor mindsets. *Journal of Organizational Behavior*, *32*, 226-247.

제9장

행동변화에 대한 이해

> 코칭을 진행하는 과정에서 모든 피코치가 코칭받을 준비가 되어 있거나 동기가 있는 것은 아닐 수 있다. 학습코칭이나 커리어코칭의 경우 대개 학부모들이 자녀들을 데리고 와서 코칭을 받도록 하는 경우가 자주 있는데, 이 상황에서 정작 해당 학생은 코칭을 받고 싶어 하지 않지만 부모 때문에 할 수 없이 코칭을 받게 되는 경우가 있다. 임원코칭인 경우에도 회사 인사부서에서 일괄적으로 모든 신임 임원에 대해 코칭을 받으라고 결정한 경우 자신은 리더십이 뛰어나 임원이 되었는데 코칭을 받을 이유가 없다고 코칭에 대해 거부감을 표시하는 경우가 있을 수 있다.

이러한 상황에서 3장에서 설명한 코칭모형을 토대로 코치가 코칭을 진행하기는 매우 어려울 것이다. 피코치가 코칭을 받으려는 동기가 낮은 경우 코칭을 받고 싶어 하지 않기 때문에 코치가 일반적인 코칭 질문을 통해 접근할 경우 코칭이 제대로 진행되기 어렵다. 예를 들어, 코칭목표에 대해 물어봐도 피코치는 자신은 아무런 목표가 없다고 말할 가능성이 높기 때문이다.

코칭과정에서 코칭을 받으려는 동기가 전혀 없는 피코치를 대할 경우가 많지는 않겠지만 상황에 따라 코칭을 받으려는 동기가 다소 낮은 피코치를 접하게 될 가능성은 있다고 할 수 있다. 특히 자원봉사 차원에서 돈을 받지 않고 코칭을 진행하는 경우 동기가 낮은 피코치를 자주 볼 수 있게 된다.

이 장에서는 코칭을 받으려는 동기가 낮은 피코치를 만나게 되는 경우 코칭을 어떻게 진행하는 것이 좋을지에 대한 팁을 제공하고자 한다. 이를 위해 변화하려는 동기가 거의 없는 개인이 어떠한 단계를 거쳐 최종적으로 행동변화를 하게 되는지에 관한 모형을 살펴보고 이 모형을 코칭장면에 어떻게 활용할 수 있는지에 대해 설명하려고 한다. **99**

1. 변화단계모형

행동이 변화하고 변화된 행동이 유지되는 것은 순간적으로 이루어지는 것이 아니라 어떠한 단계를 거쳐 일어나게 된다. 이 절에서는 이러한 과정을 다룬 심리학 이론 가운데 하나인 행동변화단계모형에 관해 설명하고자 한다. 이 모형은 Prochaska, Norcross, DiClemente(2004)가 건강관련분야에서의 임상경험을 토대로 제안한 모형으로서 변화하려는 동기가 전혀 없는 상태에서부터 시작해서 변화가 일어나고 유지되기까지의 전체 과정을 다루었다는 점에서 의미가 있다. 또한 각 단계에서 임상대상자들을 치료하기 위해 적합한 기법을 제공하고 있기 때문에 이를 코칭을 진행할 때 활용할 수 있다는 장점이 있다. 이 절에서는 각 단계에 대한 설명과 Prochaska 등이 기술한 각 단계에서 적합한 치료 기법, 그리고 이 모형을 코칭에 응용할 수 있는 방법에 대해 알아보고자 한다. Prochaska 등은 개인의 행동변화 단계를 무관심, 관심, 준비, 실행, 유지 단계의 순서로 설명하였다.

1) 무관심 단계

무관심(precontemplation) 단계는 피코치의 행동변화 의지가 전혀 없는 단계로서 변화하려는 생각조차 하지 않으며, 행동변화 필요성을 느끼지 못하는 상태를 의미한다. 예를 들어, 알코올중독자가 자신은 정도가 심하지 않기 때문에 중독치료를 전혀 받고 싶지 않은데, 가족들이 압력을 넣어 할 수 없이 치료를 받으러 오는 경우에 해당한다. 이들은 심리치료를 받으려는 동기가 없기 때문에 기존에 상담이나 코 칭을 받고 싶어서 오는 사람들에게 시도했던 방법을 적용해서는 효과를 보기 힘들 다. 이 상태에서 중요한 것은 먼저 이들이 행동변화 필요성을 인식하도록 만들어 주는 것이다. 즉, 술을 줄이거나 끊을 필요가 있다는 것을 스스로 인식할 수 있어야 다음 단계로 진행할 수 있게 된다.

일반적으로 무관심단계에 있는 사람들은 변화하려는 생각이 없고 이에 따라 행 동변화 동기나 의지가 전혀 없는 경우가 대부분이지만 자신의 문제가 무엇인지 알 고는 있으나 자긍심이 낮아서 문제를 해결할 수 없다고 포기하여 변화의지가 없는 경우도 있을 수 있다.

이 단계에서는 무엇보다 피코치가 변화의 필요성을 인식하도록 만드는 것이 중요 한데, Prochaska 등(2004)이 기술하는 기법을 살펴보면 먼저 의식고양(consciousness-raising)을 들 수 있다.

(1) 의식고양

이 방법은 피코치가 현 상황에 대해 정확하게 인식할 수 있도록 관련 정보를 파 악하도록 하거나 제공함으로써 현재의 상황이 문제가 될 수 있음을 깨닫도록 하는 것을 의미한다. 예를 들어, 기업의 임원을 대상으로 실시하는 리더십코칭에서 임원 이 자신은 리더십이 우수해서 임원으로 승진했는데 왜 리더십 증진을 위한 코칭을 해야 하는지 모르겠다며 변화의지를 보이지 않는 경우가 있을 수 있다. 이 상황에 서 부하나 동료가 해당 임원의 리더십 역량에 대해 낮게 평가한 결과를 보여 주면 임원은 자신의 리더십 역량이 부족한 부분도 있다는 것을 인식하고 변화의지가 없 는 무관심 단계에서 벗어나 약간의 변화동기가 생길 수 있을 것이다.

또한 담배를 줄이거나 끊으려는 동기가 전혀 없는 사람들의 경우에도 담배가 사 람에게 미치는 부정적 영향에 대해 잘못 알고 있어서 변화 필요성을 느끼지 못할 수 있다. 이런 상황에서도 어느 정도 흡연할 경우 신체에 부정적 영향을 미치게 되 는지에 관한 정확한 정보를 알려 주거나 본인이 찾아보게 함으로써 인식이 바뀌게 될 가능성이 있다.

코칭장면에서 코치가 의식고양 기법을 활용하여 무관심 단계에 있는 피코치에게 물어볼 수 있는 질문의 예로는 다음과 같은 내용이 있다. 상황은 비즈니스코칭장면에서 코칭을 받으려는 동기가 없는 임원을 대상으로 실시하는 것으로 가정한다. "현재 당신의 리더십 역량이 문제가 된다고 생각하는지 1점(전혀 문제되지 않음)에서 10점(매우 문제가 됨) 중 점수를 주면 어느 정도 수준이라고 생각하십니까?" 낮은 점수를 준 경우, "그러한 점수를 준 이유는 어디에 있습니까?" "다면평가 결과 구성원이 당신의 리더십 역량에 대해 평가한 결과에서는 낮은 점수가 나왔는데, 이 결과에 대해서는 어떻게 생각하시나요?" "피코치께서는 리더십 역량이 높아서 변화필요성이 전혀 없다고 생각하지만 만약 시도를 해서 변화된다고 하면 어떤 이점이 있을까요?" 이상의 질문을 통해 다소 변화하려는 동기를 보인다면 마지막으로 "그렇다면 현 시점에서 행동변화를 시도해 볼 필요가 있다고 생각하는 정도는 1점(전혀 필요 없다)에서 10점(매우 필요하다) 중 몇 점 정도입니까?"를 물어보면서 마무리할 수 있다.

(2) 사회적 해방(social liberation)

자신은 변화 필요성을 느끼고 있지 못하지만 자신의 행동에 대해 사회에서 부정적인 인식을 가지고 있다는 것을 깨닫게 되면 변화에 대한 동기가 생겨날 가능성이 있다. 예를 들어, 흡연에 대해 사회적으로 이를 문제 삼아서 대대적으로 직장이나 아파트 등에서도 금연을 하도록 하는 캠페인을 진행하고 있는 것을 알게 된다면 자신도 금연을 해야 하는지에 대한 생각을 가질 수 있을 것이다.

코칭장면에서는 피코치의 문제행동에 대해 사회에서는 어떻게 생각하는지를 인식하게 함으로써 문제행동의 변화 필요성을 인식토록 할 수 있을 것이다. 예를 들어, "당신의 지금 행동에 대해 사회에서는 어떻게 보고 있다고 생각하십니까?" "이러한 문제에 대해 고민하는 사람들이 사회에 얼마나 있다고 생각하십니까?" 등의 질문이 가능할 것이다.

2) 관심 단계

관심(contemplation) 단계는 피코치가 자신에게 문제가 있음을 인식하고 행동변화 필요성을 조금 느끼기 시작하지만 아직 확신을 하고 있지 못하는 단계이다. 이 단계에서는 대부분의 피코치가 변화를 해야 하나 말아야 하나 양가감정을 경험하게 된다. 이 단계에서 가장 효과적인 방법은 자기재평가(self-reevaluation)로서 현재 문제행동과 자신에 대한 인지 및 정서적 평가를 의미한다. 여기서는 일반적으로 자신이 추구하는 가치가 문제행동과 어떤 갈등을 일으키는지 인식토록 하는 것이 중요하며, 문제행동변화를 통해 발생할 수 있는 긍정적인 결과뿐 아니라 부정적 결과에 대해서도 생각해 보도록 질문할 필요가 있다.

(1) 의식고양

① 정확한 정보제공

이 기법은 변화에 대한 양가감정을 가지고 있는 개인에게 자신이 직면한 이슈에 대해 정확한 정보를 제공함으로써 변화동기를 높이는 방법을 의미한다. 예를 들어, 흡연자가 금연의 필요성을 인식하고 금연을 해야겠다는 생각을 할 수 있으나 동시에 정확하지 않은 정보를 통해 지금 정도의 흡연량이면 큰 문제가 되지 않으니 굳이 금연할 필요가 있을까 하는 양가감정을 가질 수 있다. 이 경우 현재의 흡연량이 문제가 될 수 있다는 정확한 정보를 제공함으로써 금연에 대한 동기나 의지를 높일 수 있을 것이다.

따라서 관심 단계에 있는 피코치에게 이 기법을 활용하여 코칭장면에 응용할 경우 피코치가 자신의 문제행동에 대해 정확한 정보를 가지고 있는지를 파악하는 질문을 할 필요가 있다. 예를 들어, 피코치가 다이어트를 하려는 경우 "50세 성인남성이 하루에 필요한 칼로리 양은 어느 정도라고 생각하시나요?" 술을 줄이려는 피코치의 경우 "하루에 마시는 술의 적정량은 어느 정도이며 그렇게 생각하는 근거는 어디에 있으신가요?", 리더십코칭을 받는 고객의 경우 "부하들이 당신의 리더십에 대해 어떻게 평가하고 있다고 생각하십니까?" 등의 질문이 가능할 것이다.

② 기능분석

관심 단계에서 효과적으로 사용할 수 있는 또 다른 기법은 기능분석(functional analysis)이다. 이 방법은 ABC(Antecedent, Behavior, Consequence) 분석으로 알려져 있으며 피코치가 특정 행동에 대한 원인과 결과를 명료하게 분석함으로써 특정 행동을 하지 않아도 자신이 원하는 결과를 얻을 수 있다는 사실을 인식하도록 만드는 것이다.

예를 들어, 금연에 대해 양가감정이 있어 금연을 망설이고 있는 개인에게 흡연을 하는 행동에 대해 원인과 결과를 분석하게 한다. 이 개인은 흡연의 원인과 결과에 대해 별다른 생각을 해 본 적이 없는 경우 단순히 담배가 맛이 좋아서 흡연을 한다고 생각했을 수 있다. 하지만 기능분석을 통해 흡연을 하는 원인에 대해 진지하게 생각해 본 결과 직장에서 받는 스트레스 때문에 흡연을 하는 것 같고 흡연을 하게 되면 결과적으로 마음이 편해지는 것을 느낀다고 대답할 수 있다. 즉, 흡연의 명확한 원인은 직장 내 스트레스이고 결과는 마음이 편해지는 것임을 깨닫게 된 것이다. 이러한 상황에서 다시 한번 개인에게 스트레스가 원인일 때 할 수 있는 행동과 결과적으로 마음이 편해질 수 있는 방법이 흡연밖에 없는지를 생각해 보게 하면 흡연이 아니라 다른 행동(예, 명상이나 인지변화 등)을 통해서도 스트레스를 줄이며 마음이 편해질 수 있다는 것을 깨닫게 되고 흡연을 줄이려는 동기를 갖게 될 것이다.

다른 예로서 무의식적인 내용도 해당될 수 있는데, 만약 남편한테 자주 화를 내는 주부가 기능분석을 해 본 결과 화를 내는 원인이 남편의 잘못이 커서가 아니라 아버지에 대한 과거 자신의 불만이 투사되는 것임을 깨달았다고 한다면 이를 통해 남편에게 화를 내는 행동을 변화시켜야겠다는 생각을 할 수 있을 것이다.

이러한 방법을 코칭상황에 적용해 보면 "현재 당신의 행동에 대해 원인과 결과 분석을 해 보시겠습니까?" "현재의 행동을 촉발하는 내 · 외부 원인은 어떤 것이 있을까요?" "현재 행동으로 인해 나타나는 결과는 어떤 것이 있을까요?" 등의 질문을 통해 현재 행동에 대한 원인과 결과를 파악한 후, "현재 행동만이 이러한 원인에 대처하는 유일한 방법일까요?" 등의 질문을 통해 다른 행동도 가능함을 인식토록 하는 것이 필요하다.

(2) 정서 촉발

이 방법은 개인의 정서 촉발(emotional arousal)을 통해 변화가 필요하다는 것을 인식하게끔 만들어주는 방법을 의미한다. 하지만 이 과정에서 지나친 정서 촉발은 효과가 없는 경우도 있다는 점을 기억할 필요가 있다. 예를 들어, 흡연이나 알코올이 암을 일으키는 동영상 시청과 같은 공포를 유발하는 방법은 효과가 없을 수 있다. 왜냐하면 이러한 동영상을 시청할 경우 많은 사람은 "이런 건 예외적인 경우야.

나는 그렇게 술, 담배를 많이 하지 않아서 괜찮을 거야." 등과 같은 반응을 보이며 이를 수용하지 않는 경우가 자주 있기 때문이다. 이와 같이 단순한 방법보다는 문제행동과 관련된 동영상이나 영화를 보면서 정서적으로 뭉클해서 자연스럽게 변화 필요성을 느끼도록 만드는 것이 중요하다. 즉, 개인이 경험하는 부정적 정서를 지나치게 하는 것보다는 어느 정도 수준을 유지하는 것이 효과가 크다.

이 기법을 코칭상황에 적용해 보면, 이미지 떠올리기를 통해 "현재와 같은 상황이 계속될 경우 향후 나타날 수 있는 부정적 결과를 떠올려 보십시오. 어떤 것들이 떠오르시나요?"와 같은 질문이 가능하다.

(3) 자기재평가

자기재평가(self-reevaluation)는 개인이 현재 문제가 되는 행동에 대해 인지적으로 어떻게 생각하고 있고 정서적으로 어떻게 느끼고 있는지를 평가해 보는 방법을 의미한다. 가장 대표적인 구체적인 방법으로는 의사결정저울(decision balance scale)이 있다. 이 방법은 현재 자신이 하고 있는 행동에 문제가 있어서 새로운 행동을 하려는 경우 나타날 수 있는 긍정적 및 부정적 결과에 대해 고려해 본 후 이 두 결과를 비교 평가해 보는 것을 의미한다. 예를 들어, 술을 많이 마시는 사람이 술을 끊으려는 과정에서 양가감정으로 인해 결정을 못하는 경우 먼저 금주를 할 때 본인 및 타인에게 나타날 수 있는 긍정 및 부정 결과를 생각해 본다. 자신에게 나타날 수 있는 긍정적 결과로는 건강이 좋아지고 가족과의 관계가 좋아지는 것, 그리고 술값이 덜 들어가기 때문에 경제에 도움이 되는 것 등이 가능하며, 부정적 결과로는 술친구들을 잃게 될 가능성이 높고 소일거리를 따로 찾아야 하는 것 등이 가능할 것이다. 타인에게 나타날 긍정결과로는 먼저 타인을 가족으로 본다면 아이들이 신뢰하게 되고 배우자가 행복해지는 것 등이 있을 수 있으며, 부정결과로는 타인을 친구로 본다면 이들이 같이 술을 마시지 못하게 되어 실망할 가능성이 있다.

이와 같이 금주를 할 경우 자신과 타인에게 나타날 수 있는 긍정 및 부정적 결과를 기술한 후 두 결과를 비교하면서 어떤 쪽이 상대적으로 비중이 더 큰지를 판단하는 것이다. 이 경우에서와 같이 금주를 할 경우 긍정적인 부분이 더 많다는 것을 인식하게 되며 이를 통해 금주를 할까 말까 하는 양가감정에서 벗어나 금주를 하려는 의지를 다지게 된다.

이 기법을 코칭장면에 적용해 보면, 코치는 피코치에게 "변화행동으로 인해 자신과 타인에게 가져올 결과의 긍정적, 부정적 결과는 무엇이라고 생각하십니까?" "이러한 긍정, 부정 측면 중 어떤 쪽의 비중이 더 크다고 생각하시며, 그 이유는 무엇입니까?" 등의 질문을 통해 피코치가 관심 단계에서 준비 단계로 이동하는 데 도움을 줄 수 있을 것이다.

3) 준비 단계

피코치가 행동변화가 필요하다는 것을 확신하고 행동변화를 위해 몰입하는 단계로서 이 단계에서 피코치는 행동변화를 위한 구체적인 행동방법을 수립하게 된다. Prochaska 등이 기술한 준비(preparation) 단계에서 적합한 변화기법은 다음과 같다.

(1) 자기재평가

준비 단계에서 활용할 수 있는 변화기법으로는 관심 단계에서도 사용했던 인지적 방법 가운데 하나인 자기재평가 방법이 있다. 관심 단계에서는 의사결정저울 기법을 소개하였는데, 준비 단계에서는 주로 현재 행동변화를 시도할 경우 미래에 나타날 긍정적인 측면에 대해 생각해 보는 방법을 많이 사용한다. 즉, 피코치가 행동변화를 통한 미래의 긍정적인 부분을 생각해 보게 함으로써 행동변화에 대한 의지를 높여서 구체적인 변화계획을 세우도록 돕는 것이다.

이 기법을 코칭장면에 활용할 경우 "행동변화에 성공하면 삶이 어떻게 변화할 것인지 생각해 보고 얘기해 주십시오." "행동변화로 인해 나타날 긍정적인 부분을 얘기해 주십시오.", 그리고 "이 행동변화가 현재 해야 할 우선순위 가운데 몇 번째입니까?" 등의 질문이 가능할 것이다. 만약 마지막 질문에서 피코치의 우선순위가 높지 않다고 대답한다면 아직 관심단계를 완전히 벗어나 준비 단계에 와 있다고 보기어렵기 때문에 코치는 어떤 이유 때문인지 추가 질문이 필요할 것이다.

(2) 몰입

몰입(commitment) 기법은 피코치의 변화행동에 대한 의지를 높이는 것으로서 변화행동을 잘 실행해 나갈 수 있다는 의지를 증진시키는 것이 중요하다. 이를 위해 가장 목표 달성을 위해 구체적인 행동계획을 수립하도록 하는 것이 가장 일반적인 방법이다. 또한 자신의 세운 계획을 혼자서만 알고 있지 말고 다른 사람에게 알리는 것도 도움이 될 수 있다. 내 계획에 대해 타인도 알고 있을 경우 자존감 유지를 위해 실행에 대한 의지가 높아지기 때문이다.

코칭장면에서 활용할 수 있는 방법은 피코치가 목표 달성을 위해 구체적인 실행계획을 세우도록 요구하면서 또한 누구에게 자신의 계획을 알릴 것인지를 물어보는 것도 좋은 방법이다.

4) 실행 단계

피코치가 행동변화를 위해 준비 단계에서 자신이 하겠다고 한 계획을 실제로 실행(action)하는 단계를 의미한다. 이 단계에서 효과가 있다고 Prochaska 등이 기술한 기법은 다음과 같다.

(1) 대체하기

이 기법은 현재 문제가 되는 행동을 대체할 수 있는 행동을 찾아서 이 행동을 실행하는 방법을 의미한다. 예를 들어, 흡연자가 금연을 하려는 경우 흡연 행동을 대체할 수 있는 전자담배를 피거나 껌을 씹는 행동을 실행하는 것을 의미한다. 대체하기(countering)는 반드시 행동을 대체하는 것만을 의미하지는 않는다. 예를 들어, 생각을 대체하는 것도 가능한데, 담배를 피워야만 스트레스가 해소된다는 생각을 가진 경우 '이러한 생각이 비합리적이다.'라는 생각으로 대체하는 것도 가능하다.

코칭장면에서 이 기법을 적용하기 위해서 코치는 피코치에게 "변화를 위해 현재 당신의 문제가 되는 행동을 대체할 만한 행동으로는 어떤 것이 있겠습니까?"와 같은 질문을 할 수 있을 것이다.

(2) 환경통제

환경통제(environment control) 기법은 문제가 되는 행동과 관련이 높은 환경을 바꿈으로써 문제가 되는 행동을 하지 않도록 하는 기법이다. 예를 들어, 구체적으로는 다음과 같은 기법이 가능하다.

① 회피(avoidance)

회피는 문제행동을 유발하는 환경을 제거하는 방법을 의미한다. 예를 들어, 흡연자 집안에 흡연을 유발하는 담배와 재떨이를 두지 않음으로써 흡연을 막는 것을 의미한다. 코칭장면에서 코치는 "당신의 문제행동을 유발하거나 조장할 가능성이 있어서 가능하면 피하는 것이 좋을 환경 요인은 어떤 것들이 있습니까? 그리고 어떻게 피하면 좋겠습니까?"와 같은 질문이 가능할 것이다.

② 상상 속 대처하기(cues)

이 기법은 문제행동을 유발하는 환경에 대처하는 모습을 상상하도록 하는 것을 의미한다. 이를 통해 문제행동을 유발하는 실제 상황에 처할 때 적절하게 대처함으로써 문제행동을 하지 않도록 하는 것이다. 예를 들어, 금주를 하려는 사람에게 음주를 유발하는 환경(예, 회식자리 등)에서 어떻게 대처할 것인지를 생각해 보도록 (예, 음주를 권할 경우 약을 복용한다고 하면서 피한다 등) 하는 것이다.

코칭장면에서 코치는 "만약 회식에 참석해야 한다면 금주를 위해 어떻게 대처하면 좋겠습니까? 머릿속에서 상상해 보시기 바랍니다."와 같이 얘기하고 피코치가 구체적으로 어떻게 하겠다는 것을 머릿속에 떠올리게 한다.

③ 상기시키기(reminder)

일상생활에서 변화하겠다고 마음을 먹어도 잘 이루어지지 않는 경우가 많은데 이러한 결과가 나타나는 중요한 이유 가운데 하나는 자신이 마음먹은 사실을 바쁘게 생활하다 보니 잊는 경우가 있기 때문이다. 이 기법은 피코치가 문제행동을 줄이겠다는 것을 잊지 않도록 해당 내용을 피코치에게 자주 알려 주는 시스템을 도입하는 것을 의미한다. 예를 들어, 흡연자가 사무실이나 집 책상 앞에 금연이라고 크게 써서 붙이게 되면 자주 보면서 기억할 수 있게 되고 이를 통해 금연 실행의지를 높이게 된다. 코치는 피코치에게 "당신의 문제행동을 항시 잊지 않도록 하기 위해 어떤 방법이 있겠습니까?"와 같은 질문을 할 수 있을 것이다.

(3) 보상 활용
① 자기보상

여기서의 보상방법은 주로 자기보상을 의미한다. 즉, 자신이 수립한 실행계획을 실행할 경우 자신에게 다양한 방법으로 보상(reward)을 주는 것을 말한다. 자신에게 "이런 일을 해내다니 너 참 대단해."와 같은 긍정적인 말을 하든지 또는 맛있는 음식을 사먹거나 멋있는 옷을 사 입는 것도 자기보상 방법에 포함될 수 있다.

코칭질문으로는 "보상 차원에서 자신에게 어떤 말을 해 주겠습니까?" "긍정적 피드백 이외에 자신에게 어떤 보상을 주시겠습니까?" 등이 가능하다.

② 계약서 작성

이 방법은 실행단계에서 자신의 실행의지를 높이기 위하여 자신이 결심한 것을 달성할 경우 무엇을 하겠다는 내용의 계약서를 작성(contracting)하고 사인하는 것을 말한다. 예를 들어, 다이어트를 계획하고 이를 실행하려는 경우 '3개월 내에 체중을 5kg 감량할 것을 약속한다.' 또는 '5kg 감량할 때 자신에게 새 옷을 사주겠다.' 등의 내용을 작성하고 서명하는 계약서를 작성하는 것을 의미한다.

코칭상황에서는 피코치가 자신의 목표를 달성하고 실행하려는 과정에서 코치는 "목표달성을 위해 자신에게 어떤 내용으로 계약서를 작성하겠습니까?" 등의 질문을 할 수 있다.

5) 유지 단계

유지(maintenance) 단계는 변화를 위해 행동을 실행한 후 오랫동안 변화된 행동이 유지되도록 하기 위해 노력하는 단계를 의미한다. 여기에는 앞서 실행단계에서 기술한 것과 유사한 방법들이 있다.

(1) 환경통제

현재 실행하고 있는 행동을 지속적으로 유지하기 위해서는 특정 행동을 유발하는 환경을 피할 필요가 있다. 예를 들어, 금연을 지속적으로 유지하기 위해서는 흡연을 유발할 가능성이 있는 회식을 가능한 한 피하는 것이다.

코칭상황에서는 "지금의 행동을 계속 유지하기 위해 피해야 할 환경요인에는 어떤 것들이 있겠습니까?"와 같은 질문을 할 수 있다.

(2) 대체하기

앞의 실행 단계에서와 같이 문제가 되는 행동을 대체할 만한 새로운 행동을 찾아보는 것을 의미한다. 코칭상황에서는 "문제가 되는 행동을 대체하는 새로운 행동을 하고 계십니까? 그렇지 않다면 어떤 것이 좋겠습니까?"와 같은 질문이 가능하다.

(3) 생각 점검하기

이 방법은 문제행동변화에 대해 아직도 계속 긍정적인 생각을 가지고 있는지를 점검하는 것을 의미한다. 행동변화가 유지되기 위해서는 이러한 변화에 대해 지속적으로 긍정적인 평가를 해야 하기 때문이다. 코칭상황에서는 "문제행동변화에 대해 지금은 어떤 생각을 갖고 계십니까?"와 같은 질문이 가능하다.

(4) 자기효능감 점검

행동변화의 지속적 유지를 위해서는 이러한 변화에 대한 자기효능감이 높을 필요가 있다. 이 방법은 현 시점에서 문제행동을 완전히 제거할 수 있다는 자기효능감이 어느 정도인지 점검하는 것을 의미한다. 코칭장면에서는 "현 시점에서 문제행동을 완전히 제거할 수 있다는 자신감이 어느 정도 되십니까?"와 같은 질문이 가능하다.

2. 코칭에서의 적용

지금까지의 코칭모형은 피코치의 행동변화 단계에 대한 이해 없이 기본적인 코칭진행과정에 관한 모형만 제시하는 수준에 그치고 있다. 하지만 앞서 변화 단계 모형에서도 살펴보았듯이 피코치가 변화 단계 과정에서 어떤 단계에 있는지에 따라 코칭을 진행하는 방법에서 차이가 있을 수 있다.

코칭과정에서 코치는 다양한 유형의 피코치를 만날 수 있다. 무관심이나 관심 단계에 있는 피코치들에게도 처음부터 코칭목표를 정하기 위한 질문을 하는 방식으로 단순하게 접근하는 것은 적합하지 않을 수 있다. 피코치의 변화동기 또는 코칭준비도가 어느 정도 수준인지를 파악하고 현재 피코치가 변화단계에서 어떤 단계에 있는지를 이해할 필요가 있다. 또한 위의 변화단계 모형에서 제시된 다양한 기법을 이해하고 피코치가 현재 처한 단계에 적합한 기법들을 적용하는 노력을 기울일 필요가 있을 것이다.

한편, 피코치가 코칭을 받으려는 준비가 어느 정도나 되어 있는지를 파악함으로써 코칭과정에서 코치가 피코치의 준비도에 따라 적절하게 대처해 나가는 데 도움을 주기 위한 연구가 진행된 바 있다. 해외에서는 Bennett과 Harper(2008)가 임원코칭준비도 평가척도(Executive Coaching Readiness Assessment Scale: ECRAS)를 개발하였으며 이 척도는 개방성(openness), 파트너십(partnership), 몰입(engagement) 그리고 목표설정(agenda setting)의 4요인으로 구성되어 있다. 이 척도는 임원인 피코치가 얼마나 솔직하게 얘기하려는 태도를 가지고 있는지(개방성), 코치와 함께 문제를 해결해 나가려는 준비가 되어 있는지(파트너십), 코칭과정에 몰입할 준비(몰입)와 코칭목표를 정하려는 태도가 어느 정도나 되어 있는지의 정도(목표설정)를 측정한다.

국내에서는 김태은, 김윤나, 정희정, 탁진국(2016)이 피코치의 코칭에 대한 태도, 정서, 동기면에서의 준비상태를 측정하기 위하여 코칭준비도 척도를 개발하였다(〈**부록**〉 참조). 이들의 척도에서는 태도, 정서, 동기 등의 세 가지 측면에서 모두 9가지의 요인을 측정하였다. 태도 측면에서는 개방성(솔직하게 자신의 이야기를 나누고, 다양한 경험과 관점에 열려 있는 것), 수용성(상대방의 말을 기꺼이 받아들이는 것), 자율성(상대에게 의지하기보다는 자기 스스로의 원칙에 따라 사고, 판단, 행동하며 자신을 조절하는 것), 그리고 책임감[방해 또는 실패에 직면하는 순간이 와도 해야 할 일(시간약속, 과제이행 등)을 중요하게 여기며 성실히 임하는 것]의 네 요인을 측정하였다.

정서 측면에서는 불안(코칭에 대하여 불편하고 걱정되는 정서적 상태)과 의심(코칭에 대한 확신이 부족하고, 믿지 못하는 정서적 상태)의 두 요인을 측정하였다. 마지막으로 동기 측면은 변화자신감(코칭을 통해서 변화, 성장할 수 있음, 즉 자신이 해낼 수 있을 것이라는 능력에 대한 믿음), 변화중요도(현재 상태와 목표 간의 불일치 정도를 인식하며, 변화하고자 하는 의지의 정도), 그리고 변화준비도(변화의 우선순위가 높고, 변화행동에 대한 전념과 실행이 준비되어 있는 정도)의 세 요인으로 구성되어 있다.

피코치와 코칭을 진행하려고 할 때 여러 가지 이유 때문에 피코치가 코칭을 받으려는 준비가 되어 있지 않을 수 있다. 피코치가 앞서 기술한 무관심이나 관심 단계에 있기 때문일 수도 있을 것이다. 코칭준비도 척도는 피코치의 현재 코칭을 받으려는 태도, 정서, 동기 수준을 파악함으로써 코치가 코칭전략을 수립하는 데 도움을 주는 용도로 적절하게 활용될 수 있다.

예를 들어, 〈**부록**〉에 제시되어 있는 요인과 문항 가운데 피코치의 태도 수준(예, 개방성, 수용성, 자율성, 책임감)이 낮은 경우 코칭이 효과적이기 위해서는 무엇보다 피코치의 능동적 참여가 중요함을 충분히 설명하여 피코치의 참여를 끌어내는 전략이 필요할 수 있다. 피코치의 정서 수준(예, 불안과 우울)이 낮은 경우 코치는 코칭과정에서 피코치와의 라포를 형성하는 데 더 많은 노력을 기울여서 코치에 대한 신뢰를 증진시킬 필요가 있다. 또한 피코치의 동기 수준(예, 변화자신감, 변화중요도, 변화준비도)이 낮은 경우 변화단계모형에서 기술한 다양한 기법을 적절하게 활용할 수 있을 것이다.

3. 모형에 대한 검증

행동변화단계 모형에서 단계별 진행과정과 관련해 한 가지 주의할 점은 각 단계에서 앞 단계로 진행되지 않고 다시 옛날 습관으로 돌아가는 경우가 자주 있다는 점이다. 즉, 행동단계까지 왔다 하더라도 실행과정에서 지속하지 못하고 다시 관심이나 준비 등의 앞 단계로 돌아가는 경우가 발생한다. 따라서 이 변화단계모형은 지속적으로 앞으로 나아가는 직선적 모형이 아니라 경우에 따라 앞으로 돌아갔다 다시 앞으로 나아가는 일종의 나선형 모형으로 이해할 필요가 있다. 하지만 일반적으로 유지 단계까지 왔다가 무관심 단계로 돌아가는 경우는 거의 없고 대부분 관심이나 준비 단계로 돌아간다(Prochaska et al., 1992).

한편, 변화단계모형을 검증하기 위한 연구가 많이 진행된 바 있는데, 일부 연구를 살펴보면 다음과 같다. Horiuchi, Tsuda, Watanabe, Fukamachi와 Samejima(2012)는 Prochaska 등의 변화단계모형을 검증하기 위해 미국 근로자 457명을 대상으로 설문조사를 통해 현재 이들이 하고 있는 운동 단계를 파악하고 이에 따른 자기효능감, 운동의 장단점에 대한 의견, 그리고 행동 단계에서의 변화를 측정하였다. 연구자들은 먼저 규칙적인 운동을 일주에 두세 번 정도 걷는 것과 같이 한 번에 20~30분 정도의 운동을 하는 것으로 정의한 후 설문응답자들이 현재 규칙적인 운동을 하고 있는지를 물었다. 응답자들은 다음의 여섯 가지 변화 단계 가운데 하나를 선택하도록 하였다. ① 무관심: 아니요, 향후 6개월 동안 운동을 시작할 의도가 전혀 없다, ② 관심: 아니요, 하지만 향후 6개월 내에 시작할 의도가 있다, ③ 준비: 아니요, 하지만 현재 비규칙적으로 하고 있다, ④ 실행: 예, 6개월 전부터 하고 있다, ⑤ 유지: 예, 6개월 이상 운동하고 있다, ⑥ 종료: 예, 5년 이상 운동하고 있다.

분석 결과 조사대상자들의 자기효능감 점수는 무관심 단계에 있는 사람들이 가장 낮았으며, 종료 단계에 있는 사람들이 가장 높은 것으로 나타났다. 또한 실행에서 유지 단계로 갈 때 다소 감소한 것을 제외하고는 무관심에서 종료 단계로 가면서 점수가 계속 증가하는 것으로 나타났다. 규칙적인 운동의 장점에 대한 인식도 무관심에서 종료 단계로 가면서 점차 증가하는 경향이 있었고 반면에 규칙적인 운동의 단점에 대한 인식은 점차 감소하는 경향이 나타났다.

3개월 후 331명의 조사대상자들을 대상으로 다시 조사하여 이들의 행동변화 단계가 변화하였는지를 분석하였는데, 실행 단계로 변화한 사람의 비율은 준비 단계에서 가장 높았고(25.4%), 다음은 관심(6.5%), 무관심 단계(3.8%)의 순서로 나타났다. 이러한 결과는 행동변화의 앞 단계에 있을수록 실행단계로 변화할 가능성이 낮음을 의미한다. 또한 3개월 후 전보다 앞 단계로 변화한 사람들의 비율을 분석한 결과 종료 단계에 있는 사람의 비율이 가장 낮았고(17.0%) 다음은 유지(38.1%), 실행(43.8%) 단계의 순서로 나타났으며, 이러한 결과는 행동변화 단계에서 후반 단계에 있을수록 원래 상태로 돌아갈 비율이 낮음을 보여 준다.

이 연구결과는 전체적으로 Prochaska 등의 행동변화단계모형을 지지하는 것으로 볼 수 있다. 하지만 추후 조사 기간이 3개월로 다소 짧은 편이라서 무관심이나 관심 단계에 있는 사람들이 실행 단계로 변화하는 것이 어려울 수도 있다. 향후 연구에서는 추후 조사기간을 좀 더 길게 하고 해당 기간 중 한 번이 아닌 여러 번에 걸쳐 측정함으로써 변화단계에서의 이동이 구체적으로 어떻게 일어나는지를 살펴볼 필요가 있을 것이다.

국내 연구 중에서 도은영(2004)은 문제음주자인 직장인으로 구성된 실험집단 23명, 비교집단 31명 등 총 54명을 대상으로 절주 동기 형성 및 다양한 여가생활을 유도하는 총 12회로 구성된 절주프로그램을 실시하였다. 분석 결과 이 프로그램은 문제음주행위와 음주결과기대를 낮추고 금주자기효능감을 높이는 것으로 나타났다. 또한 이 프로그램은 변화단계모형에서 특정 단계에 있는 사람들이 그다음 단계로 변화하도록 만드는 데 효과가 있는 것으로 나타났다. 구체적으로 살펴보면 프로그램 시작 때 무관심 단계 26.1%, 관심 단계 56.5%, 준비 단계에 속하는 것으로 나타난 사람들이 17.4%이었다. 하지만 프로그램 실시 후 82.6%가 실행 단계에 속하는 것으로 나타났다.

정재희와 탁진국(2018)은 Prochaska 등이 제시한 변화단계모형을 기반으로 중학생의 학업지연행동극복을 위한 그룹코칭프로그램을 개발하고 그 효과를 검증하였다. 프로그램은 행동변화에 유용한 의식의 고양, 정서적 각성, 자기 재평가, 전념, 보상, 대체, 환경통제, 주변의 도움 등 8가지 변화기법과 자신감 증진으로 구성하였다. 프로그램은 회기당 90분씩 총 8회기로 구성하였으며, 54명의 중학생을 대상으로 실험집단 16명, 비교집단 16명, 통제집단 22명으로 나누어 배치한 후, 실험집단은 변화단계모형 기반 학업지연행동극복 그룹코칭프로그램을 실시하였고, 비교집단은 학업지연행동극복을 위한 시간관리 프로그램을 실시하였으며, 통제집단은 어떤 프로그램도 실시하지 않았다. 각 집단을 대상으로 사전, 사후, 추후(1개월, 3개월) 시점에 학업지연행동조절 의사결정균형, 학업지연행동조절 자기효능감, 학업지연행동조절 변화단계, 학업지연행동, 자기주도 학습능력을 측정하였다.

분석 결과 학업지연행동조절 의사결정균형 중 학업지연행동조절 손실 인식과 학업지연행동조절 자기효능감, 학업지연행동 변화단계, 학업지연행동에서 통계적으로 유의미한 차이가 있었으며 추후에도 코칭의 효과가 유의하게 지속되었다. 따라서 변화단계모형을 기반으로 Prochaska 등이 제시한 다양한 변화기법을 토대로 개발한 코칭프로그램이 효과가 있음이 입증되었다. 이러한 결과는 변화단계모형이 코칭분야에도 적용될 수 있음을 시사하는 것으로 해석할 수 있다. 또한 학습지연이나 습관과 같이 변화가 쉽지 않은 행동의 경우 변화단계모형을 토대로 한 코칭프로그램이 효과가 있음을 보여 주는 결과로 해석할 수 있다.

4. 변화동기 도출을 위한 가치탐색 기법

앞에서 Prochaska 등의 변화단계모형에서 피코치가 무관심 단계에 있을 때 적용할 수 있는 기법에 대해 설명한 바 있다. Miller와 Rollnick(2002)은 동기강화상담(motivtional interviewing)에서 변화하려는 동기가 거의 없는 내담자들을 대상으로 상담을 진행할 때 먼저 이들의 변화동기를 높이는 것이 중요함을 강조하며 변화동기를 끌어올릴 수 있는 방법에 대해 설명한 바 있다. 예를 들어, 알코올중독자의 경우 자신은 알코올중독자가 아니라고 생각해서 전혀 상담이나 치료를 받을 생각이 없는 고객의 경우 가족의 권유나 압력에 의해 할 수 없이 상담 또는 치료를 받으러 오는 경우가 있다. 이러한 고객의 경우 술을 줄이거나 끊으려는 변화동기가 거의 없기 때문에 동기가 어느 정도 있어서 찾아오는 사람들에게 적용했던 방법들은 효과를 보기 어렵다.

앞에서도 설명했지만 코칭에서도 이와 같이 변화동기가 매우 낮은 피코치를 접할 가능성이 있다. 부모의 압력에 의해 할 수 없이 진로나 학습코칭을 받으러 온 청소년의 경우 자신의 진로나 학습에 관심이 없을 수 있다. 회사에서 임원진 모두에게 일괄적으로 임원코칭을 진행하는 경우 자신은 코칭을 안 받아도 충분히 잘하고 있다고 생각하는 임원이 있을 수 있으며, 이러한 임원의 경우 코칭을 받으려는 동기가 매우 낮을 것이다. 부부갈등이 있는데 배우자가 같이 코칭을 받자고 해서 할 수 없이 라이프코칭 센터에 온 사람도 역시 코칭을 받으려는 동기가 낮을 수밖에 없다. 또한 코치가 자신의 코칭역량 향상을 위해 무료로 특정 개인들에게 코칭을 하는 경우 일부 피코치는 자신이 특별히 원하지 않는데 코치의 부탁으로 할 수 없이 코칭을 받게 되는 경우도 있을 수 있다.

여기서는 이러한 상황에서 적용할 수 있는 코칭진행방법에 대해 탁진국 등(2015)이 동기강화상담이론을 토대로 개발한 모형을 토대로 일부 수정한 내용을 소개하고자 한다. 먼저 이 이론에 의하면 코칭을 시작할 때 변화동기가 낮은데도 불구하고 코칭을 받으러 온 피코치에게 이들이 경험하는 불편함이나 어려움에 대한 정중한 공감을 표현하는 것이 중요하다. 힘들고 불편해도 피코치가 코칭을 받으러 와준 것에 대해 코치는 감사를 표시하는 것으로부터 시작하는 것이 필요하다.

이후 대화를 통해 피코치의 변화동기를 이끌어 내는 것이 중요하다. 필자는 이를 위해 코치는 피코치가 진정으로 중요시하는 가치가 무엇인지를 탐색토록 하고 이러한 가치가 현 상황에서 얼마나 충족되고 있는지를 인식토록 하며 이를 통해 제대로 충족되고 있지 않다는 현실을 깨닫도록 함으로써 변화동기를 이끌어 내는 방법에 대해 좀 더 상세히 기술하고자 한다.

1) 변화동기 수준 탐색

앞에서 기술한 대로 피코치의 변화동기를 이끌어 내기 위해서 피코치가 삶에서 중요시하는 가치가 무엇인지를 탐색토록 한다. 삶에서 중요한 가치를 바로 물어볼 경우 피코치에 따라 답하기 어려워하는 경우가 있을 수 있다. 따라서 피코치에게 바로 가치를 물어보는 것보다 피코치가 살아오면서 경험했던 다양한 사건 가운데 기억이 나는 것을 생각해 보게 하고 그로부터 가치를 찾는 활동을 해 보게 한다.

다음 [활동지 1-1]에서와 같이 10대부터 지금까지 각 연령대별로 기억나는 사건을 기술하고 오른쪽에는 그 사건이나 경험을 통해 깨닫게 된 것은 무엇인지, 즉 삶에서 중요하게 생각하게 된 것은 무엇인지를 기술하도록 한다. 피코치가 청소년인 경우 이에 대해 기술하는 것이 쉽지 않을 수 있어서 [활동지 1-2]와 같이 과거 성공경험을 물어보는 것도 가능하며 이를 통해 느끼거나 깨닫게 된 것이 무엇인지를 물어볼 수 있다.

이와 같은 활동지를 통해 피코치가 살아가면서 자신에게 중요한 것에 대해 어느 정도 생각해 보는 시간을 준 다음 [활동지 2]를 작성하게 한다. 이 양식에서 성인은 자신이 어떠한 삶을 살아왔는지를 기술하게 하고 청소년은 삶에서 무엇을 잘하고 즐거워하는지를 기술하도록 한다.

[활동지 1-1] 과거의 경험에서 삶의 목적 찾기

	무엇을 했나요? (언제, 어디서, 누구와 함께 등 구체적으로)	어떤 느낌을 느끼셨나요? 그 경험을 통해 무엇을 깨닫게 되었다고 생각하세요?
50대		
40대		
30대		
20대		
10대	세운상가를 돌아다니며 라디오 부속품을 사서 조립하느라 시간을 보내고 용돈을 다 썼다. 밤을 세워 조립한 후 다이얼을 돌렸을 때 소리가 나던 때가 기억난다.	몰입과 집중을 하는 것의 기쁨과 희열, 스스로 무엇인가 만들어 냈다는 만족감과 성취감

[활동지 1-2] 성공경험 찾기(청소년)

질문	답변
집에서(학교에서) 그 당시 꽤 힘들었는데도 열심히 했던 활동을 찾아본다면 어떤 것이 있을까요?	
다하고 나서 진심으로 뿌듯했던, 진심으로 기뻤던 경험이 있다면 무엇일까요?	
그때는 어떤 느낌이 들었나요? 그 경험을 통해 무엇을 깨닫게 되었나요?	
그 당시의 느낌을 누구와 함께 나누었나요?	

[활동지 2] 삶의 경험 정리

(성인)

그래서 나는 _____한 삶을 살았다.

내 삶에는 _____이 중요했었구나.

(청소년)

나는 _____을 잘하는구나.

나는 _____을 기뻐하는구나(즐거워하는구나).

나는 _____를 좋아하는구나.

[활동지 3] 개인 가치 선택 활동지

수용 (있는 그대로 받아들여짐)	정확성 (나의 의견과 신념에 있어서 정확함)	성취	모험	균형	협동	호기심
성장	신념	공평함	부지런함	비전	활력	행복
이해	진실탐구	관용	성공	지지	안정	힘
속도	즐거움	리더십	사랑	질서	독창성	신중함
탐구	평등	공감	독립	통찰	자기조절	정의
충성	직관	완벽	긍정	열정	근면	건강

[활동지 3]은 피코치가 삶에서 중요시하는 가치를 선택하기 위해서 제시한 가치 목록이다. 여기서 제시한 가치 목록 이외에도 코치가 얼마든지 추가하거나 삭제해서 사용할 수 있다. 이미 [활동지 1]과 [활동지 2]를 통해 피코치는 자신의 삶에 대해 성찰할 기회를 가졌기 때문에 [활동지 3]에서 좀 더 수월하게 자신이 중요시하는 가치를 선택할 수 있을 것이다. 여기서는 피코치가 대략 5개 정도의 가치를 선택하도록 한다. 가치를 선택한 후 코치는 피코치에게 다음과 같은 질문을 통해 피코치가 선택한 가치를 명료화시키는 과정이 필요하다.

- 5개의 가치를 고른 이유는 무엇입니까?
- 각각의 가치는 어떤 의미가 있습니까?
- 언제부터 이 가치가 중요하게 되었나요?

다음은 피코치의 가치명료화를 좀 더 확실하게 하기 위하여 자신이 선택한 가치 가운데 상대적으로 더 중요한 2~3개의 가치를 골라서 다음의 예와 같이 가치 진술 문을 작성해 보도록 한다. 이 과정에서 "이 가치에 따라 죽기 전에 자서전을 쓴다면 자서전의 제목은 무엇으로 하고 싶으신가요?"와 같은 질문을 할 수도 있다.

- 나는 작은 일에도 매사에 최선을 다하는 성실한 삶을 산다(성실).
- 나는 모든 일을 즐겁고 유쾌하게 한다(재미).
- 나는 내가 베풀 수 있는 것을 베풀며 산다(관대함).

2) 변화필요성 확인

앞에서 피코치가 자신의 가치를 탐색하는 과정을 거쳤다면 다음 단계는 자신의 가치와 현재의 삶을 비교해 보면서 자신이 중요시하는 가치가 충족이 되고 있지 않다는 현실을 인식하고 이러한 불일치를 줄이기 위해 변화가 필요하다는 점을 깨닫도록 하는 과정이 필요하다.

이를 위해 먼저 최근 들어 자신이 중요시하는 가치와 관련된 활동이나 행동을 얼마나 자주 하고 있는지를 인식하고 이 과정에서 불일치를 인식하는 것이 중요하기 때문에 다음 [활동지 4]를 활용한다. 활동지에서 보듯이 피코치가 앞에서 선택한 5개 가치별로 최근 한 달 사이에 이와 관련되는 활동이 무엇인지를 적게 한 후 다음은 이러한 가치가 충족된 정도를 10점 척도(1: 전혀 충족되지 않았다, 10: 완전히 충족되었다)를 사용하여 적절한 점수를 적게 한다. 마지막 칸에는 피코치의 가치가 충족된 정도가 높지 않다고 인식할 경우 가치 충족을 위해 향후 어떤 활동이나 행동을 하면 좋을지를 구체적으로 적게 한다. 이를 통해 피코치가 현재 자신이 중요시하는 가치가 충분히 충족되지 못하고 있음을 인식하게 하고 새로운 변화가 필요함을 깨닫도록 한다.

[활동지 4] 가치-행동 불일치 상황 인식

핵심가치	최근 한 달 관련활동 또는 행동	가치충족 정도 (10점 만점)	향후 필요 활동 또는 행동

다음은 피코치가 변화를 해야 할지 아니면 현 상태로 계속 있어야 할지에 관한 양가감정으로 인해 갈등을 경험할 가능성이 있기 때문에 변화의지를 높이기 위한 추가적인 활동에 관한 내용이다. **[활동지 5]**에서 보듯이 변화내용에는 **[활동지 4]**에서 피코치가 작성한 향후 필요한 활동 가운데 가장 중요한 것을 먼저 기입하면 된다. 해야 할 활동들이 여러 가지가 있으면 추가 활동지를 통해 작성토록 한다. 다음은 변화를 통한 장단점을 얻을 수 있는 것과 잃을 수 있는 것을 통해 기술한 후 이를 비교해 보고 마지막으로 자신은 어떤 결정을 할 것인지를 적어 보도록 한다.

[활동지 5] 양가감정 탐색

변화내용:

변화하면 얻을 수 있는 것	변화로 인해 잃을 수 있는 것

나의 결정:

다음은 계속해서 피코치의 변화의지를 높이기 위해 변화진술문을 쓰도록 한다. **[활동지 6]**에서 보듯이 변화활동을 통해 자신이 추구할 수 있는 미래 비전에 대해 구체적으로 기술하도록 한다. 마지막으로 변화의지와 변화 활동에 대한 실행가능성을 10점 척도를 사용해서 물어보면서 마무리한다.

[활동지 6] 변화진술문 쓰기

나의 미래 비전:

앞에서 기술한 활동들은 이미 기술하였듯이 변화동기가 낮거나 거의 없는 피코치를 만나게 될 때 일단 이들의 변화동기를 높이기 위한 내용이다. Miller와 Rollnick(2007)은 변화동기가 낮은 내담자를 만날 때 이들의 변화동기를 이끌어 내기 위하여 먼저 이들의 입장에 공감해 주고 이들의 변화에 대한 저항을 충분히 인식하고 이를 수용하고(저항과 함께 구르기), 이들이 불일치감을 인식하도록 하며 자기효능감을 지지해 주는 것이 중요하다고 하였다. 다음의 질문들은 각 과정에 관한 내용들이며 활동지를 실시하는 과정에서 코치가 상황에 따라 적절하게 선택하여 사용하면 된다.

(1) 공감 표현하기

- 가치와 일치하는 행동을 했을 때 기분이 어떤가요?
- 만약 그런 행동을 하지 않았더라면 기분이 어떨까요?
- 지난 일주일 동안 이 가치와 일치하지 않는 행동을 했다면 어떤 행동인가요?

(2) 저항과 함께 구르기

- 현재 행동이 미래의 가치와는 어떤 관련이 있을까요?
- 현재 행동과 관련해 걱정되는 것은 무엇인가요?
- 아무 문제도 없는데 주변 사람들은 왜 걱정을 한다고 생각하나요?

(3) 불일치감 만들기

- 현재의 행동을 계속하는 자신의 모습을 상상해 보면 어떤 기분이 드나요?
- 현재 행동을 계속하게 되면 자신이 원하는 가치를 달성할 수 있을까요?
- 현재 행동을 하는 자신의 모습을 상상해 보세요. 그게 진짜 자신의 모습인가요?

(4) 자기효능감 지지하기

- 만약 현재의 행동을 조금 줄인다면 어떻게 될까요?
- 그럴 경우 누가 가장 좋아할까요?
- 현재의 행동 이외에 기분을 좋게 만드는 행동에는 무엇이 있을까요?

5. 의도적 변화이론

Boyatzis(2006)는 행동변화 이론이 많지 않음을 인식하고 오랫동안의 연구를 통해 의도적 변화이론(intentional change theory)를 제시하였다. 이 이론에 따르면 개인은 이상적 자아(ideal self)와 현실적 자아(real self) 간의 차이를 인식하고 그 차이를 극복하기 위해 행동변화를 가져온다는 것이다. 여기서 이상적 자아는 개인은 자신이 바라는 것이 이루어진 미래의 이상적인 모습을 의미하며 가능한 좀 더 구체적인 모습을 상상하는 것이 좋다. 예를 들어, 유명한 강사가 되어 TED 프로그램에서 강의를 하는 모습을 그려 본다. 다음은 현재 자신의 모습을 돌아다보면 차이가 있음을 인식하게 되며 이러한 차이를 극복하고 이상적 자아를 달성하기 위한 변화동기가 발생하게 된다. 이 이론도 변화동기가 낮은 피코치들을 대상으로 코칭을 진행할 경우 변화동기를 높일 수 있는 기법으로 활용할 수 있을 것이다.

탁진국, 조지연, 정현, 조진숙(2017)은 대학 신입생들의 주도성 성격을 향상시키기 위하여 88명을 대상으로 6회기로 구성된 일대일 주도성 증진 코칭프로그램을 실시하였다. 이 과정에서 Boyatzis의 의도적 변화이론을 토대로 피코치들에게 대학 입학 전 자신들이 이상적으로 생각해 온 자신의 대학생활 모습은 무엇이었는지를 물어보고 현재의 대학생활은 어떠한지를 질문함으로써 이상적 자아와 현재 자아 간의 차이를 인식하도록 유도하였다. 또한 이러한 차이를 줄이기 위해 자신이 얼마나 주도적인 노력을 할 필요가 있는지를 인식토록 하였다. 6회기 코칭프로그램 실시 결과 주도성, 대학생활적응, 자기효능감 및 강점자기효능감 등 모든 종속변인에서 점수가 증가한 것으로 나타났다. 이러한 결과는 의도적 변화이론을 토대로 한 코칭프로그램이 효과가 있음을 의미한다.

부록. 코칭준비도 척도

다음 문항은 귀하께서 코칭을 받을 경우 코칭에 대한 자신의 태도 및 동기에 대한 상태를 알아보기 위한 것입니다. 각 문항을 읽고 Likert 7점 척도(1: 전혀 그렇지 않다, 7: 매우 그렇다)를 사용하여 적합한 번호에 동그라미를 해 주십시오.

1. 책임감: 6문항

① 나는 코칭 중간에 상황이 어려워져도 그만두지 않고 지속할 것이다.
② 나는 코칭과제를 성실히 수행할 것이다.
③ 나는 코칭과제를 완수할 것이다.
④ 나는 코칭을 방해하는 요인이 생겨도 계속적으로 과정에 참여할 것이다.
⑤ 나는 코칭목표를 달성하기 위해 꾸준히 노력할 것이다.
⑥ 나는 정해진 코칭시간을 준수할 것이다.

2. 의심: 4문항

① 나는 코칭이 현실적으로 나에게 도움이 될지 의문이 든다.
② 나는 코칭을 통해 사람이 정말 변할 수 있는지 의문이 든다.
③ 나는 이 코칭프로그램이 검증된 것이 맞는지 의심스럽다.
④ 나는 코치가 얼마나 나의 상황을 이해할 수 있을지 확신할 수 없다.

3. 변화준비도: 3문항

① 나는 최근 나의 목표와 관련한 행동을 시도해 보았다.
② 나는 최근 변화를 위한 행동을 시도해 보았다.
③ 나는 최근 나의 목표와 관련한 정보를 알아보았다.

4. 자율성: 5문항

① 나는 코치에게 전적으로 의지하지 않을 것이다.

② 코치가 의견을 주더라도 판단과 결정은 나의 몫이다.

③ 나는 코치에게 의지하기보다는 스스로 생각하고 판단할 것이다.

④ 나는 코칭과정에서 최종적인 답은 스스로 찾아야 한다는 것을 알고 있다.

⑤ 나는 코칭을 통해 얻어진 결과에만 의존하지는 않을 것이다.

5. 개방성: 5문항

① 나는 나의 현재 상태 혹은 입장에 대해 솔직히 말할 것이다.

② 나는 코치에게 숨기지 않고 이야기할 것이다.

③ 나는 거짓 없이 진실되게 말할 것이다.

④ 나는 코칭과정에서 편안하게 대화를 나눌 것이다.

⑤ 나는 코칭과정에서 느끼는 감정을 있는 그대로 표현할 것이다.

6. 변화자신감: 3문항

① 나는 노력한다면 변화할 수 있다.

② 나는 나 자신이 가진 변화가능성을 믿는다.

③ 나는 앞으로 더 성장할 것이다.

7. 변화중요도: 5문항

① 내가 변화해야지만 현재의 목표를 달성할 수 있다.

② 나에게 현재의 변화는 중요한 의미를 가진다.

③ 나는 지금의 모습에서 변화하고 싶다.

④ 지금의 상황은 내가 원하는 상태와 차이가 있다.

⑤ 나는 현재가 변화할 수 있는 적기이다.

8. 불안: 3문항

① 나는 부담스러운 과제가 많을까 봐 염려된다.
② 나는 코칭은 코칭을 받는 그때 뿐이고 나중에 다시 원점으로 돌아가지 않을까
　염려된다.
③ 나는 내 약점을 알게 된다는 것에 대해 두려움이 있다.

9. 수용성: 3문항

① 나는 나에 대한 피드백을 적극적으로 수용할 것이다.
② 나는 나에 대한 부정적 피드백을 감정적으로 받아들이지 않을 것이다.
③ 나는 코치의 의견을 편견 없이 받아들일 것이다.

□ 참고문헌 □

김태은, 김윤나, 정희정, 탁진국(2016). 코칭준비도척도 개발 및 타당화. HRD연구, 18(3), 1-29.

도은영(2004). 범이론과 여가모형을 적용한 절주프로그램이 문제음주행위와 인지에 미치는 효과. 경북대학교 대학원 박사학위논문.

정재희, 탁진국(2018). 중학생 대상 단계적변화모형 기반 학업지연행동극복 그룹코칭프로그램 효과성 연구. 한국심리학회지: 학교, 15(3), 287-315.

탁진국, 정재희, 김소영, 강지연, 김대선, 김태은, 정희정, 김수연, 이병걸, 장성배(2015). MI를 활용한 코칭모형. 2015 한국코칭심리학회 동계학술대회 및 심포지엄 학술대회발표 자료집, 14-28.

탁진국, 조지연, 정현, 조진숙(2017). 대학 신입생 주도성 향상을 위한 코칭프로그램의 효과성 연구. 청소년학연구, 24(8), 55-81.

Bennett, J. L., & Harper, M. (2008). *Executive coaching readiness assessment scale.* Paper presented at the Academy of Management, Anaheim, CA.

Boyatzis, R. E. (2006). An overview of intentional change from a complexity perspective. *Journal of Management Development, 25*(7), 607-623.

Horiuchi, S., Tsuda, A., Watanabe, Y., Fukamachi, S., & Samejima, S. (2012). Validity of the six stages of change for exercise. *Journal of Health Psychology, 18*(4), 518-527.

Miller, W. R., & Rollnick, S. (2007). 동기강화상담: 변화준비시키기[*Motivational interviewing: Preparing people for change*]. (신성만, 권정옥, 손명자 역). 서울: 시그마프레스. (원전은 2002년에 출판).

Prochaska, J. O., DiClemente, C. C., & Norcross, J. C. (1992). In search of how people change: Applications to addictive behaviors. *American Psychologist, 42*(9), 1102-1114.

Prochaska, J. O., Norcross, J. C., & DiClemente, C. C. (2004). *Changing for good: The revolutionary program that explains the six stages of change and teaches you how to free yourself from bad habits.* New York: W. Morrow.

제10장
습관행동변화

> 습관은 특정 상황에서 자동적으로 일어나는 학습된 반복행동으로 정의된다 (Verplanken & Aarts, 1999). 여기서 행동을 자동적으로 한다는 의미는 개인이 특정 행동을 하려는 의식하에 하는 것이 아니라 자신도 의식하지 못하는 가운데 행동을 하는 것을 의미한다. 이와 같이 습관행동이 자동적으로 일어나다 보니 습관행동을 변화시키는 것은 쉽지 않다. 또한 처음에 변화에 성공한다 하더라도 강한 습관행동일수록 원상태로 돌아가는 경우가 많아서 지속하기가 쉽지 않다.

코칭장면에서 피코치의 이슈 가운데 습관행동변화와 관련된 내용이 많이 있다. 예를 들어, 코칭이슈가 학업습관, 다이어트와 관련된 식습관, 시간관리, 지연행동, 음주 또는 흡연 등의 개선인 경우가 자주 있다. 또한 특정 코칭이슈를 해결하기 위해서 구체적인 실행계획을 수립했음에도 불구하고 실행하기가 쉽지 않은 이유 가운데 하나는 과거 지속적으로 해 왔던 습관행동에서 벗어나서 새로운 행동을 하는 것이 쉽지 않기 때문이다.

따라서 개인의 습관행동이 어떻게 형성되는지를 이해하고 습관행동을 변화시키기 위해 시도된 과학적 연구결과들을 살펴보고 구체적인 습관행동변화 방법을 이해하는 것은 코칭을 진행하는 과정에서 큰 도움이 될 수 있다. 이 장에서는 나쁜 습관행동을 변화시키거나 좋은 습관행동을 형성하기 위한 방법들에 관한 과학적 연구들을 정리하고 코칭과정에서 이를 어떻게 활용할 수 있는지에 대해 설명하고자 한다. 특히 과거 연구결과를 설명하는 과정에서 가능한 한 개인의 다양한 습관행동을 변화시키는 데 공통적으로 적용할 수 있는 방법을 제시하는 연구들에 초점을 두고자 한다. 또한 다양한 방법에 대한 고찰을 토대로 이들을 통합하여 하나의 모형으로 제시하고자 한다. **"**

1. 습관형성

1) 습관형성과정

Lally와 Gardner(2013)는 습관은 네 가지 단계를 거쳐 형성된다고 주장하였다. 첫 단계는 특정 행동을 하려는 결정, 즉 의도가 있어야만 한다. 즉, 처음에 게임을 하려는 생각이나 의도가 있어야 이를 통해 행동이 실행된다. 두 번째 단계는 행동을 실행하는 단계이다. 의도가 있어도 행동으로 실행되지 않는 경우가 많이 있는데, 습관행동이 되려면 반드시 의도가 행동으로 연계되어야 한다. 일반적으로 행동 의도가 행동으로 이어지는 경우는 47% 정도라고 한다(Sheeran, 2002). 행동의도가 행동으로 실행되지 못하는 데는 여러 가지 이유가 가능하며, 그 가운데 하나는 사람의 기억력(prospective memory) 때문이다. 실행하겠다고 마음은 먹었지만 바쁜 일들이 많다 보면 잊어버리는 경우가 종종 발생한다. 기억을 증진시키기 위해 효과가 있는 것으로 알려진 방법은 실행의도(Implementation intention; Gollwitzer, 1999) 방법이다. 실행의도는 어떤 구체적인 상황에서 특정 행동을 하겠다고 마음먹은 것을 말하며 이러한 상황과 행동 간의 연합이 이루어져 기억에 저장됨으로써 특정 상황에서 관련된 행동을 기억하여 실행할 가능성이 높아지게 된다. 이러한 실행의도는 특정 행동이 실행되도록 하는 데도 도움을 주지만 특정 사고나 감정을 떠올리지 않도록 하는 데도 영향을 줄 수 있다. Achtziger, Gollwitzer와 Sheeran(2008)이 고열량 과자 먹는 것을 줄이기 위해 실시한 연구에서 실행의도('과자를 먹어야겠다는 생각이 나면, 그 생각을 무시할 것이다.')를 형성한 참가자들은 통제집단에 비해서 과자를 덜 먹게 되는 것으로 나타났다.

세 번째는 반복 단계로서 행동이 반복적으로 일어나야 한다. 특정 행동이 반복적
으로 일어나기 위해서는 해당 행동을 했을 때 긍정적인 정서를 경험해야 한다. 즉,
자신이 한 행동에 대해 만족을 느껴야 해당 행동을 반복할 가능성이 높아지게 된
다. 흡연이나 게임과 같이 대부분의 바람직하지 않은 습관행동들은 이러한 행동을
할 때 마음이 편해진다거나 재미를 느낀다거나와 같은 긍정 정서 또는 만족감을 느
끼게 되어 반복될 가능성이 높아진다.

마지막 단계는 자동성(automaticity) 단계로서 습관행동이 특정 상황단서와 연계
되어서 자동으로 나타나는 것을 의미한다. 특정 행동이 자동적으로 일어나기 위해
서는 Lally와 Gardner(2013)는 특정 행동에 대한 보상이 주어져야 하고 특정 행동이
일관성 있게 지속적으로 이루어져야 하며, 무엇보다 상황단서가 특정행동과 연합
이 되어야 한다고 주장하였다.

습관이 이와 같이 개인이 의식하지 않아도 자동적으로 일어나는 행동이기 때문
에 코칭과정에서 코치는 피코치의 습관과 관련된 행동을 개선하거나 변화시키는
것은 어려운 일이라는 점을 이해할 필요가 있으며 습관행동변화와 관련된 과학적
인 연구결과에 대해 공부할 필요가 있다.

2) 지속기간

그렇다면 개인에게 특정 행동이 습관으로 굳어지기 위해서는 어느 정도의 반복
을 해야 가능할까? Lally, Van Jaarsveld, Potts와 Wardle(2010)의 연구는 이에 대한
해답을 제공한다. 일반적으로 습관은 상황과 행동 간의 연합이 이루어지고 이러한
연합이 반복되어 지속적으로 일어나다 보면 형성되며, 이후 특정 상황을 접하게 되
면 자동적으로 습관행동이 일어나는 것으로 알려져 있다(Verplanken, 2006; Wood
& Neal, 2007). Lally 등(2010)은 습관형성과정에 초점을 두고 어느 정도 행동을 반
복해야 습관으로 형성되는지를 알아보고자 했다. 이들은 101명의 대학생을 대상으
로 12주에 걸쳐서 연구를 실시했으며 참가자들은 참가에 대한 보상으로 30파운드
(5만 원 상당)을 받았다. 참가자들은 첫 미팅에서 건강한 음식 먹는 행동, 마시는 행
동, 운동 가운데 습관형성을 원하는 행동을 선택하게 했는데, 반드시 특정 행동은

구체적인 상황과 연합이 되어야 하고 매일 한 번씩 해야 한다고 설명을 들었다. 예를 들어, 점심 먹을 때 과일 먹기, 점심 먹을 때 물 한 병 마시기, 저녁 먹기 전 15분 달리기 등과 같이 특정 상황과 행동을 연계시키도록 하였다.

참가자들은 12주(84일) 동안 매일 웹사이트에 로그인해서 특정 행동을 했는지와 습관강도를 측정하는 SRHI 척도(거의 자동적으로 한다, 생각하지 않고 한다 등의 자동성 정도 문항만 사용)에 응답하도록 하였다.

최종 82명의 자료를 분석한 결과 참가 대학생들은 평균 47일간 로그인하여 응답하였으며, 먼저 반복행동과 자동성 간의 관계는 비선형 곡선을 보였다. 즉, 행동을 반복할수록 자동성이 증가되지만 일정 반복 수 이후에는 별다른 변화가 없는 것으로 나타났다. 다음은 행동이 습관화되어 자동적으로 일어나려면 어느 정도의 반복이 필요한지를 분석한 결과, 참가자들의 범위는 18일에서 254일까지였으며 중앙치는 66일로 나타나 약 10주 정도는 특정 행동을 반복해야 습관화되는 것으로 나타났다.

Lally 등은 습관행동 유형에 따라 습관형성 시간이 다르게 나타나는지를 분석하였는데 먹는 습관은 65일, 마시는 습관은 59일, 운동 습관은 91일정도 걸리는 것으로 나타나 좀 더 복잡한 행동일수록 습관화되는 데 걸리는 시간이 긴 것으로 나타났다. 마지막으로 행동누락이 습관에 미치는 영향을 분석한 결과 한 번의 누락 행동은 습관형성에 유의한 영향을 주지 않는 것으로 나타났다.

이들의 연구를 종합하면 특정 행동이 습관화되기 위해서는 평균적으로 10주 정도 지속될 필요가 있음을 시사한다. 하지만 이들이 습관행동으로 선정한 행동은 과일 먹기, 물 마시기, 15분 달리기 등과 같이 단순한 행동이고 운동습관과 같이 좀 더 인내가 요구되는 습관행동은 습관화되는 데 좀 더 많은 시간이 소요된 점을 고려할 때, 매일 일정 시간 공부하기와 같이 더 복잡하고 인내가 요구되는 행동이 습관화되는 데 소요되는 기간이 어느 정도가 될지는 추후 연구가 필요하다.

이러한 결과는 습관행동변화를 위한 코칭을 진행할 때 코칭을 오랫동안 진행하거나 또는 특정 시점에 코칭을 끝내고 나서라도 일정 기간 동안 피코치의 행동을 점검할 필요가 있음을 시사한다. 처음부터 코칭이슈가 습관행동변화가 아니고 코칭과정에서 피코치의 습관과 관련된 이슈를 다룰 경우에도 동일하다.

2. 습관형성에 영향을 미치는 요인

1) 목표와 상황단서

일반적으로 습관행동은 처음에 목표가 있어야 시작된다. 일상생활에서 새롭게 조깅을 시작하면서 이를 습관으로 형성하려는 사람들은 그동안 등한시했던 자신의 건강증진이라는 목표를 생각하면서 조깅을 시작하게 된다. 그렇지만 이러한 행동이 습관화되어 거의 자동적으로 일어나는 경우에도 목표가 습관행동을 촉진하는 요인으로 작용할 것인지에 대해서는 의문이 들 수 있다. 아침에 일어나자마자 집 근처에서 조깅을 하는 것이 생활화된 사람은 자신의 건강증진을 위하여 조깅을 한다는 생각 없이도 자동적으로 일어나서 조깅을 할 수도 있기 때문이다.

습관행동이 목표와 상황요인 중 어떤 요인에 의해 영향을 많이 받는지에 관한 과거 연구는 일관성이 부족한 것으로 나타나고 있다. 일부 연구에서는 습관은 목표에 의해 자동적으로 활성화된다고 하면서 목표의 중요성을 강조하고 있다(Aarts & Dijksterhuis, 2000). Aarts와 Dijksterhuis(2000)가 대학생을 대상으로 한 연구에서 목표가 프라임된 집단의 경우 습관행동 집단은 빠르게 반응했지만 비습관행동 집단의 경우 반응속도가 느리게 나타났으며 목표가 프라임되지 않은 경우 두 집단(습관 vs. 비습관) 간에 반응속도에서 유의한 차이가 없었다. 또한 행동과 관련된 목표가 제시될 경우 습관행동 집단의 반응속도가 비습관행동 집단보다 더 빨랐으며, 관련되지 않은 목표가 제시된 경우 두 집단 간에 반응속도에서 유의한 차이가 없었다.

반면에 습관에 미치는 목표의 영향은 작고 상황 단서가 직접적으로 습관을 활성화하는 역할을 한다고 주장하는 연구도 있다(Neal, Wood, Wu, & Kurlander, 2011). Neal, Wood, Labrecque와 Lally(2012)는 목표와 상황 가운데 습관형성에 어떤 요인이 더 영향을 미치는지를 알아보려고 하였다. 이들은 대학생을 대상으로 한 연구에서 달리기/조깅을 습관행동으로 정하고 이에 관련된 목표로는 체중관리, 이완 등을, 상황요인으로는 달리기를 주로 하는 장소인 체육관, 숲 등을 도출하였다. 이러한 단어들을 반복적으로 제시하는 LDT(Lexical decision task)를 통해 학생들이 습관행동과 관련된 단어를 얼마나 빠르게 인식하는지를 측정함으로써 목표 또는 상황이 습관행동에 주는 영향을 분석하였다.

첫 번째 연구에서 습관강도와 연합유형(목표와 행동 또는 상황과 행동 간의 연합) 간의 상호작용 효과가 유의한 것으로 나타났다. 즉, 상황(체육관, 숲, 공원 등)과 습관행동(달리기)이 연합될 때 습관강도가 강한 사람은 습관행동 단어를 더 빠르게 인식하였지만 목표(체중관리, 이완 등)와 행동이 연합될 경우 습관강도는 단어인식속도와 관련이 없는 것으로 나타났다.

한편, 습관강도가 중간일 경우에는 목표와 행동 간의 연합이 영향을 주는 것으로 나타났다. 이 경우 습관강도와 단어를 인식하는 반응시간 간에는 역 U자 형태의 추세가 나타났다. 즉, 습관강도가 중간일 경우 행동을 하면서 목표를 자주 생각하기 때문에 LDT에서 목표를 프라임할 경우 행동인식이 빠르게 나타나는 것으로 해석할 수 있다.

이러한 결과는 일상생활에서 많은 습관행동이 일단 습관이 형성되면 목표를 생각하지 않고 자동적으로 하는 경우가 많지만(예, 세수, 칫솔), 습관강도가 강하지 않을 경우 목표를 생각하면서 행동하는 경우도 많이 있음을 시사한다. 즉, 달리기를 자주 하는 사람들도 건강을 위해서 한다는 생각을 하면서 이러한 목표가 달리기하는 데 영향을 준다는 것을 인식할 수 있다.

Neal 등(2012)의 대학생을 대상으로 실시한 두 번째 실험에서 이들은 경기장 또는 부엌에서 큰 소리 지르는 것을 상황으로, 목표는 경기장을 방문하거나 하지 않는 것으로 설정하였으며 습관강도는 과거에 경기장을 방문하는 정도로 측정하였다. 연구 결과 스포츠 경기장을 가는 것으로 프라임된 경우 경기장 방문 습관강도는 큰 소리 지르기와 정적으로 관련되었다. 하지만 부엌으로 프라임된 경우 큰 소리 지르기는 습관강도에 따라 변화하지 않았다. 즉, 어떤 상황이 주어지는지에 따라 습관행동이 달라지는 것으로 나타났다.

또한 중간강도의 습관인 경우 역 U자 형태의 모습을 보였다. 즉, 중간강도 습관의 경우 경기장 프라임 참가자들에게서 큰 소리 지르기가 더 크게 나타났으며 습관강도가 약하거나 강한 경우에는 큰 소리 지르기는 변화가 없었다. 추가적으로 경기장 방문 목표는 목표와 관련된 상황인 경기장을 방문하는 참가자들의 경우에만 큰 소리 지르기 행동을 촉진시키며 부엌 조건에서는 영향을 받지 않는 것으로 나타났다.

이러한 결과는 사람의 습관행동은 얼핏 봐서는 목표의 영향을 받을 것 같지만 실제로는 개인을 둘러싼 다양한 환경이 촉발 요인으로 작용하는 경우가 더 많음을 시사한다. 또한 개인의 목표도 중간강도의 습관 형성에 유의한 영향을 준다는 것을 보여 준다. 예를 들어, 아침 일찍 일어나 헬스장에 가는 습관이 형성된 사람은 건강관리라는 목표보다는 아침 피로도, 밖이 어두운 정도, 조금 늦게 일어나 바쁜 정도 등의 상황적 요인이 당일 헬스장에 가는지의 여부에 더 큰 영향을 줄 수 있다. 물론 처음에 아침 일찍 헬스장을 가고 어느 정도까지 유지되기 위해서는 자신의 건강을 위한다는 목표가 중요한 역할을 할 것이다.

Wood와 Neal(2007)은 습관이 목표보다는 상황 단서에 의해 더 큰 영향을 받지만 목표를 무시할 수는 없으며 목표와 상황이 상호작용 하면서 습관에 영향을 줄 수 있다는 모형을 제시하였다. 이 모형에서 이들은 세 가지 원리를 제시하였는데, 첫 번째는 습관은 목표라는 매개 없이도 환경에 의해 촉발된다는 것이다. 습관에 영향을 미치는 환경 단서는 직접적 단서(directive cluing)과 동기화 단서(motivated cluing)의 두 가지로 구분되는데, 먼저 직접적 단서란 습관은 맥락 단서와 반응 간의 인지 연합(즉, 기억)에 의해 촉발된다는 것을 의미한다. 즉, 차를 타게 되면 안전벨트를 매게 되는데, 이와 같이 승차와 안전벨트가 연합됨으로써 기억 속에 저장되어 차를 타게 되면 자동적으로 안전벨트를 매는 습관 행동이 일어나게 된다는 것이다.

동기화 단서란 개인이 특정 맥락에서 행동을 하게 될 때 보상을 반복적으로 경험함으로써 나타난 동기 요인에 의해 습관 행동이 촉발됨을 의미한다. 예를 들어, 극장에 갈 때마다 팝콘을 먹을 때 경험하는 긍정적 정서(만족감)가 보상이 되어 이러한 보상이 향후에도 극장에 갈 때 팝콘을 사 먹게 된다는 것이다. Wood와 Neal은 동기화 단서는 직접적 단서를 통해 형성된 습관행동을 증진시키는 역할을 하는 것으로 해석하는 것이 적절하다고 주장하였다.

이들이 주장한 두 번째 원리는 습관형성 과정에서 상황과 반응 간의 연합은 목표에 의해 매개되지 않는다는 것이다. 그렇다고 해서 습관형성 과정에서 목표가 아무런 역할을 하지 않는 것은 아니며, 개인은 처음에는 목표를 생각하고 이를 추구하기 위하여 특정 행동을 하게 된다. 예를 들어, 전철을 타면 스마트폰을 보는 사람들도 처음에는 정보를 얻는다는 목표가 있었을 수 있다. 하지만 전철을 타고 스마트폰을 보는 행동이 반복적으로 일어나다 보면 향후에는 거의 자동적으로 전철에서 스마트폰을 보는 행동이 일어나게 되며, 이 상황에 처음의 목표는 거의 기억을 못하고 잊어버리게 된다. 이 경우 목표는 특별한 역할을 하지 못하게 된다.

세 번째 원리는 습관은 목표와 서로 영향을 미친다는 것이다. 앞에서 설명했듯이 습관형성 단계에서 습관이 형성되기 전에는 목표가 행동에 영향을 주고 행동이 반복되면서 행동과 상황이 연합이 되어 해당 행동이 습관으로 굳어지게 된다. 이와 같이 형성된 습관은 목표에 영향을 주기도 한다. 즉, 사람들은 내가 왜 이러한 습관행동을 하는지를 가끔씩 생각하게 되며 이때 처음에는 특정 목표가 있었다는 것을 떠올릴 수 있다. 예를 들어, 전철에서 스마트폰을 사용하는 이유가 처음엔 정보를 찾기 위해서였다는 것을 가끔씩 떠올릴 수 있을 것이다.

또한 습관과 목표 모두 특정 습관행동에 영향을 주게 된다. 사람들은 습관행동을 하면서 가끔씩 이러한 행동이 원래의 목표와 갈등이 되는지를 생각해 보게 되고 갈등이 없다면 그냥 습관행동을 지속하게 된다. 만약 갈등이 된다고 생각하면 뭔가 습관을 통제하려는 노력(자기통제: self-control)을 하게 되는데, 이러한 자기통제 역량이 약한 사람은 다시 습관행동을 반복하게 되고 반면에 이러한 역량이 강하면 습관행동을 중단하게 될 것이다.

이러한 연구결과를 종합해 보면 코칭과정에서 피코치의 습관행동의 강도가 높을 경우 단순히 변화목표만을 수립하는 것은 큰 효과를 기대하기 힘들 수 있다. 오히려 코치는 피코치의 해당 습관행동과 연관된 상황단서를 찾아서 이 단서를 조정하는 것이 습관행동을 변화시키는 데 효과가 클 수 있다는 점을 인식할 필요가 있다. 이와 관련된 구체적 방법은 다음의 '습관행동변화방법'에서 설명하고자 한다.

2) 행동의도

행동의도 또한 습관행동 형성에서 고려해야 할 중요한 요인인데, 습관강도에 따라 행동의도가 습관행동에 미치는 영향은 달라지는 것으로 나타났다. Mindy와 Wood(2007)의 연구에 따르면 습관이 강한 경우 의도는 행동에 별다른 영향을 미치지 못했으며, 습관이 약하거나 보통인 경우 의도는 행동에 긍정적 영향을 미치는 것으로 나타났다. 즉, 습관이 강한 경우 행동은 특정 상황에서 자동적으로 일어나기 때문에 의도가 강하거나 약한지에 상관없이 습관적인 행동을 하게 된다. 하지만 습관이 약한 경우에는 행동이 자동적으로 일어나지 않기 때문에 특정 행동을 하겠다는 의도의 영향을 받아서 의도가 강할수록 행동을 하게 될 가능성이 높아지게 된다.

대학생을 대상으로 한 Mindy와 Wood(2007)의 연구에서 이들은 참가자들이 TV 시청, 패스트푸드 구매, 그리고 버스 타기 등의 세 가지 행동을 하려는 의도와 이러한 행동에 대한 과거 습관정도 및 현재의 행동빈도를 측정하였다. 분석 결과, 습관강도가 행동의도와 행동빈도 간의 관계를 조절하는 것으로 나타났다. 구체적으로 살펴보면 습관강도가 강할 경우 행동의도는 현재 행동빈도에 영향을 미치지 못하였다. 즉, 습관강도가 강할 경우 현재의 행동빈도는 행동의도의 수준과 상관없이 별다른 변화가 없었다. 하지만 습관강도가 약하거나 보통일 경우 행동의도는 행동빈도에 유의한 영향을 미치는 것으로 나타났다. 즉, 행동의도가 강할수록 특정 행도의 빈도가 더 높게 나타났으며, 이러한 경향은 습관강도가 약할 때 더 강하게 나타났다.

따라서 코칭과정에서 코치는 피코치가 변화하고자 하는 습관행동의 강도가 어느 정도인지를 파악할 필요가 있다. 앞서 제시한 연구결과에서도 보여 주었듯이 습관행동수준이 강한 경우 피코치가 습관행동변화를 위해 특정한 행동을 하겠다는 의지를 보였다고 해서 이를 단순히 믿고 그대로 수용하는 것만으로는 부족하다. 다음에서 다양한 습관행동변화 방법에 대해 설명하겠지만 좀 더 과학적인 방법을 접목하여 피코치의 습관행동을 변화시키는 노력을 할 필요가 있다.

3. 습관행동변화 방법

습관행동변화 방법은 나쁜 습관행동을 없애려는 것인지 또는 새로운 좋은 습관행동을 형성하려는 것인지에 따라 방법상에서 다소 차이가 있기 때문에 두 가지로 구분하여 정리하고자 한다.

1) 나쁜 습관행동변화

나쁜 습관행동을 변화시키기 위한 방법에는 나쁜 습관행동은 특정 상황과 연계되어 있다는 이론을 근거로 상황을 변화시켜서 나쁜 습관행동을 변화시키는 방법, 개인이 중요시하는 가치를 탐색하여 현재 나쁜 습관행동과의 차이를 인식토록 하는 방법, 지속적으로 이러한 행동을 해서는 안 된다고 인식하는 지속적 모니터링, 나쁜 습관행동에 대해 주의를 환기시키는 알림표시, 부정적 정보제공 등의 방법으로 구분할 수 있다.

(1) 상황과의 연계
① 실행의도 수립: 나쁜 습관행동 상황과 좋은 행동과의 연계

Adriaanse, Gollwitzer, De Ridder, de Wit와 Kroese(2011)는 여자 대학생을 대상으로 나쁜 습관행동을 없애고 새로운 습관행동을 형성하기 위해 세 차례의 연구를 실시하였다. 첫 번째 연구에서 실험참가자들은 2(행동: 습관 vs. 대안)*2(전략: 실행의도 vs. 통제) 실험자 내 설계에 할당되었다. 먼저 참가자들은 집에서 과자를 먹거나 술집에서 술을 마실 때 습관적으로 하는 행동(예, 집에서 감자칩을 먹거나 술집에서 맥주 마시기 등)을 기술토록 하였으며, 이어서 습관적으로 먹거나 마시는 과자나 술이 없을 경우 대안으로 먹거나 마시는 것이 무엇인지를 각각 하나씩(예, 다른 과자 또는 음료수) 적도록 하였다.

다음으로 독립변인인 전략을 조작하기 위해 실행의도 조건에 있는 참가자들은 집에서 과자를 먹거나 술집에서 술을 마시고 싶은 경우 나는 구체적으로 무엇을 먹거나 마시겠다는 행동을 기술토록 하고 이를 여러 번 반복해서 읽고 이 구체적 계획을 상상토록 하였다. 통제집단의 경우에는 이러한 절차를 실시하지 않았다.

참가자들이 실행한 과제는 컴퓨터에서 제시되는 단어를 보고 단어가 자신이 아는 단어인지 아니면 처음 보는 단어인지에 따라 다른 자판을 누르도록 하였다. 연구결과 실행의도를 세우지 않은 통제집단에서는 대안단어보다 습관행동단어에 더 유의하게 빠르게 반응한 데 반해서 실행의도집단의 경우 대안단어에 더 빠르게 반응하는 것으로 나타났다(유의한 차이는 아니었음). 이는 실행의도집단에서 상황과 대안 단어 간의 연합으로 인해 인지적으로 대안단어에 더 익숙해졌기 때문인 것으로 해석할 수 있다.

　Adriaanse 등(2011)은 두 번째 연구에서 다른 것들은 연구 1과 동일하게 진행하였고 한 가지 차이점은 실행의도 집단에서 대안으로 건강한 행동(예, 집에서 과자가 먹고 싶을 때 과자가 아닌 과일 먹기)을 도출하도록 요구하였다는 점이다. 분석 결과 연구 1과 동일하게 통제집단에서는 습관행동단어에 더 유의하게 빠르게 반응하였으나 실행의도집단에서는 대안단어에 더 빨리 반응하였다(차이가 유의하지는 않았음).

　연속된 세 번째 연구에서는 여학생들에게 TV를 보면서 과자를 먹는 상황만 제시하였다. 앞의 연구와 또 다른 차이점은 목표의도를 수립토록 하였다는 점이다. 즉, 통제집단에서 과자를 먹는 습관을 줄이겠다는 목표를 수립하도록 하였으며, 실행의도집단에서는 이러한 목표수립 이외에 연구 1과 2에서처럼 구체적인 실행의도를 수립토록 하였다. 분석 결과 앞의 연구와 여전히 동일한 결과가 나타났는데, 통제집단에서는 습관행동 단어에 대한 반응속도가 더 유의하게 빨랐으나, 실행의도집단에서는 대안단어에 대한 반응이 유의하지는 않았지만 더 빠르게 나타났다.

　이러한 연구는 일반 사람들이 현재의 나쁜 습관행동을 없애고 좀 더 바람직한 행동으로 변화시키도록 하기 위해서는 실행의도를 통해 나쁜 습관행동이 나타나는 구체적인 상황에서 바람직한 특정 행동을 하겠다는 계획을 수립하도록 하는 것이 효과가 있음을 시사하는 결과이다. 또한 이 과정에서 나쁜 습관행동을 변화시키겠다는 목표의도를 가지게 되면 더 효과가 크다는 점을 시사한다.

　즉, 새로운 대안행동에 대한 구체적인 실행의도를 수립함으로써 기존 상황과 습관행동과의 연합이 약해지고 상황과 새로운 대안행동 간의 연계성이 강해지면서 향후 과거 나쁜 습관을 가져오는 상황에 직면하게 될 때 새롭고 바람직한 대안행동을 하게 될 가능성이 높아지게 된다. 처음에는 상황과 새로운 대안행동 간의 연합에 대한 기억이 약하게 나타나지만 이러한 연합이 반복될수록 궁극적으로는 특정 상황에서 새로운 대안행동이 습관이 되어 자동적으로 나타날 가능성이 높아지게 된다.

　따라서 코칭과정에서 코치는 피코치가 단순히 나쁜 습관행동을 그만두겠다고 다짐하게 하는 것보다는 일차적으로 나쁜 습관행동과 연계된 상황이 무엇인지를 파악하도록 하고 이러한 상황에서 나쁜 습관행동을 대치할 좋은 행동을 찾도록 하는 것이 바람직할 것이다. 이를 통해 과거 나쁜 습관행동과 연계된 상황을 좋은 행동과 연합시킴으로써 향후 피코치가 특정 상황에 직면할 때 좋은 행동이 나타나도록 함으로써 자연스럽게 나쁜 습관행동을 제거할 수 있을 것이다.

② 나쁜 습관과 연합된 환경변화 또는 통제

Wood와 Neal(2007)은 과거 습관행동변화를 위한 많은 연구는 환경단서를 통제하는 데 대한 고려를 하지 않았다는 문제점을 지적하면서, 습관행동변화를 위해서는 무엇보다 습관행동과 연합된 환경단서를 통제하는 것이 중요하다고 주장하였다. 예를 들어, 지나치게 자주 이메일을 열어 보는 습관을 변화시키기 위해서는 이메일이 왔다고 알려 주는 통지 기능 옵션을 없애는 방법이 효과적일 수 있다. 또한 다이어트를 위해 집에서 많이 먹는 습관행동을 줄이기 위해서는 먹는 행동과 연결된 밥이나 국 그릇의 크기를 줄이는 것과 같이 환경을 변화시키는 방법을 시도해 볼 수 있다.

또한 이들은 나쁜 습관행동을 줄이기 위해서 환경단서를 제거하거나 변화시키려 할 경우 나쁜 습관을 하지 않은 대신 새로운 행동을 하게 하는 것도 좋은 방법임을 제시하고 있다. 새로운 행동을 통해 환경단서와 과거 나쁜 습관과의 관계가 약해지면 새로운 행동에 대한 목표가 생겨나고 이 목표가 효과를 발휘할 수 있기 때문이다.

Wood, Tam과 Witt(2005)는 습관행동변화를 위해 무엇보다 환경 변화의 중요성을 강조하였다. 이들은 대학교를 편입해서 새로운 기숙사에 들어가게 되는 대학생들을 대상으로 운동하기, TV 보기, 신문 읽기 등의 습관이 얼마나 변화하는지를 연구하였다. 이들은 습관행동과 연합되어 자동적으로 습관행동을 가져오는 환경 단서 가운데 핵심적인 단서를 변화시키면 습관행동이 줄어들 것으로 가정하였으며, 이 과정에서 행동변화의도가 어떤 역할을 하는지를 분석하고자 하였다.

115명의 남녀 대학 편입생들을 대상으로 학기 시작하기 1개월 전에 모집하여 1차 검사를 실시하고 학기 개학 4주 후 새로운 학교에서 생활을 하게 된 동일한 학생들을 대상으로 2차 검사를 실시하였다. 1차 검사에서는 이들이 학교를 옮기면서 운동, TV 보기, 그리고 신문 읽기의 세 가지 행동을 지속적으로 하려는 의도, 2차 검사에서는 각 행동을 하게 되는 대학교 환경이 얼마나 유사한지, 1, 2차 각 행동을 하게 되는 장소(예, 기숙사)가 얼마나 동일한지, 1, 2차 각 행동을 혼자서 하는지 또는 다른 사람과 같이 하는지, 1, 2차 룸메이트가 각 행동을 하는지, 그리고 1, 2차

각 행동에 대한 습관강도를 측정하였다.

분석 결과, 습관강도가 환경의 유사성과 습관행동 간의 관계를 조절하는 것으로 나타났다. 즉, 습관행동이 강한 경우 환경이 유사하지 않을수록 습관행동이 많이 줄어들었으나 습관행동이 약한 경우 환경변화는 습관행동에 별다른 영향을 미치지 않았다. 좀 더 상세하게 설명하면 습관강도가 강한 경우 환경의 변화가 크지 않다고 지각한 대학생들은 여전히 높은 수준의 습관행동을 보여 주었지만 환경변화가 크다고 지각한 대학생들은 가장 낮은 수준의 습관행동을 보여 주어서, 습관행동의 변화가 크게 나타났다. 하지만 습관강도가 약한 경우 환경변화가 크지 않다고 인식한 학생들이나 환경변화가 크다고 인식한 학생들 모두 습관행동의 수준에서 별다른 차이가 없는 것으로 나타났다. 즉, 습관강도가 약한 경우에는 환경이 변한다고 해서 습관행동이 크게 영향을 받지 않음을 알 수 있다. 이러한 결과는 운동, TV 시청, 신문 읽기 등의 세 가지 습관행동 모두에서 동일하게 나타났다.

이러한 결과가 나타난 이유는 특정 행동이 환경 자극과의 반복되는 연합으로 인해 습관행동이 형성되고 강해지게 되는데, 이러한 환경 자극이 변화될 경우 기존 자극과 연합된 습관행동은 연계성이 약해져서 습관행동이 줄어들게 되는 것으로 해석할 수 있다.

또한 추가적으로 습관행동을 유지하려는 의도에 대한 분석에서 의도, 운동습관, 그리고 환경변화인식의 세 변인 간의 삼원상호작용 효과가 유의하였는데, 이는 운동습관과 환경인식 간의 상호작용이 운동유지의도의 강도에 따라 다르게 나타난 것을 의미한다. 즉, 습관강도가 강하고 환경변화정도가 낮은 경우 운동습관 유지의도 수준에 따라 운동행동에서의 변화가 별로 없어서, 이 조건에 있는 학생들은 의도와 상관없이 여전히 운동을 많이 하는 것으로 나타났다. 하지만 다른 조건들에서는 운동습관유지의도의 영향을 많이 받아서 의도가 약한 경우 운동을 별로 하지 않았으나 의도가 강한 경우 운동을 자주 하는 것으로 나타났다.

Wood 등(2005)은 이 연구에서 상황이 습관행동에 영향을 미치는 과정에서 의도가 매개역할을 할 가능성에 대해 기술하였다. 즉, 상황자극에서 별다른 변화가 없을 경우 개인의 입장에서는 굳이 특정 습관행동을 유지하거나 변화하려는 의도가 덜 생기게 되지만 상황에서 큰 변화를 인식할 경우 개인은 뭔가 새롭게 해 보려는 생각이 들 수 있고, 이에 따라 습관행동을 유지 또는 변화해 보려는 의도가 생길 수 있으며 결과적으로 습관행동에 영향을 줄 수 있다는 것이다.

또한 행동에 영향을 미치는 습관과 의도의 역할을 살펴보면 처음에 특정 행동을 하게 될 때는 의도가 행동에 직접적인 영향을 주지만 특정 행동이 습관이 되면 그 다음부터는 의도는 행동에 별다른 영향을 주지 못하고 습관이 행동에 영향을 주는 것으로 나타났다.

한편, 이 연구에서 흥미로운 결과는 신문 읽는 행동에서 읽는 습관과 타인의 존재에서의 변화(신문 읽을 때 옆에 다른 사람이 있는지 또는 없는지에서의 변화) 간에 유의한 상호작용효과가 나타났다는 점이다. 즉, 신문 읽는 습관이 강한 경우 타인이 있고 없고에서의 변화에 따라 신문 읽는 행동이 다르게 나타났는데, 변화가 작을 경우 신문 읽는 행동이 여전히 높게 나타났지만 변화가 클 경우 이러한 행동은 크게 낮아졌다. 반대로 신문 읽는 습관이 약한 경우 신문 읽는 행동은 타인의 존재에서의 변화에 따른 차이가 없이 다소 낮은 수준의 신문 읽기 행동이 나타났다. 이는 타인의 존재도 특정 습관행동의 경우 다양한 환경자극 가운데 하나로 간주할 수 있음을 시사하는 것이다.

결론적으로 이러한 연구결과는 인위적인 환경 단서의 변화를 통해 개인의 강한 습관행동을 줄이는 것이 가능함을 보여 주는 것으로 해석할 수 있다. 따라서 코칭 과정에서 코치는 피코치가 자신의 나쁜 습관행동과 연계된 상황을 파악하도록 하는 것이 중요하다. 또한 이를 통해 피코치가 특정 상황을 변화시키거나 제거할 수 있도록 유도하는 것이 중요하다. 예를 들어, 앞에서도 기술하였지만 피코치의 코칭 이슈가 지나치게 자주 이메일을 열어 보는 습관으로 인해 일에 집중하기가 힘든 내용이라고 한다면 이메일이 왔다고 알려 주는 상황 또는 환경단서인 통지 기능 옵션을 오프상태로 하는 것이 효과적일 수 있다.

(2) 가치탐색: 나쁜 습관행동과 가치 간의 괴리 탐색

Anshel과 Kang(2007)은 부정적 습관행동을 변화시키기 위해 불일치가치모형(Disconnected Value Model: DVM)을 제시하였다. 이 모형은 사람들의 행동을 변화시키는 데 가치가 중요한 역할을 한다는 연구(예, Brown & Crace, 1996; Crace & Hardy, 1997)를 토대로 제시되었다. Anshel과 Kang이 제시한 모형에 따르면 먼저 개인은 자신의 부정적인 습관행동에 대한 비용과 이익을 따져 보고 다음은 자신의 가치와 비교해 보게 된다. 대부분 단기적으로는 이익이 되는 부분이 있을지 몰라도 장기적으로는 비용이 더 크게 발생할 가능성이 높으며 이를 통해 습관을 변화시키려는 생각을 해 보게 된다. 다음 단계에서는 자신이 오랫동안 가지고 있던 가치와 비교를 해 보게 되면 부정적 습관을 유지함으로써 자신이 신봉하는 가치를 충족시킬 수 없다는 것을 깨달을 가능성이 높게 된다. 즉, 나쁜 습관 유지와 가치 충족 간에 괴리가 발생함을 인식하게 되고 습관을 바꾸려는 의지가 생기게 된다. 물론 이 단계에서 자신이 인식한 괴리가 크지 않아서 이를 수용 가능하다고 생각한다면 습관을 바꾸려는 생각을 하지 않게 될 것이다.

다음 단계는 나쁜 습관행동을 대체할 수 있는 다른 긍정적 행동을 찾고 이를 실행하는 것이다. 이 과정에서 실행을 돕는 세 가지 요인이 있으며 이는 구체적인 계획을 수립하는 것과 도움을 줄 수 있는 시스템(예, 코치나 친구 등)을 구축하는 것, 그리고 이러한 구체적인 계획을 자신의 가치와 연계시키는 것이다.

Anshel과 Kang은 자신들이 모형을 검증하기 위하여 주기적인 운동을 하지 않고 있는 대학교 교직원 41명을 대상으로 10주간의 유산소 운동 프로그램을 실시하였다. 처음에는 모든 참가자를 대상으로 3시간의 세미나를 개최하여 DVM 모형에 대해 설명하고 참가자들이 자신의 부정적 습관(예, 운동부족, 불균형적 영양)을 기술하고 자신의 가치를 파악한 후 습관과 가치 간에 괴리가 존재하며 이를 수용하기가 어렵다는 것을 인식하도록 하였다. 또한 10주간의 프로그램 과정에서 각 참가자별로 코치가 배정되어 참가자들이 구체적인 실행계획을 세우고 실행해 나가는 과정에서 어려움을 극복해 나가는 데 도움을 주도록 하였다.

프로그램의 효과 검증을 위해 완전몰입척도(Full Engagement Inventory: FEI; Loehr & Schwartz, 2003)라고 하는 정신, 정서, 신체, 영성, 회복 등의 에너지를 측정하는 검사를 사전과 사후에 실시한 후 차이를 검증하였다. 분석 결과 다섯 가지 모든 요인과 총점에서 유의한 차이가 나타나서 프로그램의 효과가 있는 것으로 밝혀졌다.

하지만 이 연구에서 저자들이 결과에 미치는 요인으로 기술하지는 않았지만 구체적 실행계획을 수립하도록 하였다는 점에서 Adriaanse 등(2011)이 새로운 좋은 습관 형성을 위해 기술한 실행의도의 효과도 포함되어 있다고 해석할 수 있다.

이러한 방법은 피코치가 나쁜 습관행동을 가지고 있지만 이를 제거하려는 동기가 낮은 경우 효과가 있을 것으로 보인다. 이 연구결과를 활용하여 코칭과정에서는 코치는 피코치의 나쁜 습관행동변화를 위해 피코치의 가치를 탐색할 필요가 있다. 가치를 탐색하는 방법은 이 책의 9장에 기술되어 있으니 참조하기 바란다. 이를 통해 피코치의 핵심 가치를 파악한 다음 나쁜 습관행동을 지속할 경우 피코치의 핵심 가치를 충족할 가능성이 낮다는 점을 인식하도록 할 필요가 있다. 피코치가 습관행동을 바꾸려는 의지가 생기면 코치는 위의 (1) 상황과의 연계에서 설명했듯이 나쁜 습관행동을 대체할 수 있는 좋은 행동을 찾고 이를 실행하도록 격려할 필요가 있다.

(3) 지속적 모니터링

Quinn, Pascoe, Wood와 Neal(2010)은 지속적 모니터링(vigilant monitoring), 자극통제(stimulus control), 그리고 주의분산(distaction)의 세 가지 방법 중 어떤 방법이 나쁜 습관행동을 변화시키는 데 효과적인지를 알아보기 위한 연구를 실시하였다.

남녀 대학생을 대상으로 이들이 일상생활에서 억제하거나 변화하려는 행동(예, 과식, 흡연, 수업시간에 조는 것 등)에 실행의도가 얼마나 효과적인지를 알아보고자 하였다. 이들이 사용한 전략을 측정하기 위하여 네 가지 방법(지속적 모니터링, 주의분산, 자극통제, 아무런 노력도 하지 않음) 가운데 하나를 선택하게 하였다. 네 가지 기법 가운데 지속적 모니터링은 행동을 하면서 '이러한 행동을 해서는 안 되는데.'를 자주 생각하거나 자신의 실수에 대해 주의 깊게 관찰하는 방법을 의미한다. 주의분산은 습관행동을 가져오는 상황에서 다른 생각을 하는 것을 의미하며(예, 먹는 것을 줄이기 위해 다른 사람과 얘기하거나 TV를 봄) 자극통제는 습관행동과 연합된 환경단서를 제거하는 것을 의미한다.

네 가지 방법의 효과를 검증하기 위하여 종속변인으로는 원하지 않는 행동을 궁극적으로 하지 않았는지의 성공 정도를 측정하였고, 조절변인으로 특정 행동에 대한 습관강도(과거에 특정 행동을 동일한 장소에서 얼마나 자주 하였는지)와 유혹강도(바람직하지 않은 특정 행동을 하게 될 때 얼마나 기분이 좋은지)를 측정하였다.

분석 결과 종속변인인 성공 정도에서 참가자들이 사용한 전략과 습관강도 사이에 상호작용 효과가 나타났다. 즉, 약한 습관행동인 경우, 세 가지 전략 사이에 유의한 차이가 없었으나, 강한 습관인 경우 지속적 모니터링이 유의하게 더 효과적이었다. 하지만 전략과 유혹강도 사이에도 유의한 상호작용 효과가 있었으나 결과는 다르게 나타났다. 유혹강도가 낮은 경우 세 전략 사이에는 유의한 차이가 없었으나 유혹강도가 높은 경우 자극통제가 가장 효과적이고 지속적 모니터링은 효과가 가장 낮은 것으로 나타났다.

Quinn 등이 특정 전략이 효과가 있는 이유를 설명하기 위하여 다른 대학생들을 대상으로 실시한 두 번째 연구에서도 동일한 결과가 나타났다. 실험절차에서는 참가자들에게 컴퓨터 왼쪽에 단서 단어를 주고 오른쪽에는 이와 연계되는 단어를 반복적으로 주어 두 단어 간의 관계를 이해하게 한 후(예, knee-bend) 다시 왼쪽에 단서 단어(예, knee)를 주고 이와 연계된 단어(예, bend)를 쓰는 데 걸린 시간을 측정하였다. 1단계에서는 연계된 두 단어가 제시된 빈도를 조절함으로써 습관수행의 강도를 통제하였으며 2단계에서는 1단계에서와는 다른 연계된 두 단어(예, knee-stand)를 학습하게 하였으며 제시된 단서에 연계된 단어를 맞히는 성공률을 종속변인으로 하였다. 1단계에서 학습한 단어를 맞히는 경우를 습관수행(habit performance)으로 하고 2단계에서 학습한 단어를 맞히는 경우를 습관억제(habit inhibition)로 명명하였다.

분석 결과 습관행동이 강한 경우 지속적 모니터링이 효과가 가장 큰 것으로 나타났으며 습관행동이 약한 경우에는 세 가지 전략(지속적 모니터링, 성공에 집중하기, 지시사항 없음) 사이에 유의한 차이가 없었다. 또한 지속적 모니터링이 종속변인에 미치는 효과가 유의한 이유를 설명하기 위하여 전략이 두 종속변인에 미치는 효과를 따로 검증한 결과 습관수행의 경우에는 전략 사이에서 유의한 차이가 없었으나 습관억제의 경우에는 다른 전략에 비해 지속적 모니터링의 효과가 유의하게 나타났다. 따라서 지속적 모니터링 방법의 효과가 유의한 이유는 습관 단계에서 학습한 반응 단어의 기억이 감소되었기 때문이 아니라 이 단어를 무시하는 의식적 통제(conscious control)가 증진되었기 때문인 것으로 해석할 수 있다.

이 연구결과가 시사하는 바는 단순한 동기나 의도만 가지고는 습관을 변화시키는 것이 쉽지 않으며, 자기통제력이 필요하다는 점이다. 습관을 변화시키는데 효과가 있는 것으로 알려진 실행의도 조차도 강한 습관 행동을 변화시키는 데는 효과가 별로 없는 것으로 나타난 바 있다(Webb, Sheeran, & Luszczynska, 2009). 원하지 않는 습관행동을 하지 않겠다는 의지를 지속적이고 반복적으로 자신에게 다지는 자기통제 노력이 이러한 습관행동을 억제하는 데 효과적일 수 있다. 한편, Quinn 등(2010)

은 이러한 전략이 단기적으로는 효과적일 수 있지만 장기적으로 볼 때 효과가 약할 수 있기 때문에, 장기적으로 효과가 지속되기 위해서는 습관행동을 억제하는 데서 그치지 않고 바람직한 새로운 행동을 생각해 내고 이를 실행하는 전략이 필요하다고 제안하였다.

이러한 연구결과를 코칭에 적용하게 되면 코치는 피코치의 나쁜 습관행동변화를 위해 피코치가 자신의 바람직하지 않은 습관행동을 지속적으로 모니터링하게 할 필요가 있다. 모니터링을 통해 피코치가 바람직하지 않은 습관행동을 할 때마다 '이러한 행동을 해서는 안 된다.'는 인식을 반복해서 하도록 권유할 필요가 있다.

(4) 알림표시 활용

특정 장소에 바람직하지 않은 행동을 하지 않도록 주의를 환기시키는 알림 표시(reminder)를 써서 붙이는 것도 효과를 볼 수 있는 방법이다(Lally & Gardner, 2013). 예를 들어, 컴퓨터로 게임하는 습관을 가진 경우 컴퓨터 화면 위에 또는 컴퓨터 뒤에 있는 벽에 '게임금지' 또는 '게임 줄이기'와 같은 알림표시 글자를 써서 붙이는 것이다. 알림표시를 할 경우에도 좀 더 눈에 잘 보일 수 있도록 어떻게 디자인을 할 것인지 고민할 필요가 있다.

이 연구결과를 코칭과정에 응용하는 것은 간단하다. 코치는 피코치가 자신의 나쁜 습관행동을 줄이거나 제거하는 행동과 관련된 알림 글을 써서 피코치가 쉽게 볼 수 있는 곳에 붙여놓도록 권유할 필요가 있다.

(5) 정보제공 방법
① 단순 정보제공

Verplanken과 Wood(2006)는 일반 소비자들의 습관을 변화시키는 방법에 관한 논의에서 다양한 기법을 크게 정보제공(downstream)과 사회규범변화(upstream)로 구분하면서 습관의 강도에 따라 다른 방법을 사용하는 것이 효과적임을 주장하였다. 정보제공 방법은 소비자들에게 주로 정보제공 등의 방법을 통해 해당 이슈와 관련된 올바른 정보를 제공하고 소비자들을 설득하는 방법으로서 소비자는 이러한 정보를 통해 자신이 판단하여 현재 문제가 되는 행동을 그만둘 것인지를 결정하게 된다. 예를 들어, 흡연자들에게 흡연의 문제점과 어떻게 하면 흡연을 줄일 수 있는지에 관한 정보를 제공하고 이를 통해 흡연자들의 흡연을 줄이는 방법이다.

　　이 방법의 문제점은 개인의 습관행동(즉, 흡연행동)이 약한 경우 개인은 이러한 정보를 수용하고 습관을 변화시키려는 행동을 보일 가능성이 많지만, 습관행동이 강할 경우 개인들은 이러한 정보변화에 둔감하게 되어 제시되는 정보에 큰 관심을 크게 두지 않으며, 이에 따라 효과가 작을 가능성이 높다. 또한 습관행동이 강할 경우 새로운 정보를 탐색하려는 노력도 덜 하게 된다. 자동차 운전 시 항상 네비게이션을 활용하는 운전자의 경우 새로운 도로가 개설되는지를 찾아보는 노력을 거의 하지 않게 되는 경우가 이에 해당된다.

　　Verplanken, Aarts와 Van Knippenberg(1997)의 연구에서도 평소 직접 차를 운전하는 습관이 강한 참가자들은 연구자들이 가상적으로 만든 다양한 여행 상황에서 여행 정보(예, 거리, 날씨 조건 등)를 덜 찾는 것으로 나타났다. 반면, 이들의 연구에서 여행수단(예, 자동차, 버스, 자전거 등) 습관이 강한 참가자들은 자신의 여행수단 습관과 관련된 여행 정보를 가장 많이 찾았으며, 반면 습관의 강도가 약한 사람들은 이러한 경향이 낮아서 다른 여행수단에 대한 정보도 많이 찾는 것으로 나타났다. 이러한 결과는 강한 습관이 있을 경우 사람들은 자신의 습관을 지지하는 정보를 찾는 경향이 높음을 시사한다.

　　Webb과 Sheeran(2006)의 메타연구에서도 이와 유사한 결과가 나타났는데, 습관행동이 아닌 경우 행동의도를 변화하기 위한 다양한 기법은 행동을 변화시키는 데 효과가 있는 것으로 나타났다. 예를 들어 예방주사를 맞을 때의 장점에 관한 정보를 제시한 경우 실제로 주사를 맞는 경우가 크게 나타났다. 하지만 패스트푸드를 먹는 것과 같이 습관행동이 강한 경우에는 건강식에 관한 장점에 관한 정보를 제시하여도 건강식을 하려는 의도는 변화시켰지만 실제 행동을 변화시키지는 못하였다.

　　요약하면 정보제공 방법의 경우 특정 행동에 대한 습관이 강한 사람들은 이러한 행동을 억제하는 정보를 탐색하는 경향이 낮으며, 오히려 자신의 습관행동과 관련되고 이를 지지하는 정보에 귀를 기울일 가능성이 높아서 변화가 쉽지 않으며, 반면 습관행동이 강하지 않은 사람들에게는 어느 정도 효과가 있는 것으로 나타났다.

　　이러한 연구결과를 코칭상황에 적용하기 위해서 코치는 피코치가 자신의 나쁜 습관행동과 관련된 정보를 스스로 찾아보도록 권유할 필요가 있다. 이를 통해 피코치는 자신의 습관행동이 바람직하지 않은 결과를 초래할 가능성이 높다는 점을 다시 한번 인식하게 되고 변화하려는 동기를 갖게 될 것이다. 하지만 피코치의 습관 강도가 높을 경우 큰 효과를 기대하기는 어렵다.

② 상황변화를 동반한 정보제공

습관강도가 강한 사람들에게 단순히 정보만을 제공해서는 별다른 효과가 없기 때문에 Verplanken과 Wood(2006)는 이러한 정보제공과 상황변화가 같이 연계되어 실시하는 방법을 제안하였다. 여기서 상황변화는 특정 개인이 아니라 많은 사람에게 동시에 적용되는 환경변화를 의미한다. 예를 들어, 신도시나 대규모 아파트 건설 등의 변화를 의미하며, 이로 인해 많은 사람이 새로 이사를 하게 되는 상황과 연관되어 있다. 이와 같이 환경이 크게 변화되는 경우 새로운 재활용방법이나 대중교통 이용 활성화를 위해 인근 지역 버스 노선에 관한 정보를 제공하는 등의 방법이 효과를 거둘 수 있다는 것이다. 이 방법은 앞에서도 기술하였듯이 새로운 환경으로 인해 기존의 환경과 연합된 습관행동이 감소될 수 있다는 논리로 설명이 가능하다. 하지만 이러한 환경변화가 항상 모든 사람에게 일어나는 것은 아니라서 적용할 수 있는 경우가 많지 않다는 단점이 있다.

이러한 연구결과는 주로 개인이 아닌 국가나 관련 기관에서 많은 사람의 습관행동 변화를 위해 시도하는 방법이라서 코칭과정에서 코치가 피코치에게 적용하기는 쉽지 않을 것으로 보인다.

2) 좋은 습관행동 형성

일상생활에서 나쁜 습관을 없애거나 줄이려는 경우가 많이 있지만 이와는 별도로 건강을 위해 새롭게 운동을 시작한다거나 매일 일정 시간 책을 읽는 것과 같은 좋은 습관행동을 형성하려는 경우 앞서 기술한 다양한 방법을 적용할 수 있을 것으로 판단된다. 하지만 좋은 습관형성에 관한 구체적인 경험 연구는 나쁜 습관행동변화에 관한 연구에 비하면 많지 않은 실정이다. 일반적인 좋은 습관행동 형성에 관한 연구를 정리해 보고자 한다. 좋은 습관행동을 형성하는 방법은 주로 상황과의 연계를 통해 이루어진다.

(1) 기억력 증진 연합

Judah, Gardner와 Aunger(2013)는 대학생과 일반인 50명을 대상으로 양치질 후 치실(flossing)을 하는 좋은 습관을 형성하기 위한 과정을 연구한 결과 과거행동, 기억력, 치실에 관한 긍정적 태도가 치실 행동을 하는데 유의한 영향을 미친다는 것을 발견하였다. 이들은 휴대폰이 있고 일주에 두 번 미만 치실을 하는 사람들만을 대상으로 양치질 후 치실 집단(B-TB)과 양치질 전 치실 집단(A-TB)의 두 집단으로 구분하고 4주간 프로그램을 실시하였으며 치실의 지속성을 분석하기 위하여 8개월 후 추후 검사를 실시하였다. 이들은 시작 전 매일 치실을 하는 것의 효과, 치실 방법과 시기에 관한 교육을 받았으며 이후 집에서 잠자리에 들기 전까지의 일상적인 활동에 대해 기술토록 하였다. 또한 구체적인 실행의도를 형성하는 방법에 대해서도 교육을 받았는데, 예를 들어, '밤에 칫솔을 내려놓을 때 치실을 하겠다.'와 같은 실행의도를 수립토록 하였다. 매일 밤 치실을 하겠다는 서약서에 사인하고 사전검사에 응답(T1)한 참가자들은 사전검사에 응답한 후 4주 동안 매일 아침 11시에 연구자로부터 문자를 받고 전날 밤 치실을 했는지를 답하였으며, 4주 후에는 실험실에서 사후검사에 응답하였다. 이때 추가로 치실을 해야겠다는 것을 어떻게 기억했고, 실행의도를 활용했는지 등도 응답하였다. 이들은 추후검사를 위해 8개월 후 연구자로부터 다시 연락을 받고 치실 행동을 계속하고 있는지에 대해 답하였다.

치실 행동은 일주일에 몇 번 했는지를 측정하였고, 이러한 행동이 습관화되었는지를 알아보기 위하여 치실 사용을 자동적으로 하는지의 정도 SRHI(Verplanken & Orbel, 2003)를 측정하였다. 일상적인 미래기억력은 '바로 무언가 하겠다고 결정한 후 금방 잊는 편입니까?' 등의 8문항(Smith, Della Sala, Logie, & Maylor, 2000)으로 구성되어 있는 척도를 사용하였으며, 치실 동기는 의도(다음 달 매일 저녁 치실을 할 계획이다), 태도(치실을 하면 내 치아가 더 좋아질 것이다 등), 주관적 규범(내가 아는 사람들은 내가 매일 저녁 치실을 하는 것을 지지할 것이다), 지각된 행동통제(매일 저녁 치실을 할지 안 할지에 대해 통제할 수 있다)를 통해 측정하였다. 마지막으로 실행의도 내용을 분석하여 이 내용이 칫솔질과 유사한지 아닌지를 코딩하였다. 예를 들어, 칫솔을 내려놓을 때 치실을 하겠다면 유사한 것으로, 콘택트렌즈 상자를 닫은 후 치실하겠다고 하면 관련 없는 것으로 코딩하였다.

분석 결과 사전검사에서는 두 집단 모두 한 달에 한 번 정도 한다고 보고했으나 사후검사에서는 36%가 매일 치실을 했다고 보고하였으며 시간이 지날수록 치실 빈도는 다소 감소하였다. 치실행동에 유의하게 영향을 미친 변인은 미래기억력과 치실에 대한 긍정 태도였으며, 과거치실행동은 .08수준에서 유의하였다.

추후검사에서 습관행동 점수는 유의하게 감소하였으며, 양치질 후 치실 집단의 습관행동점수와 치실행동점수가 양치질 전 치실 집단보다 유의하게 높은 것으로 나타났다. 이 연구는 습관형성 과정에서 개인의 평소 기억력이 의미 있는 역할을 한다는 점을 밝혔다는 점에서 의의가 있다. 특정 행동을 하겠다는 의도가 있어도 시간이 지남에 따라 기억을 하지 못해서 행동으로 이루어지지 않는 경우도 있기 때문에 이 연구결과는 습관형성 과정에서 자신이 특정 행동을 하겠다는 것을 기억을 증진시킬 수 있는 방법을 찾는 것이 중요함을 시사한다.

또한 양치질 후 치실을 하는 집단이 치실을 먼저 하는 집단보다 장기적으로 더 효과가 있다는 결과는 사건분리이론(Event Segmentation Theory; Zacks, Tversky, & Iyer, 2001b)으로 설명 가능하다. 즉, 양치질과 치실은 동일한 수준(dental care)의 사건으로 간주될 수 있으며, 양치질 후 치실집단의 경우 양치질이 사전 단서로 작용하고 둘은 동일 수준 사건이라 치실을 해야 한다는 기억이 더 잘될 수 있다. 하지만 양치질 전 치실집단은 사전단서가 '샤워나 세수를 끝냄'(다른 내용 수준)일 수 있으며, 따라서 치실과 수준이 달라서 치실을 해야 한다는 기억이 잘 안 날 수 있을 것이다.

따라서 이 연구결과는 개인이 특정 행동(예, 치실)을 잘하도록 만들기 위해서는 이러한 행동을 해야 한다는 것을 잘 기억할 수 있어야 하며, 이를 위해서는 사전에 해당 행동(예, 치실)과 연계성이 높은 동일 수준의 다른 행동(예, 양치질)과 연합될 수 있도록 만들어 주는 것이 중요함을 시사한다.

이러한 연구결과를 코칭장면에 적용하는 방법으로는 피코치의 새로운 행동을 피코치가 자주 하는 기존의 특정 행동과 연계시키는 것이다. 예를 들어, 피코치가 건강을 위해 새롭게 걷기 운동을 시작하겠다고 할 경우 코치는 걷기 운동을 평소에 피코치가 자주 하는 행동(예, 저녁식사 후 30분)과 연계시키도록 하는 것이다. 이를 통해 저녁을 먹은 후 30분 정도가 지나서 걷기 운동을 한다는 두 행동 간의 연합이 형성되어 저녁을 먹게 되면 걷기 운동을 해야 한다는 기억이 형성될 수 있을 것이다.

(2) 사회규범 또는 환경변화

한편, 사회규범변화(upstream) 방법은 정보제공(downstream) 방법이 기존의 부정적 행동을 경감하기 위한 방법인 데 반해서, 애초에 이러한 부정적 행동이나 결과가 생기는 것을 막고 최적의 삶을 유지하도록 설계된 방법으로서 일반적으로 사회규범 또는 환경변화와 같은 거시적인 방법을 통해 새로운 정책을 마련하여 실시하는 경우가 일반적이다. 예를 들어, 건강을 위해 승용차를 타지 않고 대중교통을 이용하는 행동을 촉진하기 위해 대중교통 시스템을 강화한다거나 시내로 승용차를 타고 들어오는 경우 혼잡세와 같은 세금을 부과한다거나 하는 방법 등이 가능하다.

Verplanken과 Wood(2006)가 구체적으로 제시한 방법을 살펴보면 먼저 경제적 유인가(economic incentives)를 제공하는 기법으로서 바람직한 행동을 이끌어 내는 데 효과적일 수 있다. 예를 들어, 정부에서 많은 사람이 백신 주사를 맞도록 하기 위해 무료 또는 할인된 가격으로 백신 주사를 맞게 하는 것이다. Kane, Johnson, Town과 Butler(2004)는 건강과 관련된 예방행동을 실행하는 데 경제적 유인가가 얼마나 효과가 있는지를 알아보기 위하여 이와 관련된 기존 연구 47개를 분석하였다. 연구 결과 경제적 보상은 전체 연구 가운데 73%에서 사람들이 예방행동을 실행하도록 하는 데 효과가 있는 것으로 나타났다.

두 번째 기법은 환경을 변화시키는 것이다. 예를 들어, 시민들이 자신의 건강을 위해 자전거를 많이 타거나 자주 걷도록 하기 위해 기존 도로를 공사해서 자전거 도로를 새로 만들거나 산책할 수 있는 길을 새로 만드는 것이다. 또한 학생들의 건강증진을 위해 학교 식당에서 샐러드를 제공하는 것도 이 방법에 해당된다.

Verplanken과 Wood가 제안한 또 다른 방법은 교육이다. 교육의 방법은 다양한 형식이 있을 수 있지만 일반적으로 단기적인 효과를 거두기는 힘들며 장기적인 효과를 염두에 두고 실시할 필요가 있다.

앞에서 제시한 연구결과들은 주로 정부나 특정 기관에서 개인이 아닌 대다수의 집단을 대상으로 이들의 좋은 습관행동을 형성하기 위해 시도하는 방법이다. 하지만 코칭과정에서도 일부 변형하여 활용할 수 있다. 예를 들어, 코치는 피코치가 자신의 건강을 위해 걷기 운동을 하는 경우 스스로에게 보상을 주는 방법을 제안할 수 있다.

4. 습관행동변화를 위한 대안모형 제시

지금까지 습관행동변화를 위한 방법에 관해 나쁜 습관행동을 제거하거나 줄이는 방법과 좋은 습관행동을 형성하는 방법으로 구분하여 정리하였다. 다양한 방법 가운데 핵심적인 내용은, 예를 들어 TV 보면서 과자를 먹는 것과 같이 처음에 습관행동이 형성될 때 특정 상황과 연계되어 나타나는 경우가 많기 때문에 습관행동변화를 위한 방법도 습관행동과 연계된 상황을 변화시키는 데 초점을 두고 있다는 점이다. 또한 상황변화나 가치탐색 방법에서 볼 수 있듯이 특정 상황에서 구체적인 행동을 계획하는 실행의도(Gollwitzer, 1999)를 중요시함을 알 수 있다.

이와 같이 다양한 방법이 제시되었으며 각 방법대로 긍정적인 결과를 보고하고 있지만 습관행동변화를 시도하려는 연구자나 개인 입장에서 보면 자신의 특정 습관행동을 변화시키려고 할 때 어떠한 방법이 효과적인지를 파악하기는 쉽지 않다. 여기서는 이 연구에서 기술한 다양한 습관행동변화 방법들을 정리하여 하나의 모형으로 제시하고자 하며 이 과정에서 각 방법이 고려하지 못한 개인특성 변인도 포함시켜 정리하고자 한다([그림 10-1]과 [그림 10-2] 참조).

전체적인 모형을 제시하는 과정에서 고려해야 할 변인 가운데 하나는 개인의 습관행동변화 동기수준이다. 자신의 나쁜 습관행동을 변화시키려는 사람들의 동기수준은 다양하다. 나쁜 습관으로 인한 피해가 심각해서 이번에 반드시 변화시켜야겠다는 의지나 동기가 높은 사람도 있지만 다소 불편해서 변화시키면 좋겠는데 막상 실행하자니 귀찮은 생각이 들어서 망설이는 사람도 있다.

[그림 10-1]에서 보듯이 습관을 변화시키고자 하는 동기가 강한 사람들은 습관행동과 연계되는 상황이 무엇인지 파악한 후 이에 따라 연계가 가능하면 상황과의 연계에서 기술한 방법을 사용하면 된다. 하지만 어떤 습관행동의 경우 이와 연계되는 상황을 찾기가 쉽지 않거나 찾았다 해도 상황을 변화시키기가 어려운 때가 있다. 예를 들어, 약속 시간에 자주 늦는 습관을 변화시키려는 경우 늦는 행동과 연계된 상황이 무엇인지 파악하는 것이 쉽지 않으며 또한 전철을 탈 때마다 스마트폰을 보는 경우 상황을 변화시키는 방법은 전철을 타지 않는 것인데 이를 실천하기는 현실적으로 쉽지 않다. 이러한 경우에는 지속적 모니터링, 부정적 정보제공, 리마인더

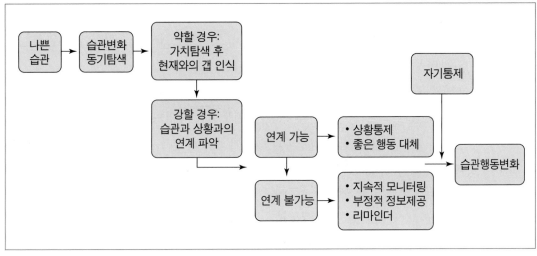

[그림 10-1] 나쁜 습관행동변화 모형

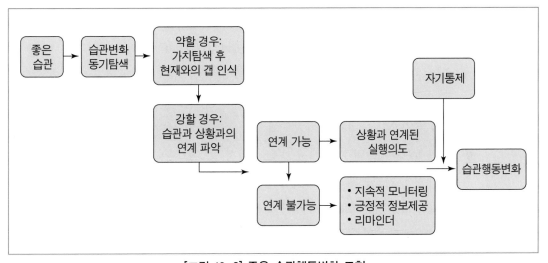

[그림 10-2] 좋은 습관행동변화 모형

등의 방법을 사용하는 것이 현실적일 것이다.

　반면, 습관행동을 변화시키려는 동기가 낮은 사람의 경우에는 먼저 이러한 동기를 높이는 것이 중요하기 때문에 앞서 제시한 방법 중 가치탐색을 하는 것이 바람직할 수 있다. 자신이 중요시하는 가치를 탐색한 후 현재 자신의 나쁜 습관행동과 연계시켜 생각해 보면 차이가 많이 난다는 것을 인식할 수 있고 이를 통해 변화하려는 동기를 높일 수 있을 것이다. 다음은 바로 앞에서 기술한 방법과 동일하게 진행하면 된다. 코칭과정에서도 코치는 피코치의 나쁜 습관행동변화 동기수준을 파악하여 적절한 방법을 선택할 필요가 있다.

좋은 습관을 형성하려는 경우에도, [그림 10-2]에서 보듯이, 앞서 기술한 것과 동일한 논리에 의해 진행하면 된다. 습관행동변화 동기의 강도에 따라 다른 방법을 적용한 후 새로운 습관과 상황과의 연계가 가능한 경우 특정 상황에서 구체적으로 어떤 행동을 하겠다는 실행의도를 수립하면 된다. 반면, 상황과의 연계가 어려운 경우 긍정적 정보를 제공하거나 지속적 모니터링(새로운 행동을 꼭 해야 한다는 생각을 자주 함), 리마인더 등의 방법을 사용하면 될 것이다. 코칭과정에서 코치는 피코치의 좋은 습관행동변화 동기수준을 파악하여 적절한 방법을 선택할 필요가 있다.

이 모형에서 두 번째로 고려한 개인특성은 자기통제(self-control)이다. 자기통제는 자신이 원하는 충동, 행동이나 욕망을 막거나 억제하는 것을 말한다(Baumeister, Heatherton, & Tice, 1994). 따라서 어렵다거나 노력을 많이 해야 하는 행동이라고 해도 충동이나 욕망을 억제하는 정도가 약하다고 한다면 자기통제 행동이라고 볼 수 없다(Muraven & Baumeister, 2000). 예를 들어, 수학문제를 푸는 행동의 경우 힘들고 집중하는 노력을 많이 해야 하지만 현재 자신이 하고 싶은 특별한 충동이나 욕망을 억제하는 경우가 아니라면 자기통제 행동으로 보기 어렵다.

[그림 10-1]과 [그림 10-2]에서 보듯이 특정 방법을 사용하여 습관변화에 성공하는 데는 개인의 자기통제가 중요한 영향을 미칠 것으로 예측할 수 있다. 즉, 개인의 자기통제가 조절변인으로 작용하면서 자기통제수준에 따라 습관행동변화시도가 궁극적인 습관행동변화 성공에 영향을 미치는 정도가 다를 것으로 기대할 수 있다. 성공습관행동을 변화시키는 과정은 결코 쉬운 일이 아니며 특히 나쁜 습관행동을 없애거나 줄이려는 경우 그동안 나쁜 습관행동을 통해 얻은 다양한 물질적 또는 심리적 보상의 유혹을 포기해야 하기 때문에 자기통제가 높은 사람은 이러한 유혹을 물리칠 수 있는 힘이 있어서 성공할 가능성이 높지만 자기통제가 낮은 사람은 성공하기가 쉽지 않을 것이다.

5. 자기통제

앞서 제시한 모형에서 자기통제의 역할에 관해 기술하였는데, 그만큼 습관행동 변화를 위해서 개인의 자기통제 수준이 중요하다. 따라서 습관행동변화에 성공하기 위해서는 평소 개인의 자기통제를 향상시키는 노력이 중요하며 이와 관련된 연구를 간단히 살펴보고 이로부터 시사점을 얻고자 한다. Muraven(2010)에 따르면 자기통제력 향상을 위해서는 무엇보다도 유형에 상관없이 간단한 형태의 자기통제 행동을 실행하는 것이 중요하다고 한다. 92명의 실험참가자를 대상으로 한 연구에서 Muraven은 먼저 참가자들을 단 것 안 먹기, 악력기 사용(하루에 두 번), 간단한 수학문제 풀기(하루에 몇 분 정도), 메모하기(자신이 실행한 자기통제 활동) 등 네 집단에 무선할당하고 2주 동안 각 집단에서 요구하는 자기통제 활동을 하도록 하였다. 이 실험에서 단 것 안 먹기와 악력기 사용은 자기통제를 요구하는 실험집단으로, 다른 두 집단(간단한 수학문제 풀기, 메모하기)은 특별한 자기통제를 요구하지 않는 통제집단으로 구분되었다. 여기서 통제집단은 특별히 자기통제 활동을 한다고 보기 어렵지만 무엇인가를 하고 있기 때문에 자기통제를 잘할 수 있다는 자기효능 감이 증가될 것으로 가정하였다.

자기통제측정은 중지신호과제(stop signal task)를 통해서 측정하였는데, 이 과제에서 참가자들은 앞에 보이는 화면의 오른쪽에 사각형이 보이면 오른쪽 버튼, 왼쪽에 보이면 왼쪽 버튼을 누르도록 교육을 받았다. 만약 사각형이 화면에 보이기 전에 소리가 들릴 경우 이때는 버튼을 누르지 않도록 하였으며, 이를 통제하지 못하고 버튼을 누른 횟수와 반응시간을 측정하였다. 또한 참가자들은 매일 자신이 얼마나 노력했고, 자기통제 활동을 얼마나 실행했으며, 그리고 자기통제 활동 실행이 자기통제를 얼마나 증진시켰는지를 5점 척도를 사용하여 보고하였다.

연구 결과 모든 네 집단에 속한 참가자들은 동일한 수준의 노력 양을 보고하였고, 자기통제 실행에서는 수학문제 풀기 집단이 다른 세 집단에 비해 낮은 수준의 자기통제 활동을 하였다(다른 세 집단의 자기통제 활동에서는 차이가 없었음). 또한 자기통제 활동이 자기통제력을 얼마나 증진시켰는지에 대한 보고에서는 점수가 현저히 낮은 수학문제 집단을 제외하고는 세 집단에서는 유의한 차이가 없었다.

중지신호과제를 통한 분석에서 누른 횟수에 대한 집단의 주효과는 유의하지 않았지만 2주 동안 자기통제 활동의 효과는 유의하였으며, 집단과 시점(사전-사후) 간의 상호작용 효과가 유의하게 나타났다. 상호작용에 대한 추가 분석 결과 실험집단에서는 시점에서 유의한 차이가 있었으나 통제집단에서는 유의한 차이가 없었다. 즉, 자기통제 활동을 한 집단(실험집단)의 경우 활동의 결과로 인해 자기통제가 향상된 것으로 나타났으며(이때 단 것 안 먹기와 악력기 사용 집단 간에 차이는 없었음), 자기통제 활동을 하지 않은 집단(통제집단)은 자기통제가 향상되지 않은 것으로 나타났다.

결과적으로 이 연구에서 2주 동안에 걸쳐 자기통제력이 향상된 것으로 나타난 결과는 단순히 자기통제에 대한 인식이나 자기효능감의 증가로 인해 나타난 것이 아니라 간단한 형태라도 자기통제 활동을 했기 때문인 것으로 해석할 수 있을 것이다. 즉, 자기통제 활동을 통해 자기통제 자원이 향상되고 이를 통해 자기통제를 잘 실행할 수 있게 된 것으로 해석할 수 있을 것이다.

한편, 자기통제 강도 모형(strength model of self-control; Baumeister, Bratlavsky, Muraven, & Tice, 1998; Baumeister, Vohs, & Tice, 2007)에 따르면 자기통제력은 제한되어 있기 때문에 자기통제를 많이 하게 되면 자기통제를 할 수 있는 힘이 고갈되어 나중에 가서는 자기통제가 힘들어진다고 한다.

Job, Dweck과 Walton(2010)은 모든 경우에 자기통제가 고갈되는 것이 아니고 자기통제가 제한된 자원이라고 믿는 사람의 경우에만 그러한 현상이 나타나고(limited resource theory), 자기통제가 제한된 자원이 아니며 힘든 과제를 수행할 경우 오히려 자기통제를 촉진시킬 수 있다는 믿는 사람에게는 그러한 현상이 나타나지 않는다고(nonlimited theory) 주장하였다.

Job 등(2010)의 연구에서 이들은 60명의 학생들을 대상으로 실험을 하였는데, 먼저 이들의 자기통제 자원의 제한에 관해 어떻게 생각하는지를 알아보기 위해 6개의 문항을 통해 측정하였으며, 점수가 높을수록 자기통제자원이 제한적이라고 믿는 정도가 높음을 의미하도록 점수화하였다. 다음은 모든 학생에게 자료를 주고 5분 동안 자료에 나타난 문장에서 'e'가 나타날 때마다 줄을 그으라고 하였다.

자아고갈 조건을 조작하기 위해서는 비고갈조건(nondepleting condition)에 속한 학생들에게 두 번째 페이지에서부터 문장에서 'e'가 나타날 경우 계속해서 줄을 그

으라고 하였으며, 고갈조건(depleting condition)에 속한 학생들에게는 문장에서 'e'
앞에 모음이 나올 경우에는 'e'에 줄을 긋지 말라는 지시를 하였다. 또한 자기통제
를 측정하기 위해서 Stroop 과제를 실시하였다. 이 과제를 위해 컴퓨터를 이용해
화면에 색상을 나타내는 단어를 제시하고 이 단어와 색상이 일치하는지 아닌지를
판단하도록 하였으며 일치할 경우 자판의 키를 누르도록 하였다. 예를 들어, 파랑
이란 단어가 제시되는데 이 단어의 색상이 파란색으로 제시될 수도 있고 노란색으
로 제시될 수도 있다.

　분석 결과 고갈조건과 참가자들의 믿음 간의 상호작용효과가 유의한 것으로 나
타났다. 비고갈조건에서는 참가자들의 믿음 간에 차이가 없었는데, 고갈조건에서
는 참가자들의 믿음에 따라 유의한 차이가 나타났다. 즉, 고갈조건에서 참가자들이
자기통제자원이 제한되어 있지 않다고 믿는 경우 제한되어 있다고 믿는 경우보다
과제에서 Stroop 과제에서 실수를 덜하는 성과가 더 높게 나타났다.

　이어지는 설문연구에서 Job 등은 자기통제자원이 제한되어 있다고 믿는 대학생
들은 제한되지 않다고 믿는 학생들에 비해 건강하지 않은 음식을 더 먹었고 공부를
미루고 다른 활동(예, TV 보기 등)을 더 많이 했으며 목표달성을 위한 자기제어 활동
을 덜했다고 보고하였다.

　이러한 연구는 습관변화를 위해서는 무엇보다 자기통제가 중요한데, 이러한 개
인의 자기통제는 비록 습관을 변화시키는 과정이 힘들어서 고갈 상태에 빠질 가능
성이 있다 하더라도 자기통제력이 제한되지 않는다고 믿는다면 문제가 되지 않는
다는 것을 보여 준다. 따라서 습관변화를 위해서는 개인의 자기통제자원이 무한하
다고 믿도록 유도하는 것이 중요할 것이다.

　이러한 자기통제 연구결과를 코칭에 적용하면 먼저 코치는 피코치의 자기통제
수준을 높이기 위해 피코치가 할 수 있는 가장 간단한 형태의 자기통제 노력을 해
보도록 권유할 필요가 있다. Muraven(2010)의 연구에서와 유사하게 사탕이나 초콜
릿 안 먹기나 악력기 사용 등과 같은 활동 등이 예가 될 수 있다.

　한편, 피코치가 목표달성을 위해 자신이 세운 실행의도를 제대로 실행하지 못할
경우, 여러 가지 이유가 있을 수 있지만 자아고갈도 하나의 원인으로 작용할 수 있
다. 즉, 피코치가 현 상황에서 다양한 일 때문에 자기통제를 많이 발휘하다 보니 고
갈 상태에 빠지게 되고 이로 인해 더 이상 자기통제를 요구하는 과제를 실행하기가

어려울 수 있다.

이러한 상황에서 코치는 피코치가 과제를 제대로 해 오지 못한 이유를 파악하고 만약 자아고갈 상태와 관련 있는 것으로 판단되면, 피코치가 현재 하고 있는 다양한 일 가운데 일부를 중단하도록 권유할 필요가 있다.

또한 이 상황에서 코치는 피코치가 자기통제를 발휘하는 자원이 제한되어 있다고 생각하는지 아니면 무한하다고 생각하는지 확인할 필요가 있다. 만약 피코치가 자원이 무한하다고 생각한다면 더 많은 자기통제 활동을 할 수 있기 때문이다.

6. 미래 연구과제

향후 연구에서는 습관행동변화 시 이러한 모형이 실제로 적용될 수 있는지를 검증할 필요가 있으며 습관동기와 자기통제 이외에 고려해야 할 다른 개인특성 또는 환경변인은 없는지를 분석할 필요가 있다. 또한 이 연구에서 제시한 모형은 습관변화를 위해 실행하는 과정에 관한 내용이 미흡하다. Lally 등(2010)이 기술하였듯이 새로운 습관행동이 형성되는 데 10주 정도의 시간이 걸린다면 습관행동을 변화시키는 데도 오랜 시간이 걸릴 것으로 예상된다. 이 과정에서 개인이 경험하는 심리적 과정에 관한 분석이 제대로 이루어져야 성공적인 습관행동변화를 이해하는 데 기여할 수 있을 것이며 이러한 심리적 과정에 관한 심리기제를 밝히기 위해서는 습관행동변화에 성공한 사람들을 대상으로 한 질적연구가 필요하다. 이를 토대로 심리적 과정에 관한 내용을 포함하는 포괄적인 모형을 도출할 필요가 있을 것이다. 마지막으로 이러한 모형을 토대로 습관행동변화를 위한 코칭프로그램을 개발하고 그 효과성을 검증하는 실험연구가 실행될 필요가 있다.

□ 참고문헌 □

Aarts, H., & Dijksterhuis, A. (2000). Habits as knowledge structure: Automaticity in goal-directed behavior. *Journal of Personality and Social Psychology, 78*, 53-63.

Achtziger, A., Gollwitzer, P. M., & Sheeran, P. (2008). Implementation intentions and shielding goal striving from unwanted thoughts and feelings. *Personality and Social Psychology Bulletin, 34*(3), 381-393.

Adriaanse, M. A., Gollwitzer, P. M., De Ridder, D. T. D., de Wit, J. B. F., & Kroese, F. M. (2011). Breaking habits with implementation intention: A test of underlying processes. *Personality and Social Psychology Bulletin, 37*(4), 502-513.

Anshel, M. H., & Kang, M. (2007). Effect of an intervention on replacing negative habits with positive routines for improing full engagement at work: A test of the disconnected values model. *Consulting psychology Journal: Practice and Research, 59*, 110-125.

Baumeister, R. F., Bratlavsky, E., Muraven, M., & Tice, D. M. (1998). Ego depletion: Is the active self a limited resource? *Journal of Personality and Social Psychology, 74*, 1252-1265.

Baumeister, R. F., Heatherton, T. F., & Tice, D. M. (1994). *Losing control: How and why people fail at self-regulation.* San Diego, CA: Academic Press.

Baumeister, R. F., Vohs, K. D., & Tice, D. M. (2007). The strength model of self-control. *Current Directions in Psychological Science, 16*, 351-355.

Brown, D., & Crace, R. K. (1996). Values in life role choices and outcomes: A conceptual model. *Career Development Quarterly, 44*, 211-223.

Crace, R. K., & Hardy, C. J. (1997). Individual values and the team building process. *Journal of Applied Sport Psychology, 9*, 41-60.

Gollwitzer, P. M. (1999). *Implementation intentions: Strong effects of simple plans. American Psychologist, 54*(7), 493-503.

Job, V., Dweck, C. S., & Walton, G. M. (2010). Ego depletion-Is it all in your head? Implicit theories about willpower affect self-regulation. *Psychological Science, 21*(11), 1686-1693.

Judah, G., Gardner, B., & Aunger, R. (2013). Forming a flossing habit: An exploratory study of the psychological determinants of habit formation. *British Journal of Health Psychology, 18*, 338-353.

Kane, R. L., Johnson, P. E., Town, R. J., & Butler, M. (2004). A structured review of the effect of economic incentives on consumers' preventive behavior. *American Journal of Preventive Medicine, 27*(4), 327–352.

Lally, P., & Gardner, B. (2013). Promoting habit formation. *Health Psychology Review 7*(1), 137–158.

Lally, P., Van Jaarsveld, C. H. M., Potts, H. W. W., & Wardle, J. (2010). How are habits formed: Modeling habit formation in the real world. *European Journal of Social Psychology, 40*, 998–1009.

Loehr, J., & Schwartz, T. (2003). *The power of full engagement: Managing enery, not time, is the key to high performance and personal renewal.* New York: Free Press.

Mindy, F. J., & Wood, W. (2007). Purchase and consumption habits: Not necessarily what you intend. *Journal of Consumer Psychology, 17*(4), 261–276.

Muraven, M. (2010). Building self-control strength: Practicing self-control leads to improved self-control performance. *Journal of Experimental Psychology, 46*, 465–468.

Muraven, M., & Baumeister, R. F. (2000). Self-regulation and depletion of limited resources: Does self-control resemble a muscle? *Psychological Bulletin, 126*, 247–259.

Neal, D. T., Wood, W., Labrecque, J. S., & Lally, P. (2012). How do habits guide behavior? Perceived and actual triggers of habits in daily life. *Journal of Experimental Social Psychology, 48*, 492–498.

Neal, D. T., Wood, W., Wu, M., & Kurlander, D. (2011). When do habits persist despite conflict with motives. *Personality and Social Psychology Bulletin, 37*, 1428–1437.

Quinn, J. M., Pascoe, A., Wood, W., & Neal, D. T. (2010). Can't control yourself? Monitor those bad habits. *Personality and Social Psychology Bulletin, 36*(4), 499–511.

Sheeran, P. (2002). Intention-behavior relations: A conceptual and empirical review. *Journal of European Review of Social Psychology, 12*(1), 1–36.

Smith, G. V., Della Salla, S., Logie, R. H., & Maylor, E. A. M. (2000). Prospective and retrospective memory in normal ageing and dementia: a questionnaire study. *Memory, 8*, 311–321.

Verplanken, B. (2006). Beyond frequency: Habit as a mental construct. *British Journal of Social Psychology, 45*, 639–656.

Verplanken, B., & Aarts, H. (1999). Habit, attitude, and planned behavior: Is habit an empty construct or an interesting case of goal-directed automaticity? *European Review of Social Psychology, 10*, 101–134.

Verplanken, B., Aarts, H., & Van Knippenberg, A. (1997). Habit, information acquisition, and the process of making travel mode choices. *European Journal of Social Psychology, 27*, 539-560.

Verplanken, B., & Orbel, S. (2003). Reflections on past behavior: A self-report index of habit strength. *Journal of Applied Social Psychology, 33*, 1313-1330.

Verplanken, B., & Wood, W. (2006). Interventions to break and create consumer habits. *Journal of Public Policy and Marketing, 25*(1), 90-103.

Webb, T. L., & Sheeran, P. (2006). Does changing behavioral intentions engender behavior change? A meta-analysis of the experimental evidence. *Psychological Bulletin, 132*(2), 249-268.

Webb, T. L., Sheeran, P., & Luszczynska, A. (2009). Planning to break unwanted habits: Habit strength moderates implementation intention effect on behavior change. *British Journal of Social Psychology, 48*, 507-523.

Wood, W., & Neal, D. T. (2007). A new look at habits and the habit-goal interface. *Psychological Review, 114*, 843-863.

Wood, W., Quinn, J. M., & Kashy, D. A. (2002). Habits in everyday life: Thought, emotion, and action. *Journal of Personality and Social Psychology, 83*, 1281-1297.

Wood, W., Tam, L., & Witt, M. G. (2005). Changing circumstances, disrupting habits. *Journal of Personality and Social Psychology, 88*, 918-93.

Zacks, J. M., Tversky, B., & Iyer, G. (2001). Perceiving, remembering, and communicating structure in events. *Journal of Experimental Psychology, 130*(1), 29-58.

- - -
제11장

코칭수퍼비전

66 코칭심리 분야에서 전문가가 되기 위해서는 학회에서 요구하는 여러 요건을 충족시켜야 한다. 이 가운데 하나는 자신이 진행한 코칭과정에 대해 일정 횟수의 수퍼비전을 받아야 한다. 전문가를 준비하는 수련생이 아닌 이미 전문가 자격증을 가지고 있는 코치라 하더라도 자신의 코칭역량 향상을 위해 주기적으로 수퍼비전을 받을 필요가 있다. 이 장에서는 코칭 및 코칭심리에서 수퍼비전이 왜 필요하고 수퍼비전은 어떻게 진행하는 것이 적절할지에 대해 설명하고자 한다. 99

1. 코칭심리에서 수퍼비전의 필요성

현재 국내에 코칭이 소개된 지 20년이 가까워지고 있으며 코치의 수와 코칭 분야가 크게 확대되고 있다. 이 책의 2장에서도 언급했듯이 코칭심리학회 회원만 하더라도 2011년 학회 출범 후 7년만에 회원 수가 1,000여명에 달하고 있다.

하지만 아직 코칭수퍼비전은 제대로 자리 잡고 있지 못하다. 따라서 코칭을 배우는 사람뿐 아니라 현역 코치의 경우에도 현재 자신이 코칭을 제대로 하고 있는지에 대한 궁금증과 코칭역량 향상에 대한 니즈가 많다. 특히 학회마다 자격증 제도가 강화되면서 코칭심리학회의 경우에도 코칭심리사 1급 또는 2급에 응시하려면 수퍼비전을 각기 20회 또는 10회 받아야 한다.

영국심리학회 산하 코칭심리분과인 SGCP(2007)는 『코칭심리수퍼비전 안내서(Guidelines on supervision for coaching psychology)』에서 코칭수퍼비전의 필요성에 관해 단기적으로는 코칭심리전문가 또는 코칭심리사 자격증 취득을 원하는 사람들에게 자격증 취득조건으로 수퍼비전을 실시할 필요가 있다고 기술하였다. 장기적으로는 현역 코치들도 자신의 코칭역량 향상을 위해 수퍼비전을 받을 필요가 있으며 이를 통해 궁극적으로는 고객인 피코치의 니즈를 충족시키는 데 목표를 두고 있다. 즉, 코칭수퍼비전을 통해 코칭분야에 종사하는 코치들의 역량을 향상시키고, 이를 통해 궁극적으로는 피코치에게 도움을 줄 수 있다는 장점이 있기 때문에 코칭수퍼비전이 필요함을 알 수 있다.

2. 코칭수퍼비전의 정의

코칭수퍼비전에 관한 정의를 몇 가지 살펴보고자 한다. Bachkirova, Stevens와 Willis(2005)는 코칭수퍼비전을 성찰(reflection), 평가, 전문성 공유를 통해 코치의 역량 개발과 수퍼바이지의 코칭 효율성 증진을 위해 전문적 지원을 제공하는 공식적 과정으로 정의하고 있다. Hawkins와 Schwenk(2006)는 코칭수퍼비전은 코칭수퍼바이저의 도움을 통해 코치들이 코칭의 질을 향상시키고 코칭역량을 증진시키며 자신과 코칭실무에 대한 지원을 받기 위해 참여하는 구조화된 공식적 과정으로 정의하였다. 또한 국제코치연맹(International Coach Federation, 2016)에서는 코칭수퍼비전을 성찰 대화를 통해 코치의 역량을 지속적으로 향상시키고 고객에게 도움을 주기 위한 협력적 학습과정으로 정의하였다.

이상의 정의를 살펴보면 코칭수퍼비전은 코치의 코칭역량을 위한 것이고 이를 통해 코치가 상대하는 고객, 즉 피코치들에게 혜택이 돌아가도록 하는 것을 목표로 한다는 것을 알 수 있다. 또한 코칭수퍼비전 진행과정에서는 수퍼바이지가 자신이 진행한 코칭과정에 대해 다시 한번 돌아보고 개선할 부분이 무엇인지를 성찰해 볼 기회를 갖는 것이 중요하다.

3. 코칭수퍼비전의 국내외 현황

1) 국외현황

코칭수퍼비전 현황에 대해 먼저 국외 상황을 살펴보면 현재 외국의 경우에도 코칭수퍼비전이 시작된 지 얼마 되지 않은 것으로 나타나고 있다. 따라서 아직 코칭수퍼비전에 관한 모형과 이론, 훈련방법에 관한 연구가 많지 않은 실정이다.

먼저 영국의 현황을 살펴보면 영국심리학회산하 코칭심리분과(SGCP, 2007)는 2007년 6월에 『코칭심리수퍼비전 안내서(Guidelines on supervision for coaching psychology)』를 발간하였다. 이 안내서는 코칭수퍼비전의 본질과 목적, 수퍼비전 관리, 책임, 수퍼바이저 역량, 비밀보장 등을 다루고 있으며 모든 회원은 정기적인 수퍼비전을 받을 것을 요구하고 있다. 하지만 아직 의무사항은 아니다.

Hawkins와 Schwenk(2006)는 영국의 코치들을 대상으로 실시한 조사에서 코치 중 86%가 코치는 지속적이고 정기적인 수퍼비전을 받아야 한다고 대답하였으며, 실제로 44%가 받고 있다고 응답하였다. 이러한 결과는 영국의 코치들이 수퍼비전의 중요성을 크게 인식하고 있는 것으로 해석할 수 있다.

한편, Grant(2012)는 호주에서 코칭활동을 하고 있는 174명의 코치를 대상으로 수퍼비전 실태를 조사하였는데, 조사 결과 82.7%가 수퍼비전을 받고 있다고 응답하였으며 이 가운데 25.7%는 공식 수퍼바이저로부터 다른 코치들은 비공식적인 방법 또는 동료로부터 수퍼비전을 받는 것으로 나타났다. 또한 전체 응답자 가운데 90.9%가 수퍼비전이 필요하다는 데 동의한 것으로 나타났다.

수퍼비전을 받는 방법으로는 일대일 면 대 면 방법이 가장 많았으며(42%), 온라인수퍼비전도 21.1%나 되었다. 수퍼비전을 받는 목적으로는 가장 많은 코치들이 (62%) 성찰을 위해서라고 응답하였다. 수퍼비전을 받는 과정에서 어려운 점에 관한 질문에는 역량 있는 수퍼바이저가 별로 없고 비용이 비싸다고 답하였다. 또한 코칭수퍼비전 훈련기관이 부족하다는 응답도 많았는데, 응답자 중 79.3%가 코칭수퍼비전 훈련을 받은 적이 없다고 답하였다.

호주 및 뉴질랜드에서 활동하는 33명의 임원코치를 대상으로 조사한 연구(Lawrence & Whyte, 2014)에 따르면 33%가 공식적, 정기적, 유료, 일대일 수퍼비전을 받고 있는 것으로 나타났다. 수퍼비전을 받는 이유로는 33%가 다른 사람의 관점을 알고 싶어서였고 24%는 자기인식(성찰)을 높이기 위해서였으며 21%는 지원 및 자신감 향상을 위해서였다.

Passmore와 McGoldrick(2009)은 미국과 호주에 코칭수퍼비전 훈련이 공식적으로 없음을 언급하며 영국에서 점차 시작되고 있다고 밝힌 바 있다.

2) 국내현황

2014년도 한국코칭심리학회에서는 코칭심리사 1급 자격증 취득을 대비해 코칭심리수퍼비전 가이드라인을 만든 바 있다(김은정, 이은경, 이희경, 정은경, 2014). 이 가이드라인은 〈부록 1〉에서 보듯이 코칭심리수퍼비전에 관한 정의, 목적, 기능 등에 관한 내용을 담고 있다. 하지만 수퍼비전을 구체적으로 어떻게 진행하면 좋은지에 관한 내용은 포함하고 있지 못하다.

2015년 코칭심리학회에서 14명이 코칭심리사 1급 자격증을 획득하면서 수퍼바이저 자격을 얻었으며 이후로 코칭수퍼비전이 진행되고 있다. 하지만 공식적인 조사가 없어서 현재 코칭심리학회 내에서 얼마나 많은 수퍼비전이 이루어지고 있는지 파악할 수 없다. 또한 학회 소속이 아니며 외부에서 코치로 활동하고 있는 분들 중에서도 전체적으로 몇 명 정도가 수퍼바이저 역할을 하고 있는지 알 수 없으며, 코치 중에서도 어느 정도가 정기적으로 수퍼비전을 받고 있는지 알려진 바 없다.

향후 국내 코치들을 대상으로 수퍼비전 실태조사를 실시하여 코치 가운데 어느 정도가 수퍼비전을 하거나 받고 있는지 등에 관한 내용을 파악할 필요가 있을 것이다. 또한 수퍼비전은 어떤 형태(온라인 vs. 오프라인, 일대일 vs. 그룹 등)로 진행하고 있으며 수퍼비전을 진행하는 과정 등에 대한 내용도 파악할 필요가 있다.

수퍼바이저가 되기 위한 교육이나 훈련은 국내에서도 미흡한 것으로 나타나고 있다. 코칭심리학회에서도 코칭심리사 1급 자격증을 갖게 되면 자동적으로 수퍼비전을 할 수 있는 자격이 생기는데, 실제 1급이 된 후 수퍼비전에 대한 공식적인 훈련 없이 각자 알아서 수퍼비전을 진행하고 있는 실정이다. 향후 수퍼바이저 자격을 얻게 되는 1급 자격증 소지자들에 대한 공식적인 수퍼비전 교육 또는 훈련 매뉴얼을 만들어서 시행할 필요가 있을 것이다. 또한 1급 자격증 소지자라고 해도 정기적으로 다른 1급으로부터 수퍼비전을 받는 제도 도입을 고려할 필요가 있을 것이다.

4. 코칭심리수퍼비전 시 고려사항

Carroll(2006)은 코칭심리 분야에서 수퍼비전을 진행할 때 고려해야 할 몇 가지 사항들에 대해 기술하였다. 이 내용을 살펴보면 다음과 같다.

1) 수퍼비전 철학

진행과정에서 수퍼바이저의 융통성 있는 태도가 필요하다. 코칭에서 수퍼비전은 수퍼바이저가 수퍼바이지의 질문에 단순히 답변하고 지적하면서 진행하는 것이 아니라 코칭을 진행하는 과정과 같이 수퍼바이저는 수퍼바이지가 질문한 내용에 대해 같이 고민하면서 더 나은 방법을 찾아 나간다는 태도가 필요하다.

즉, 수퍼바이저는 코칭을 진행하는 방식과 같이 수퍼바이지가 특정 상황에서 피코치에게 어떤 이유 때문에 그렇게 질문했으며 그 상황에서 어떻게 질문하는 것이 좀 더 좋았겠는지를 물어보면서 진행하는 것이 바람직하다.

2) 코칭수퍼비전의 풍토

코칭수퍼비전을 진행하는 과정에서 무엇보다 지원적인 분위기가 중요하다. 즉, 수퍼바이지가 어떤 질문이나 말을 하더라도 수퍼바이저는 이를 존중하고 지원해 주는 풍토를 조성할 필요가 있다. 그래야 수퍼바이지가 자연스럽게 물어보고 싶은 내용에 대해 질문할 수 있으며 수퍼바이저의 지적에도 용기를 갖고 답변할 수 있게 된다. 이와 관련해 수퍼바이지가 모든 것을 공개해도 문제가 되지 않는다고 인식하게끔 만드는 안전한 분위기 조성도 중요하다.

Carroll(2009)은 도전적이지만 건설적인 분위기도 중요함을 강조한다. 수퍼바이지는 수퍼바이저의 지적에 단순히 답변만 하거나 수동적인 태도를 취할 것이 아니라 당당하게 자신이 주장할 부분은 적극적으로 자신의 의견을 개진하는 태도가 필요하다. 이를 위해서 수퍼바이저는 수퍼바이지의 이러한 적극적이고 도전적인 행동이 가능하도록 수퍼비전 분위기를 적절하게 이끌고 나가는 것이 중요하다.

또한 코칭심리 분야에서의 수퍼비전은 수퍼바이지가 코칭을 진행하면서 어떤 심리이론이나 모형을 사용했는지도 점검할 필요가 있다(이 장의 8. 코칭심리수퍼비전 사례 제출 양식에서 좀 더 자세히 설명함). 마지막으로 코칭을 진행할 때와 동일하게 수퍼비전도 수퍼바이지의 허락 없이는 외부에 공개하지 않을 것을 보장할 필요가 있다.

3) 코칭수퍼비전 형태

코칭수퍼비전 형태는 다양하다. 일반적으로 수퍼바이저와 수퍼바이지가 일대일로 만나서 진행하는 경우가 가장 많다. 하지만 수퍼바이저 1명과 수퍼바이지가 여러 명인 상태에서 진행하는 그룹수퍼비전도 가능하다. 추가적으로 두 명의 수퍼바이저가 서로 수퍼비전을 제공하는 동료수퍼비전도 가능하며 여러 명의 수퍼바이저가 서로 수퍼비전을 제공하는 동료그룹수퍼비전도 실시할 수 있다. 또는 국내의 경우 공개 수퍼비전을 진행하는 경우가 있는데 이때는 수퍼바이저 1명이 수퍼바이지 1명에 대해 수퍼비전을 진행하지만 이를 청중들 앞에서 공개적으로 진행하는 방식을 말한다. 이 경우 청중들도 수퍼바이지나 수퍼바이저에 대해 진행상 궁금한 내용을 질문할 수 있다.

어떤 수퍼비전 형태가 가장 효과적인지에 관한 연구는 보고된 바 없다. 필자도 지금까지 100회 이상의 수퍼비전을 진행한 바 있지만 거의 대부분을 일대일 또는 공개적으로 진행해 왔다. 특히 공개적으로 진행할 경우 청중들이 질문뿐 아니라 수퍼바이지가 설명한 코칭 내용에 대해서 자신의 의견을 제시하는 것도 허용하고 있다. 이를 통해 청중들도 단순히 수퍼비전진행을 관찰만 하는 방관자가 아니라 적극

적으로 진행과정에 참여하고 자신의 의견을 개진함으로써 자신의 코칭역량을 향상
시킬 수 있는 기회를 갖게 된다.

4) 수퍼비전 빈도

아무래도 경험이 부족한 코치는 초기 단계에서 좀 더 자주 수퍼비전을 받을 필요
가 있을 것이다. Carroll(2009)은 평균적으로 한 달에 한 번 정도를 권장하고 있다.

5) 수퍼바이지의 역할

앞에서도 잠시 기술하였듯이 수퍼비전 시 수퍼바이지는 수동적이 아닌 적극적이
고 주도적 역할을 할 필요가 있다. 수퍼바이저 의견을 무조건적으로 수용할 필요는
없으며 자신의 의견을 적극적으로 개진한다는 마음 자세를 갖고 수퍼비전에 임할
필요가 있다.

수퍼바이지의 개방적인 자세도 중요하다. 가능한 한 피코치와의 정보를 충분히
공개하고 수퍼바이저의 비판이나 다른 견해도 충분히 합리적이라고 판단될 경우
이를 수용하는 태도가 필요하다. 하지만 그렇다고 해서 지나치게 수퍼바이저의 견
해에 치중할 필요는 없다. 수퍼바이지가 수퍼바이저의 지적이나 견해가 적절하지
않다고 판단되면 적극적으로 자신의 의견을 제시할 필요가 있다.

6) 수퍼바이저의 역할

바로 앞에서 수퍼바이지의 적극적이고 주도적인 자세를 강조한 바 있다. 수퍼바
이지가 이러한 태도를 보이기 위해서는 무엇보다 수퍼바이저의 역할이 중요하다.
수퍼바이저는 촉진자로서의 역할이 중요한데, 개방형 질문을 통해 수퍼바이지가
한 발자국 뒤에 서서 자신의 코칭진행과정을 성찰해 보도록 유도하는 것이 중요하
다. 또한 수퍼바이저는 직접적인 해결방안을 제시하기보다는 수퍼바이지가 스스로
해결방안을 찾도록 기다려 주는 코칭방식으로 진행하는 것이 수퍼바이지의 통찰을
이끌어 내는 데 더 도움이 된다. 이러한 점에서 상담에서 수퍼비전을 진행하는 방

법과 차이가 있다고 볼 수 있다.

수퍼바이저는 또한 수퍼바이지가 자유롭게 자신의 이슈를 얘기할 수 있는 분위기를 조성할 필요가 있다. 이를 위해 수퍼바이저는 지원적 태도를 보이는 동시에 경우에 따라서는 수퍼바이지가 충분히 성찰할 수 있도록 직면하는 질문도 필요하다. 또한 전체적으로 수퍼바이지의 코칭과정에 대한 피드백을 제공한다. 마지막으로 수퍼바이지의 피코치에 대한 코칭진행과정에서 비윤리적 행동이 있으면 이를 지적할 필요가 있다.

7) 수퍼바이저 역량

Carroll(2006)은 수퍼바이저가 갖추어야 할 기본 스킬에 관해 다음과 같은 내용을 제시하고 있다.

① 계약체결
② 코칭과정 평가
③ 개인 개발
④ 일대일 관계
⑤ 수퍼비전 모델 및 이론
⑥ 코칭과 수퍼비전에서 세력(power)에 대한 이해
⑦ 복잡한 코칭상황에 대한 수퍼비전
⑧ 집단자원활용, 집단역학이해, 집단수퍼비전의 경우 개인과 집단의 우선순위에 대한 고려

5. 논쟁점

1) 코칭영역에 따른 수퍼비전 내용의 차이점

코칭영역에서 비즈니스코칭의 경우 피코치뿐 아니라 코칭비용을 지불하는 회사

도 관여되어 있다. 따라서 수퍼비전 진행 시 코치(수퍼바이지), 피코치, 회사 간의 3자 관계를 이해하고 이에 대한 내용이 포함될 수도 있다. 예를 들어, 회사에서 코치(수퍼바이지)에게 피코치와 진행한 코칭내용을 보고해 달라고 요청할 경우 코치가 어느 정도 범위 내에서 피코치에 관한 개인정보를 회사에 보고했는지가 윤리적으로 민감한 부분일 수 있다. 수퍼바이저는 수퍼바이지가 이러한 이슈에 대해 적절하게 대응했는지를 검토할 필요가 있다. 하지만 이러한 내용은 비즈니스코칭이 아닌 다른 코칭영역에서 진행할 경우 대부분 피코치가 코칭비용을 지불하기 때문에 문제될 것이 없다.

2) 심리치료모형의 적용

코칭심리에서의 수퍼비전에서 논쟁이 되는 부분 중의 하나는 수퍼비전 모형으로 심리치료 모형을 적용할 수 있을 것인지에 관한 것이다. 심리치료 분야에서의 수퍼비전 모형을 그래도 적용할 것인가? 아니면 코칭은 심리치료 또는 상담과 다르기 때문에 다른 모형을 적용해야 하나? 심리치료모형은 상담에서 많이 사용하는 모형으로서 예를 들어 수퍼바이지의 전이에 초점을 두고 이로 인해 수퍼바이지와 피코치 간의 관계에서 어려웠던 문제들을 수퍼비전에서 다루며 이러한 문제가 수퍼비전을 진행하는 과정에서도 나타날 수 있기 때문에 수퍼바이저는 이에 관해 논의할 수 있다.

코칭과정에서도 전이가 나타날 수 있기 때문에 심리치료모형을 수용할 수도 있지만 코칭은 진행과정에서 특징이 있기 때문에 자체적으로 다른 수퍼비전 모형을 개발해야 한다는 주장도 있다(Butwell, 2006). Butwell(2006)은 진행과정이 다소 유사하다는 이유만으로 심리치료모형이 코칭에 적용 가능한지에 대한 엄격한 검증작업 없이 그대로 적용할 수는 없다고 주장한다.

3) 코칭수퍼비전과 코칭심리수퍼비전

그렇다면 코칭에서의 수퍼비전과 코칭심리에서의 수퍼비전에는 어떤 차이가 있을지에 관한 내용도 또 하나의 논쟁점이 될 수 있다. 코칭수퍼비전이 코칭 진행과정에 대한 수퍼비전이라고 한다면 코칭심리수퍼비전은 코칭수퍼비전의 내용에 더해서 심리학 이론과 모형이 적용된 부분이 있는지, 만약 있다면 적절하게 적용되었는지에 대한 내용이 추가로 포함될 필요가 있다(SGCP, 2007). 이 장의 뒷부분(8. 코칭심리수퍼비전 사례 제출 양식)에서도 기술하였지만 코칭심리 분야에서의 수퍼비전은 무엇보다 코칭진행과정에서 어떤 심리학 이론 및 모형 또는 연구결과를 적용하였는지를 양식에 기술하도록 되어 있다. 이를 적절하게 기술하기 위해서 수퍼바이지는 평소 다양한 심리학 분야의 연구 결과를 지속적으로 공부하면서 이를 코칭장면에 활용할 수 있는 가능성이 있는지를 검토할 필요가 있다.

6. 코칭수퍼비전 모형

[그림 11-1]은 Passmore와 McGoldrick(2009)이 제시한 코칭수퍼비전 모형이다. 그림에서 보듯이 이 모형은 크게 상황(context), 과정(process), 그리고 성과(outcome)의 세 요인으로 구성되어 있다. 상황에는 수퍼비전을 받으려는 수퍼바이지가 수퍼비

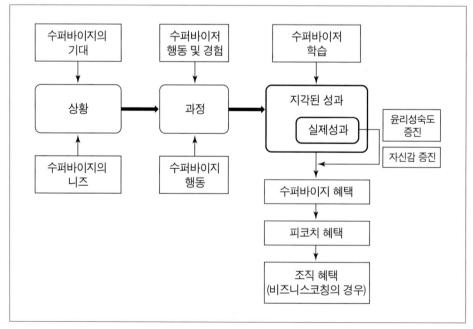

[그림 11-1] 코칭수퍼비전 모형(Passmore & McGoldrick, 2009)

전에 대해 갖는 기대감과 특히 어떤 부분에 대해 수퍼비전을 받고 싶어하는 니즈가 포함된다. 이러한 상황하에서 수퍼비전이 이루어지며 이 과정에서는 무엇보다 수퍼바이저의 경험과 행동이 중요한 역할을 한다. 또한 앞에서 기술했듯이 수퍼바이지도 수동적이 아닌 보다 적극적이고 주도적인 역할을 할 필요가 있다. 마지막으로 성과는 수퍼비전을 통해 나타나는 효과로서 우선적으로 수퍼바이지의 성숙도와 자신감이 증진되며 수퍼바이저 입장에서도 수퍼비전 사례가 매번 다르기 때문에 조금이라도 새로운 내용을 학습할 수 있다는 장점이 있다. 또한 궁극적으로는 수퍼바이지의 역량이 향상되어 향후 해당 수퍼바이지(코치)에게 코칭을 받는 피코치에게 도움이 되며 비즈니스코칭의 경우 조직의 성과 증진에도 도움이 될 수 있다.

7. 코칭심리수퍼비전 방향

향후 코칭심리분야에서의 수퍼비전의 발전을 위해서는 먼저 구체적인 수퍼비전 가이드라인이 개발될 필요가 있다. 현재 한국코칭심리학회에서도 앞에서 기술했듯이(〈**부록 1**〉 참조), 수퍼비전 가이드라인이 있기는 하지만 구체적인 진행 과정 방법에 대한 내용이 포함되고 있지 않아서 수퍼바이저마다 각자 나름대로 수퍼비전을 진행하고 있는 상황이다. 코칭수퍼비전의 진행 방법, 윤리기준 및 제출양식 등에 관한 내용을 포함하는 가이드라인이 빠른 시간 내에 완성될 필요가 있다. 또한 코칭심리에서의 수퍼비전은 코칭에서 수퍼비전과 어떤 차별성이 있는지에 대한 내용에 대해서도 명확하게 기술될 필요가 있다.

앞에서 다양한 코칭수퍼비전 형태에 대해서도 기술하였지만 각 형태마다 수퍼비전 진행 방식에서 다소 차이가 있을 수 있다. 따라서 각각의 수퍼비전 형태는 어떤 상황에서 효과적이며 수퍼비전 과정에서는 어떻게 진행하는 것이 효율적인지에 대한 논의가 필요하다.

마지막으로 현재 코칭수퍼바이저 양성을 위한 공식적 교육이나 훈련이 제대로 실행되고 있지 못하기 때문에 학회 차원에서 1급 코칭심리사 자격을 획득한 사람들을 대상으로 구조화된 수퍼바이저 교육 프로그램을 만들어 의무적으로 이수하게 하는 노력이 필요할 것이다.

8. 코칭심리수퍼비전 사례 제출 양식

여기서는 현재 필자가 수퍼비전을 진행할 때 사용하고 있는 양식을 소개하고자한다. 코칭심리 분야에서의 수퍼비전이기 때문에 무엇보다 코칭진행 과정에서 어떤 심리학 이론이나 모형 또는 연구결과를 활용했는지에 대한 기술이 들어가야 한다는 특징이 있다.

1) 수퍼바이지(코치) 이름 및 소속

수퍼비전을 받는 수퍼바이지(즉, 코치)의 이름과 소속을 간단히 기술하면 된다.

2) 수퍼바이저 이름 및 소속

수퍼비전을 하는 수퍼바이저의 이름과 소속을 간단히 기술한다.

3) 수퍼비전 일시 및 장소

수퍼비전을 받는 일정과 장소를 기술한다.

4) 피코치에 대한 정보

(1) 개인 정보

피코치의 이름(가명), 성별, 연령, 결혼여부, 가족관계, 학력, 현 소속, 과거 직장 경력 등의 정보를 간단히 기술한다.

(2) 타 기관 코칭 또는 상담 경험

타 기관에서 코칭이나 상담을 받은 경험 유무와 받았다면 어떤 코칭 또는 상담이었는지 간단히 기술한다.

(3) 심리, 인상 또는 행동 특징

피코치의 심리적 특성이나 인상 또는 행동상의 특징에 대해 기술한다(예, 심리적으로 불안해 보이거나 인상이 우울해 보이거나 눈을 마주치지 못하는 행동 특성 등).

(4) 코칭에 오게 된 경위

피코치가 코칭에 오게 된 경위가 자발적인지 아니면 부모나 회사의 압력으로 할 수 없이 비자발적으로 왔는지 간단히 기술한다. 또한 어떻게 코칭 및 코치를 알게 돼서 왔는지에 관한 내용도 기술한다.

(5) 피코치에 대한 전체적인 진단

어떤 특성의 사람인 것 같고, 코칭을 받으려는 동기는 어느 정도인지 등에 관해 기술한다. 예를 들어, '말이 별로 없고 고뇌에 찬 모습이지만 코칭을 받으려는 동기는 높은 것으로 보임'과 같이 기술할 수 있다.

5) 코칭내용

(1) 코칭범주

대 범주로 구분하여 비즈니스코칭, 커리어코칭, 라이프코칭, 학습코칭 또는 기타 중에서 선정하여 기술한다. 기타인 경우 어떤 내용인지 좀 더 상세하게 기술한다.

(2) 코칭주제

피코치의 코칭이슈가 무엇인지 기술한다. 예를 들어, 상사와의 갈등, 배우자와의 갈등, 공부가 잘 안 됨, 삶이 재미가 없음, 다이어트가 잘 안 됨 등과 같이 다양한 주제가 코칭이슈가 될 수 있다. 일반적으로 코칭 첫 회기에서 코치가 피코치에게 코칭을 받으러 온 이유가 무엇인지 물어볼 때 피코치가 하는 얘기를 이곳에 기술하면 된다. 만약 피코치가 비자발적으로 온 경우 특별한 코칭이슈가 없을 수도 있다.

(3) 코칭목표

피코치의 코칭이슈를 통해 도출된 구체적인 코칭목표가 무엇인지 기술한다. 앞

에서 기술한 코칭이슈로부터 코치가 피코치로부터 이끌어 낸 코칭목표를 기술하면
된다. 여기서는 가능한 한 구체적이어야 하고 피코치가 진정으로 원하는 목표가 무
엇인지를 파악해야 한다. 예를 들어, 다양한 코칭이슈로부터 이끌어 낸 코칭목표는
다음과 같을 수 있다. 상사와 하루에 10분 진심으로 웃으면서 얘기하기, 배우자와
하루 10분 진정 어린 대화하기, 매일 1시간씩 공부하기, 재미있는 취미생활 찾기,
3개월 내 체중 10kg 감량하기 등이다.

(4) 적용한 심리 이론 및 모형

코칭과정에서 적용한 심리이론 또는 모형을 기술한다. 이 부분은 필자가 지금까
지 수퍼비전을 하다 보면 수퍼바이지들이 수퍼비전 양식을 제출할 때 가장 어려워
하거나 잘못 기술하는 내용으로 볼 수 있다. 만약 코칭과정에서 인지행동방법이나
강점을 활용하는 방법, 또는 수용전념치료 등의 방법을 사용해서 코칭을 진행했다
면 간단히 인지행동기법, 긍정심리이론(또는 구체적으로 강점활용기법), 수용전념치
료 등과 같이 기술하면 된다.

하지만 이와 같이 뚜렷한 심리이론이나 기법을 활용하지 않고 진행한 경우 구체
적인 심리이론이나 모형을 쓰는 것이 쉽지 않다. 그러다 보니 많은 수퍼바이지가
GROW 모형, 경청, 등과 같은 코칭모형이나 기본적인 코칭스킬 등을 기술하는 오류
를 범하는 경우가 자주 있다. 여기에는 인지행동과 같이 전체적인 코칭과정에 적용
하여 진행한 이론이나 기법뿐 아니라 특정 회기에서 코칭을 진행하면서 일부이기는
하지만 심리학 연구에서 나온 특정 이론이나 연구결과 등을 수퍼바이지가 알고 이
를 적용했다면 이를 기술해도 된다. 당연한 얘기지만 이 내용을 구체적으로 기술하
려면 코칭과정에 적용할 수 있는 다양한 심리학 이론이나 모형을 알고 있어야 한다.

예를 들어, 피코치의 자기효능감이 낮아서 자기효능감을 높이기 위해 Bandura
가 자기효능감 연구에서 주장한 내용을 토대로 코칭이슈에 관한 피코치의 과거 성
공경험을 이끌어 내어 피코치가 현재의 이슈를 잘 해결할 수 있다는 자기효능감을
높였다고 한다면 Baudura의 자기효능감이론을 이곳에 기술할 수 있다.

3장의 코칭모형과 5장의 코칭목표에서도 기술하였지만 Gollwitzer의 실행의도
연구를 토대로 피코치가 목표달성을 위한 계획을 수립할 때 Gollwitzer가 제시한
실행의도 방법을 활용하였다면 Golliwitzer의 실행의도 기법을 기술할 수 있을 것

이다.

또한 코칭과정에서 코치가 피코치가 원하는 목표를 도출하기 위해 피코치가 언급한 목표에 대한 상위의 목표에 대해 물어보면서 피코치가 현재 제시한 목표가 자기가 진정으로 원하는 목표인지를 확인하기 위한 노력을 기울였다고 하자. 이 경우 이 책의 5장 코칭목표에서 기술하였듯이 코치는 자기일치목표의 중요성에 관한 연구 결과를 이해하고 코칭과정에서 피코치의 자기일치목표를 찾기 위한 노력을 하였기 때문에 '자기일치목표'를 기술할 수도 있다.

이와 같이 다양한 심리이론이나 모형뿐 아니라 연구결과들을 알게 되면 코칭과정에서 충분히 활용 가능하다. 따라서 코칭심리를 공부하는 코치뿐 아니라 코칭심리를 전공하지 않은 코치들도 가능한 한 심리학 연구결과에 대해 공부하고 어떤 이론이나 모형 또는 연구결과를 코칭에 적용할 수 있을지 생각해 보고 활용 가능할 것으로 판단되는 내용이 있으면 이를 실제로 적용해 보는 노력이 필요하다. 이를 통해 코칭과정에서 효과적인 자기만의 노하우를 만들 수 있을 것이다.

(5) 심리검사 결과

만약 실시한 심리검사나 척도가 있는 경우 검사 결과 및 해석에 대해 간단히 기술한다. 예를 들어, 빅파이브 성격검사를 실시했다면 각 요인별 점수와 피코치의 종합적인 성격특성에 관해 간단히 기술한다. 커리어코칭과정에서 흥미검사를 실시했다면 피코치의 6개 흥미유형 점수를 기술하고 피코치의 흥미특성은 전반적으로 어떠한지에 대해 기술하면 된다.

이 장의 〈**부록 2**〉의 코칭심리사 자격검정시행세칙에 기술되어 있듯이 코칭심리사 1급에 응시하기 위해서는 심리검사를 20회 이상 실시해야 하고 이 기록을 제출해야 한다. 이때 심리검사(평가)의 범위는 자격제도위원회에서 인정하는 표준화된 심리검사로 제한하는 것으로 되어 있다. 따라서 수퍼바이지는 피코치에게 심리검사를 실시할 때 가능하면 자격제도위원회에서 인정할 수 있는 심리학 분야에서 많이 사용되는 검사를 실시하는 것이 바람직하다. 예를 들어, 에니어그램과 같이 심리학이 아닌 타 분야나 일반인이 많이 사용하는 성격검사 같은 경우 인정받지 못할 수도 있다. 수퍼바이지 입장에서 어떤 검사가 인정받는지 잘 모를 경우 본인의 주 수퍼바이저와 사전에 상의하는 것이 좋다.

(6) 코칭전략

코칭과정에서 1회기가 끝나고 코치가 피코치의 상황을 어느 정도 이해한 후 또는 코칭진행과정에서 새로운 회기에 코칭주제나 이슈가 바뀌는 경우 코칭을 전략적으로 어떠한 방법으로 진행해 나가야겠다고 생각했는지에 대한 내용을 기술한다. 예를 들어, 코치가 피코치와의 대화과정에서 특정 이슈에 대해 피코치가 가지고 있는 비합리적인 신념이 너무 강하다고 인식한 경우 인지행동기법을 활용해야겠다고 생각할 수 있으며 이러한 내용을 기술하면 된다. 또한 커리어코칭과정에서 피코치가 자신에 대해 알고 있는 부분이 매우 부족하기 때문에 먼저 피코치의 자신에 대한 이해를 높이는 것이 중요하다는 판단을 할 수도 있다.

6) 코칭회기별 진행

전체 코칭과정을 간단히 요약하고 각 회기별 진행내용에 대해 간단히 설명하면 된다.

(1) 전체 과정 요약

(2) 회기별 설명
① 1회기
② 2회기
③ 3회기
④ 4회기
⑤ 5회기
⑥ 6회기

(3) 축어록

전체 회기 가운데 수퍼비전을 특별히 받고 싶은 회기에 대한 축어록을 작성하여 이곳에 기술하면 된다. 기술할 때 수퍼바이저가 이해하기 쉽도록 코치는 '코'로 피코치는 '피'로 하며 처음에 한 말은 1로 다음부터는 순서적으로 2, 3……의 번호를 매긴다.

> **코** 1: 코치가 제일 처음 말한 내용 기술
>
> **피** 1: 피코치의 답변 기술
>
> **코** 2: 코치의 두 번째 질문 기술
>
> **피** 2: 피코치의 답변 기술

7) 코칭성과

(1) 전체적인 코칭성과 및 느낀점

전체적으로 코치가 인식하는 코칭성과가 어느 정도였으며 코치로서 느낀 점은 무엇이었는지를 기술한다. 만약 사전, 사후로 실시한 설문지가 있는 경우 분석 결과도 제시한다.

(2) 잘된 점과 개선할 점

코칭진행과정 중 코치 입장에서 어떤 부분이 잘되었으며 어떤 점이 개선할 부분이라고 생각하는지를 기술한다.

(3) 피코치가 인식하는 코칭성과

여기서는 피코치가 인식하는 코칭성과가 무엇인지를 기술한다. 대부분 코칭을 마무리하는 시점에서 피코치에게 그동안 진행한 코칭에 대해 어떻게 생각하는지를 물어보기 때문에 그 내용을 기술하면 된다. 추가로 회기를 끝내면서도 당일 진행한 내용에 대한 피코치의 의견을 물어보기 때문에 특별히 기술할 특징이 있으면 이 내용도 기술할 수 있다.

8) 수퍼비전 이슈

구체적으로 수퍼바이지는 어떤 부분에 대해 특히 수퍼비전을 받고 싶은지에 대해 기술한다. 예를 들어, 전체적인 진행내용이 코칭방식대로 적절하게 진행되었는지, 코칭목표가 적절하게 설정되었는지, 기술한 심리이론 및 모형이 적합한지, 어떤 심리이론이나 모형이 적합한지, 코칭의 질문내용이 적절한지 모르겠다 등 수퍼바이지가 진행과정에서 어려워했거나 자신이 없는 내용에 대해 기술하면 된다. 지금까지 필자가 수퍼비전을 하면서 가장 많이 나온 수퍼비전 이슈는 어떤 심리이론이나 모형을 기술하면 될지 잘 모르겠다는 이슈였다.

9. 코칭심리사 자격증과 수퍼비전

현재 코칭심리학회에서 수여하는 코칭심리사 1급과 2급 자격증(구체적 내용은 〈**부록 2**〉 코칭심리사 자격규정(2013) 참조)을 취득하기 위해서는 다른 요건 이외에도 일정 횟수의 수퍼비전을 받아야 한다. 코칭심리사 자격검정 시행세칙(2013) 제8조(자격심사 내용 및 기준)에 따르면 코칭심리사 1급 또는 2급 자격증을 취득하기 위해서는 수퍼비전을 각기 20회 또는 10회 이상 받아야 한다(〈**부록 3**〉 자격검정 시행세칙 참조).

또한 코칭심리사 수련과정 시행세칙(2013) 제6조(수퍼비전)에 따르면 서류심사에 상정할 수 있는 수퍼비전의 조건은 다음과 같다(〈**부록 4**〉 수련과정 시행세칙 제6조 참조).

- 수련등록 이후에 실시한 수퍼비전
- 동일 회기에 대해 다수의 수퍼비전을 받은 경우 1회로 인정한다.
- 코칭종료 후 5개월 이상이 경과한 사례에 대한 수퍼비전은 인정하지 않는다.

즉, 수련등록 이전 또는 특히 코칭종료 후 5개월이 지난 후 사례에 대한 수퍼비전은 인정받지 못하기 때문에 코칭심리사 자격증을 준비하는 코치들은 먼저 수련등록부터 해야 하며 코칭종료 후 5개월 전에 수퍼비전을 받을 수 있도록 시간관리를 잘해야 한다. 또한 어떤 사례에서 특정 회기에 대해 이미 수퍼비전을 받았으면 동일한 회기 내용에 대해 다른 수퍼바이저로부터 수퍼비전받은 것은 인정받지 못한다. 하지만 동일한 사례에서 다른 회기로 수퍼비전받는 것은 인정받을 수 있다.

부록 1. 코칭심리수퍼비전 가이드라인(안)

2014/9/12
한국코칭심리학회 수퍼비전 연구회
(김은정/이은경/이희경/정은경)

1. 정의

코칭심리수퍼비전은 수퍼바이저가 수퍼바이지(코치)로 하여금 코칭에 대한 심리학적 이해를 토대로 효과적인 개입들을 활용할 수 있도록 돕는 공식적이고 구조화된 상호작용을 말한다.

2. 목적

코칭심리수퍼비전은 수퍼바이지의 역량을 개발하고 코칭의 효과성을 증진시키는 것을 목적으로 한다. 구체적으로, 사례개념화, 코칭과정에 대한 점검, 코칭성과에 대한 평가 및 코치로서의 자기성찰 촉진을 위한 전문적 지원을 제공한다.

3. 기능

코칭심리수퍼비전의 주요 기능은 다음과 같다.

① **발달적 기능**: 수퍼바이지의 자기 이해를 높이고 코칭 수행에 필요한 지식과 기술을 보완하여 전문적 성장을 돕는다.
② **전문성 기능**: 코칭 고객에게 질적으로 최상의 서비스를 제공하도록 돕고, 윤리적 기준과 법적 기준을 준수하도록 지도·감독한다.
③ **평가적 기능**: 코칭 고객의 욕구 파악, 목표 수립과 개입 및 성과 평가의 적절성 등을 평가한다.

4. 주체

① 수퍼바이저는 수퍼비전의 목적과 기능을 충족시킬 수 있는 전문성과 역량을

갖춘 코칭심리사 1급 자격증 소지자이다.

② 수퍼바이지는 코칭심리학회 회원으로서 코치로서의 자신에 대한 이해를 높이고 코칭전문성을 높이고자 하는 사람이다.

5. 책임과 의무

① 수퍼바이저는 수퍼비전 지침을 준수하여 수용적이고 협력적인 태도로 수퍼비전을 제공하여야 한다.

② 수퍼바이저는 수퍼바이지가 실시하는 코칭의 질적 수준을 관리할 의무가 있으며 수퍼바이지가 윤리적 기준을 준수하도록 지도할 책임이 있다.

③ 수퍼바이지는 수퍼바이저에게 적극적으로 수퍼비전을 요청하고 능동적인 태도로 수퍼비전에 임한다.

④ 수퍼바이지는 지도감독의 내용을 성실히 이행할 의무가 있다.

⑤ 수퍼바이저와 수퍼바이지는 수퍼비전에서 알게 된 개인 정보와 내용에 대해서 비밀 보장에 대한 윤리적 책임이 있다.

6. 형태

수퍼비전의 형태는 다음과 같다.

① 개별 수퍼비전은 수퍼바이저와 수퍼바이지가 1:1로 진행하는 구조이다.

② 집단 수퍼비전은 1인 이상의 수퍼바이저와 2인 이상의 수퍼바이지로 진행하는 구조이다.

7. 내용

코칭심리수퍼비전의 주요 내용은 다음과 같다.

① **교육**: 코칭실무에 필요한 지식과 기술 습득을 지원하고 수퍼바이지(코치)의 특성을 고려한 코칭 접근법 개발 및 훈련을 돕는다.

② **자문**: 코칭이슈와 맥락에 대한 정보 및 사례에 적합한 전략을 제공한다.

③ **평가**: 코치역량과 사례를 평가하고 전문적 피드백을 제공한다.

8. 진행

① 수퍼비전 계약

② 수퍼바이지에 대한 이해 및 발달 수준 평가

③ 수퍼비전의 목표 설정

④ 수퍼비전의 실행 및 개입

⑤ 수퍼비전의 평가 및 종결

부록 2. 코칭심리사 자격규정

제1조(목적)

본 규정은 본 학회의 코칭심리사 자격을 규정함을 목적으로 한다.

제2조(정의)

코칭심리사라 함은 한국코칭심리학회 회원으로서 본 학회가 규정한 수련과정을 이수하고 소정의 자격검정에 합격한 후 한국심리학회가 인증하는 코칭심리사 1급과 코칭심리사 2급, 코칭심리사 3급을 말한다.

제3조(코칭심리사의 역할)

코칭심리사 자격소지자의 역할은 다음과 같다.

(1) 코칭심리사 1급: ① 코칭심리에 관련된 전문 지식을 갖추고, 다양한 영역에서 코칭을 적용한다.

② 심리학 기반의 코칭모형 및 프로그램을 개발, 보급하며 연구를 수행한다.

③ 코칭심리사 수련과정에 있는 수련생을 수련, 교육한다.

(2) 코칭심리사 2급: ① 코칭심리에 관련된 기반 지식을 갖추고 현장실무에서 코칭을 수행한다.

② 코칭과 관련된 행정, 인적자원 개발 등의 다양한 실무를 수행한다.

③ 그 수행의 효과성을 위하여 지속적인 학습을 한다.

(3) 코칭심리사 3급: ① 코칭심리에 관련된 기초 지식을 갖추고 현장실무에서 코칭을 수행한다.

② 기관 등 특정 분야에서 코칭을 제공하고 이와 관련된 행정 등 다양한 실무를 수행한다.

③ 그 수행의 효과성을 위하여 지속적인 학습을 한다.

제4조(코칭심리사 자격구분)

코칭심리사 1급, 2급, 3급은 다음과 같이 구분된다.

(1) **코칭심리사 1급**: 다음 항 가운데 어느 하나에 해당하고 자격검정에 통과한 자를 말한다. ① 심리학 및 유관 전공으로 박사학위 이상의 학위를 받고, 본 학회가 인정하는 코칭 분야에서 2년 이상 실무경험이 있는 자. 단, 유관 전공의 인정범위는 자격검정 시행세칙에 따른다.

② 심리학 및 심리학 유관 전공으로 석사학위 이상의 학위를 받고, 본 학회가 인정하는 코칭 분야에서 3년 이상 코칭 실무경험이 있는 자

③ 한국심리학회에서 인정하는 심리사 1급 자격증을 소지하고, 본 학회가 인정하는 코칭분야에서 2년 이상 실무경험이 있는 자

단, 3단계로 구성된 자격증의 경우 최상위 단계의 자격증만이 인정된다.

④ 코칭심리사 2급 자격증을 취득한 후 본 학회가 인정하는 코칭 분야에서 2년 이상 실무경험이 있는 자

(2) **코칭심리사 2급**: 다음 항 가운데 어느 하나에 해당하고 자격심사에 통과한 자를 말한다. ① 심리학 및 심리학 유관 전공으로 학사 이상의 학위를 받고, 본 학회가 인정하는 코칭 분야에서 2년 이상 수련을 마친 자. 단, 유관 전공의 인정범위는 자격검정 시행세칙에 따른다.

② 코칭 관련 업무를 3년 이상 담당한 자로서 자격검정시행세칙에서 지정한 코칭심리 필수 과목을 이수한 자

③ 한국심리학회에서 인정하는 심리사 2급 이상의 자격증을 소지한 자로서 본 학회가 인정하는 코칭 분야에서 1년 이상 수련을 마친 자

단, 3단계로 구성된 자격증의 경우 차상위 단계의 자격증만이 인정된다.

④ 코칭심리사 3급 자격증을 취득한 후 본 학회가 인정하는 코칭 분야에서 1년 이상 실무경험이 있는 자

(3) **코칭심리사 3급**: 다음 항을 모두 충족하고 자격심사에 통과한 자를 말한다.

① 학사 이상의 학위 소지자로, 코칭 혹은 심리학 관련 영역에서 3년 이상 근무한 자. 단, 코칭 혹은 심리학 관련 영역은 자격제도 위원회의 판정에 따른다.

② 본 학회의 자격관리위원회가 인정하는 소정의 교육과정을 이수한 자

제5조(자격검정)

자격검정은 필기시험과 자격심사 및 면접으로 이루어진다.

(1) 필기시험의 실시에 관한 기타사항은 자격검정 시행세칙에 따른다.

(2) 자격심사에서는 본 학회가 요구하는 수련기준의 충족여부를 평가한다. 지원 자격, 수련기준과 합격판정 등에 관한 사항은 별도의 자격검정 시행세칙에 따른다.

(3) 면접은 코칭심리에 관한 유능성, 전문성 및 윤리성을 검증하는 데 초점을 둔다.

제6조(수련등록 및 수련과정)

코칭심리사 자격 검정에 응시하고자 하는 자는 본 학회의 수련생으로 등록하여 자격검정에 필요한 수련과정을 밟아야 한다.

수련등록 및 수련과정에 대한 세부사항은 별도의 수련과정 시행세칙에 따른다.

제7조(자격의 유지)

코칭심리사 자격을 유지하기 위해서는 본 학회의 회원자격을 유지하여야 하며 연 1회 이상 코칭심리 학술활동에 참여하여야 한다.

자격유지 심사는 본 학회의 자격제도위원회가 주관하며 별도의 시행세칙에 따른다.

제8조(윤리강령 준수)

코칭심리사 자격 소지자는 한국심리학회 및 본 학회의 윤리강령을 준수해야 한다.

제9조(자격의 정지 및 회복)

코칭심리사의 자격제한 및 회복은 다음과 같이 정한다.

(1) 코칭심리사가 위의 제7조 및 제8조를 이행하지 않을 경우 차기년도 자격이

정지된다. 단, 본 학회의 징계에 의해 회원 자격이 정지되었을 때는 즉시 그 효력
이 발생한다. 자격정지 기간 동안의 수련 및 수련감독은 인정되지 않는다.

(2) 정지 사유가 해결되었을 시 코칭심리사 자격이 회복된다.

제10조(규정의 변경)

본 규정을 변경하고자 할 때는 자격제도위원회 발의에 의해 한국심리학회 이사
회의 인준을 거쳐 발효한다.

부칙

- 2013년 8월 1일부터 시행한다.

부록 3. 코칭심리사 자격검정 시행세칙

제1조(목적)

본 시행세칙은 코칭심리사 자격규정 제5조에 명시한 코칭심리사 자격검정에 관한 세부 사항을 규정함을 목적으로 한다.

제2조(검정기준)

코칭심리전문가로서 업무를 원활하게 수행할 수 있는 직무능력을 갖추고 있는지 유무를 기준으로 하여 등급별 검정기준을 정한다. 코칭심리자격증의 등급별 검정기준은 다음과 같다.

(1) 코칭심리사 1급: 전문가 수준의 뛰어난 코칭심리활용능력을 가지고 있으며 심리학에 대한 전문지식을 가르치는 코칭심리교육자, 인력개발과 개인성장관련 업무의 책임자로서 갖추어야 할 능력을 갖춘 최고급 수준

(2) 코칭심리사 2급: 준전문가 수준의 코칭심리활용능력을 가지고 있으며 코칭심리교육자, 인력개발과 개인성장관련 업무 책임자로서 갖추어야 할 능력을 갖춘 고급 수준

(3) 코칭심리사 3급: 일반인으로서 뛰어난 코칭심리활용능력을 가지고 있으며 코칭심리활용수준이 상급 단계에 도달하여 한정된 범위 내에서 코칭심리교육자, 인력개발과 개인성장관련 업무를 수행할 기본 능력을 갖춘 상급 수준

제3조(검정 방법)

본 자격검정은 필기시험, 자격심사 및 면접으로 이루어진다.

제4조(검정 횟수 및 공고)

본 자격검정은 연 1회 실시를 원칙으로 하며 구체적인 일정은 자격제도위원회에서 결정한다. 세부일정과 기타사항에 대한 공고는 한국심리학회장과 본 학회장이 한다.

제5조(응시자격)

본 자격검정에 응시하고자 하는 자는 한국심리학회 및 본 학회의 회원으로서, 코칭심리사 자격규정의 제4조에서 규정하는 자격은 자격심사 응시시점까지 갖추어야 한다. 필기시험과 자격심사의 응시자격은 각각 다음과 같다.

(1) 필기시험: 본 학회의 수련과정에 등록한 자

(2) 자격심사: 필기시험에 합격하고 본 학회가 규정한 소정의 수련활동을 이수한 자

(3) 면접: 서류심사에 합격한 자

제6조(유관전공의 인정)

심리학 유관전공의 인정 기준은 다음과 같다.

(1) 학사학위소지자는 학사과정에서 심리학과목을 12과목(36학점) 이상 이수한 경우

(2) 석사학위소지자는 석사과정에서 심리학과목을 7과목(21학점) 이상 이수한 경우

(3) 박사학위소지자는 박사과정에서 심리학과목을 7과목(21학점) 이상 이수한 경우

제7조(필기시험)

(1) 필기시험 과목: 필기시험은 필수과목과 선택과목으로 나누어 실시한다. 필수과목과 선택과목은 각각 다음과 같다.

① 필수과목: '코칭심리 이론 및 실습'이다. 필수과목에 응시하기 위해서는 학부 혹은 대학원 과정에서 해당 과목을 이수하여야 한다. 해당과목이 개설되어 있지 않은 대학이나 기관에 소속된 경우, 본 학회에서 인정하는 교육이수(40시간 이상)로 대치할 수 있으며 필기시험 응시 시 증빙자료를 제출하여야 한다. 또한 '코칭심리 이론 및 실습'과 유사한 과목을 수강하였을 경우 수련생이 수강한 과목과 '코칭심리 이론 및 실습'과의 일치여부는 본 학회의 자격제도위원회에서 판정한다. 단, 3급의 경우 본 학회가 인정하는 소정의 교육과정 내 포함된 '코칭심리 이론 및 실습' 과목으로 대체할 수 있다.

② 선택과목: 선택과목은 기초 선택과목과 심화 선택과목으로 구성된다. 기초 선택과목은 상담심리학, 성격심리학, 학습심리학, 발달심리학, 긍정심리학, 심리검사 중에서 선정될 수 있고, 심화 선택과목은 경력개발 및 진로상담, 사회심리학,

조직심리학, 연구방법론, 고급심리검사 중에서 선정될 수 있다. 코칭심리사 1급 응시자는 기초 선택과목에서 2과목, 심화 선택과목에서 1과목, 총 3과목을 선택한다. 코칭심리사 2급 응시자는 기초 선택과목 중 2과목을 선택한다. 코칭심리사 3급 응시자는 기초 선택과목 중 1과목을 선택한다.

(2) 합격판정의 기준은 필수과목과 선택과목 각각에서 전체평균 60점 이상, 과목별 40점 이상이다.
① 필기시험 합격의 유효기간은 모든 과목이 합격하여 최종 필기시험 합격 통지를 받은 연도로부터 5년이다.
② 필수과목과 선택과목의 평균이 각각 60점이 되지 않아 불합격으로 판정된 경우, 60점 이상의 과목은 5년 이내에서 면제받을 수 있다.

(3) 필기시험면제: 심리학 혹은 심리학 유관전공 박사학위 취득 후, 2학기 이상의 대학교 강의경력(심리학 과목만 해당)이 있는 경우 기초선택과목 2개를 면제할 수 있다. 심리학 과목에 대한 판단은 본 학회의 자격제도위원회에서 판정한다.

제8조(자격심사 내용 및 기준)

필기시험에 합격한 후 자격심사에 응해야 한다. 코칭심리사 1급, 2급, 3급의 수련기준은 각각 다음과 같다.
(1) 코칭심리사 1급 자격 청구를 위하여 다음의 수련내역을 제출하여야 한다.
① 코칭: 개인코칭 또는 그룹코칭 300회 이상(총 30사례 이상이어야 하며, 그룹코칭은 10사례, 100회를 초과할 수 없다)의 실시 경력 증명을 제출한다. 학회에서 제공하는 양식에 따라 세부내용을 기록하며, 한 회기 전체 축어록을 포함한 2사례의 사례보고서(5회기 이상 및 1년 이내 사례)와 사례보고서에 포함되지 않은 1회기의 코칭 세션 녹화물(음성 또는 영상)을 제출한다.
② 수퍼비전: 20회 이상의 수퍼비전을 받은 기록을 제출한다.
③ 사례연구모임 참가: 본 학회가 인정하는 사례연구모임에 10회 이상 참가한 기록을 제출한다.
④ 심리평가: 20회 이상의 심리평가 실시 기록을 제출한다. 이때 심리평가 도구

의 범위는 본 자격제도위원회에서 인정하는 표준화된 심리검사로 제한한다. 또한 동일한 검사도구의 사용은 50%를 초과할 수 없다.

⑤ 교육연수: 자격검정서류심사를 기준으로 최근 3년 이내 총 48시간 이상의 코칭심리학술활동(학술대회, 교육등) 참가기록을 제출한다.

⑥ 학술논문: 수련 등록일 이후 발간된 한국심리학회 혹은 산하학회 학술지에 최소 1편의 논문을 게재하였다는 증빙서류(학술지 표지, 목차, 논문사본)나 게재예정(확정)증명서를 제출한다. 단, 본 규정은 2019년 자격심사부터 적용한다.

(2) 코칭심리사 2급 자격 청구를 위하여 다음의 수련내역을 제출하여야 한다.

① 코칭: 개인코칭 또는 그룹코칭 100회 이상(총 10사례 이상이어야 하며, 그룹코칭은 3사례, 30회를 초과할 수 없다)의 실시 경력 증명을 제출한다. 학회에서 제공하는 양식에 따라 세부내용을 기록하며, 한 회기 전체 축어록을 포함한 2사례의 사례보고서(5회기 이상 및 1년 이내 사례)를 제출한다.

② 수퍼비전: 10회 이상의 수퍼비전을 받은 기록을 제출한다.

③ 사례연구모임 참가: 본 학회가 인정하는 사례연구모임에 5회 이상 참가한 기록을 제출한다.

④ 교육연수: 자격검정서류심사를 기준으로 최근 3년 이내 총 24시간 이상의 코칭심리학술활동(학술대회, 교육등) 참가기록을 제출한다.

(3) 코칭심리사 3급 자격 청구를 위하여 다음의 수련내역을 제출하여야 한다.

① 코칭: 개인코칭 또는 그룹코칭 40회 이상(총 5사례 이상이어야 하며, 그룹코칭은 2사례, 20회를 초과할 수 없다)의 실시 경력 증명을 제출한다. 학회에서 제공하는 양식에 따라 세부내용을 기록하며, 한 회기 전체 축어록을 포함한 1사례의 사례보고서(5회기 이상 및 1년 이내 사례)를 제출한다.

② 수퍼비전: 4회 이상의 수퍼비전을 받은 기록을 제출한다.

③ 사례연구모임 참가: 본 학회가 인정하는 사례연구모임에 3회 이상 참가한 기록을 제출한다.

④ 교육연수: 자격검정서류심사를 기준으로 최근 2년 이내 총 12시간 이상의 코칭심리학술활동(학술대회, 교육등) 참가기록을 제출한다.

제9조(면접)

면접은 서류심사에 제출된 내용들을 확인하고 응시자의 코칭심리에 관한 유능성, 전문성 및 도덕성을 검증하는 데 초점을 둔다.

제10조(유관 자격 인정 범위)

(1) 한국심리학회 인증 자격증 보유자는 다음 범위에서 기 수련내역을 인정받을 수 있다.

① 기 수련내역을 최대 50%까지 인정하여 코칭사례, 수퍼비전, 사례연구모임 참가 조항에 반영한다.

② 기 수련내역의 인정 범위는 상담심리 및 임상심리 분과 자격증의 경우 최상위급 50%, 차상위급 40%, 그 외 분과의 자격증은 최상위급 40%, 차상위급 30%로 정한다.

(2) 정신보건임상심리사의 경우 최상위급 40%, 차상위급 30%를 인정하여 코칭사례, 수퍼비전, 사례연구모임 참가 조항에 반영한다.

제11조(자격판정)

최종합격 여부는 면접의 결과에 따라 자격제도위원회에서 판정한다.

제12조(자격판정)

(1) 이상에서 명시되지 않은 사항은 관행에 따른다.

(2) 본 세칙의 변경은 자격제도위원회에서 심의 의결한다.

부칙 제1조(경과조치) 다음과 같이 경과조치를 둔다. (1) 제6조, 제7조, 제8조에 대해서는 자격제도위원회와 이사회에서 의결하는 세부사항을 적용한다. (2) 부칙 제1조는 2017년 1월 1일 자동 삭제된다.

- 본 세칙은 2013년 8월 1일부터 시행한다.
- 본 세칙은 2016년 4월 11일부터 시행한다.

부록 4. 수련과정 시행세칙

제1조(목적)

본 시행세칙은 코칭심리사 자격규정 제6조에 명시한 코칭심리사 수련과정에 관한 세부 사항을 규정함을 목적으로 한다.

제2조(수련기간)

수련기간은 본 학회에 수련생으로 등록한 시점부터 시작되어 자격증 취득시점에 종료된다. 단, 본 학회의 최초 수련등록일인 2015년 4월 2일 이전에 본 학회의 회원으로 가입한자는 학회가입일을 수련등록일로 인정한다.

제3조(수련생)

수련생이라 함은 코칭심리사 자격취득을 위하여 수련과정에 등록한 자를 말한다. 수련생은 다음과 같은 기준에 의해 수련과정을 이수하여야 한다.

(1) 수련생은 자격제도위원회가 인정하는 수련감독자의 지도를 받는다.
'지도를 받는다' 함은 자격검정 시행세칙의 제6조에 명시되어 있는 활동들 각각에 대해 그 내용에 대한 조언을 구하는 것이다.

(2) 수련기간 중 수련생은 본 학회의 회원자격을 유지해야 하며 본 학회의 회칙에 의해 회원자격이 정지된 기간 동안의 수련내용은 인정되지 않는다.

제4조(수련감독자)

수련감독자는 코칭심리사 1급 자격증 보유자로 본 학회가 인정한 자이다. 수련감독자의 역할과 책임은 다음과 같다.

(1) 수련감독자는 수련생의 개인코칭 및 그룹코칭에 대한 수퍼비전을 실시하며 양식에 따라 소견을 제시하고 날인한다.

(2) 수련감독자는 수련수첩에 명시되어 있는 각종 수련내용을 확인하고 날인한다. 본인이 날인한 조항의 내용에 대한 책임은 수련감독자에게 있다.

(3) 수련감독자는 수련생이 자격검정 자격을 갖추었다고 판단되면 본 학회가 규

정하는 절차에 따라 자격검정 추천을 한다.

(4) 수련감독자가 본 학회의 회원자격이 정지된 기간에 실시한 수련감독 및 수퍼비전은 인정되지 않는다.

(5) 자격제도위원회에서는 매년 1회 이상 수련감독자의 자격을 갖춘 코칭심리사 1급의 명단을 회원들에게 공지한다.

제5조(개인코칭 및 그룹코칭)

수련생이 실시한 개인코칭 및 그룹코칭 내용은 본 학회가 제시하는 양식에 기록하고 수련감독자의 확인을 받는다.

서류심사에 상정할 수 있는 개인코칭 및 그룹코칭 활동은 다음과 같다.

(1) 수련등록 이후에 실시한 회기 및 사례

(2) 수련감독자가 확인하고 날인한 회기 및 사례

(3) (코치가 기관에 소속되어 코칭을 진행했다면) 소속 기관장의 확인을 득한 회기 및 사례

제6조(수퍼비전)

수퍼비전은 수련감독자에 의해 실시된다. 서류심사에 상정할 수 있는 수퍼비전의 조건은 다음과 같다.

(1) 수련등록 이후에 실시한 수퍼비전

(2) 동일 회기에 대해 다수의 수퍼비전을 받은 경우 1회로 인정한다.

(3) 코칭종료 후 5개월 이상이 경과한 사례에 대한 수퍼비전은 인정하지 않는다.

제7조(사례연구모임)

사례연구모임은 타인의 수퍼비전에 참가하여 사례에 대한 이해를 높이는 활동을 칭한다.

제8조(심리평가)

심리평가는 표준화된 검사도구를 사용하여 진행하는 것을 원칙으로 한다. '표준화된 검사도구'라 함은 검사의 규준 및 사용지침이 존재하고 신뢰도와 타당도가

확보된 측정도구를 칭한다. 성격검사, 적성검사 및 기타 심리학적 구성개념에 대한 측정도구가 포함된다.

제9조(교육연수)

코칭심리사 자격청구를 위한 교육연수는 본 학회가 주최하는 학술대회 및 워크숍 등과 외부기관에서 제공되는 프로그램 중 본 학회가 인정하는 프로그램을 칭한다.

후자의 경우 프로그램의 인정 여부 및 인정 시간은 교육 및 연수위원회에서 프로그램의 내용을 검토하여 정한다.

제10조(보칙)

수퍼비전은 수련감독자에 의해 실시된다. 서류심사에 상정할 수 있는 수퍼비전의 조건은 다음과 같다.

(1) 이상에서 명시되지 않은 사항은 관행에 따른다.

(2) 본 세칙의 변경은 자격제도위원회와 교육 및 연수위원회가 협조하여 심의 의결한다.

부칙

– 본 세칙은 2013년 8월 1일부터 시행한다.

– 본 세칙은 2016년 4월 11일부터 시행한다.

□ 참고문헌 □

김은정, 이은경, 이희경, 정은경(2014). 코칭심리수퍼비전 가이드라인. 한국코칭심리학회 수퍼비전 연구회.

코칭심리사 자격규정(2013). 한국코칭심리학회.

코칭심리사 자격검정 시행세칙(2013). 한국코칭심리학회.

코칭심리사 수련과정 시행세칙(2013). 한국코칭심리학회.

Bachkirova, T., Stevens, P., & Willis, P. (2005). *Coaching supervision*. Oxford Brookes Coaching and Mentoring Society.

Butwell, J. (2006). Group supervision for coaches: Is it worthwhile? *International Journal of Evidence Based Coaching and Mentoring, 4*(2), 1-11.

Carroll, M. (2006). Key issues in coaching psychology supervison. *The Coaching Psychologist, 2*(1), 4-8.

Grant, A. M. (2012). Australian coaches's views on coaching supervision: A study with implications for Australian coach education, training, and practice. *International Journal of Evidence Based Coaching and Mentoring, 10*, 17-33.

Hawkins, P., & Schwenk, G. (2006). *Coaching supervision: Maximising the potential of coaching*. CIPD: London.

International Coach Federation (2016). *Coaching supervision*. Retrieved 7 December 2016 from www.coachfederation.org/credential/landing. cfm?ItemNumber=4259

Lawrence, P., & Whyte, A. (2014). What is coaching supervision and is it important? *Coaching: An international Journal of Theory, Research and Practice, 7*(1), 39-55.

SGCP(2007). *Guidelines on supervision for coaching psychology*. The British Psychological Society.

Passmore, J., & McGoldrick, S. (2009). Supervision, extravision or blind faith? A grounded theory study of the efficacy of coaching supervision. *International Coaching Psychology Review, 4*, 145-161.

제12장
커리어코칭

66 커리어는 모든 사람이 일생을 통해 고민하는 핵심적인 주제 가운데 하나이다. 이 장에서는 커리어코칭을 진행하는 과정에 초점을 두고 여러 심리검사를 활용해서 결과를 통합하는 방법, 인터뷰를 통해 진행하는 방법, 그리고 다양한 커리어 관련 척도를 활용하는 방법 등에 대해 설명하고자 한다. 99

1. 커리어 및 커리어코칭 정의

커리어는 일생을 걸쳐 지속되는 개인의 일과 관련된 경험을 의미한다(Greenhaus, Callanan, & Godshalk, 2002). 즉, 누구든지 일과 관련된 활동을 하고 있으면, 커리어를 추구하는 것으로 볼 수 있다. 여기서 일과 관련된 활동이란 단순히 직장인들을 대상으로 이들의 커리어 관리활동(예, 새로운 직무로 이동 또는 승진을 위해 역량강화 등)에만 적용되는 것은 아니다. 청소년의 경우 향후 어떤 학과에 들어가서 졸업 후 어떤 일을 할 것인지에 관심을 갖고 수업시간에 자신의 특성에 대한 탐색을 하거나

356

관련 직업 종사자를 만나서 직업 전망에 대해 물어보는 활동 등도 포함한다. 고등학교나 대학교 졸업 후 직장에 취업하기 위해 자기소개서나 이력서를 쓰고 직장에 입사원서를 내는 활동들도 여기에 포함된다. 또한 직장에서 퇴직한 사람들이 자원봉사 차원에서 외국인 대상으로 통역을 해 주는 일도 포함될 수 있으며 어떤 봉사를 할지를 계속 찾고 있는 퇴직자들의 활동도 일과 관련된 활동으로 볼 수 있을 것이다. 국내에서는 커리어를 학자들의 전공분야나 연구대상에 따라 진로(주로 교육학이나 청소년 대상 연구자) 또는 경력(주로 경영학이나 직장인 대상 연구자)과 같이 다른 용어로 번역하고 있기 때문에 이 장에서는 커리어코칭이 특정 집단이 아닌 다양한 대상을 포함한다는 관점에서 두 단어를 통일하여 커리어로 기술하고자 한다.

커리어코칭은 앞에서 기술한 다양한 대상이 커리어와 관련된 다양한 활동을 적절하게 계획을 수립하고 실행해 나갈 수 있도록 돕는 전문적인 활동이라고 볼 수 있다. 이러한 활동에는 청소년이나 대학생 또는 성인들이 자신에게 적합한 커리어를 찾거나 선택하도록 돕는 것만을 포함하는 것이 아니라 미래의 커리어를 위해 자신의 역량을 쌓는 활동 등의 다양한 내용이 포함된다. 따라서 커리어코칭은 피코치들이 자신에게 적합한 커리어를 선택 또는 결정하거나 커리어 선택 또는 관리를 위한 기술 또는 역량을 개발하도록 돕는 활동으로 정의할 수 있다.

2. 커리어 선택

자신에게 적합한 커리어를 선택하는 것은 고등학교나 대학교를 졸업하고 취업을 앞둔 사람들에게만 적용되는 것은 아니다. 초등학생 또는 중학생의 경우에도 가능하다면 자신에게 적합한 커리어를 어느 정도 생각해 두는 것이 도움이 된다. 국내 고등학교도 일반 고등학교만 있는 것이 아니라 다양한 형태의 특성화고가 있기 때문에 향후 자신이 향후 어떤 커리어를 생각하고 있는지에 따라 고등학교 유형 선택이 달라질 수 있다. 직장을 다니다가 결혼으로 인해 여러 해 동안 집에서 아이를 돌보다가 다시 취업하려고 하는 경력단절여성에게도 커리어 선택은 중요한 문제이다.

직장을 다니고 있는 직장인이라 하더라도 현재 자신이 하고 있는 직무가 자신에게 맞지 않아서 다른 직장으로 이직하거나 동일 직장에서 다른 부서로 옮기려는 사람들도 자신에게 적합한 커리어를 선택해야 한다. 또한 직장에서 나이가 들어서 자발 또는 비자발적으로 직장을 그만두어야 하는 중장년층들도 자신의 연령에 적합한 커리어를 찾아서 일을 계속하고 싶어 하는 사람이 있다. 따라서 커리어 선택은 다양한 연령층에 있는 모든 사람이 직면하고 있는 중요한 사안 중의 하나라고 할 수 있다.

커리어 선택과 관련해 다양한 방법이 있을 수 있는데 여기서는 탁진국(2017)이 제안한 다양한 커리어 관련 심리검사들을 통합해서 개인에게 적합한 커리어를 안내해 주는 방법에 대해 설명하고자 한다. 특히 커리어코칭경험이 많지 않은 초보자들에게는 커리어 관련 심리검사결과들을 활용하여 코칭을 진행하는 방법이 좀 더 효과적일 수 있다.

1) 심리검사를 활용하는 방법

개인들에게 적합한 커리어를 안내해 주기 위한 심리검사로는 크게 흥미검사, 적성검사, 성격검사 그리고 직업가치관검사를 들 수 있다. 흥미검사는 개인이 어떤 분야에 관심이 있는지를 측정하는 것이며, 적성검사는 개인이 어떤 분야나 부분에 상대적으로 우수한 능력 또는 적성이 있는지에 관한 정보를 제공한다. 성격검사는 평소 개인의 일상적인 행동을 파악하는 것이고, 직업가치관검사는 개인이 직업을 선택하는 과정에서 무엇을 중시하는지를 측정함으로써 개인의 직업선택을 돕기 위한 정보를 제공한다.

이와 같이 다양한 유형의 검사가 개인의 서로 다른 특성을 측정하여 개인에게 적합한 정보(직업 또는 학과)를 제공하고 있기 때문에 한 가지 검사만 실시할 것이 아니라 다양한 검사를 실시하여 그 결과를 통합함으로써 개인에게 좀 더 적합한 커리어를 안내해 줄 것으로 기대할 수 있다. 그러나 현실적으로는 다양한 검사 결과를 통합하는 이론이나 모형이 없기 때문에 실제 커리어코칭 또는 상담 현장에서는 각각의 검사가 따로 사용되고 있거나 통합되어 사용될 경우에도 흥미와 성격(주로 MBTI), 또는 흥미와 적성만을 통합하여 개인에게 적합한 커리어 정보를 제공하고 있는 실정이다.

　Lowman(1991)은 커리어상담 과정에서 다양한 검사 결과를 통합할 필요가 있음을 인식하고 개인에게 적합한 직업 정보를 제공하기 위해 흥미, 능력 그리고 성격을 통합할 것을 제안한 바 있다. 그러나 그가 제시한 사례를 살펴보면 각 특성별로 지나치게 많은 검사를 실시할 것을 요구하고 있어서(예, 세 가지 흥미검사, 16가지 능력검사, 5가지 성격검사) 현실적으로 현장에서 응용하는 데 어려움이 있으며, 이러한 다양한 검사결과를 어떻게 통합해야 한다는 구체적이고 체계적인 방법을 제시하지 못하고 있다는 문제점도 있다.

　따라서 필자는 이러한 문제점을 해결하기 위하여 개인의 네 가지 특성(흥미, 적성, 성격, 직업가치) 모두를 측정하는 검사들을 실시하고 실시 결과 나타나는 검사 결과들을 통합하여 개인에게 적합한 커리어정보를 제공하는 방법을 제시한 바 있으며(탁진국, 2017), 여기서는 이 방법을 일부 수정하여 설명하고자 한다.

　네 가지 특성에 대한 평가 결과를 통합하는 가장 손쉬운 방법은 미국에서 많이 사용하고 있는 DISCOVER로 불리는 프로그램(ACT, 1999)과 같이 각 특성에 대한 평가 결과를 통해 제시되는 직업목록을 분석하여 네 가지 특성 검사 결과에서 공통적으로 나타나는 직업을 선택하는 것이다. 이 방법을 기계적 방법으로 명명하고자 한다. 이 방법은 손쉽게 개인에게 적합한 직업정보를 제공할 수 있다는 장점이 있으나 실제적으로는 여러 단점을 가지고 있다.

　먼저 지나치게 단순하기 때문에 굳이 전문적인 커리어코치를 찾아와서 커리어코칭을 할 필요가 없다는 점이다. 더욱 중요한 것은 현실적으로 네 검사에서 모두 중복되게 나타나는 직업은 극히 드물다는 문제점이 있다.

　필자가 커리어코칭 관련 수업시간에 학생들에게 흥미, 적성 및 직업가치관 검사를 실시하고 각 검사에서 제시되는 직업 가운데 모든 검사 결과에서 공통으로 나타나는 직업을 찾아보게 한 결과 공통적으로 나오는 직업이 하나도 없는 경우가 많았다. 또한 국내에서 실시되는 성격검사의 경우 직업정보가 제시되지 않는 경우도 있기 때문에 네 가지 검사를 실시하고 결과에서 나타난 공통직업을 찾는 것은 현실적으로 불가능한 일이다.

　따라서 탁진국(2017)은 네 가지 다른 특성을 측정하는 검사들을 단계적으로 실시하고 매 단계별로 검사결과를 통합해 나가는 방법을 제시하였다. 통합과정에서 실시하는 검사와 관련해서 주로 정부관련 기관에서 온라인을 통해 무료로 실시할 수 있는 검사들을 활용하였다. 그러나 커리어코치의 경험이나 선호도에 따라 얼마든지 다른 검사개발 기관에서 개발한 검사를 사용하여도 문제는 없다.

(1) 흥미코드 파악

먼저 네 가지 유형의 검사 가운데 진로 정보를 제공하는 데 있어서 가장 기본이 되는 특성은 흥미로 볼 수 있다. 무엇보다 자신이 좋아하는 일을 해야 자신의 직업이나 직무에 만족하면서 일을 할 수 있기 때문이다. 또한 앞에서도 기술하였듯이 흥미는 적성, 성격, 가치와 관련성이 큰 것으로 나타나고 있으며, 개인의 적성(Barrick, Mount, & Gupta, 2003)과 성격(Ackerman, 2000)에도 영향을 주는 것으로 볼 수 있다.

특히 대부분의 흥미검사는 모두가 동일하게 홀랜드의 RIASEC 육각형 모형을 토대로 하고 있는 데 반해서 다른 특성 검사들은 검사마다 측정하는 요인이 다르다는 문제점이 있다. 마지막으로 다른 특성과는 다르게 흥미검사의 경우 홀랜드가 제시한 코드별 직업목록이 있기 때문에 흥미검사 결과를 통해 피코치에게 적합한 다양한 흥미코드를 파악하고 이러한 코드에 연계되는 직업목록을 일차적으로 도출할 수 있다는 장점이 있다.

따라서 첫 단계에서는 흥미검사를 먼저 실시하는 것이 바람직하며, 흥미검사는 워크넷(www.worknet.go.kr)에서 제공하는 무료 검사를 활용할 수 있다. 성인인 경우 직업선호도검사를 하면 되는데, 이때 'L'형을 선택해서 하게 되면 빅파이브 성격검사결과도 알아볼 수 있기 때문에 흥미검사 결과만 제시하는 'S'형보다는 'L'형을 권유한다. 만약 피코치가 청소년이라면 청소년용 직업흥미검사를 선택하면 된다. 워크넷 이외에도 커리어넷(www.career.go.kr)에 접속하여 청소년의 경우 직업흥미검사를 하면 된다. 커리어넷은 성인을 위한 흥미검사는 제공하지 않는다.

이 단계에서는 흥미검사에서 제공되는 두 가지(예, 워크넷의 직업선호도검사) 또는 세 가지 흥미코드(예, 스트롱흥미검사)를 토대로 제공되는 직업 이외에 개인에게 높게 나타난 흥미유형에 적합한 많은 직업 목록을 확보하는 것이 필요하다.

두 가지 유형의 흥미검사 결과가 다르게 나타나는 경우가 있기 때문에 가능하면 워크넷이나 커리어넷 또는 스트롱흥미검사 중 두 가지 흥미검사를 다 실시해서 공

●표 12-1 직업흥미검사점수 결과

점수/유형	R	I	A	S	E	C
원점수	30	40	50	55	49	35
표준점수	35	50	60	68	59	40

통적으로 나타나는 흥미코드를 파악하는 것이 바람직하지만 피코치가 부담스러워할 경우 한 가지 검사만 실시할 수도 있다.

피코치에게 적합한 흥미코드를 파악하는 과정에서 주의할 것은 흥미검사 결과에서 제시한 코드만 보지 말고 다른 유형의 점수도 살펴볼 필요가 있다는 점이다. 대부분의 흥미검사 결과는 여섯 가지 유형 가운데 임의적으로 점수가 높은 세 가지 유형 또는 두 가지 유형만을 제시하고 있기 때문이다.

예를 들어, 특정 여자 고등학생 김○○ 양이 워크넷의 직업흥미검사 결과 〈표 12-1〉과 같이 점수가 나왔다고 가정하자. 워크넷에서 제공하는 흥미검사의 경우 흥미코드는 표준점수가 아닌 원점수를 기준으로 상위 2개 유형이 제시된다. 따라서 이 학생의 경우 흥미코드는 SA가 된다. 하지만 세 번째 코드인 E형의 경우 두 번째인 A 유형과 비교시 1점밖에 차이가 나지 않기 때문에 다시 흥미검사를 할 경우 순서가 바뀔 가능성이 매우 높다.

따라서 이러한 경우 컴퓨터에서 제시하는 SA형에 적합한 직업만 살펴볼 것이 아니라 SE도 살펴봐야 한다. 만약 세 개의 흥미코드를 살펴본다면 SAE와 SEA형까지도 살펴볼 필요가 있다.

이 경우 Holland 직업코드를 참고하여 SA 코드에 적합한 직업뿐 아니라 SE, SAE, SEA 등 다양한 흥미코드에 적합한 직업을 찾는 것이 필요하다. 이 네 가지 흥미코드에 해당하는 직업들을 Holland 직업코드집에서 찾아보면 대략 100개 정도의 직업을 찾을 수 있다. SA에 속하는 대표적인 직업은 상담사와 초등교사 등이 있고 SE 코드에는 나레이터, 여행전문가 등이 있다. SAE 코드의 대표적인 직업으로는 유치원교사가 있으며 SEA 코드에는 TV감독이 있다.

코치는 이러한 직업들을 피코치와 같이 살펴보면서 피코치가 전혀 관심이 없다고 하거나 현실적으로 실현 가능하지 않은 직업(예, 50대 성인인데 의사가 나온 경우)이 나온 경우 이를 제외할 수 있다. 피코치가 청소년인 경우 직업에 대해 잘 모르는 경우가 많기 때문에 코치가 알고 있는 직업에 대해서는 어느 정도 설명해 주거나 피코치가 워크넷에 있는 직업사전을 통해 해당 직업에 대해 충분한 정보를 얻도록 지도할 필요가 있다.

이와 같이 다양한 흥미코드를 토대로 적합 직업 목록을 찾아보는 이유는 흥미검사 결과에서 가능한 한 많은 직업 목록을 확보하기 위한 것도 있지만 또 다른 이유는 흥미검사 결과가 검사를 판매하는 회사에 따라 다소 다르게 나타나기 때문이다. 필자가 수업시간에 수강생들에게 스트롱흥미검사와 직업선호도검사를 실시하여 비교한 바에 따르면 흥미코드가 완전히 동일하게(코드명과 순서 모두 동일) 나타나는 경우(직업선호도검사에서 3번째 흥미코드를 추가하여 비교함)는 전체 인원수의 10% 정도에 불과한 것으로 나타났다. 따라서 한 검사 결과만을 토대로 나타난 흥미코드와 그에 따른 직업목록을 개인에게 100% 적합한 것으로 해석하는 것은 오류가 있을 수 있기 때문에 가능한 한 다양한 흥미코드를 살펴보는 것이 바람직하다.

(2) 흥미와 적성의 통합

흥미검사를 통해 피코치에게 적합한 다양한 직업 목록들을 선정하였으면 다음은 적성검사 결과와 통합하는 것이다. 일반적으로 능력은 성격과 특정 영역에 대한 흥미의 영향을 받는다(Ackerman, 2000). 특정 영역에 흥미가 있어서 해당 영역에서 필요한 활동을 하다보면 해당 영역에서의 능력이 쌓이게 된다. 흥미와 적성 간의 관계를 분석한 연구는 드물다. Tracey와 Hopkins(2001)는 4,679명의 고등학교 3학년 학생들을 대상으로 흥미검사(UNIACT)와 15개의 능력(예, 독해력, 수리력, 공간지각, 리더십, 창의성 등)을 측정하는 IWRA(Inventory of Work-Relevant Abilities) 자기보고식 능력검사를 실시하고 이들이 미래에 원하는 직업을 선택하도록 하였다.

분석 결과 흥미검사와 능력검사는 직업선택 확신성 변량의 27%와 19%를 설명하는 것으로 나타났다. 또한 두 검사는 직업선택 확신성 전체 변량의 31%를 설명하는 것으로 나타나 직업선택 확신성을 예측하는 데 있어서 두 검사 간에 관련성이 있음을 알 수 있다. 이 연구 결과는 커리어코칭 시 흥미와 능력 검사를 같이 실시할 경우 두 검사가 서로 중복되는 부분이 있기는 하지만 각 검사가 진로를 안내하는 데 독자적으로 기여할 수 있는 부분이 있다는 것을 말해 주고 있다.

적성검사의 종류를 크게 구분해 보면 주어진 시간 내에 정답을 맞히는 극대수행

검사 방식의 적성검사와 자신이 해당 적성 또는 능력을 얼마나 가지고 있는지를 스스로 체크하는 자기보고식의 적성검사가 있다. 극대수행방식의 적성검사는 객관적으로 자신의 적성 또는 능력을 파악할 수 있다는 장점이 있으나 이러한 유형의 적성검사들이 대부분 시간이 길기(최소 1시간 이상) 때문에 피코치의 동기수준이 낮은 경우 집중해서 검사에 응답하기 어렵다는 단점이 있을 수 있다. 반면, 자기보고식의 적성검사는 짧은 시간 내에 응답할 수 있다는 장점이 있으나 자신의 적성을 주관적으로 판단하여 응답하기 때문에 나타난 적성수준의 객관성이 의문시될 수 있다는 단점이 있다.

극대수행방식의 적성검사를 하고 싶다면 워크넷에서 제공하는 적성검사를 하면 된다. 피코치가 청소년인 경우에는 청소년용 적성검사를 성인인 경우 성인용직업적성검사를 하면 된다. 피코치에게 자기보고식 적성검사를 하게 하려면 커리어넷에서 제공하는 적성검사를 하면 된다. 청소년의 경우 직업적성검사를 성인의 경우 주요능력효능감검사를 해 오도록 한다.

가능하다면 필자는 두 가지 유형의 적성검사를 모두 실시하는 것을 권유하고 싶다. 피코치에 따라 두 가지 유형의 검사 결과가 다르게 나오는 경우가 있기 때문이다. 특히 자기보고식의 적성검사에서 자신이 낮다고 생각한 적성요인이 극대수행방식의 검사에서는 높게 나타나는 경우가 있게 된다. 예를 들어, 자신의 수리력이 낮다고 생각해서 자기보고식 검사에서 낮다고 응답했는데, 극대수행방식에서는 수리력의 점수가 중간 이상으로 나타나는 경우가 있게 된다. 이 경우 피코치가 평소에 왜 수리력이 낮다고 생각했는지를 물어보고 실제는 그렇지 않다는 것을 일깨워 줌으로써 수리력과 관련된 직업을 생각해 보는 기회를 줄 수 있게 된다. 따라서 피코치의 적성에 관해 종합적인 판단을 위해 두 가지 유형의 검사를 실시하는 것이 바람직하다. 흥미검사에서와 동일하게 코치는 자신이 익숙한 적성검사를 사용해도 상관이 없다.

적성검사를 실시하게 되면 적성을 토대로 한 적합 직업목록이 나오게 되는데, 이 직업들을 살펴보고 흥미검사에서 나온 직업목록과 어떤 공통점이 있는지를 살펴볼 필요가 있다. 하지만 동일한 직업이 나오지 않는 경우가 많이 있기 때문에 이 방법은 참고로 살펴보는 정도로 그치는 것이 바람직하다.

흥미와 적성검사의 통합방법은 적성검사 결과 수준이 높게 나타난 적성요인을

•표 12-2 흥미와 적성검사 결과 통합

직업명	언어력	추리력	사고력
상담사	○	○	○
초등교사	○	○	○
나레이터	○	△	△
유치원교사	○	○	○
TV감독	○	○	○
호스피스전문간호사	○	△	△

선정하여 흥미검사 결과에서 얻은 직업 목록 가운데 이 적성요인과 관련된 직업을 선택하는 것이다. 이러한 직업은 자신이 좋아하기도 하면서 동시에 직업에서 요구하는 업무를 잘 해낼 수 있는 능력을 가지고 있기 때문이다. 이 과정에서 코치는 피코치가 이 과정을 능동적으로 해 나가도록 격려할 필요가 있다. 피코치는 가만히 있고 코치가 직업 선정하는 과정을 다 해 주는 것은 적절한 코칭진행방법이라 할 수 없다.

하지만 현실적으로 코치와 피코치 모두 각 직업에서 특정 적성요인이 중요하게 요구되는지를 정확하게 파악하는 것은 쉽지 않은 일이다. 이러한 경우 〈표 12-2〉에서 제시하는 방법과 같이 각 직업에 대해 각각의 적성요인이 중요하다고 판단되면 ○로 표시하고 중요하지 않다고 판단되면 ×, 그리고 그렇게 중요하지는 않은 것 같지만 그렇다고 중요하지 않다고도 하기 어려운 애매한 경우에는 △로 표시하는 방법을 사용할 수 있다.

앞서 예로 든 김○○ 양의 경우 워크넷의 청소년 적성검사를 실시한 결과 언어, 추리, 사고 능력이 최상과 상으로 나왔고, 피코치에게 결과에 대해 물어본 결과 피코치도 이러한 결과에 동의하고 수용했다고 하자. 표에 제시된 다양한 흥미코드에 해당되는 직업 가운데 대부분 세 가지 적성요인이 중요한 것으로 평가할 수 있어서 모두 ○ 표시를 하였다. 나레이터와 호스피스전문간호사의 경우에는 추리력과 사고력이 그렇게 중요하지는 않은 것으로 판단해서 △ 표시를 하였다. 이 상황에서 세 개가 ○인 직업들이 많이 있으면 이러한 직업들만 선택하면 된다. 하지만 세 개가 모두 ○인 직업들이 많지 않은 경우 △가 하나 또는 두 개인 직업을 선택할 수도

364

있다. ×가 있는 직업은 가능한 한 선택하지 않으면 된다. 여기서는 나레이터와 호스피스전문간호사는 제외하기로 한다. 이러한 과정을 거쳐서 흥미검사에서 도출된 직업 가운데 자신의 능력으로 충분히 할 수 있는 직업을 선택하게 된다.

적성요인을 선택할 때 몇 개의 적성요인을 선정할 것인지는 코치가 피코치와의 대화를 통해 주관적으로 판단해야 한다. 적성검사에서 나온 결과에 피코치가 얼마나 동의하는지 물어보고 자신이 해당 적성이 정말로 부족하거나 높다고 생각하는지를 충분히 물어보고 확인한 후 낮거나 높은 적성요인을 선정해야 한다. 경우에 따라 전체적으로 대부분의 적성요인들이 높은 수준으로 나타나거나 반대로 전체적으로 낮은 수준으로 나타나기도 한다.

모든 적성요인이 높거나 낮다 하더라도 이 가운데 상대적으로 더 높은 요인을 피코치와의 대화를 통해 적절하게 선정하는 것이 중요하다. 일반적으로는 대략 3개 정도의 높은 수준의 적성요인을 추천한다.

(3) 흥미, 적성 및 성격 통합

세 번째 단계는 흥미와 적성을 통합하여 얻은 직업 목록에 성격검사 결과를 적용하여 통합하는 것이다. 성격검사는 빅파이브 검사를 하면 되는데, 청소년의 경우 워크넷에 있는 청소년용 직업인성검사 단축형을, 성인의 경우에는 직업선호도검사 L형을 하면 된다.

Holland의 흥미유형은 성격과 유사성이 있기 때문에(Holland, 1985) 흥미검사 결과와 성격검사 결과가 유사하게 나오는 경우가 많다. 흥미는 개인이 좋아하거나 또는 싫어하는 활동과 관련된 개인의 선호를 의미하고 성격은 개인의 일반적인 행동경향(개인이 느끼고 생각하고 행동하는 성향)을 나타낸다(Barrick et al., 2003). 일반적으로 개인은 자신이 선호하는 행동을 하는 경향이 있기 때문에 개인의 흥미와 성격은 서로 관련이 있다고 볼 수 있으며 개인의 행동경향이 자신의 선호성과 연계될 때 흥미와 성격간의 관계가 극대화 될 수 있을 것이다(Barrick et al., 2003).

흥미유형과 빅파이브 성격요인과의 관계를 분석한 연구를 살펴보면 Larson, Rottinghaus와 Borgen(2002)은 6가지 흥미유형과 5가지 성격유형 간의 관계에 관한 12개의 과거 연구를 토대로 메타분석을 실시하였다. 분석 결과 지적호기심은 예술형(.48) 및 탐구형(.28)과 유의하게 관련되었고 외향성은 사회형(.31) 및 진취형

(.41)과 유의하게 관련되었으며 호감성은 사회형(.19)과 유의하게 관련되었다.

Barrick 등(2003)은 흥미와 5요인 성격유형 간의 관계에 관한 메타분석을 실시하였는데, 흥미의 진취형은 성격의 외향형과 가장 높게 관련되었고(r = .41) 흥미의 예술형은 성격의 경험에 대한 개방성과 가장 높게 관련되었다(r = .39). 흥미의 현실형은 어떤 성격유형과도 유의하게 관련되지 않았다. 흥미의 사회형, 사무형 그리고 탐구형은 성격의 호감성, 성실성, 정서안정성과 각각 관련이 크게 나타났다. 탐구형은 경험에 대한 개방성과도 높게 관련되었다.

성격검사 결과를 통합하는 방법은 흥미검사 결과와 적성검사결과를 통합하는 방법과 유사하다. 즉, 흥미와 적성검사 결과를 통합하여 도출된 직업 가운데 피코치가 가지고 있는 성격특성이 업무를 하는 데 중요하다고 판단되는 직업을 선정하면 된다. 구체적인 방법은 〈표 12-3〉에 제시되어 있다.

예를 들어, 김○○ 양에게 빅파이브 성격검사를 실시하고 피코치의 다섯 가지 성격요인 가운데 외향성, 지적개방성, 친화성이 높게 나왔다면 이 결과는 사회형, 예술형 및 진취형이 높게 나온 피코치의 흥미검사 결과와 유사한 것이다. 흥미유형과 빅파이브 성격요인 간의 관련성에 관한 연구에 따르면 일반적으로 사회형은 친화성과 예술형은 지적개방성, 그리고 진취형은 외향성과 높게 관련되어 있는 것으로 나타나고 있다(Barrick et al., 2003).

〈표 12-3〉에서 보는 바와 같이 각 직업에 대해 각 성격요인이 해당 업무를 하는 데 중요하다고 판단되면 ○를, 중요하지 않다고 판단되면 ×를, 확실치는 않지만 어느 정도 관련성이 있는 것 같다고 판단되면 △ 표시를 하면 된다. 〈표 12-3〉에 제시된 직업들 가운데 상담사와 TV감독의 업무를 하는 데 외향성이 중요하다고 보기는 어려워서 △ 표시를 하였고 유치원과 초등교사의 경우 아이들과 교감하려면 외향

• 표 12-3 흥미, 적성 및 성격검사 결과 통합

직업명	외향성	지적개방성	친화성
상담사	△	○	○
초등교사	○	○	○
유치원교사	○	○	○
TV감독	△	○	○

성이 있는 사람이 좀 더 잘할 수 있다고 판단되어 ○로 표시하였다. 지적개방성과 친화성은 다섯 직업 모두에서 중요한 성격이라고 판단할 수 있다. 이러한 과정을 통해 △ 표시가 있는 상담사와 TV감독을 제외할 수 있다. 하지만 적성과의 통합과정에서도 기술하였듯이 남은 직업 수가 매우 적은 경우에는 △ 표시가 있는 직업들도 선택할 수 있다.

(4) 흥미, 적성, 성격 및 직업가치 통합

마지막 단계는 흥미, 적성 그리고 성격검사를 통해 얻은 직업목록에 직업가치관검사 결과를 통합하여 피코치에게 적합한 최종 직업을 선정하는 것이다. 선정 방법은 앞에서 기술한 방법과 동일하게 진행하면 되는데, 직업가치관검사를 통해 피코치가 직업 선택 시 중요시하는 직업가치관 요인을 파악한 후 이 가치요인들을 전 단계에서 얻은 직업 목록의 직업들과 비교하면서 해당 직업가치 요인이 충족될 수 있는 직업을 선택하면 된다. 중요 가치 선정과정에서도 위에서 기술한 바와 동일하게 단순히 점수 순으로 상위 가치를 결정하지 말고 피코치의 생각을 물어보고 의견을 충분히 수용하여 결정하는 것이 좋다. 일반적으로 상위 가치는 3개 정도 선정하면 된다.

직업가치관검사는 워크넷에 있는 청소년 또는 성인용 직업가치관검사를 하거나 커리어넷에서 제공하는 청소년 또는 성인용 직업가치관검사를 하면 된다. 만약 워크넷에서 제공하는 직업가치관검사 결과 김○○ 양의 상위 직업가치가 봉사, 자율, 몸과 마음의 여유로 나온 경우, 〈표 12-4〉에서 보듯이 초등교사는 세 가치가 모두 충족될 수 있지만 유치원교사의 경우 금전적 보상이 충분히 충족되지 못할 수 있어서 이를 △로 표시할 수 있다. 결과적으로 피코치에게 가장 적합한 직업은 초등학교 교사로 결정할 수 있다.

이와 같이 네 번의 단계를 거쳐 피코치의 흥미, 적성, 성격 그리고 직업가치 특성

● 표 12-4 흥미, 적성, 성격 및 직업가치관 검사 결과 통합

직업명	봉사	자율	금전적 보상
초등교사	○	○	○
유치원교사	○	○	△

을 통합하여 피코치에게 적합한 직업을 찾을 수 있다. 한 가지 주의 깊게 고려해야 할 내용은 여기서 제시하는 통합과정은 코칭을 통해 진행하는 것이기 때문에 코치는 진행과정에서 위에서 기술한 과정을 피코치와 같이 해 나가는 것이 필요하다. 일방적으로 코치가 결과를 통합하여 피코치에게 제시하는 것은 바람직하지 않다. 처음 피코치에게 적합한 흥미유형 코드를 정하고 관련 직업을 찾는 과정에서부터 코치는 피코치에게 진행방법에 관한 설명을 해 줄 수는 있으나 가능한 한 피코치 스스로 자신에게 적합한 다양한 흥미유형코드를 파악하고 이에 적합한 직업을 찾아보도록 격려하는 자세가 필요하다.

여기에서 제시하는 방법이 개인에게 적합한 직업을 100% 정확하게 찾아준다고 말하기는 어렵다. 하지만 피코치가 자신의 다양한 특성을 고려하여 생각해 볼 수 있는 커리어가 어떤 것들이 있을지에 관한 대략적인 정보를 제공해 줄 수 있을 것으로 판단된다. 특히 어떤 진로나 직업을 선택하는 것이 좋을지 판단하기 어려운 피코치에게 이 연구에서 제시하는 방법은 피코치에게 미래에 대해 생각해 볼 수 있는 기회와 대략적인 방향을 제공해 줄 수 있을 것이다.

앞서 기술한 단계별 과정에서 흥미, 적성, 성격, 그리고 마지막으로 직업가치의 순서로 통합하는 과정은 경험적으로 입증된 것은 아니다. 그러나 흥미가 직업 선택 시 가장 기본이 된다는 주장(Holland, 1985)을 고려할 때 흥미검사를 처음에 실시하는 것이 바람직할 것으로 판단된다. 적성검사를 두 번째로 실시하는 것은 적성이 흥미의 영향을 받는다는 견해(Ackerman, 2000)를 고려한 것 이외에도 만약 피코치의 동기수준이 낮아 네 가지 특성에 관한 검사를 다 받으려고 하지 않을 경우 두 가지 검사만 실시한다면 흥미검사와 적성검사를 실시하는 것이 바람직하다고 판단했기 때문이다.

개인이 좋아하는 영역이 있다 하더라도 해당 영역에서 요구되는 능력을 충분히 갖추고 있지 못하다면 특정 진로나 직업을 선택할 때 업무를 해 나가는 데 있어서 많은 어려움이 따를 것으로 기대할 수 있기 때문이다. 또한 흥미와 성격은 다른 특성과의 관계보다 관련성이 상대적으로 더 높기 때문에 두 가지 검사를 실시할 경우 흥미와 적성검사를 실시하는 것이 바람직할 것이다.

앞에서 각 특성을 측정할 때 하나가 아닌 두 가지 검사를 실시하는 예를 제시하였다. 가장 큰 이유는 통합과정에서도 기술하였듯이 동일한 특성을 측정하는 검사라 하더라도 결과가 다르게 나타나는 경우가 있기 때문이다. 그러나 피코치가 너무 많은 검사에 대해 부담을 가질 경우 커리어코치가 한 가지 검사만을 선택하여 실시할 수 있을 것이다. 또한 여기에서 예로 제시한 검사 이외에도 커리어코치가 자신에게 더 익숙한 검사를 선택하여 사용하여도 앞서 제시한 방법을 따르는 데는 별다른 문제가 없을 것이다. 하지만 성격검사의 경우에는 가능한 한 성격 5요인을 측정하는 검사나 MBTI를 권장한다. 다른 성격검사의 경우 흥미와의 관련성에 관한 연구가 충분히 되어 있지 못하기 때문이다.

한편, 각 검사를 추가적으로 실시해서 직업 목록에서 관련이 없는 직업을 제외하거나 관련이 있는 직업을 선택하기 위해서는 커리어코치의 다양한 직업에 대한 폭넓은 지식이 요구된다.

한국고용정보원에서 제공하고 있는 직업사전, 직업전망서 또는 KNOW 등을 자료를 통해서 평소 다양한 직업에 대해 각 직업이 요구하고 있는 능력, 흥미 또는 성격 등에 대해 잘 알고 있어야 피코치에게 좀 더 적합한 진로 또는 직업정보를 제공할 수 있을 것이다.

또한 이러한 통합과정에서 단순히 피코치의 특성만을 고려하여 최종 직업을 선정할 것이 아니라 통합과정에서 검사결과와 상관없이 피코치가 정말로 원하거나 싫어하는 것, 부모나 주변에서의 바람, 목표달성의 현실성 정도, 경제적 요건, 나이, 교육여건 등의 요인들을 고려하여 어떤 직업이 피코치에게 가장 적합한 것인지를 결정하는 노력이 필요할 것이다.

(5) 구체적 실행계획 수립

앞에서 피코치에게 적합한 진로나 직업을 정했지만, 이것으로 코칭을 끝낼 것이 아니라 코치는 피코치가 이러한 진로나 직업을 목표로 삼고 이를 달성하기 위한 구체적인 실행계획을 세우도록 하는 것이 바람직하다. 앞서 예로 든 김○○ 양이 초등학교교사가 된다는 목표를 수립했다면 교대를 들어가야 하기 때문에 교대에 들어가기 위한 계획을 세워야 한다. 현재 고등학교 1학년이라고 하면 2년 뒤 전국에 있는 교대 가운데 어느 교대로 진학할 것인지를 결정해야 한다.

교대에 들어가기 위해서는 성적이 우수해야 하기 때문에 구체적으로 내신 몇 등급을 유지해야 하는지를 알아보고 자신의 내신 등급이 낮다면 이를 향상시킬 수 있는 장단기 계획을 수립할 필요가 있다. 과목별로 몇 등급을 목표로 하는지, 이를 위해서 하루에 공부를 얼마나 해야 하는지, 학원을 다녀야 하는지 등 가능한 구체적으로 계획을 정하도록 한다.

계획을 실행하는 과정에서 중간점검은 어떻게 할 것인지도 생각해 보도록 한다. 예를 들어, 중간이나 기말 시험 성적으로 점검할 수 있을 것이다. 진행과정에서 어떤 장애요인이 있을지도 생각해 보고 이를 극복할 수 있는 방법도 도출해 보도록 한다. 마지막으로 피코치가 이를 실행할 수 있는 동기가 어느 정도나 되는지 파악해 보고 열심히 노력할 것을 격려하면서 코칭을 마무리한다.

(6) 관련 연구

이연희와 탁진국(2017)은 잠재적 학업중단 위기청소년을 대상으로 탁진국(2017)이 개발한 커리어코칭프로그램을 활용하여 진로코칭프로그램이 학교 적응과 진로결정수준에 미치는 효과성을 검증하였다. 서울시 중학교 2학년에 재학 중인 잠재적 학업중단 위기청소년학생 16명을 실험과 통제집단 각 8명으로 구분한 후 실험집단에게 진로코칭프로그램을 주 1회 2시간씩 총 6회기 실시하였으며 효과 검증을 위해 학교적응도와 진로미결정검사를 실시하였다. 분석 결과, 진로코칭프로그램이 진로미결정 요인 가운데 직업정보부족과 외적장애 요인에서 유의미한 영향을 미쳤으며, 코칭종료 4주 후 측정한 추후검사결과에서도 프로그램효과가 지속되는 것으로 나타났다. 다른 진로미결정요인과 학교적응도 변인에서도 유의하지는 않았지만 사후검사에서 점수가 향상되는 것으로 나타났다.

2) Savickas의 생애설계 프로그램

Savickas(2015)는 내담자에게 적합한 커리어를 찾아주기 위해 단계별 질문을 통한 방법을 제시한 바 있다. 바로 앞에서 제시한 방법은 다양한 심리검사를 실시하고 이 결과들을 통해 개인에게 적합한 커리어를 선택하는 것이었다면, Savickas가 제시하는 방법은 커리어구성이론(career construction theory; Savickas, 2005)에 바탕을 둔 것으로서 심리검사를 실시하지 않아도 된다(물론 필요에 따라 특정 검사를 실시할 수도 있다)는 차이점이 있다.

(1) 1단계: 커리어 구성 인터뷰(Career construction interview)

이 단계는 커리어와 관련된 고객의 살아온 과정 및 경험을 파악하고 이를 통해 고객이 자신에게 적합한 자신만의 테마(theme)를 도출하기 위한 것이다. 이를 위해 고객에게 자신이 좋아하는 ① 역할모델, ② 즐겨 보거나 읽는 영화, 텔레비전, 잡지, 웹사이트, ③ 좋아하는 이야기(소설, 영화 등 다 포함), ④ 좋아하는 격언, 명언, 속담 등, 그리고 ⑤ 어린 시절의 기억나는 경험 등 다섯 가지 주제에 대해 얘기하도록 한다.

① 역할모델

개인이 커리어를 선택하는 과정에서 자신이 좋아하거나 존경하는 역할모델의 직업을 선택하는 경우가 많이 있기 때문에 역할모델이 누구인지를 물어보는 것이 중요하다. 역할모델과 관련된 질문으로는 다음과 같다.

- 자라면서 당신은 누구를 존경하였나요?
- 당신의 영웅은 누구였나요?
- 당신이 3, 6세일 적에 부모 이외에 어떤 세 사람을 존경하였는지 말해 주세요. 그들은 당신이 알거나 알지 못하는 사람이어도 되고, 슈퍼영웅처럼 가상의 사람이거나 만화의 캐릭터 또는 책이나 미디어의 캐릭터라도 상관없어요.

세 명의 역할모델이 정해지면, 고객에게 각 역할모델의 어떤 점이 좋은지 물어보면서 이들이 어떤 성격특성을 가지고 있는지를 알아본다. 즉, 신체적인 특성이 아닌 내면적인 특성(예, 사고, 감정, 중시하는 가치 등)에 대해 얘기하도록 한다. 이 과정에서 역할모델들의 공통점과 차이점에 대해 물어보는 것도 도움이 된다. 고객이 특정 단어를 반복적으로 얘기한다면 이 단어가 커리어를 선택할 때 중요한 핵심단어가 된다.

이 과정에서 역할모델로 가능하면 부모는 제외하는 것이 좋다. 아무래도 자율적인 선택이 아닐 수도 있기 때문이다. 어린 시절의 역할모델을 생각해 내기 어려운 고객에게는 청소년 시절의 역할모델을 물어볼 수도 있다.

② 즐겨 보거나 읽는 영화, 텔레비전, 잡지, 웹사이트

여기서는 고객이 관심 있어 하거나 좋아하는 환경과 활동 유형을 파악하기 위한 것이다. 즉, 고객의 흥미유형을 파악하기 위한 것으로 볼 수 있다. 이 과정에서 물어볼 수 있는 질문의 예는 다음과 같다.

- 평소에 어떤 잡지를 읽거나 구독하나요? 좋아하는 잡지 세 가지를 말해 주세요.
- 잡지에서 재미있게 읽은 이야기를 말해 주세요.
- 그 이야기에서 무엇이 당신의 마음을 사로잡나요?
- 특별히 그 이야기를 좋아하는 이유는 무엇인가요?

만약 고객이 좋아하는 잡지가 없거나, 고객의 흥미에 관한 더 많은 정보를 얻고 싶다면 좋아하는 TV프로그램이나 웹사이트에 대해서 물어본다.

- 평소에 즐겨 보거나 다시 보는 TV프로그램은 무엇인가요?
- 평소에 자주 들르는 웹사이트는 무엇인가요?

여기서는 고객이 왜 특정 활동을 좋아하고 자주 찾는지를 설명하도록 하는 것이 중요하다. 상담자는 고객이 상담자와 동일한 특정 TV프로그램을 좋아한다고 하더라도 좋아하는 이유가 다를 수 있기 때문에 고객의 설명을 충분히 듣는 것이 중요하다. 이를 통해 고객은 자신이 왜 특정 잡지나 TV 프로그램 등을 좋아하는지를 파악함으로써 자신의 흥미를 좀 더 명확히 이해할 수 있게 된다.

③ 좋아하는 이야기(소설, 영화 등 다 포함)

이 과정은 고객이 향후 무엇을 할지를 판단할 때 활용할 수 있다. 개인이 좋아하는 영화나 책에서 나오는 이야기는 개인이 자신의 커리어를 계획하고 전략을 수립하는 데 도움이 될 수 있다. 고객이 좋아하는 이야기는 향후 그들이 어떻게 살지 또는 다음에 할 것이 무엇인지를 반영해 줄 수 있다. 이 과정에서 물어볼 수 있는 질문은 다음과 같다.

- 최근에 책이나 영화에서 좋아했던 이야기는 무엇인가요?

여기서 질문을 할 때 '최근' 또는 '지금'을 강조할 필요가 있다. 즉, 지금까지 본 책이나 영화 중 가장 좋아한 이야기가 아니라 최근에 본 책이나 영화임을 상기시킬 필요가 있다.

④ 좋아하는 격언, 명언, 속담

여기서는 고객이 자신에게 하는 조언은 무엇인지를 파악하기 위한 것이다. 고객이 좋아하는 격언은 바로 그들 자신에게도 필요하고 가장 좋은 조언이 될 수 있다. 이 과정에서 물어볼 수 있는 질문은 다음과 같다.

- 가장 좋아하는 격언(속담)은 무엇인가요?
- 당신이 살아가는 데 모토를 갖고 있나요?

만약 고객이 아무런 격언도 생각해 내지 못한다면, 지금 하나 만들어 보라고 권유하는 것도 좋다.

⑤ 어린 시절의 기억나는 경험

이 과정에서는 고객이 현 시점을 어떻게 보고 있는지 그 관점을 이해하기 위한 것이다. 즉, 고객의 관점을 탐색하기 위해 어린 시절의 기억을 얘기하도록 요청하는 것으로서, 어린 시절의 초기기억은 고객의 삶과 세상에 대처하는 방식을 이해하는 데 도움을 줄 수 있다. 가능한 질문은 다음과 같다.

- 당신의 어린 시절 기억에 대해 말해 주세요. 당신이 3~6세 무렵에 당신에게 일어났던 중요한 사건에 대해 세 가지 정도 얘기해 주세요.
- 만약 당신이 그 기억에 대해 어떤 정서나 감정을 부여한다면, 그것은 무엇인가요?
- (모든 감정을 다 쓰고 난 후, 다음의 질문을 함). 만약 당신이 그 기억으로부터 가장 생동적인 사진을 만들어 낼 수 있다면 어떤 사진이 될까요?

- (세 가지 기억을 다 듣고 난 후, 상담자는 고객과 함께 기억에 관한 제목을 만들어 본다). 각 기억에 관한 제목을 얘기해 주세요. 제목은 신문 기사제목이나 영화제목 같은 것이라고 생각하면 되고 제목에 동사가 들어가도 좋아요.

이러한 과정은 고객이 자신에 대한 의미를 만들어 내고 진정한 정서를 인식하는 데 도움을 준다.

이 초기기억은 특별한 사건에 관한 것이어야 해서 만약 고객이 "매주 일요일, 우리는 할머니댁에 갔어요."라고 말한다면 상담자는 어떤 특정 시점에 관한 얘기를 하는 것인지 물어볼 필요가 있다. 또한 적어도 각 기억에 대해 4개의 문장으로 구성하고 관련된 정서를 포함해 달라고 얘기할 필요가 있다.

이 인터뷰를 끝내면서 상담자는 고객에게 말하고 싶은 다른 얘기가 있는지 물어보고 오늘 다룬 작은 얘기들을 종합하고 재구성해서 더 큰 이야기로 만든 후 고객의 커리어 의사결정 및 계획을 수립하는 데 활용할 것임을 말해 준다. 그리고 고객과 1주 후에 만날 약속을 잡고 종결한다.

(2) 생애 자화상 재구성(Reconstructing a life portrait)

이 과정에서는 고객의 작은 이야기들을 큰 이야기로 재구성하며, 이 과정을 통해 자기 이해를 풍부하게 하고, 관점을 전환하게 하며, 경력전환에서 중요한 것이 무엇인지를 명확히 하고 의사결정을 쉽게 하며 실행을 촉진시키는 것이 목적이다. 구체적으로는 고객이 위에서 각 질문에 대해 얘기한 내용을 재구성해서 새롭게 생애 자화상 문장(life portrait sentence)으로 만드는 것이다.

① 관점구성(frame the perspective)

여기서는 고객이 얘기했던 과거 어린 시절(3~6세) 회상 경험을 통해 기억에 남는 사건을 다시 재구성하여 새로운 관점을 확인하고 이로부터 생애자화상 문장을 만드는 것이다.

예를 들어, 고객이 어렸을 때 병원에 입원해서 엄마가 오기를 기다린 것이 기억에 남는다고 얘기했다고 하자. 이를 통해 상담자는 고객이 관계에 관한 니즈가 있음을 파악할 수 있다. 고객은 외롭고 고립되어 있다는 정서를 기술하고 제목으로

'엄마는 어디에 있나요'를 도출하였다. 또한 '타인으로부터 떨어져서 외로움을 느끼고 타인과 연계되고 싶다는' 새로운 관점을 도출할 수 있다. 상담자는 고객이 이러한 관점을 '외롭고 보호가 필요한 사람을 돕는다.'는 보다 적극적인 관점으로 전환하도록 도우며 고객은 다음과 같은 문장을 도출할 수 있다.

> **생애 자화상 문장 1:** 나는 외롭고 버려질까 봐 두렵다.

② 자신의 특성 기록(describe the self)

여기서는 고객이 자신의 다양한 특성을 한 문장(나는 ＿＿＿＿＿, ＿＿＿＿＿, 그리고 ＿＿＿＿＿ 한 사람이다)으로 표현하도록 한다. 잘 떠오르지 않을 경우 앞에서 얘기한 자신의 역할모델을 생각하면서 작성하도록 한다.

예를 들어, 고객이 역할모델로 원더우먼을 언급하고 그 이유로는 남을 도와주고, 강하고 하지만 폭력적이지 않은 사람이기 때문이라고 얘기했다면 다음과 같은 문장이 가능하다.

> **생애 자화상 문장 2:** 나는 강하고 배려하고 기꺼이 돕는다. 나는 언제나 죄없는 사람을 보호하지만 폭력적인 방법을 사용하지 않는다.

③ 어린 시절 경험과 역할모델 특성 간의 연계(link early recollections to role model attributes)

이 과정에서는 첫 번째 과제인 어린 시절의 경험에서 도출한 관점을 두 번째 과제인 역할모델을 통해서 학습한 해결방법의 형태로 전환하는 연습을 하게 되며, '나는 문제해결을 위해 ＿＿＿＿＿을 ＿＿＿＿＿로 바꾸겠다.'는 형태의 생애 자화상 문장을 도출하게 된다. 위의 예를 통해 다음과 같은 내용의 문장이 가능하다.

생애 자화상 문장 3: 나는 문제해결을 위해 버려진다는 감정을 언제나 외로운 사람을 돕겠다는 마음으로 바꾸겠다.

④ 흥미 명명(name interests)

여기서는 앞에서 고객이 좋아하는 환경과 활동에 대답한 내용을 토대로 다양한 흥미들을 기술하고 이를 통해 자신의 흥미를 하나의 생애 자화상 문장으로 만드는 것이 목적이다. 고객이 다음과 같은 흥미문장으로 만들어 보도록 한다.

나는 _____한 사람들과 같이 있고 싶다.

나는 _____와 같은 장소에 관심 있다.

나는 _____와 같은 문제를 해결하는 데 관심 있다

나는 _____와 같은 방법을 사용하는 데 관심 있다.

나는 특히 _____, _____, 그리고 _____에 관심 있다.

계속해서 앞의 예를 통해 설명하면 고객이 작성한 내용을 토대로 다음과 같은 문장을 만들 수 있다.

생애 자화상 문장 4: 나는 팀으로 일하는 것을 좋아하고 학교나 병원에서 사람들을 돕기 위해 상담이나 약과 같은 방법을 사용하는 것을 좋아한다. 특히 나는 심리학자, 사회사업, 상담자가 되고 싶다.

⑤ 역할대본(script a role)

여기서는 앞에서 고객이 책이나 영화에서 자신이 좋아하는 이야기를 통해 답한 내용을 토대로 다음과 같은 문장('내가 좋아하는 이야기로부터 대본을 만든다면 나는 _____ 할 것이다.')을 만들어 보도록 한다.

예를 들어, 고객이 가위손이라는 영화를 가장 좋아하는데, 그 이유는 가족이 어려운 상황에서도 아이들이 스스로 극복해 가는 내용이기 때문에 나와 유사하기 때문이라고 한다면 다음과 같은 문장이 가능하다.

> **생애 자화상 문장 5:** 나는 내가 좋아하는 이야기를 통해 나에 관한 대본을 만들어보면 나는 관심을 받지 못하고 버려지는 아이들을 돕는 일을 하겠다.

⑥ 충고응용(apply advice)

여기서는 앞의 격언 관련 질문에서 고객이 답한 내용을 토대로 다음과 같이 자신에게 어떤 충고를 할 수 있는지를 작성토록 한다. "현재 내가 내 자신에게 해 줄 수 있는 최고의 충고는 _____."

예를 들어, 다음과 같은 문장이 가능하다.

> **생애 자화상 문장 6:** 내가 자신에게 할 수 있는 최고의 충고는 폭풍이 지나가기를 기다리지 말고 빗속에서 춤추는 방법을 배우는 것을 시작하라는 것이다.

⑦ 통합

마지막 통합 과정은 위의 각 과제에서 작성했던 내용을 다 모아서 연결시키는 것이다. 아무래도 앞서 제시한 고객의 경우 여섯 가지의 생애 자화상 문장을 종합해 보면 상담 분야나 사회복지 분야에서 일을 하는 것이 적절할 것으로 판단된다.

(3) 평가

Savickas는 개인에게 적합한 커리어를 찾는 과정에서 필자가 처음에 기술한 심리검사에 대한 의존을 줄이고 고객의 이야기에 초점을 둔다는 특징이 있다. 특히 이 과정에서 어린 시절의 기억이나 경험을 중시한다는 특징이 있다. 어떤 방법이 더 효과적이라고 말하기는 어렵다. 개인마다 선호하는 방법이 다를 수 있기 때문이다. 하지만 필자가 Savickas가 제시한 방법을 수업을 통해 실습했을 때 가장 문제가 되는 부분은 3세에서 6세 때의 어린 시절의 기억이 나지 않는다는 학생들이 많았다는 점이다. 이러한 부분은 이 방법의 단점으로 작용할 수 있을 것이다. 독자들도 여러 가지 방법을 활용하여 시도해 보고 자신에게 적절한 방법을 선택하면 좋을 것으로 판단된다.

또한 Savickas가 제시한 방법을 코칭으로 진행할 때 코치는 피코치가 자신의 경험을 재구성하고 이를 문장으로 완성하는 과정에서 코칭철학에 입각하여 피코치 스스로 주도적으로 해 나가도록 격려하는 자세가 필요할 것이다.

3. 직장인 대상 커리어코칭

직장인을 대상으로 커리어코칭을 할 경우 청소년을 대상으로 할 때보다 코칭이 슈도 다양하고 복잡하다. 청소년 대상 커리어코칭은 대부분 향후 커리어를 무엇으로 정할지에 관한 내용이 대부분이다. 하지만 직장인의 경우 자신의 커리어를 쌓아 나가는 과정에서 고민하는 모든 이슈가 커리어코칭의 주제가 될 수 있다. 예를 들어, 단순히 향후 커리어 선택 또는 변화뿐 아니라 이직이나 은퇴시기 및 은퇴 후 해야 할 일 등과 같은 다양한 이슈들이 커리어코칭의 주제가 될 수 있다.

이를 위해 먼저 21세기에 들어와서 직장인들의 경력관리 방향이 어떻게 변화되고 있는지를 살펴보고자 한다. 개인의 경력관리란 개인이 자신의 경력목표를 정하고 이를 달성하기 위한 전략을 수립하고 실행하며 점검하는 문제해결 과정을 의미한다. 예를 들어, 입사 후 자신이 원하는 목표(예, 인사 임원)를 정하고 이를 달성하기 위해서 어떤 준비가 필요한지 구체적 전략을 세우고 이를 실행해 나가며 중간에 제대로 하고 있는지를 점검하는 과정을 포함한다(Greenhaus et al., 2002).

1) 경력관리 필요성

21세기 들어서 조직은 과거보다 더 빠르게 변화하는 불확실한 환경에 접하게 되었다. 특히 국내도 IMF 이후 평생직장 시대가 끝나게 되면서 직장의 안정성이 보장되지 않게 되었고, 새로운 직무가 생겨나고 특정 직무에서 요구하는 업무내용도 빠르게 변화하면서 구성원은 자신의 역량을 정확히 이해하고 환경 변화를 파악하지 못하면 제대로 적응해 나가기 어려운 사회가 되었다. 무엇보다 미래에 대한 준비가 필요하며 이를 위해서는 평소 자신의 역량증대에 힘을 기울일 필요가 있다. 21세기 들어서 조직에서 나타난 경력과 관련된 변화를 살펴보면 다음과 같다.

(1) 평생직장에서 평생직업 시대로의 변화

이로 인해 공무원과 공기업을 제외하고 일반 조직에서 해고와 이직이 늘어나고 직장에 대한 불안이 증대되고 있다. 평소에 자신의 전문성과 역량을 쌓아 두지 않으면 유사시에 대처하기가 힘들어진다.

(2) 기술의 변화

최근 4차 산업혁명 시대란 말이 나오듯이 빠른 기술변화에 따라 새로운 직업과 직무가 생겨나고 있다. 미래에는 어떠한 직업과 직무가 등장하게 되는지에 대해 예측하거나 정확한 정보를 얻는 것이 중요해졌으며 이를 통해 평소에 관련된 역량을 축적하는 것이 중요해지고 있다.

(3) 국제화

글로벌 기업들이 많아지면서 이문화에 대한 이해가 중요한 글로벌 역량으로 인식되고 있다. 이문화를 수용하고 개방된 마인드를 갖는 것이 무엇보다 중요해지고 있다.

2) 경력개발 방향

경력개발 방향에 있어서도 한 분야에서 전문성을 쌓는 것보다 다양한 분야에서 전문성을 쌓는 것, 그리고 수직적인 승진보다 심리적 성공이 중요해졌다. 또한 조직보다도 개인 스스로가 주도적으로 자신의 경력을 관리해 나가게 되었고, 고용안정성보다는 고용가능성이 강조되고 있다.

(1) 다능력 전문가

21세기 들어서 구성원들의 경력개발에 대한 방향은 다능력 전문가(multi-skilled specialist)를 강조하고 있다. 어느 한 분야에서만 전문성을 쌓는 것도 중요하지만 이직할 경우 한 분야에서만 전문성을 갖고 있는 것보다는 여러 분야에서 전문성을 쌓았을 경우 구직 성공 가능성이 좀 더 쉽기 때문이다. 또한 한 분야에서만 계속 역량을 쌓을 경우 직무에 따라 더 이상의 역량향상이 이루어지기 힘든 정체 시점에 도달할 수 있기 때문이기도 하다.

(2) 심리적 성공감

21세기 들어서 과거 수직적으로 되어 있는 조직구조가 빠른 환경변화에 적응하고 의사결정 시간을 줄이기 위해 수평적 조직구조로 바뀌어 나가고 있다. 따라서 과거 같이 경력목표를 승진과 같은 수직이동으로 할 경우 목표 충족이 어렵게 되는 상황이 많이 발생하게 된다. 승진보다는 업무상에서 만족감을 얻는 방향으로 나아갈 필요가 있다. 업무에서 역량이 향상될 때, 목표 달성을 통한 성취감을 느낄 때, 새로운 방법으로 일을 처리할 때 등과 같이 승진이 되지 않아도 업무에서 심리적 만족감을 경험할 수 있는 노력이 중요해지고 있다(Mirvis & Hall, 1994).

(3) 조직보다는 개인이 중심

최근 들어 경력개발 방향에서의 또 다른 변화는 조직보다는 개인이 중심이 되어 자신의 경력을 관리할 필요가 있다는 점이다. 프로틴 경력(protean career; Hall, 2004)이란 단어가 많이 등장하고 있는데, 프로틴은 자신의 몸을 마음대로 바꾸는 그리스 신(Proteus)에서 유래한 것으로서 자신의 경력에 대해 자신이 책임을 지고 관리해 나갈 필요성을 강조하는 것이다. 한국말로 하면 자기주도적 경력으로 번안하는 것이 적절할 것 같다.

다음 〈표 12-5〉는 전통적 경력과 자기주도적 경력을 비교한 것이다. 변화의 주체

•표 12-5 전통적 경력과 자기주도적 경력 간의 비교(Harrington & Hall, 2007)

주제	전통적인 경력	프로틴 경력
변화의 주체	조직	개인
핵심 가치	출세(advancement)	자유, 성장
유동성 수준	낮음	높음
성공의 준거	직위, 급여	심리적 성공
주요 태도	조직 몰입	직무만족, 직업몰입(professional commitment)

에서 조직에서 구성원의 경력을 책임져 주지 않는 경향이 있기 때문에 자기주도적 경력에서는 개인이 중심이 되어야 함을 강조한다. 즉, 스스로 자신의 경력목표를 설정하고 이를 달성하기 위한 체계적이고 장단기적 계획을 수립한 후 주도적으로 실행해 나갈 필요가 있다.

핵심가치에서도 수직적 승진이 쉽지 않기 때문에 업무를 통해 자신의 역량을 향상시키고 이를 통해 성장해 나간다는 가치를 수용할 것을 강조하고 있다. 유사하게 경력을 쌓아 나가는 과정에서 성공의 준거로서 직위가 높거나 급여가 많음도 중요하지만 이에 못지 않게 업무를 통해 성취감과 성장을 인식할 수 있는 심리적 성공감이 중요함을 강조한다. 조직에 대한 태도에 있어서도 조직이 구성원의 경력을 책임져 주지 않기 때문에 조직에 대한 몰입보다도 자신의 업무에 더 몰입해서 전문성과 역량을 쌓는 것이 중요함을 강조한다.

(4) 고용가능성 중시

많은 조직에서 평생 고용을 보장하고 있지 못하기 때문에 고용안정성보다는 구성원의 고용가능성이 중시되고 있다. 구성원 입장에서는 이직 시 다른 직장을 용이하게 구할 수 있도록 평소 자신의 역량을 향상시키는 노력을 기울일 필요가 있으며 조직 입장에서도 어차피 평생 고용을 책임질 수 없다면 구성원의 역량을 향상시키기 위해 노력할 필요가 있다.

3) 경력개발 관점

(1) 개인의 자세

앞에서도 기술하였듯이 자신의 경력에 대해 스스로 책임감을 갖고 개발 또는 관리하는 방향으로 변화되고 있기 때문에 먼저 지속적 학습을 통해 기존의 역량을 업그레이드시키고 새로운 역량을 쌓는 노력을 기울일 필요가 있다. 또한 가능한 한 다양한 업무 경험을 통해 다양한 분야에서 전문성을 쌓는 노력도 필요할 것이다. 빠르게 변화하는 환경에 적응하기 위해서는 융통성 있는 마인드를 갖는 노력도 필요하다. 예를 들어, 승진이 더 이상 힘들 것 같다고 판단될 경우 계속 승진에만 치중하지 말고 융통성 있게 생각을 변화시켜 심리적 만족감을 얻는 노력을 기울이는 것도 도움이 된다.

(2) 조직의 자세

조직의 입장에서는 구성원들이 다양한 역량을 향상시킬 수 있도록 도움을 줄 필요가 있다. 예를 들어, 구성원이 조직 내에서 다양한 프로젝트를 경험할 수 있는 기회를 제공한다거나 직무순환을 활용하여 개인이 다양한 역량을 개발할 수 있는 기회를 마련할 수 있다. 직무확충(job enrichment)을 통해 구성원이 심리적 만족감을 얻을 수 있도록 노력하는 것도 필요하다. 마지막으로 구성원에 대한 평가시스템을 정비하여 정확한 역량 평가와 피드백이 이루어질 수 있도록 노력할 필요가 있다.

(3) 관리자의 자세

또한 관리자로서는 무엇보다 코치의 역할이 중요하다. 코치의 주요 역할은 부하의 잠재력을 믿고 이들의 내면에 자리 잡고 있는 잠재력을 개발하여 역량을 향상시키도록 돕는 것이다. 무엇보다 인간의 잠재력에 대한 믿음이 중요하다.

이러한 마인드를 가지고 관리자는 구성원들과 정기적으로 일대일 면담을 통해 구성원이 원하는 경력은 무엇이고 이러한 경력목표를 달성하기 위하여 어떤 노력을 하면 좋을지를 논의하고 구성원이 구체적인 액션플랜을 수립할 수 있도록 도와주는 자세가 필요하다.

4. 커리어코칭 시 활용 척도

이 장의 앞에서 커리어선택을 위해 사용 가능한 다양한 심리검사에 관해 설명한 바 있다. 이러한 심리검사 이외에도 커리어코칭과정에서 유용하게 활용할 수 있는 척도가 많이 있다. 여기서는 주로 필자가 직접 개발했거나 번안하여 타당화한 척도들을 중심으로 살펴보고자 한다.

1) 자기주도적 경력 척도

먼저 21세기 들어 커리어 관련 분야 연구에서 가장 많이 연구되고 있는 자기주도적 경력(protean career) 척도에 대해 알아보도록 하자. 자기주도적 경력에 대해서는 이미 앞에서 설명한 바 있다. 구성원들의 자기주도적 경력 태도를 측정하는 척도는 Briscoe, Hall과 DeMuth(2006)에 의해 개발되어 이 분야에 대한 연구를 촉진하였다. 최근 Porter, Woo와 Tak(2016)은 이 척도의 단축형을 개발하였는데, 7개 문항으로 구성되어 있으며 구체적인 문항은 다음에 기술되어 있다. 이 척도는 '자기주도(self-directed)'와 '가치지향(value driven)'의 두 개 요인으로 구성되어 있다. 자기주도 요인은 경력을 쌓아 나가는 과정에서 개인이 책임감을 갖고 주도적으로 계획하고 실행해 나가는 과정을 강조한다. 가치지향은 경력을 쌓아 나가는 과정에서 다른 사람의 의견보다는 자신이 중시하는 가치를 강조한다.

이 척도는 직장인을 대상으로 하는 커리어코칭 시 사용 가능하다. 자기주도적 경력태도가 높은 사람들이 자신의 경력과정에서 성공했다고 인식하는 연구들이 보고되고 있기 때문에(예, 신소연, 탁진국, 2017; 황애영, 탁진국, 2011) 이 척도에서 높은 점수를 받은 사람들이 좀 더 성공할 가능성이 높은 것으로 해석할 수 있다.

따라서 5점 Likert 척도를 활용하여(1: 전혀 그렇지 않다, 5: 매우 그렇다) 이 척도를 피코치에게 실시한 후 피코치의 평균점수를 계산한다. 피코치의 평균점수가 높지 않은 경우(예, 3.0 또는 3.5 이하), 피코치가 어떤 이유로 인해 자기주도적 경력태도가 낮은지를 파악할 필요가 있다. 특히 각 문항별 점수를 살펴보고 특정 문항에서의 점수가 낮은 경우 이 점수가 낮은 이유를 물어보고 이 점수를 높이기 위해서 구체적으로 무엇을 할 수 있는지 실행계획을 세우고 이를 실행하도록 격려할 필요가 있다.

(1) 자기주도 요인

이 요인에 해당하는 단축형 문항은 다음과 같이 네 개이다.

- 내 경력에서 성공이나 실패에 대한 책임은 나에게 있다.
- 전반적으로 나는 매우 독립적이고 자기주도적으로 경력을 추구한다.

- 내가 가장 중요하게 생각하는 가치 중 하나는 내 자신의 경력 경로를 스스로 선택하는 것이다.
- 내 경력에 관한 한 내 스스로 결정한다.

(2) 가치지향 요인

이 요인에 해당하는 단축형 문항은 다음과 같이 세 개이다.

- 고용주의 우선순위가 아닌 나의 우선순위에 따라 경력 방향을 잡는다.
- 내가 선택한 경력을 다른 사람들이 어떻게 평가하느냐는 중요하지 않다.
- 다른 사람이 아니라 내가 경력성공에 대해 어떻게 느끼는지가 가장 중요하다.

2) 경력고민 척도

직장인을 대상으로 하는 커리어코칭을 할 때 무엇보다 이들의 니즈를 파악하는 것이 필요하다. 개인마다 경력을 쌓아 나가는 과정에서 고민이 있고 특별한 고민거리가 있어서 커리어코칭을 받으러 오는 피코치도 있지만 어떻게 경력관리를 하면 좋을지 몰라서 답답한 마음에 코칭을 받으러 오는 피코치도 있을 수 있다. 특정한 이슈가 있어서 코칭을 받는다 해도 막상 코칭을 진행하다 보면 또 다른 이슈가 더 중요한 것으로 나타나는 경우도 많다.

탁진국, 이은혜, 임그린과 정일진(2013)은 직장인들이 자신의 경력관리를 해 나가는 과정에서 어떤 고민이 있는지를 알아보기 위한 경력고민 척도를 개발한 바 있다. 탁진국 등은 88명의 직장인을 대상으로 개방형 설문을 통해 직장인들이 경력을 쌓아 나가는 과정에서 고민하는 내용이 무엇인지를 물어보고 이를 토대로 19개 요인과 147개 문항으로 구성된 예비문항을 개발하였다. 336명의 직장인을 대상으로 한 예비조사와 최종 1,091명의 직장인을 대상으로 실시한 본조사를 통해 최종 16개 요인으로 구성된 94개 문항을 도출하였다(**부록 1** 참조).

(1) 요인 설명

각 요인에 대해 살펴보면 첫 번째 요인은 11개 문항으로 구성되었고 직장인들이 쉽게 고민하는 은퇴 및 퇴직 이후의 걱정과 고민을 대표하고 있어서 '은퇴'라고 명명하였으며 '은퇴 후 무엇을 할 것인가 고민된다.' '은퇴 후 해야 할 일에 대한 준비가 미흡하다.' 등의 문항이 있다.

두 번째 요인은 14개 문항들을 포함하고 있으며 직장인들이 현재 하는 일에 대해서 더 노력해야 할 부분은 무엇인지, 미래에 대해 어떤 고민을 하는지를 제시하는 내용이기 때문에 '경력관리'라고 명명하였고 '나한테 가장 적합한 일 또는 경력이 무엇인지 잘 모르겠다.' '다양한 분야에서 업무 경력을 쌓고 싶다.' 등의 문항이 있다.

세 번째 요인은 7개 문항으로 구성되었고 남녀 직장인들이 직장(일)과 가정 사이의 균형을 어떻게 잡아 가야 할 것인지를 대표하는 내용을 담고 있으므로 '일-가정 균형'으로 명명하였고 '어린 자녀 보육 문제로 계속 일을 할 수 있을지 고민이다.' '일과 가정의 양쪽을 다 생각해야 해서 업무 집중이 힘든 경우가 있다.' 등의 문항이 있다.

네 번째 요인은 7개 문항으로 구성되었고 인맥과 네트워크 구성의 중요성이 직장인들에게 중요하게 대두되는바, 이 내용을 제시하는 '대인관계'라고 명명하였고 '폭넓은 인맥 형성 필요를 느낀다.' '상사와 원만한 관계를 유지하고 싶다.' 등의 문항이 있다.

다섯 번째 요인은 6개 문항을 포함하고 있고 이직으로 인한 고민과 걱정을 담고 있기 때문에 '이직'으로 명명하였으며 '언제쯤 이직하는 것이 내 경력에 좋을지 모르겠다.' '현 회사를 얼마 동안 더 다녀야 하는지 고민이다.' 등의 문항으로 구성되어 있다.

여섯 번째 요인은 6개 문항으로 구성되었고 자신의 건강과 관련된 고민으로 나타나서 '건강'으로 명명하였으며 '성인병 및 스트레스 해소에 대한 대책이 필요한 것 같다.' '건강을 위해 운동을 주기적으로 해야 하는데 못하고 있다.' 등의 문항을 포함하고 있다.

일곱 번째 요인은 8개 문항을 포함하고 있으며 직장인들의 성과 창출, 실적 달성, 후배의 추격, 동료와의 경쟁 등을 대표하는 내용이라서 '업무 실적'으로 명명하였고 '업무 실적 달성에 대한 스트레스가 상당하다.' '실력 있는 후배들을 보고 자극을 받는다.' 등의 문항으로 구성되었다.

여덟 번째 요인은 4개 문항을 포함하고 직장인들이 직장을 그만두고 창업을 하는 것과 관련된 내용을 담고 있기 때문에 '창업'으로 명명하였으며 '언제쯤 사업(창업)을 하는 것이 좋을지 고민이다.' '현재 회사를 그만둔 후에는 사업을 하고 싶다.' 등의 문항으로 구성되었다.

아홉 번째 요인은 5개 문항을 포함하고 있고 직장인들이 직장 혹은 개인적인 성장을 위해 계획을 세우지만 제대로 실행하지 못하는 내용을 담고 있으므로 '우유부단'이라 명명하였고 '꾸준히 역량개발을 해야 하는데 이런저런 핑계로 자꾸 미룬다.' '성격상 체계적인 경력계획 수립이 어렵다.' 등의 문항이 있다.

열 번째 요인은 6개 문항으로 구성되었고 직장인들의 필수 코스로 여겨지는 승진 부분을 다루고 있어서 '승진'이라고 명명하였으며 '승진을 해 주변의 인정을 받고 싶다.' '승진을 해 더 많은 권한을 갖고 싶다.' 등의 문항을 포함한다.

열한 번째 요인은 직장인들의 급여 및 경제 문제를 대표하는 내용으로 '경제'라고 명명하였으며 4개 문항으로 구성되었고 '현재 하는 업무에 비해 급여가 적다.' '향후 급여가 증가할 수 있을지 고민이다.' 등의 문항이 있다.

열두 번째 요인은 자신이 쌓은 역량을 남들을 위해 봉사하고 싶은 내용을 포함하고 있어서 '봉사'라고 명명하였고 4개 문항을 포함하고 있으며 '남들에게 업무와 관련된 나만의 노하우를 전해 주고 싶다.' '지금까지 일해 온 회사를 위해 봉사하고 싶다.' 등의 문항으로 구성되었다.

열세 번째 요인은 3개 문항을 포함하고 있고 직장 일과 결혼 사이의 고민과 갈등을 포함하는 내용으로 '결혼'이라고 명명하였으며 '경력관리를 위해 결혼을 언제까지 연기해야 할지 고민이다.' '결혼을 하고 싶은데 아직 못해서 걱정이다.' 등의 문항이 있다.

열네 번째 요인은 3개 문항을 포함하고 현재 하는 일이나 직장을 지속하고 싶어하는 내용을 담고 있으므로 '업무 지속'이라고 명명하였고 '현 직장에서 계속 근무하고 싶다.' '정년까지 회사를 다니고 싶다.' 등의 문항으로 구성되었다.

열다섯 번째 요인은 3개 문항으로 구성되었고 직장인들이 역량향상을 위해 업무 이외의 자신을 성장시키고 싶은 욕구를 포함하고 있으므로 '역량향상'이라고 명명하였으며 '역량향상을 위해 외국어를 배우고 싶다.' '역량향상을 위해 국내외 대학원에서 공부를 하는 것에 대해 고민이다.' 등의 문항이 있다.

마지막으로 열여섯 번째 요인은 3개 문항을 포함하고 직장인들이 업무를 진행할 때 겪는 전문성 부족과 관련된 내용을 포함하고 있기 때문에 '전문성 부족'이라고 명명하였고 '현재 업무에 대한 전문성이 부족해서 걱정이다.' '업무의 전문성을 위해 어떤 역량을 갖춰야 할지 고민이다.' 등의 문항이 있다.

(2) 척도 활용

경력고민 척도는 7점 Likert 척도(1: 전혀 그렇지 않다, 7: 매우 그렇다)를 활용하여 측정한다. 커리어코칭 초기에 이 척도를 피코치에게 실시하고 피코치의 요인별 평균점수를 구한 후 어떤 요인에서 평균점수가 높은지를 확인할 필요가 있다. 평균점수가 높을수록 고민이 더 큼을 나타내기 때문이다.

결과를 피코치와 공유하면서 피코치가 결과에 대해 어떻게 생각하는지를 물어보고 특히 평균점수가 높게 나온 요인에 대해 결과를 수용하는지를 확인할 필요가 있다. 피코치가 수용하지 않을 경우 수용하지 않는 이유에 대해 물어보고 이유가 합리적이라고 판단되면 코치도 이를 수용할 필요가 있다. 피코치에게 결과가 이렇게 나왔는데 무조건 수용하라고 하는 태도는 바람직하지 않으며 코칭과정에서 피코치로부터 신뢰를 얻기가 힘들 수 있다.

코치는 피코치가 수용하는 범위 내에서 평균점수가 높게 나온 상위 3개에서 5개 정도 요인에 대해 집중적으로 대화하면서 그렇게 나온 이유를 물어보고 피코치가 우선적으로 얘기를 나누고 싶은 요인이 무엇인지 파악한다. 이를 토대로 목표를 정하고 코칭진행 방식대로 진행하면 된다.

3) 일의 의미 척도

사람들은 왜 일을 하려고 할까? 일이 사람들에게 주는 의미는 무엇일까? 개인마다 일이 중요한 이유는 다를 것이다. 일부는 단순히 먹고 살기 위하여 일을 하려고 하며 사회에 봉사하기 위해서 또는 일이 재미있거나 자아실현을 위해서 일하고자 하는 사람 등 다양한 이유가 있을 수 있다.

커리어코칭과정에서 피코치가 일의 의미에 대해 어떻게 생각하고 있는지, 즉 일이 자신에게 왜 중요한지를 얘기해 보는 것은 자신에게 적합한 커리어를 선택하거나 전환하는 데 도움이 될 수 있을 것이다. 예를 들어, 일을 통해 자신이 성장하는 것이 중요한데, 현재의 업무나 직장에서는 이러한 성장기회가 부족하다고 느낄 경우 이직 또는 커리어 전환을 생각해 볼 필요가 있게 된다.

또한 일의 의미에 대해 성찰해 봄으로써 자신의 삶 전체를 돌아보는 기회를 가질 수 있다는 장점도 있다. 앞에서도 설명했듯이 커리어는 일생을 통해 일과 관련된 경험을 의미하기 때문에 개인은 오랫동안 일과 관련된 경험을 하게 된다. 삶에 대한 만족도가 높아지기 위해서는 자신이 중요하다고 판단되는 가치에 적합한 일을 하는 것이 중요하다. 일과 삶은 서로 독립적인 것이 아니라 서로에게 영향을 주는 관계에 있기 때문이다. 이런 의미에서 피코치는 일을 통해서 자신이 얻고자 하는 것이 무엇인지를 되돌아보고 현재 상황이 얼마나 만족스러운지를 파악함으로써 자신의 커리어뿐 아니라 삶에서 만족수준을 높일 수 있을 것이다.

탁진국 등(2015)은 개인이 일을 하는 이유가 무엇인지를 알아보기 위하여 일의 의미 척도를 개발하였다. 이들은 척도 개발을 위해 개방형 설문과 두 차례의 예비 조사, 본조사를 실시하여 척도의 신뢰도, 구성개념 타당도, 준거관련 타당도를 검증하였다. 먼저 예비문항 개발을 위해 다양한 직장에서 근무하는 직장인 88명을 대상으로 개방형 설문을 실시하여 자신이 일을 하는 이유가 무엇인지 다섯 가지를 써 줄 것을 부탁하였으며, 자료 분석을 통해 9개 요인, 86문항을 선별하였다.

다음은 예비조사를 통해 응답자에게 각 문항이 일을 하는 이유로서 얼마나 중요한지를 7점 척도(1: 전혀 중요하지 않다, 7: 매우 중요하다)를 통해 답하도록 하였다. 예비조사는 1차 500명, 2차 236명을 대상으로 두 차례 실시하여 9개 요인 60문항, 8개 요인 54문항을 도출하였다. 최종적으로 일의 의미 척도의 구성개념 타당도와 준거관련 타당도를 검증하기 위해 근로자 608명, 비근로자 408명 등 총 1,016명을 대상으로 본조사를 실시하였다. 자료 분석 결과 8개 요인(대인관계, 경제수단, 인정, 가족부양, 재미추구, 성장기회, 사회기여, 삶의 활력)과 47개 문항으로 구성된 일의 의미 척도를 확정하였다. 또한 전체 척도와 8개 요인은 네 개의 준거(삶의 만족, 삶의 의미, 플로리싱, 정신건강)와 모두 유의하게 관련되어 준거관련 타당도가 입증되었다.

탁진국, 서형준, 원용재, 심현주(2017)는 직장인만을 대상으로 일의 의미 척도의 타당도를 검증하기 위하여 20~50대의 직장인 1,000명을 대상으로 온라인 설문조사를 시행하였다. 분석 결과 47개 문항과 8개 요인구조가 동일하게 나타났다. 또한

8개 요인에 대한 상위요인분석 결과, 생업(경제수단, 가족부양), 사회관계(인정, 대인관계), 자아실현(재미추구, 성장기회, 사회기여, 삶의 활력) 등 3개의 상위요인을 도출하였다.

(1) 요인 설명

앞에서 도출된 8개 요인에 대해 간단히 설명하면 대인관계는 사람들과 교류하고 인맥을 넓히기 위한 것이 일에서 중요함을 의미하며 경제수단은 일을 통해 생활비나 여유 및 주택자금과 같이 경제적인 측면에서 도움을 얻고자 하는 욕구가 큰 것을 뜻한다. 인정은 일을 통해 사회나 주변사람들로부터 인정을 받고 싶어하는 이유가 큰 것을 의미하며 가족부양은 일을 하려는 중요한 이유가 자녀를 키우고 가족이 행복해지기 위해서인 것으로 볼 수 있다. 재미추구는 일을 통해 재미나 즐거움 더 나아가서 행복을 느끼기 위한 이유가 큰 것으로 해석할 수 있으며 성장기회는 일을 통해 새로운 것을 지속적으로 배워서 자신의 잠재력을 발휘하고 발전해서 자신의 꿈을 이루려는 것을 의미한다. 사회기여는 일을 통해 사회와 타인에게 도움을 주고 싶은 것을 의미하며, 마지막으로 삶의 활력은 일을 통해 심리적, 신체적으로 건강해지고 살아 있다는 존재감과 활력을 느끼기 위한 것을 뜻한다.

(2) 척도 활용

일의 의미 척도 문항과 요인은 부록 2에 제시되어 있으며 7점 척도(1: 전혀 중요하지 않다, 7: 매우 중요하다)를 활용하여 각 문항이 자신이 일을 하는 이유로서 얼마나 중요한지를 평정하게 된다. 커리어코칭과정에서 이 척도는 다음과 같은 방법으로 활용할 수 있을 것이다. 커리어코칭 초기 또는 중반에 이 척도를 피코치에게 실시하고 피코치의 요인별 평균점수를 구한 후 어떤 요인에서 평균점수가 높고 낮은지를 확인할 필요가 있다. 여기서는 평균점수가 높을수록 일을 하는 이유로서 더 중요하게 생각하고 있음을 나타낸다.

결과를 피코치와 공유하면서 피코치가 결과에 대해 어떻게 생각하는지를 물어보고 결과에 대해 수용하는지를 확인할 필요가 있다. 피코치가 수용하지 않을 경우 수용하지 않는 이유에 대해 물어보고 이유가 합리적이라고 판단되면 코치도 이를 수용할 필요가 있다. 피코치에게 결과가 이렇게 나왔는데 무조건 수용하라고 하는 것은 바람직하지 않다.

코치는 피코치가 수용하는 범위 내에서 평균점수가 높게 나온 요인 2, 3개 정도 그리고 낮게 나온 요인 2, 3개 정도에 대해 집중적으로 대화하면서 그렇게 나온 이유를 물어본다. 또한 피코치가 현재 하고 있는 일에서 자신이 중요시하는 요인들이 충족되고 있는 정도를 물어보고 답변을 토대로 그렇게 생각하는 이유가 무엇인지 물어본다. 이를 통해 커리어 전환욕구가 어느 정도인지를 파악할 수 있다.

만약 피코치가 직장인이 아니라고 하더라도 이 척도를 활용할 수 있다. 이 척도를 통해 피코치가 향후 일을 통해 무엇을 얻고자 하는지를 파악할 수 있기 때문에 이러한 정보는 커리어를 선택하는 데 중요한 역할을 하게 된다. 평균 점수가 높게 나온 요인을 토대로 피코치가 왜 이러한 요인들을 중요하게 생각하는지를 물어보고 이 요인들이 충족되기 위해서는 향후 커리어를 선택할 때 어떤 커리어가 적합한지를 코치와 함께 찾아 나가는 수단으로 활용될 수 있을 것이다.

또한 앞에서도 기술했듯이 피코치의 생애설계와 연계시켜 코칭을 진행할 수 있다. 코치는 피코치가 척도에서 평균점수가 높게 나온 요인을 중심으로 자신이 살아가면서 중요시하는 것과 일의 의미와의 연계성에 관해 얘기를 나눌 필요가 있다. 피코치가 자신의 삶에서 중요하게 생각하는 것이 무엇인지 설명하기 힘들어하면 가치카드를 활용하여 선택하도록 할 수 있다. 피코치가 자신의 삶에서 중요시하는 것과 일에서 중요하게 생각하는 것이 일치하지 않는 결과나 나올 경우 이를 토대로 피코치가 일을 통해 얻고자 하는 것을 변경할 것인지 아니면 자신이 삶에서 중요시하는 것을 변화시킬 것인지를 피코치와 충분히 상의해서 결정할 필요가 있다. 이를 통해 도출된 결정을 토대로 피코치의 코칭목표를 정하고 코칭을 진행하는 방식으로 활용이 가능하다.

4) 경력적응성 척도

앞에서도 기술하였듯이 21세기 들어서면서 평생직장의 개념이 사라지고 최근 들어서는 자기주도적 경력이 중요시되면서 개인은 자신의 커리어를 관리하는 데 주도적인 역할을 할 필요성이 강조되고 있다. 특히 4차 산업의 발달로 인해 많은 직업이 사라지고 동시에 새롭게 생겨나는 커리어와 관련된 불확실한 시대에 살아가면서 이러한 환경에 어떻게 적응할 것인지가 매우 중요해지고 있다. 이러한 불확실한 시대에 적응할 수 있는 역량과 능력을 갖고 있는 것이 개인에게 중요해짐에 따라 Savickas(2012)는 적응성을 중요한 요인으로 보고 경력적응성(career adaptability) 척도를 개발하였다. 이 척도는 관심(Concern), 통제(Control), 호기심(Curiosity), 확신(Confidence)이라는 네 개의 요인으로 구성되어 있으며 각 요인은 6개의 문항을 포함하고 있다.

Tak(2012)은 이 척도를 번안하여 국내 대학생을 대상으로 타당화 연구를 하였다. 연구 결과 내적일관성 신뢰도는 만족할만한 수준으로 나타났다(총점: .93, 관심: .85, 통제: .80, 호기심: .82, 확신: .84). 또한 확인적 요인분석 결과 4개 요인으로 구성된 모형의 적합도가 높게 나타나서 국내에서도 4요인구조가 확인되었다.

탁진국, 이은주, 임그린(2015)은 이 척도를 직장인에게도 사용할 수 있는지를 확인하기 위해 직장인을 대상으로 타당화 연구를 실시하였다. 직장인 300명과 184명을 대상으로 한두 번의 연구를 통해 탐색적 요인분석과 확인적 요인분석을 실시한 결과 4요인구조가 확인되었다. 하지만 이 과정에서 문항의 수는 전체 24개에서 각 요인별 4개 문항씩 전체 16개로 줄어들었다. 또한 척도의 준거관련타당도를 분석하기 위해 경력관련 변인인 미래경력성공의 지각, 경력계획, 경력만족, 경력몰입을 준거변인으로 두고 상관분석을 실시한 결과 경력적응성 전체 점수 및 4개 요인 모두 네 개의 준거변인과 유의하게 관련된 것으로 나타났다.

(1) 요인 설명

경력적응성 척도에 포함된 네 개 요인은 관심(Concern), 통제(Control), 호기심(Curiosity), 그리고 확신(Confidence)이며 본래는 각 요인당 6개 문항으로 구성되어 있다(〈부록 3〉 참조). 탁진국, 이은주, 임그린(2015)의 직장인 대상 타당화 연구에서는 각 요인당 6개 문항에서 2개씩 제거되었으며 제거된 문항들은 〈부록 3〉에 제시되어 있다(제거된 문항은 각 요인당 문항 맨 끝에 * 로 표시함).

각 요인은 개인이 불확실한 상황에서 자신의 경력을 쌓아 나가는 과정에서 자신의 강점으로 활용할 수 있는 자원을 의미한다. 관심은 자신의 미래 커리어에 대해 관심을 가지고 있는 정도를 의미하고 통제는 자신의 능력을 믿고 스스로 결정을 내릴 수 있는 정도를 측정한다. 호기심은 커리어 선택을 위해 주변 환경을 지속적으로 탐색하는 정도를 의미하며 확신은 자신에게 주어진 일을 제대로 처리해 낼 수 있다고 믿는 정도를 측정한다.

(2) 척도 활용

이 척도는 개인이 현재 자신의 경력 추구과정에서 성공적인 적응을 위해 어떤 자원을 가지고 있는지를 측정하는 것이기 때문에 커리어코칭과정에서 자신이 현재 어떤 자원을 충분히 가지고 있고 어떤 자원을 개발할 필요성이 있는지를 파악하기 위한 수단으로 활용할 수 있다.

따라서 커리어코칭과정에서 각 요인별로 평균점수를 계산해서(직장인의 경우 〈**부록 3**〉에서 각 요인별 4문항을 사용함) 어떤 요인의 점수가 높고 낮은지를 파악할 필요가 있다. 이 과정에서도 점수 결과에 대해 피코치가 어떻게 생각하는지 물어보고 피코치가 수용할 수 있도록 충분한 대화를 하는 것이 필요하다. 피코치가 점수 결과를 수용하면 코치는 결과가 그렇게 나온 이유를 물어본 후 어떤 요인의 점수를 높일 것인지를 피코치와 상의하여 결정한다. 특정 요인이 정해지면 이를 향상시키는 것을 목표로 두고 코칭방식으로 진행하면 된다.

이 척도는 커리어코칭 초기 시점에서 실시하여 우선적으로 피코치가 불확실한 환경에 적응할 수 있는 자원을 충분히 갖추고 있는지를 확인해 볼 수 있다. 또한 커리어코칭 중간 시점에서 코치가 피코치의 경력적응력이 낮다고 판단되는 경우 이척도를 실시하여 피코치의 상태를 점검해 볼 수 있다.

5) 진로미결정 척도

진로미결정 척도는 자신의 향후 커리어를 결정하지 못한 사람들을 대상으로 그원인을 파악하고 이를 통해 커리어코칭이나 상담 시 부족한 부분을 개선하기 위해 개발된 척도이다. Tak과 Lee(2003)는 국내 대학생을 대상으로 개방형 설문과 여러 차례의 조사를 통해 5개 요인과 22개 문항으로 구성된 척도를 완성하였으며 요인분석을 통해 5개 요인구조를 확인하였다. 또한 진로성숙도 척도와의 높은 상관을 통해 척도의 수렴타당도를 검증하였으며 생애만족, 전공만족, 특성불안, 우울 및 신체화 등의 다양한 준거와의 유의한 상관을 통해 척도의 준거관련타당도를 검증하였다.

(1) 요인 설명

이 척도를 통해 측정하는 요인은 직업정보부족, 필요성인식부족, 자기명확성부족, 우유부단한 성격 그리고 외적장애 등 모두 다섯 개이다. 다섯 개 요인과 각 요인에 해당하는 문항은 〈**부록 4**〉에 제시되어 있다. 직업정보부족요인은 6개 문항으로 구성되었으며 '내 전공에 적합한 직업이 무엇인지 모르겠다.'와 같이 자신이 선택할 수 있는 직업에 대해 잘 모르고 있어서 직업이나 진로를 아직 결정하지 못한 정도를 측정한다. 필요성인식부족 요인은 4개 문항을 포함하며 '현재로서는 직업선택을 할 필요성을 느끼지 않는다.'와 같이 현 시점에서 직업선택이나 결정이 크게 중요하지 않다고 인식하는 정도를 측정한다.

자기명확성부족 요인은 4개 문항으로 구성되어 있으며 '내 장점과 단점이 무엇인지 모르겠다.' '내 적성이 무엇인지 모르겠다.' 등과 같이 자신에 대한 탐색이 충분하지 못한 정도를 측정한다. 우유부단한 성격은 4개 문항을 포함하며, '중요한 결정을 내릴 때 우물쭈물하는 경향이 있다.' '나는 어떤 결정을 내리기가 힘들다.'와 같이 매사에 소극적이고 미루는 성격으로 인해 직업이나 진로를 결정하는 데 어려움을 겪는 정도를 의미한다. 마지막으로 외적장애요인은 4개 문항으로 구성되어 있으며 '내가 바라는 직업을 부모님이 반대하시기 때문에 갈등이 된다.' '학벌이나 연령 때문에 내가 바라는 직업을 갖기가 힘들다.'와 같이 자신이 원하는 직업이나 진로가 있기는 하지만 외적 요인 때문에 결정을 내리지 못하는 어려움을 측정한다.

(2) 척도 활용

이 척도는 향후 커리어를 결정하지 못한 사람들을 위한 커리어코칭과정에서 효과적으로 활용할 수 있다. 커리어를 결정하지 못한 이유나 원인을 정확하게 알아야 대처 방법을 도출할 수 있기 때문이다. 커리어코칭과정에서 초기 면담을 통해 아직 커리어를 결정하지 못해서 고민이라고 하는 피코치에게는 연령대나 성별에 상관없이 실시할 수 있다.

검사 실시 후 다섯 가지 요인별로 평균점수를 구하여 점수가 높은 요인을 파악한다. 〈**부록**〉에서 볼 수 있듯이 이 척도는 5점 Likert 방식으로 응답하도록 되어 있으며 점수가 높을수록 해당 요인으로 인해 직업이나 진로를 결정하지 못한 정도가 높은 것을 의미한다. 이 과정에서 앞에서도 설명했듯이 피코치가 결과를 수용하는 것이 중요하기 때문에 코치가 무리하게 결과를 수용할 것을 강요해서는 안 된다.

　만약 피코치가 직업정보부족 요인에서 점수가 높다면 흥미검사 등을 실시해서 이 장의 앞에서 필자가 제시한 방법에 따라 자신의 흥미유형에 적합한 목록을 열거한 후 해당 직업들에 대한 정보를 찾아보는 노력이 필요하다. 워크넷(https://www.work.go.kr)에 나와 있는 직업정보 찾는 방법을 활용하면 도움이 될 수 있다.

　피코치가 자기명확성부족 요인에서 점수가 높게 나온 경우 흥미검사, 적성검사, 직업가치관검사와 같은 검사를 통해 피코치가 자기탐색을 할 수 있도록 진행하는 것이 바람직하다. 우유부단한 성격 요인에서 점수가 높게 나온 경우에는 커리어코칭 보다도 피코치의 의사결정역량 향상에 초점을 두고 코칭을 진행하는 것이 도움이 될 수 있을 것이다.

　필요성인식부족 요인에서 점수가 높게 나타난다면 직업이나 진로를 고려해야 할 시기임에도 불구하고 이에 대한 필요성을 인식하지 못하고 있는 진로성숙태도가 낮은 경우라고 볼 수 있다. 따라서 진로에 대해 피코치가 어떤 생각을 가지고 있는지 알아보고 앞에서 설명한 일의 의미에 관한 내용을 다루어서 피코치의 진로정체성을 높이는 것이 도움이 될 수 있다. 마지막으로 외적장애 요인의 점수가 높게 나온 경우 자신이 바라는 직업이나 진로가 있기 때문에 이러한 목표를 달성하는 과정에서 피코치가 인식하는 외적장애 요인이 구체적으로 무엇인지 파악하고 이를 극복하기 위한 방법을 찾는 방식으로 코칭을 진행하는 것이 도움이 될 것이다.

부록 1. 경력고민 척도

귀하께서 직장인으로서 조직에서 자신의 경력을 쌓아 나가는 과정에서 고려 또는 고민해야 하는 내용들이 여러 가지 측면에서 많이 있을 것으로 생각됩니다. 어떤 내용을 중요시하고 관심을 가지며 이로 인해 걱정이 되고 고민이 되는지 각 문항을 읽고 다음의 주어진 방식에 따라 가장 적합한 번호를 선택해 주십시오[1: 전혀 관심(걱정, 고민)이 없다, 4: 그저 그렇다, 7: 매우 관심(걱정, 고민)이 많다].

1. 은퇴: 11문항

은퇴 후를 위한 재무 설계를 아직 하고 있지 않아 걱정이다.
은퇴 후 해야 할 일에 대한 준비가 미흡하다.
은퇴 후 무엇을 할 것인가 고민된다.
지금까지의 경력으로 은퇴 후 경쟁력을 갖출 수 있을지 걱정이다.
은퇴 후 현재 수준의 경제생활을 유지할 수 있을지 걱정이다.
정년퇴직 후 재취업 여부가 고민이 된다.
퇴직 후 할 수 있는 일을 찾아야 하는데 구체적인 계획을 세우지 못하고 있다.
은퇴 시점을 언제로 정해야 좋을지 고민이다.
은퇴 후 프리랜서로 활동할 수 있는 역량을 개발하고 싶다.
조기 퇴직에 대한 걱정이 있다.
퇴직 후 독보적인 경력을 확보해서 활동하고 싶다.

2. 경력관리: 14문항

나한테 가장 적합한 일 또는 경력이 무엇인지 잘 모르겠다.
언제쯤 다른 분야의 업무 경험을 쌓는 것이 좋을지 모르겠다.
다른 회사에서 경력을 쌓아 보는 것이 좋을 것 같아 고민이다.
경력 개발(경력관리)을 제대로 하고 있는 것인지 잘 모르겠다.
다양한 분야에서 업무 경력을 쌓고 싶다.

지금 하고 있는 업무가 경력에 도움이 되지 않을 것 같다.

계속 현 분야에서 경력을 쌓는 것이 좋은지 잘 모르겠다.

구체적인 경력계획을 세우기가 어렵다.

경력관리를 위해 무엇을 어떻게 해야 할지 잘 모르겠다.

앞으로 어떤 일을 해야 할지 고민이다.

현재 하는 업무가 나한테 맞는지 잘 모르겠다.

경력관리를 위해 원하는 부서로의 이동이 어렵다.

업무와 관련해 뚜렷한 비전이 없어 걱정이다.

향후에는 지금과는 다른 경력을 쌓고 싶다.

3. 대인관계: 7문항

회사 직원들과 의사소통이 원활하게 이루어지면 좋겠다.

폭넓은 인맥 형성 필요를 느낀다.

상사와 원만한 관계를 유지하고 싶다.

직장에서 좋은 선배를 만나고 싶다.

조직 외부에서 인적 네트워크 구성을 하고 싶다.

직장 내에서 동료들끼리 원만한 관계를 유지하고 싶다.

직장에서 사람들로부터 존경을 받고 싶다.

4. 일-가정 균형: 7문항

결혼 및 출산으로 인해 경력개발을 꾸준히 해 나가기가 어렵다.

자녀교육 때문에 업무에 지장을 받는다.

어린 자녀 보육 문제로 계속 일을 할 수 있을지 고민이다.

일과 가정생활 간의 균형적인 시간 배분이 쉽지 않다.

일과 가정의 양쪽을 다 생각해야 해서 업무 집중이 힘든 경우가 있다.

가정 때문에 타 지역으로의 이동이 어렵다.

출산/육아 문제로 인해 휴직 또는 퇴직을 고민하고 있다.

5. 업무 실적: 8문항

부서 내에서 실적 위주로 경쟁하는 것이 어렵다.

업무 실적 달성에 대한 스트레스가 상당하다.

실력 있는 후배들을 보고 자극을 받는다.

성과창출이 어려워 고민이다.

업무 성과를 인정받지 못하고 있다.

경력 계획을 실천해야 하지만 현재 업무량이 많아 실천하기 어렵다.

회사 동료와 경쟁관계에 있는 것이 신경 쓰인다.

승진을 하는 것도 좋지만 업무의 양이 과중할까 봐 부담된다.

6. 경제: 4문항

현재 하는 업무에 비해 급여가 적다.

동종 업체와 비교했을 때 급여를 적게 받고 있다.

무엇보다 경제적으로 여유가 없어 걱정이다.

향후 급여가 증가할 수 있을지 고민이다.

7. 승진: 6문항

승진이 능력과는 상관없이 주변여건에 좌우되는 경향이 있다.

승진을 해 주변의 인정을 받고 싶다.

승진을 해 더 많은 권한을 갖고 싶다.

회사에서 인정을 받아 임원까지 올라가고 싶다.

경력에 비해 승진이 되지 않아 고민이다.

승진 기회가 적어 걱정이다.

8. 우유부단: 5문항

경력개발을 위한 과감한 결단력/실행력이 부족해서 고민이다.

경력관리에 대한 고민을 자꾸 미뤄서 문제이다.

경력계획만 수립하고 실행을 제대로 하지 못한다.

꾸준히 역량개발을 해야 하는데 이런저런 핑계로 자꾸 미룬다.

성격상 체계적인 경력계획 수립이 어렵다.

9. 창업: 4문항

언제쯤 사업(창업)을 하는 것이 좋을지 고민이다.

현재 회사를 그만둔 후에는 사업을 하고 싶다.

창업(또는 사업)을 하는 것이 좋을지 고민이다.

사업을 하고 싶은데 적당한 아이템을 찾기가 어렵다.

10. 전문성 부족: 3문항

현재 업무에 대한 전문성이 부족해서 걱정이다.

다른 사람에 비해 업무 역량이 부족한 것 같다.

업무의 전문성을 위해 어떤 역량을 갖춰야 할지 고민이다.

11. 건강: 6문항

건강을 위해 지금보다 좀 더 편안한 일을 하고 싶다.

이제 힘이 들어 일을 적게 하고 싶다.

점점 노화되어 일을 계속 할 수 있을지 걱정이다.

건강하고 싶은데 체력이 떨어져 걱정이다.

성인병 및 스트레스 해소에 대한 대책이 필요한 것 같다.

건강을 위해 운동을 주기적으로 해야 하는데 못하고 있다.

12. 봉사: 4문항

다른 직원들에게 멘토로서 도움을 주고 싶다.

남들에게 업무와 관련된 나만의 노하우를 전해 주고 싶다.

지금까지 일해 온 회사를 위해 봉사하고 싶다.

사회를 위해 도움이 되는 일이나 역할을 하고 싶다.

13. 결혼: 3문항

경력관리를 위해 결혼을 언제까지 연기해야 할지 고민이다.

결혼을 하고 싶은데 아직 못해서 걱정이다.

결혼과 승진 중 무엇을 우선시해야 할지 고민이다.

14. 이직: 6문항

이직을 고려하고 있다.

언제쯤 이직하는 것이 내 경력에 좋을지 모르겠다.

현 회사를 얼마 동안 더 다녀야 하는지 고민이다.

더 나은 조건으로 이직하기 위해 경력을 관리한다.

근무환경(작업조건, 야근, 교대근무 등의 업무관련 환경)이 좋지 않아 이직을 고려하고 있다.

상사/동료로 인해 이직을 고려하고 있다.

15. 역량향상: 3문항

역량향상을 위해 외국어를 배우고 싶다.

역량향상을 위해 국내외 대학원에서 공부를 하는 것에 대해 고민이다.

내 업무 이외에 다른 일을 배우고 싶은데 여건이 되지 않는다.

16. 업무 지속: 3문항

현재 직업을 앞으로도 계속 하고 싶다.

현 직장에서 계속 근무하고 싶다.

정년까지 회사를 다니고 싶다.

부록 2. 일의 의미 척도

　다음은 일반적으로 사람들이 일을 하는 이유에 관한 문항입니다. 각 문항의 내용이 일을 하는 이유로서 귀하에게 얼마나 중요한지 적절한 번호에 체크해 주십시오 (1: 전혀 중요하지 않다, 7: 매우 중요하다).

1. 대인관계: 7문항

타인과 원활한 인적교류를 한다.

조직 내에서 타인과 유대감을 형성한다.

다양한 사람을 만나 소통한다.

사회생활에서 새로운 인맥을 넓힌다.

넓은 대인관계를 형성하고 유지한다.

일과 관련된 사람들과 인연을 맺는다.

타인과 관계함으로써 나의 존재감을 느낀다.

2. 경제수단: 9문항

고정적인 수입으로 경제적 문제를 해결한다.

생활비를 마련한다.

가정을 위한 경제활동을 한다.

안정적인 수입으로 미래를 대비한다.

경제적으로 독립한다.

경제적으로 부유해진다.

여가 자금을 마련한다.

주택자금을 마련한다.

노후 생활 자금을 마련한다.

3. 인정: 5문항

사회적 지위를 얻는다.

사회적으로 인정받는다.

타인으로부터 존경을 받는다.

능력있는 사람이라는 인정을 받고 싶다.

조직생활에서 인정을 받는다.

4. 가족부양: 5문항

질 높은 자녀교육을 한다.

좋은 환경에서 자녀를 키운다.

가정의 행복을 보장한다.

가장으로서의 책임을 다한다.

가족에게 삶의 안정감을 준다.

5. 재미추구: 4문항

일하는 것 자체가 즐겁다.

일을 할 때 재미를 느낀다.

일을 함으로써 행복을 느낀다.

일이 있다는 것 자체가 보람된다.

6. 성장기회: 6문항

새로운 학습의 기쁨을 얻는다.

내 역량의 잠재력을 파악한다.

꿈을 성취한다.

계속해서 새로운 기술을 배운다.

나를 발전시킨다.

내 사명과 비전을 이루어 나간다.

7. 사회기여: 5문항

내가 속한 사회를 위해 봉사하고 싶다.

사회에 기여한다.

타인과 사회에 도움을 준다.

누군가에게 도움을 주고 싶다.

사회 구성원으로서 사회적 책임을 수행한다.

8. 삶의 활력: 6문항

삶의 활력을 얻는다.

정신적으로 건강해진다.

육체적으로 건강해진다.

내가 살아 있음을 느낀다.

삶의 질을 향상시킨다.

나의 자존감을 향상시킨다.

부록 3. 경력적응성 척도

사람들마다 자신의 경력을 쌓아 나가는 데 다른 강점을 활용합니다. 누구도 모든 것을 다 잘할 수는 없으며, 각자는 다른 사람보다 잘하는 것이 있게 마련입니다. 아래 응답 방식을 이용하여 각 문항에서 제시하는 능력(또는 강점)을 자신이 얼마나 가지고 있는지 적합한 번호에 동그라미 해 주십시오(1: 강하지 않음, 2: 다소 강함, 3: 강함, 4: 매우 강함, 5: 가장 강함).

1. 관심: 6문항

내 미래 모습은 어떨지에 대해 생각한다.

오늘의 선택이 내 미래를 좌우할 수 있다는 점을 인식한다.

미래에 대한 준비를 한다.*

내가 해야 할 교육 및 직업선택에 대해 인식한다.

목표 성취를 위한 계획을 세운다.*

내 진로에 대해 관심을 갖는다.

2. 통제: 6문항

긍정적인 태도를 유지한다.*

내 스스로 결정을 내린다.

내 행동에 대해 책임을 진다.

내 신념에 충실한다.

내 자신을 믿는다.

나에게 적합한 일을 한다.*

3. 호기심: 6문항

내 주변 환경을 탐색한다.

개인적으로 성장할 기회를 찾는다.

선택을 하기 전 대안들을 탐색한다.

일을 처리하는 다른 방법들을 탐색한다.

내가 가지고 있는 문제에 대해 깊숙이 탐색한다.*

새로운 기회에 대해 호기심을 갖는다.*

4. 확신: 6문항

과제를 효율적으로 처리한다.

일을 잘 처리한다.

새로운 스킬(기술)을 배운다.*

내 능력을 다 발휘한다.

장애를 극복한다.*

문제를 해결한다.

*에 대한 설명은 p. 390 참조.

부록 4. 진로미결정 척도

　다음의 문항들은 여러분이 나중에 선택하게 될 직업(진로)을 결정하는 데 어려움을 겪는 요인들에 관한 내용입니다. 각 문항이 여러분이 현재 처해 있는 상황과 얼마나 일치하는지를 다음의 방법에 의해 적당한 번호에 동그라미 하십시오.

　1: 전혀 그렇지 않다
　2: 그렇지 않다.
　3: 그저 그렇다
　4: 그렇다
　5: 매우 그렇다

1. 직업정보 부족: 6문항

내 전공에 적합한 직업에 대한 정보가 부족하다.
직업과 관련된 정보를 얻는 방법을 잘 모르겠다.
내가 바라는 직업의 장래성에 대한 정보가 부족하다.
내가 바라는 직업이 있으나 어떻게 해야 그 직업을 가질 수 있을지 모르겠다.
어떤 직업이 전망이나 보수가 좋고 사회의 수요가 많은지 모르겠다.
어떤 종류의 직업이 있는지 잘 모르겠다.

2. 자기명확성 부족: 4문항

내 흥미가 무엇인지 모르겠다.
내가 바라는 것이 무엇인지 모르겠다.
내 적성이 무엇인지 모르겠다.
내 장점과 단점이 무엇인지 모르겠다.

3. 우유부단한 성격: 4문항

나는 매사에 소극적이다.

내가 바라는 직업에서 잘 해낼 수 있을지 모르겠다.

중요한 결정을 내릴 때 우물쭈물하는 경향이 있다.

나는 어떤 결정을 내리기가 힘들다.

4. 필요성 인식 부족: 4문항

현재로서는 직업선택을 할 필요성을 느끼지 않는다.

아직 이르기 때문에 직업선택에 대해 생각해 보지 않았다.

미래의 직업을 현 시점에서 결정해야 한다는 필요성이 피부에 와닿지 않는다.

내 인생에서 직업이 왜 필요한지 잘 모르겠다.

5. 외적장애: 4문항

내가 바라는 직업을 주변에서 반대하는 사람이 많다.

내가 바라는 직업을 부모님이 반대하시기 때문에 갈등이 된다.

집안의 경제적 사정 때문에 내가 바라는 직업을 추구하기가 어렵다.

학벌이나 연령 때문에 내가 바라는 직업을 갖기가 어렵다.

□ 참고문헌 □

신소연, 탁진국(2017). 내적 일의 의미, 자기주도적 경력태도, 주관적 경력성공의 관계: 경력지원 멘토링의 조절효과. 한국심리학회지: 산업 및 조직, 30(1), 1-24.

이연희, 탁진국(2017). 진로코칭프로그램이 잠재적 학업중단 위기청소년의 진로결정수준과 학교적응에 미치는 영향. 한국심리학회지: 코칭, 1(2), 69-87.

탁진국(2017). 흥미, 적성, 성격 및 직업가치를 통합한 커리어코칭. 한국심리학회지: 코칭, 1(1), 27-45.

탁진국, 서형준, 김혜선, 남동엽, 정희정, 권누리, 김소영, 정일진(2015). 일의 의미척도개발 및 타당화. 한국심리학회지: 산업 및 조직, 28(3), 437-456.

탁진국, 서형준, 원용재, 심현주(2017). 일의 의미 척도 구성타당도 검증: 직장인을 중심으로. 한국심리학회지: 산업 및 조직, 30(3), 357-372.

탁진국, 이은주, 임그린(2015). 경력적응성 척도의 타당화 검증. 한국심리학회지: 산업 및 조직, 28(4), 591-608.

탁진국, 이은혜, 임그린, 정일진(2013). 성인경력고민척도 개발 및 타당화. 한국심리학회지: 산업 및 조직, 26(1), 27-45.

황애영, 탁진국(2011). 주도성이 주관적 경력성공에 미치는 영향. 한국심리학회지: 산업 및 조직, 24(2), 409-428.

Ackerman, P. L. (2000). Domain-specific knowledge as the "dark matter" of adult intelligence: gf/gc, personality and interest correlates. *Journal of Gerontology: Psychological Sciences*, *55B*(2), 69-84.

ACT (1999). *Research support for DISCOVER assessment components*. Iowa City, IA: Author.

Barrick, M. R., Mount, M. K., & Gupta, R. (2003). Meta-analyses of the relationship between the five-factor model of personality and Holland's occupational types. *Personnel Psychology*, *56*, 45-74.

Briscoe, J. P., Hall, D. T., & DeMuth, R. L. F. (2006). Protean and boundaryless careers: An empirical exploration. *Journal of Vocational Behavior*, *69*, 30-47. doi:10.1016/j.jvb.2005.09.003

Greenhaus, J. H., Callanan, G. A., & Godshalk, V. M. (2002). *Career management*. Thousand Oaks, CA: Sage.

Hall, D. T. (2004). The protean career: A quarter-century journey. *Journal of Vocational*

Behavior, 65, 1-13.

Harrington, B., & Hall, D. T. (2007). *Career management & work-life integration: Using self-assessment to navigate contemporary careers*. Thousand Oaks, CA: Sage.

Holland, J. L. (1985). *Making vocational choices: A theory of vocational personalities and work environments* (2nd ed.). Englewood Cliffs, NF: Prentice-Hall.

Larson, L. M., Rottinghaus, P. J., & Borgen, F. H. (2002). Meta-analysis of Big Six interests and Big Five personality factors. *Journal of Vocational Behavior, 61*, 217-239.

Lowman, R. L. (1991). *The clinical practice of career assessment: Interests, abilities, and personality*. Washington, DC: American Psychological Association.

Mirvis, P. H., & Hall, D. T. (1994). Psychological success and the boundaryless career. *Journal of Organizational Behavior, 15*, 365-380.

Porter, C., Woo, S. E., & Tak, J. (2016). Developing and validating short form protean and boundaryless career attitudes scales. *Journal of Career Assessment, 24*(1), 162-181.

Savickas, M. L. (2005). The theory and practice of career construction. In S. D. Brown & R. W. Lent (Eds.), *Career development and counselling: Putting theory and research to work* (pp. 42-70). Hoboken, NJ: Wiley.

Savickas, M. L. (2015). *Life design counseling manual.*

Savickas, M. L. (2012). Career adapt-abilities scale: Construction, reliability, and measurement equivalence across 13 countries. *Journal of Vocational Behavior, 80*, 661-673.

Tak, J. (2012). Career Adapt-Abilities Scale-Korea form: Psychometric properties and construct validity. Journal of Vocational Behavior, doi:10.1016/j.jvb.2012.01.008.

Tak, J., & Lee, K. (2003). Development of the Korean career indecision inventory. *Journal of Career Assessment, 11*(3), 328-345.

Tracey, T. J. G., & Hopkins, N. (2001). Correspondence of interest and abilities with occupational choice. *Journal of Counseling Psychology, 48*, 178-189.

제13장

비즈니스코칭

> 이 책의 4장에서 코칭의 효과에 관해 기술한 내용 가운데 대부분이 비즈니스코칭 분야에서 연구된 논문들을 토대로 한 것이기 때문에 이 장에서는 비즈니스코칭의 실무적인 부분에 초점을 두고 기술하고자 한다. 먼저 비즈니스코칭이 이루어지는 일반적인 과정에 대해 기술하고 비즈니스코칭 시 고려해야 할 점들과 구성주의 발달이론을 토대로 한 임원코칭에 대해 설명하고자 한다. 또한 추가로 비즈니스코칭에서 리더십코칭이 중요하기 때문에 많은 리더십 이론 가운데 코칭과 가장 관련이 높은 코칭리더십에 관해 설명하고 마지막으로 조직에 대한 이해를 높이기 위하여 조직심리학의 많은 주제 가운데 조직문화에 대해 간단히 기술하고자 한다. **"**

1. 비즈니스코칭이란

비즈니스코칭이란 명칭이 언제부터 생겨난 것인지는 명확하지 않다. 코칭은 처음에 기업체에서 주로 임원이나 관리자들을 대상으로 이들의 수행 향상을 돕기 위한 목적으로 시작되었다. 1970년대 들어 미국에서 임원코칭(executive coaching)이란 용어가 등장하기 시작하면서 코칭은 조직에서 관리자들의 수행 향상을 위해 도움을 주는 기법으로 인정받게 되었다. 이후 1980년대와 1990년대를 거쳐 비즈니스 영역에서 코칭은 급속도로 성장하기 시작하였다. 이와 같이 비즈니스 현장, 즉 기업에서 관리자나 임원들의 수행향상을 목적으로 진행되는 코칭을 일반적으로 비즈니스코칭이라고 부르게 된 것으로 판단된다.

국내에서도 2000년대 코칭이 들어오게 되었는데, 처음에는 외국과 같이 비즈니스 현장에서 관리자나 임원들의 역량 또는 수행향상 증진을 위해 진행되었으며 자연스럽게 비즈니스코칭이라고 부르게 되었다. 하지만 앞에서도 기술했듯이 임원들을 대상으로 코칭을 진행하는 임원코칭이란 단어가 등장하면서 비즈니스코칭과 임원코칭이 상호교환적으로 사용되고 있는 실정이다. 엄밀히 말하면 코칭대상에 있어서 임원코칭은 주로 회사의 임원직급 이상을 대상으로 코칭을 진행하며 비즈니스코칭은 일반 관리자를 포함한 임직원들을 대상으로 코칭을 실시한다고 보는 것이 적합할 것 같다.

최근 들어 리더십코칭이란 단어도 등장하면서 비즈니스코칭과의 차이점이 불분명해지고 있다. 일단 리더십코칭은 무엇보다 관리자들의 리더십 역량 증진을 위한 코칭으로 해석하는 것이 적합할 것으로 보인다. 임원코칭이나 비즈니스코칭은 리더십 역량 증진뿐 아니라 대상자인 피코치들의 수행향상을 위해 코칭을 진행한다는 점에서 차이가 있다.

비즈니스코칭의 경우 다른 코칭과의 가장 큰 차이점은 코칭비용을 피코치가 아니라 피코치가 속한 조직에서 지불한다는 점이다. 또한 다른 코칭의 경우 피코치가 코치에게 찾아와서 코칭을 받는 경우가 많지만 비즈니스코칭의 경우 코치가 피코치를 방문해서 조직 내에서 코칭이 이루어지는 경우가 대부분이라는 점도 특징이다.

코칭이 지금과 같이 성장하게 된 데는 이 책의 앞 장에 나와 있는 코칭의 역사에서도 기술하였듯이 비즈니스코칭이 기여한 바가 크다. 조직에서 CEO나 관리자를 포함한 임원직을 대상으로 코칭을 실행하면서 이들의 업무를 고려하여 코치들이 조직을 방문하여 코칭을 실시하게 되었고, 코칭을 통한 이들의 역량향상이 조직에 기여하는 바가 크기 때문에 조직에서 비용을 대신 내준다는 특징이 있다.

2. 비즈니스코칭 진행 과정

비즈니스코칭이 이루어지는 과정은 Orenstein(2007)의 책에서 기술한 내용을 참고하였다. 여기에서 기술하는 코칭진행과정은 코치가 개인적으로 코칭 사무실을 운영하면서 조직으로부터 특정 관리자를 대상으로 직접적인 코칭 의뢰를 받아서 진행하는 상황을 가정한 것이다.

1) 최초 연락

일반적으로 비즈니스코칭은 조직의 인사담당자가 코칭회사에 용역을 주고 일정 수의 관리자들에 대한 코칭을 부탁하는 경우가 대부분이다. 제안서 심사를 거쳐 특정 코칭회사가 용역을 맡게 되면 해당 코칭회사에서는 회사와 프리랜서 계약을 맺고 활동하는 소속 코치들의 명단과 간단한 이력서를 보내면 코칭을 받게 되는 피코치들이 원하는 코치를 선택하고 이후 피코치와 만나서 코칭을 진행하게 된다. 이와 같이 진행되는 경우는 대부분 조직에서 일정 수 이상의 관리자급에 대한 코칭을 동시에 진행하려고 할 때 해당된다.

상황에 따라 특정 조직에서 특정 관리자나 임원에 대해 코칭을 진행하려고 하는 경우에는 특정 코치에게 연락하여 코칭을 진행하는 경우도 있다. 해외에서는 특정 관리자의 코치가 코치에게 연락하여 자신의 부하 관리자에 대한 코칭을 부탁하는 경우도 자주 있다. 따라서 비즈니스코칭에서 코칭을 의뢰하는 사람과 경로는 이와 같이 다양하다고 볼 수 있다. 비즈니스코칭은 일반 개인을 대상으로 하는 코칭(예, 진로코칭, 라이프코칭 등)과는 달리 코칭 비용을 해당 조직에서 지불하며 피코치가 코칭을 받으러 오는 것이 아니라 코치가 직접 회사를 방문하여 코칭을 진행한다는 특징이 있다. 관리자급 이상을 대상으로 코칭이 진행되기 때문에 조직에서는 교육 프로그램 같이 이들의 역량향상을 위해 투자하는 비용으로 생각하기 때문에 코칭 비용을 지불하게 된다. 또한 관리자들이 조직 내에서 바쁘기 때문에 코칭 비용을 좀 더 지불하더라도 코치가 조직에 직접 방문하여 코칭을 진행해 주는 것을 원하게 된다.

여기서는 조직에서 코치에게 연락을 해서 특정 관리자에 대해 코칭을 의뢰한 경우의 상황에 대해 기술하고자 한다.

2) 예비 만남(preliminary meeting)

본격적인 코칭을 시작하기 전 코치가 피코치와 만나서 코칭 전반에 걸쳐 피코치가 어떻게 생각하는지를 파악하게 된다. 예를 들어, 피코치가 코칭을 통해 얻고자 하는 것은 무엇이고 코칭에 대해 어떻게 이해하고 있으며 코칭에 대해 저항감 없이 수용하는 정도는 어떠한지, 코칭을 받으려는 생각은 처음에 누가한 것인지 등을 파악한다.

코치는 코칭 전 과정에 대해 간단히 설명해 주는 것이 필요하다. 예를 들어, 코치와 일반 심리치료와의 차이점과 코칭을 진행하는 방식, 그리고 이 과정에서 코치와 피코치의 역할에 대한 설명이 필요하다. 코칭의 철학을 충분히 알고 있지 못한 피코치의 경우 코칭진행과정에서 코치에게 해결방법을 알려 달라는 요청을 자주 할수가 있으며 이러한 상황에서는 코칭이 제대로 진행되기 어렵게 된다. 따라서 코칭의 진행방식에 대해 분명한 설명이 필요하다.

코치는 피코치를 만나기 위해 조직을 처음 방문하면서 단순히 느끼거나 또는 피코치와의 대화를 통해 인지하게 되는 조직의 분위기나 문화에 대해 인식하려는 노력이 필요하기도 하다.

3) 합동 목표 설정(joint goal setting)

이 과정은 피코치, 상사 그리고 코치가 같이 만나서 피코치가 코칭을 통해 달성하고자 하는 목표가 무엇인지를 논의하고 모두가 동의하는 합일점을 찾는 것이다. 해외에서 진행되는 비즈니스코칭의 경우 이러한 과정을 거치는 경우가 자주 있지만, 코치가 피코치뿐 아니라 피코치의 상사와 같이 만나는 것이 어색할 수 있기 때문에 국내에서 비즈니스코칭을 할 경우 이와 같이 3자가 만나는 경우는 매우 드물다. 국내에서는 대부분 코치와 피코치가 둘이 만나서 코칭목표를 정하게 된다.

3자가 같이 만날 때의 장점은 아무래도 피코치의 상사 입장에서는 코칭을 통해 피코치가 특정 역량을 향상시키면 좋겠다는 생각이 있을 경우 이를 명료화할 수 있다는 점이다. 문제는 피코치가 이에 대해 동의를 하는 것이 중요하기 때문에 코치는 피코치와 상사 간의 대화를 주의 깊게 관찰하면서 서로 간의 의사소통에서 특이한 점(예, 서로의 얘기를 경청하는지, 편안하게 얘기하는지 등)은 없는지를 살펴볼 필요가 있다.

4) 코칭 계약(coaching contract)

피코치와 상사 모두 코칭 진행에 동의할 경우 코치는 피코치에게 주변인물 인터뷰 시간, 피드백 시간, 전체 코칭회기 수 및 시간 등을 기술한 코칭진행계획서를 작성하여 피코치에게 보내서 피코치의 승인을 받은 후 최종적으로 코칭계약서를 조직의 인사담당자에게 보내게 된다. 코칭계약서에는 전체 코칭회기 및 시간, 그리고 이에 따른 비용이 포함되어 있다.

국내에서는 조직에서 코치에게 코칭을 의뢰할 때 한 회기에 얼마이고 몇 회기 정도 진행해 달라고 하는 요구를 하는 경우가 많아서 코치가 따로 계약서를 보내지 않는 경우도 많다.

5) 평가(assessment)

코칭을 시작하기 전 피코치의 역량에 대해 객관적인 정보가 필요하다. 이러한 정보는 크게 보면 두 가지 방법으로 얻을 수 있다. 첫 번째는 피코치 본인으로부터 얻는 것이고 두 번째는 피코치 주변사람들로부터 정보를 얻는 것이다.

(1) 피코치 본인
피코치 본인으로부터 정보를 얻기 위해서는 인터뷰를 통해 자신이 잘하는 역량과 부족한 역량이 무엇인지 물어보는 방법이 있다. 이러한 질문을 할 때 피코치로부터 솔직한 답변을 얻기 위해서 가능한 한 구체적으로 얘기해 달라고 할 필요가 있다. 예를 들어, 피코치가 의사소통 역량이 강점이라고 할 때 의사소통이 잘 이루어져서 긍정적 결과가 나타난 경험을 구체적으로 얘기해 달라고 하는 것이다. 즉,

어떠한 상황에서 누구와 어떤 얘기를 했고 그로 인해 어떠한 성과나 결과가 있었는지를 상세하게 말해 달라고 할 필요가 있다.

인터뷰 이외에도 개인의 역량을 진단하는 설문지를 활용하여 스스로 평가토록 할 수 있다. 하지만 일반적으로 자기보고식의 역량진단 방법은 점수가 다소 과대평정되는 경우가 있기 때문에 높게 또는 낮게 나온 역량에 대해서는 추가로 위와 같은 질문을 포함할 필요가 있다.

(2) 주변 사람들

피코치의 주변 사람들로부터 피코치의 역량에 대한 평가 정보를 얻는 것도 중요하다. 비즈니스코칭의 경우 코칭내용이 피코치의 리더십 또는 관리 역량을 향상시키는 데 목표를 둔 경우가 많은데, 실제 코칭과정에서 일부 피코치들은 자신의 리더십 역량이 낮음에도 불구하고 별다른 문제가 없다고 주장하는 경우가 있기 때문이다. 이 경우 조직 내에서 다면평가 실시한 결과가 있으면 이를 제시하거나 또는 피코치의 부하, 동료 및 상사들과의 인터뷰 결과를 제시하면서 피코치의 리더십 역량에서 부족한 부분이 있음을 직접적으로 전달하는 것이 필요하다.

좀 더 많은 주변 사람들과 인터뷰를 하는 것이 바람직하지만 인터뷰 시간도 비용으로 계산이 되기 때문에 외국에 비해 국내에서는 현실적으로 많은 사람과 인터뷰를 하는 것이 쉽지 않은 실정이다.

또한 인터뷰 과정에서 이들이 한국 정서상 피코치의 역량에 대해 솔직하게 얘기하지 않고 좋은 점만 언급하는 경우도 있기 때문에 코치는 이들이 피코치의 역량에 대해 객관적인 평가를 해 주도록 구체적인 질문을 할 필요가 있다. 예를 들어, 피코치가 잘한 부분이 있다면 구체적으로 어떤 상황이었고 그 상황에서 피코치가 어떤 행동을 보였으며 그로 인해 어떤 결과가 있었는지를 얘기해 달라고 하는 것이 좋다.

주변 사람들은 일반적으로 피코치의 부하뿐 아니라 동료 및 상사도 포함되는데, 피코치로부터 자신을 알 수 있는 사람들의 명단을 받아서 이 가운데 일부 사람을 인터뷰 대상으로 결정하게 된다.

6) 피드백(feedback)

피코치를 만나 평가를 통해 코치가 작성한 내용을 피드백을 하게 된다. 먼저 피드백 제공을 위해 평가를 통해 얻은 자료를 내용분석을 한 뒤 여러 범주로 구분해서 정리를 하게 된다. 정리 과정에서는 피코치에 대한 감정을 조절하여 객관적으로 판단할 필요가 있다. 예를 들어, 피코치가 맘에 들지 않는다고 좀 더 부정적으로 정리해서는 안 된다. 피코치의 리더십 스타일, 강점과 약점, 대인관계, 의사소통 등에 대한 주변 사람들의 평가는 어떠한 지를 정리하여 피코치에게 전달하게 된다.

처음에는 구두로 설명하면서 전달하며 이 과정에서 피코치로부터 질문을 받고 답변을 해 주면서 진행하는 것이 바람직하다. 구두로 전달하는 피드백이 끝나면 코치가 문서로 정리한 피드백 내용을 피코치에게 전달하게 된다.

7) 목표 설정

본격적으로 코칭이 시작되는 단계이다. 먼저 코칭의 목표를 정하는 것이 중요하다. 코칭의 목표를 정할 때는 무엇보다 피코치가 원하는 목표여야 하며 앞에서도 기술했듯이 만약 코칭이 시작된 배경에 상사도 관여되어 있다면 코치, 피코치 그리고 상사 등 삼자가 같이 만나서 피코치가 제시한 목표에 상사도 동의하는지를 점검할 필요가 있다.

피코치는 목표설정 과정에서 코치로부터의 피드백 보고서를 참고할 수 있으며 현 시점에서 자신에게 가장 중요한 목표를 설정하는 것이 중요하다. 또한 특정 목표를 달성할 때 여기에서 그치지 않고 2차적으로 다른 영역에도 긍정적인 영향을 줄 수 있는지를 고려해 볼 필요가 있다. 예를 들어, 정서조절이 힘들어서 이를 향상시키는 것을 목표로 삼는다면 코칭이 잘 진행될 경우 정서조절력이 향상될 뿐 아니라 스트레스를 덜 받게 되어 업무수행과 건강도 향상될 수 있을 것이다.

이 책 3장의 코칭모형에서 자세히 기술하였지만 코칭목표는 일단은 구체적이고 측정 가능한 목표로 하는 것이 바람직하다. 그래야 코칭종료 후 코칭의 성과를 측정하기 쉽고 무엇보다 코칭을 진행하는 방향이 명확하기 때문이다. 코칭의 목표가 명확하지 않을 경우 진행하는 과정에서 피코치로부터 다른 얘기가 나오는 경우가 발생하게 되고 이로 인해 코칭이 산으로 가는 경우가 생길 수 있다. 피코치와 코칭 계약서를 작성하면서 계약서에 코칭목표를 명확하게 기술하는 것도 도움이 될 수 있다.

코칭과정은 코칭철학을 기반으로 목표 달성을 위해 피코치가 주도적으로 방법을 찾는 것이 중요함을 인식시키는 것이 중요하다. 이 과정에서 코칭의 효과를 평가하기 위해 어떤 도구를 사용할 것인지도 논의하는 것이 좋다.

Orenstein(2007)의 책에서 제시된 사례를 보면 켄이라는 피코치는 30세로서 광고에이전트사의 프로젝트 책임자로 일하고 있다. 켄의 장점은 의사소통, 대인관계, 조직에 대한 기여도가 높은 점을 들 수 있고, 단점은 위기를 초래하고 위험을 회피하려 하며, 리더십이 약하다는 점이다. 켄에 대한 피드백 제공 이후 목표설정 과정에서 켄은 부서의 장기 계획 설정(3개월 이내), 수행관리 역량향상(부하의 낮은 수행을 지적하고 높은 수행은 칭찬하는 스킬: 바로 실행), 상사와의 효율적 대화(바로 실행) 등의 세 가지 목표를 정하였다. 이후 켄의 상사인 조지와 삼자 미팅을 통해 조지에게 목표를 설명하였으며 조지도 이에 만족하였으며 이대로 진행하는 데 동의하였다.

8) 공식 코칭(formal coaching)

목표가 정해지면 다음 단계는 본격적으로 코칭을 진행하는 과정이다. 효과적인 코칭을 위해서 코치는 당연히 피코치와 조직에 대해 충분히 이해해야 한다. 또한 다양한 코칭기법과 진행방법에 대한 지식을 갖추고 있어야 한다.

9) 성과 평가(outcome evaluation)

이 단계는 코칭종료 후 코칭의 효과가 있었는지에 대한 성과를 평가하는 것이다. 먼저 코칭의 목표를 달성했는지의 여부를 평가한다. 여기에 대한 평가는 피코치의 의견이 가장 중요하며 코치도 코칭기간 동안 피코치를 관찰한 내용을 토대로 판단을 내릴 수 있다. 또한 피코치의 상사도 피코치가 코칭을 받으면서 현장에서 어떤 변화가 있었는지를 관찰할 수 있기 때문에 필요한 경우 성과 평가에 대해 의견을 제시할 수 있다. 이 방법은 코칭종료 후 바로 피코치에게 물어볼 수 있기 때문에 시간과 비용을 절약할 수 있다는 장점이 있다.

다른 방법은 설문지를 사용하는 방법이다. 코칭목표가 정해지고 본격적으로 코칭을 시작할 때 평가를 위해 사용했던 동일한 설문지를 코칭이 종료되는 시점에서 다시 실시한 후 점수 차이를 계산하는 방법이다. 예를 들어, 부하와의 의사소통 역량 향상이 목표라면 의사소통을 측정하는 검사를 코칭 시작 때와 종료 후 실시하는 것이다. 여러 가지 이유로 코칭을 시작할 때 검사를 하기 어려운 상황이라면 코칭 종료 후 피코치에게 의사소통 검사를 실시하면서 코칭하기 전과 비교하여 각 문항에서 어느 정도나 좋아졌다고 생각하는지를 평정하게 할 수도 있다. 하지만 코칭기간이 매우 긴 경우 이 방법은 피코치가 코칭 전 시점의 자신의 행동을 정확하게 기억하기 어려울 수도 있기 때문에 평정이 정확하지 않을 수 있다.

마지막으로 피코치를 아는 동료나 부하들과의 인터뷰를 통해 피코치가 달라진 점이 있는지를 물어보고 이를 토대로 코칭의 성과가 있었는지를 판단할 수 있다. 현실적으로 여러 명과 만나 물어보는 과정에서 소요되는 시간과 비용으로 인해 자주 사용되지는 않는다.

10) 결론

코칭을 마무리하는 단계이다. 계약한 코칭회기를 마친 경우 자연스럽게 코칭이 종료된다. 코치는 피코치가 코칭과정을 통해 학습한 내용에 대해 정리해 보도록 하며 자기개발은 일생을 통해 지속되는 과정임을 강조하며 자신의 성장을 위해 계속 노력해 줄 것을 당부한다. 이 과정에서 추후 코치로부터 어떤 도움이 필요할 경우 언제라도 연락할 수 있으며 기꺼이 돕겠다는 의지를 언급하면서 마무리한다.

물론 모든 코칭이 계약한 대로 마무리되는 것은 아니다. 피코치의 여러 가지 개인적 사정(이직, 전직, 코칭을 더 이상 받고 싶어 하지 않음 등)으로 인해 코칭이 일찍 종료되는 경우도 있다. 또한 코치 입장에서도 피코치의 변화하려는 동기가 너무 낮아서 코칭 진행이 어렵다고 판단되는 경우 어쩔 수 없이 피코치와 코칭을 의뢰한 조직의 동의를 얻어 코칭을 종결할 수 있을 것이다.

11) 코칭 실패에 대한 이유 파악

모든 비즈니스코칭이 다 성공을 거두는 것은 아니며 중간에 종료되거나 끝까지 갔다고 해도 코칭목표를 제대로 달성하지 못하는 경우도 있다. 일반적인 코칭 실패 원인으로는 먼저 피코치의 문제를 들 수 있다. 피코치의 변화의지가 약하거나 없는 경우 코칭은 성과를 거두기 어렵다. 이는 비즈니스코칭뿐 아니라 다른 코칭에서도 동일하다. 피코칭의 변화동기가 있어야 스스로 목표달성을 위한 실행계획을 세우고 이를 실행하게 된다. 그렇지 못할 경우 목표나 실행계획을 세우는 과정에서도 진정성이 없이 건성으로 얘기하게 되며 실행하려는 시도조차 하지 않을 가능성이 높다. 특히 조직에서 특별한 코칭니즈가 없는데도 모든 임원 또는 관리자들을 대상으로 코칭을 하도록 강요해서 피코치 입장에서 할 수 없이 코칭을 받게 되는 경우 이러한 문제가 생길 가능성이 있다.

코치에게 문제가 있어서 코칭 성과를 거두지 못할 수도 있다. 무엇보다 코치의 전문성이 부족해서 코칭이 제대로 진행되지 않을 수 있다. 코칭이 성공적으로 진행되기 위해서는 코치와 피코치 간에 신뢰가 형성되어야 한다. 피코치가 코치의 전문성을 믿고 신뢰해야 코칭이 적절하게 진행될 수 있는데, 코치가 사용하는 말투나 진행 방법 등에서 부족한 부분을 보일 경우 피코치의 신뢰를 얻기 힘들고 결과적으로 코칭이 실패로 끝날 가능성이 높다.

피코치와 코치 간의 호흡이 잘 맞지 않는 경우도 발생한다. 상담에서 내담자와 상담자 간의 부합이 잘 맞아야 상담이 잘 이루어진다는 연구가 있지만 아직 코칭 분야에서 이에 관한 연구는 거의 없는 실정이다. 하지만 코치 입장에서 피코치의 성격이 지나치게 권위적이라거나 다른 이유 때문에 피코치가 싫을 수 있게 되고 이는 코치가 코칭과정에 영향을 줄 수 있게 된다.

마지막으로 조직의 문제일 수도 있다. 예를 들어, 앞에서도 설명했듯이 코칭을 진행하기 전 사전 작업으로 피코치의 주변 동료나 부하와의 인터뷰가 필요한데, 회사에서 이에 대한 지원을 해 주지 않을 수 있다. 또한 코칭의 목적이 처음부터 피코치의 역량을 향상시키기 위한 것이 아니라 코칭에서 나타난 피코치의 문제점을 부각시켜 피코치를 해고하거나 부정적인 피드백을 주기 위한 숨은 의도가 있을 수도 있다.

3. 비즈니스코칭 진행 시 고려사항

1) 비즈니스코칭과 조직의 전략

비즈니스코칭은 피코치의 개인적인 성장도 고려해야 하지만 동시에 조직의 성과 증진도 중요하다. 특히 임원코칭에서 코칭을 받는 임원들은 조직의 장단기 전략을 수립하는 중요한 역할을 하게 되는 경우가 많다. 전략은 조직이 변화에 적응할 수 있도록 방향을 정하고 실행하는 것이다(Knudson, 2002). 전략 수립은 미래에 대해 예측하는 것이기 때문에 누구에게나 쉽지 않은 과제이다. 당연히 많은 임원이 전략을 수립하는 과정에서 어려움을 경험하고 있다. 하지만 전략 수립 못지않게 전략 실행도 중요하다. Charan과 Colvin(1999)은 CEO들이 실패하는 이유는 전략을 제대로 수립하지 못해서가 아니라 전략을 실행하는 과정에서 실패했기 때문이라고 주장하였다. 이들은 특히 임직원을 적재적소에 배치하지 못했기 나타난 문제점이 크다고 지적하였다.

임원의 전략 수립 및 실행과정에서 코칭을 통해 도움을 줄 수 있는 부분은 다음과 같은 경우가 가능하다(Knudson, 2002). 첫째, 전략 방향이 지나치게 높게 설정되는 경우이다. 이러한 상황에서 대부분의 직원은 자신의 업무가 회사의 전략과 어떻게 연계되는지 알지 못하며 심지어는 어떤 방향인지도 모를 수 있다. 또한 이와 유사하게 전략이 명확하기는 하지만 경영진에서만 공유하고 이를 임직원들에게 알리는 데 소홀히 해서 많은 임직원이 충분히 이해하고 있지 못한 경우도 있을 수 있다. 이러한 경우 코칭을 통해 임원인 피코치가 조직의 전략방향을 임직원들에게 전달하여 이해시킬 수 있는 방법을 찾는 데 도움을 줄 수 있다.

전략을 수립하는 과정에서 경쟁사의 위협, 시장 기회, 고객의 요구사항 등에 대해 적절한 분석이 이루어지지 않을 수도 있다. 전략 수립 후 일정 시간이 지나서 새로운 전략을 수립해야 하는 시점에 도달했는데도 불구하고 임원이 이에 대해 제대로 인식하지 못하고 기존의 전략만을 고집할 수도 있다. 마지막으로 전략수립과정에서 충분한 정보수집과 분석이 제대로 이루어지지 않을 수도 있다. 이와 같이 회사의 전략 수립과 실행과정에서 임원이 경험하게 되는 다양한 어려움이 존재한다.

비즈니스코칭은 임원들이 이러한 어려움을 극복하는 데 도움을 줄 수 있는 중요한
수단으로 자리매김할 수 있을 것이다.

비즈니스코칭을 회사의 전략과 연계시켜 진행할 경우 조직의 인사부서에서 고려
해야 할 점은 해당 조직에서 특정 전략을 실행하는 과정에서 임원들에게 요구되는
역량이 무엇인지를 명확히 할 필요가 있다는 점이다(Knudson, 2002). 예를 들어, 특
정 회사에서 서비스 질을 향상시키는 것을 전략 방향으로 새롭게 수립했다고 하자.
조직이 이러한 방향으로 나아가기 위해서는 임직원들의 역량이 뒷받침되어야 한
다. 즉, 서비스 질을 높일 수 있는 역량을 갖추어야 한다. 이에 따라 인사부서에서
는 서비스 질을 높이기 위해 임원에게 필요한 역량이 무엇인지를 파악하였고, 임원
코칭을 설계하는 과정에서 코칭의 목표를 관련 역량을 증진시키는 것으로 정하고
진행하였다.

한편, Fitzgerald(2002)는 임원코칭과정에서 전략과 연계시켜 코칭을 진행한 본인
의 경험을 토대로 전략분야에 대한 역량증진을 위해서 임원들에게 다음의 네 가지
방법을 제시하고 있다. 다음의 방법은 코치가 임원을 대상으로 전략분야에 대한 코
칭을 진행할 때 임원의 전략역량 증진을 위한 방법으로 활용할 수 있을 것이다.

첫째, 전략적 능력을 향상시키기 위해 일정한 시간을 투자할 필요가 있다. 일반
적으로 임원진은 매우 바쁘기 때문에 전략이슈 및 전략적 사고 개발에 많은 시간을
투자할 여유가 별로 없다. 하지만 그럼에도 불구하고 조직에서 전략방향 설정은 매
우 중요하기 때문에 전체 업무 시간의 약 5%정도는 전략개발에 투자할 것을 권유
하고 있다.

둘째, 다양한 방법과 접근방식을 사용하는 것이다. 예를 들어, 높은 수준의 전략
에 관한 대화를 하거나 의사결정 과정에 참여하거나 관찰할 기회를 가지고, 큰 관
점에서 미래를 볼 수 있는 회사 또는 업계 사람들과 정기적인 모임을 가지고 고객
의 욕구, 욕망 및 좌절을 파악하기 위해 고객과 정기적으로 만나는 데 시간을 할애
하며 전략 및 혁신과 관련된 세미나 또는 강연에 참여하는 등의 다양한 방법을 활
용할 수 있다. 또한 스스로 지금으로부터 1년(또는 2년이나 5년) 이후에 사업이 어떻
게 달라질지, 가장 유망한 새로운 비즈니스 개발 아이디어를 위해 현재 시간의 10%
와 종잣돈이 있다면 어디에 투자할 것인지를 생각해 볼 수 있다.

셋째, 전략적 사고에 대해 관심을 갖고 업무속도를 재평가할 필요가 있다. 대부

분의 임원은 바쁘게 일하고 빨리 결정을 내려야 하는 경우가 많으며, 요즘과 같은 경쟁시대에 이러한 역량은 중요하다. 하지만 전략적 사고는 다른 일처럼 빠른 시간 내에 얻을 수 있는 것이 아니다. 즉, 단기적인 활동을 통해서 완성되는 것이 아니라 충분히 심사숙고할 시간을 필요로 한다. 따라서 임원은 평소에 의도적으로 대화의 속도를 늦추고 대화 내용을 변화시키는 방법을 학습할 필요가 있다.

마지막으로 서로 다른 관점이 갈등을 초래할 수 있음을 인식할 필요가 있다. 성공적인 전략 수립 및 실행은 복잡하고 다차원적인 과정의 결과로 볼 수 있다. 조직의 다양한 영역에서 다양한 역할, 성격, 스킬을 가진 사람들은 다양한 관점에서 전략에 접근할 수 있게 된다. 이러한 다양한 관점이 갈등을 가져올 수 있는데, 임원은 이를 수용하고 다양한 관점을 통합할 수 있는 해결안을 찾기 위한 노력을 해야 한다. 이를 통해 성공적인 전략을 수립할 수 있게 된다. 따라서 임원은 평소에 다른 관점을 가진 사람들에게 자신의 관점이나 접근 방식을 효과적으로 제시하는 노력을 할 필요가 있다.

2) 임원코칭 진행 시 교훈

Hodgetts(2002)는 임원코칭 진행 시 실패할 수 있는 다양한 예를 기술하면서 이를 통해 학습할 수 있는 교훈을 제시하였는데 이를 간단히 살펴보면 다음과 같다.

(1) 교훈 1: 코칭상황을 정확하게 평가하고 진단할 필요가 있다

예를 들어, 코칭을 통한 행동변화가 조직의 목표와 전략과 연계되어 있으며 이를 통해 조직의 효율성을 증진시킬 수 있는지 확인할 필요가 있다. 또한 코칭이슈가 개인적인 문제가 아니라 조직의 문제일 수도 있기 때문에 이 경우 조직의 문제를 해결해야 한다. 예를 들어, 상위 경영진의 리더십에 문제가 있는데 당사자는 아무런 조치도 취하지 않고 아래 임원들만 코칭을 받는 경우가 이에 해당한다. 또한 피코치가 코칭을 받을 준비가 되어 있는 경우 효과가 있기 때문에 무조건 코칭을 받으라고 할 것이 아니라 사전에 피코치가 코치의 피드백과 변화를 수용하려는 자세가 되어 있는지를 파악할 필요가 있다. 그렇지 않을 경우 임원코칭은 실패로 돌아갈 가능성이 크다.

(2) 교훈 2: 적합한 코치를 선정하라

임원코칭과정에서 코치의 역량이 부족하여 실패로 돌아가는 경우가 있기 때문에 코칭의 목표와 목적을 명확하게 정의하고 문제해결 능력과 기술을 갖춘 코치를 선택할 필요가 있다. 가능하면 임원에게 2명 이상의 코칭 명단을 주고 이 중에서 피코치가 선택하도록 한다.

(3) 교훈 3: 관련자들의 역할을 명확히 정의하라

임원코칭과정에는 코치와 피코치뿐 아니라 피코치의 상사와 인사담당자 등 다양한 사람들이 관여되는 경우가 일반적이다. 이 과정에서 피코치인 임원의 변화동기가 높지 않을 경우 코칭이 적절하게 진행되지 않을 수 있다. 피코치의 코치는 모든 것을 다 코치가 알아서 하도록 놔두지 말고 어느 정도 코칭과정에 관여할 필요가 있다. 즉, 피코치가 가지고 있는 문제점에 대해 얘기해 주거나 코칭진행과정에서 좀 더 적극적으로 참여할 것을 권유할 필요가 있다. 또한 인사담당자를 포함한 모든 이해관계자들이 코칭의 목적, 진행과정 및 평가방법에 대해 이해하고 동의하는지도 점검해 볼 필요가 있다.

(4) 교훈 4: 코칭을 의무화하지 않도록 한다

임원코칭도 일반 코칭과 동일하게 피코치가 변화하려는 동기가 어느 정도 있어야 효과를 볼 가능성이 높다. 이 책의 9장 변화단계모형에서 피코치의 동기가 거의 없거나 낮을 경우 적용할 수 있는 방법에 대해 설명한 바 있다. 모든 코치가 이러한 피코치들을 잘 이끌어 갈 수 있는 역량을 갖고 있다고 보기는 어렵다. 코칭을 무조건 의무화해서 비자발적으로 참여하게 할 경우 코칭을 받을 준비가 되어 있지 않은 피코치가 있을 수 있기 때문에 주의할 필요가 있다.

(5) 교훈 5: 피코치에 대한 비밀보장이 이루어져야 한다

임원코칭과정에서 피코치와 나눈 대화 내용은 피코치의 허락 없이는 다른 사람과 공유해서는 안 된다. 간단하고 명확한 내용이지만 상황에 따라 갈등을 초래하는 경우가 생긴다. 예를 들어, 코칭프로젝트를 주도한 인사부서에서 코치에게 피코치와 진행된 내용을 간단히 요약 정리해서 보고해 달라고 하는 경우가 발생한다. 코치는 피코치와 상의해서 어느 정도 범위 내에서 보고할 것인지를 피코치로부터 허가를 받은 후 보고를 해야 한다. 그렇지 않을 경우 신뢰감이 깨져서 코칭은 실패로 끝날 가능성이 높아진다.

(6) 교훈 6: 합의된 목표에 대해 주기적인 평가가 이루어져야 한다

코치는 피코치와 합의된 목표에 대해 진전이 있는지를 주기적으로 평가할 필요가 있다. 코칭진행과정에서 피코치가 주어진 과제를 적절하게 해 오는지를 보고 판단할 수 있으며 피코치의 상사나 부하와 연락해서 피코치의 달라진 모습에 대한 피드백을 받을 필요가 있다. 필요한 경우 피코치와의 합의를 통해 목표를 변경하는 것도 가능하다.

(7) 교훈 7: 조직과 경영진의 변화에 대한 준비가 있어야 한다

임원코칭을 통해 피코치의 행동이 변화된 경우 조직과 고위 경영진에서 이러한 피코치의 변화된 행동을 수용할 수 있어야 한다. 예를 들어, 특정 임원의 행동이 다소 소극적이고 순응적이라서 코칭을 받게 했고, 성공적인 코칭을 통해 이 피코치가 매사에 자신의 의견을 적극적으로 개진하는 행동을 보이게 되었다고 가정하자. 이 상황에서 피코치의 상사가 피코치의 이러한 행동을 수용할 준비가 되어 있지 않다고 한다면 피코치는 심각한 갈등 상황에 빠지게 될 수 있다. 피코치의 변화의지도 중요하지만 조직에서도 피코치의 변화된 행동을 수용할 수 있는 준비가 되어 있어야 한다.

4. 구성주의 발달심리 적용

Goodman(2002)은 Kegan(1994)의 구성주의(constructive) 발달심리 이론과 본인의 코칭 경력을 토대로 발달코칭대화(developmental coaching dialogue) 모형을 제시하였다. 구성주의 발달심리이론에서 구성주의는 인간은 자신의 경험을 통해 적극적으로 의미를 구축하거나 부여한다는 것을 의미한다. 예를 들어, 친구와 얘기하다가 특정 단어에 대해 친구가 민감하게 반응한다면 앞으로 친한 친구라 하더라도 이런 단어를 쓰는 것은 적절하지 않다는 것을 인식하게 되고 특정 단어는 좋지 않다는 의미를 부여하게 된다. 개인은 일생을 통해 의미를 부여하는 활동을 하게 되며 이에 따라 삶의 목적에 영향을 주게 된다. 예를 들어, 어려서부터 남을 도와주고 힘이 되어 주는 활동에 대해 매우 보람 있는 활동이라는 의미를 부여하게 되면 성인이 되어 직업을 찾는 과정에서도 남에게 봉사할 수 있는 직장을 찾을 가능성이 높고 살아가면서도 삶의 목적이나 가치에도 영향을 주게 된다.

한편, 구성주의 발달이론에서 발달은 사람은 안정과 변화의 원리에 따라 질적으로 다른 복잡성 단계를 거쳐서 진화한다는 것을 의미한다. 예를 들어, 어렸을 때 사람과의 관계를 인지적으로 단순하게 인식하지만 성장하면서 더 복잡하다는 것을 깨닫게 된다.

Goodman(2002)의 발달코칭대화는 다음의 4단계로 구성되어 있는데 사고와 행동 측면에서 지속적인 변화를 이끌어 내기 위한 반복과정으로 볼 수 있으며 피코치가 적극적으로 해결책을 찾도록 돕게 된다. 이 네 가지 과정은 단계로 제시되어 있으나 실제적으로는 서로 상호작용하며 중첩되기도 한다.

1) 의미 질문(asking for a meaning)

이 단계에서의 목표는 코치와 피코치 모두 현재의 이슈 또는 상황에 대해 좀 더 깊이 이해할 수 있기 위한 질문을 하는 것이다. 이를 통해 피코치가 자신의 행동에 대해 어떻게 생각하는지(즉, 어떤 의미를 부여하고 있는지)를 알 수 있게 된다. 가능하면 질문 과정에서 '왜'보다는 '어떻게'와 '무엇을'을 포함하는 질문이 적절하다. '어떻게'와 '무엇을'은 현재에 미래에 초점을 둔 질문인 데 반해서 '왜'라는 질문은 피코치의 과거에 초점을 둔 질문이기 때문이다. 이 단계에서 할 수 있는 대표적인 질문은 다음과 같다.

- 이 상황을 어떻게 이해하고 계신가요?(그 사람이 얘기한 것에 대해 어떻게 이해하고 계신가요?)
- 어떤 의미로 이해하셨나요?(그 사람에게는 그게 어떤 의미일까요?)
- 어떤 내용으로 들리세요?

- 이 상황을 해결하기 위해 어떤 노력을 하셨나요?

예를 들어, Goodman은 조직에서 최고경영자 A와 최고운영책임자인 B 간에 업무처리방식에서의 차이로 인해 갈등을 겪고 있는 사례를 제시하고 있다. 두 사람의 효율적인 업무처리방식에서의 관점이 다르기 때문에 나타난 문제점인데, A는 상황이 바쁘기 때문에 B가 주도적으로 빨리 해 나갈 필요가 있다고 주장하고 B는 그래도 사람들의 의견을 들어 가면서 진행해야 한다고 주장하고 있다. 코치는 B를 대상으로 코칭을 진행하는데 일단 자신의 주장이 무엇이고 A에 대해서는 어떻게 또는 왜 그렇게 생각하는지를 물어보았으며 이를 통해 B가 현재 상황에 대해 어떤 의미를 부여하고 있는지를 파악하였다. 이 상황에서 B는 자신이 옳고 상대방은 틀렸다는 의미를 부여하고 있었다.

2) 새로운 관점 구축(building a new perspective)

이 단계에서는 피코치가 현재의 이슈를 자신이 가지고 있는 현재의 관점이 아닌 다른 관점에서 보도록 돕는 것이다. 이 과정에서 코치는 먼저 피코치가 현 상황을 어떻게 구성 또는 이해하고 있는지를 명확히 할 필요가 있다. 이후 현재의 이슈를 바라볼 수 있는 또 다른 방법이 가능할 수 있다는 점을 소개한다. 이를 통해 피코치가 현재의 상황을 재구성(reframe)하도록 유도하게 된다. 재구성 과정은 쉽지 않기 때문에 코치는 인내심을 발휘하여 진행해야 하며 사람들은 처음의 관점을 지속적으로 유지하려는 경향이 강하다는 점을 인식할 필요가 있다. 이 2단계는 탐색(inquiry), 재구성(reframing), 타당화(validation), 그리고 다른 말로 표현(paraphrasing)의 거치게 된다.

앞서 제시한 사례에서 코치는 피코치가 상사인 A의 업무처리 방식을 다른 관점에서 보도록 유도하였고(사람들과 개인적으로 일하는 것을 선호함), 이를 위해 외부 고객과의 업무는 어떻게 처리하는지 물어보았다. 피코치는 A가 외부고객과 일대일로 만나 관계를 매끄럽게 유지하고 있으며 이러한 스타일로 인해 A에게 충성을 보이는 사람들도 많다고 얘기하게 된다.

3) 연결고리 생성(creating a bridge)

2단계에서 새로운 관점을 소개한 뒤, 3단계에서 코치는 피코치가 자신의 사고 및 행동을 새로운 관점과 일치하도록 변화시키는 과정에 초점을 둔다. 이 단계에서 코치는 피코치가 변화를 하는 데 수반되는 잠재적 위험과 위협을 인식하고 이에 잘 대처하도록 돕는 데 초점을 둔다. 피코치가 이 과정에서 느끼게 되는 두려움이 무엇인지 파악하고 이에 대해 이름을 붙이는 것도 방법이다. 이 단계에서 코치가 물어볼 수 있는 질문의 예는 다음과 같다.

- 새로운 방법으로 하게 되면 어떤 변화가 있을 것 같은가요?
- 이러한 변화가 얼마나 도전적인가요?
- 새로운 방법으로 하게 되면 무엇을 포기해야 하나요?

앞의 사례에서 피코치가 염려하는 두려움 또는 위협요인은 A가 원하는 방식대로 처리할 경우 A의 업무처리방식이 자신이 주장하는 방식보다 더 우수하다는 것을 인정하는 것으로 나타났다. 코치의 권유에 따라 피코치 B는 새로운 변화 행동으로서 임직원 보상제도 개선에 한해서 A가 원하는 방식대로 해 보겠다고 하였다. 코치와의 지속적인 대화를 통해 B는 A가 자신을 싫어하거나 좌절시키려고 그런 것이 아니라 단순히 업무처리방식에서의 차이 때문에 이러한 갈등이 발생했음을 인식하게 되었다.

4) 행동 개발(developing action)

마지막 단계는 새로운 행동을 계획하고 실행하는 것이다. 새로운 행동은 피코치에게는 새로운 도전이 되며 피코치의 성장을 위해 도움이 된다. 하지만 동시에 피코치의 사고 및 행동에서의 균형을 훼손하기도 한다. 코치는 피코치가 도전적인 행동을 하도록 권유하면서 동시에 저항이 크지 않도록 균형감 있게 진행할 필요가 있다. 이 단계에서 Goodman은 구체적인 행동계획을 수립한 후 이를 상상하면서 마음속으로 상상해 볼 것을 제안하였다.

5. 코칭리더십

비즈니스코칭을 하는 목적 가운데 하나는 관리자의 리더십 역량향상을 위한 것이다. 리더십 역량 증진을 위해서 코치는 다양한 리더십 이론이나 모형에 대한 지식이 필요하다. 하지만 지면 관계상 수많은 리더십 이론을 모두 다 설명할 수는 없다. 여기서는 다양한 리더십 이론 가운데 관리들의 코칭역량 향상을 위한 리더십 이론에 대해서만 기술하기로 한다. 즉, 관리자의 코칭리더십에 대해 설명하고자 한다. 만약 코칭을 통해 관리자들의 코칭리더십 역량이 향상되면 관리자들은 부하와의 대화나 상담 시 코칭 관련 행동을 더 많이 하게 되며 이를 통해 구성원들의 만족과 수행이 향상될 수 있을 것이다. 여기서 제시하는 내용은 탁진국과 손주영(2017)에서 필자가 코칭리더십(coaching leadership)에 관해 기술한 내용 중 일부를 가져온 것이다.

1) 코칭리더십이란

지금까지 관리자의 코칭역량과 관련된 연구들은 대부분 코칭 행동 또는 코칭 스킬이라는 단어를 사용하였으며, 이를 하나의 리더십 이론으로 발전시키기 못하였다. 조은현과 탁진국(2010)은 이러한 점을 개선하기 위하여 코칭리더십 척도를 개발하고 이 척도의 타당화를 검증하였다.

이들은 직장인을 대상으로 개방형 설문, 두 차례의 예비조사 및 본조사를 거쳐 모두 4개의 요인(존중, 목표제시와 피드백, 관점변화, 부하의 성장가능성에 대한 믿음)으로 구성된 24개 문항(〈부록〉 참조)을 도출하였다. 존중은 리더가 부하를 인간으로서 존중하고 심리적으로 지지하고 돕는 것을 의미하고, 목표제시와 피드백은 리더가 부하의 성장과 발전을 위한 목표를 제시하고 업무와 관련하여 구체적이고 건설적인 피드백을 제공하는 것을 의미한다. 관점변화는 리더가 부하에게 기존과 다른 관점에서 해결방법을 찾도록 질문하는 것을 의미하며, 마지막으로 성장에 대한 믿음 요인은 리더가 사람은 성장과 발전을 지향하는 잠재력을 가진 존재이며 자신의 문제를 스스로 해결할 수 있는 능력을 가지고 있다는 데에 대한 믿음을 의미한다.

2) 코칭리더십의 효과

Graham, Wedman과 Garvin-Kester(1994)는 판매 관리자들의 코칭행동의 효과를 검증하였다. 이들은 부하들에게 전화 인터뷰를 통해 관리자들의 코칭행동을 조사하였으며, 분석 결과 관리자들의 코칭행동은 부하들의 판매 증가에 긍정적 영향을 미쳤다.

Ellinger, Ellinger와 Keller(2003)는 관리자의 코칭행동이 부하들의 만족과 수행에 긍정적 영향을 주는지를 분석하기 위해 67명의 감독자와 438명의 근로자들을 대상으로 설문지를 실시하였다. 종업원들의 직무만족은 스스로 평정하게 하였으며, 이들의 수행은 감독자가 평정토록 하였다. 분석 결과 감독자의 코칭행동은 종업원들의 직무만족과 직무수행에 정적으로 유의한 영향을 미치는 것으로 나타났다.

조은현과 탁진국(2010)은 다양한 조직에 근무하는 직장인 600명을 대상으로 코칭리더십 척도의 타당도를 검증하기 위해 실시한 연구에서 코칭리더십 척도 점수는 상사신뢰, 조직시민행동 그리고 조직몰입과 정적으로 유의한 관계에 있는 것으로 나타났다. 코칭리더십은 상사신뢰와 가장 관련성이 크게 나타났고 다음은 조직몰입의 순이었다. 요인별로 살펴보면 부하의 잠재력에 대한 믿음 요인이 이러한 조직태도 변인들과 가장 크게 관련된 것으로 나타났다.

최근에 Jang과 Tak(2018)은 2018년 5월까지 국내에서 발행된 코칭리더십의 효과에 관한 연구결과들을 토대로 메타분석을 실시하였다. 모두 65편, 총 272개의 데이터를 확보하였으며 메타분석 결과 코칭리더십 및 코칭행동의 전체 평균효과 크기는 .45로 나타났다. 특히 다양한 종속변인 가운데 고객지향성(.63), 직무특성(.56), 조직몰입(.53), 직무만족(.57)에서 효과크기가 상대적으로 크게 나타났다.

코칭리더십이 긍정적 효과를 가져오는 이유는 무엇보다 상사들이 부하들의 잠재력에 대한 믿음 때문이라고 생각할 수 있다. 조은현과 탁진국의 연구에서도 코칭리더십 요인 가운데 부하의 잠재력에 대한 믿음이 종업원들의 조직 태도 및 상사신뢰에 가장 큰 영향을 준 것으로 나타났듯이, 코치의 부하 역량에 대한 긍정적 믿음이 조직 전체를 긍정적 조직문화를 갖춘 환경으로 바꾸는 데 기여할 수 있고 이러한 환경 속에서 서로를 신뢰하는 풍토가 생기게 되며 이로 인해 긍정적 조직태도와 성과가 나타날 가능성이 높다.

6. 조직문화에 대한 이해

비즈니스코칭을 진행하려면 코치는 조직에 관해 어느 정도의 지식을 가지고 있는 것이 도움이 된다. 조직에서 많이 사용하는 용어에 대해서도 친숙할 필요가 있으며 조직심리나 조직행동에서 다루는 다양한 주제에 관해서도 공부할 필요가 있다. 관련 주제 중에서도 바로 앞에서 기술한 리더십과 더불어 조직문화에 대한 이해가 필요하다. 조직문화가 조직의 구성원들의 행동에 큰 영향을 미치는데, 조직문화의 형성에 최고경영자를 비롯한 임원들의 역할이 중요하기 때문이다. 여기서는 조직문화가 무엇이고 조직문화가 조직에 미치는 영향은 무엇이며 조직문화가 어떻게 형성이 되고 변화되는지에 대해 간단히 설명하고자 한다.

1) 정의

조직문화(organizational culture)는 조직 내 모든 구성원이 조직에 대해 공유하는 생각, 감정, 가치 및 행동을 의미한다. 예를 들어, 많은 구성원이 '우리 조직은 구성원을 우선적으로 생각한다.'와 같은 믿음을 가지고 있으면 이것을 조직문화라고 볼 수 있다. 또한 '우리 조직은 무엇보다 안전을 중요시한다.'(예, 디즈니월드)와 같은 조직의 가치에 대해 구성원들이 공감대를 가지는 것도 조직문화로 볼 수 있다. 조직의 가치와 관련해서는 구성원의 공감대 형성이 중요한데, 경우에 따라서는 조직이 중시하는 가치에 대해 구성원들이 공감을 하지 않는 경우도 발생한다. 예를 들어, 특정 조직에서 '남녀 차별 없는 공정성'을 중요한 가치로 내세우지만 실제로는 선발 및 승진에서 차별이 존재하는 것으로 구성원들이 인식하고 있다면 이 조직의 문화는 가치와는 달리 성차별이 있는 조직으로 보는 것이 적절하다.

조직문화는 하나만 있는 것이 아니라 다양하게 존재한다. 이 가운데서도 핵심적인 조직문화가 있을 수 있다. 조직의 핵심가치와 관련된 조직문화가 이에 해당된다. 예를 들어, 디즈니월드의 조직문화는 안전과 고객을 중시하는 문화로 유명한데, 이 두 가지 중에서도 안전이 조직의 우선적인 핵심가치이기 때문에 안전을 중시하는 문화가 핵심적인 조직문화가 될 수 있다.

조직문화는 조직 전체의 문화인데 조직 내부에 다양한 부서가 존재하듯이 문화도 하위문화(subculture)가 존재하며 하위문화는 전체 조직문화가 다를 수 있다. 예를 들어, 조직 전체로는 구성원이 의사결정과정에 참여한다는 공통적인 인식이 있다 하더라도 특정 부서나 팀에서는 부서장이나 팀장의 권위적인 리더십으로 인해 상명하달의 문화가 형성될 수 있다. 특정 부서의 하위문화가 강한 경우 부서 내부적으로는 단합이 잘 될 수 있다는 장점이 있으나 전체 조직의 통합을 위해서는 바람직하지 않다고 볼 수 있다.

문화와 유사한 개념으로 풍토(climate)가 있다. 일반적으로 풍토는 조직 내 또는 조직의 특정 부서에서의 사건, 제도, 절차, 행동 등에 대한 개인의 지각 또는 인식을 의미한다. 즉, 문화와 같이 조직 내 모든 구성원의 공유된 인식을 의미하지는 않는다는 점에서 차이가 있다.

2) 조직문화의 효과

조직문화가 중요한 이유는 구성원들의 행동에 영향을 줄 수 있기 때문이다. 예를 들어, 우리 조직에서 승진하려면 네트워크가 중요하다는 조직문화를 구성원들이 공유하고 있다고 하자. 평소에 구성원들은 네트워크 형성을 위해 사내 취미 동아리에 가입한다든지 지역 및 학벌과 관련된 모임에 참석하는 행동이 강하게 나타날 것이다.

Kotter와 Heskett(1992)이 다양한 25개 기업을 대상으로 10년 동안 조직문화의 강도와 수행(경제적) 간의 관계를 측정한 연구들을 분석한 결과 적응적인 조직문화를 가지고 있는 회사는 수입이 682% 증가한 반면, 비적응적인 조직문화를 가지고 있는 회사는 166%만 증가하는 데 그친 것으로 나타났다. 인력측면에서 적응문화 회사는 282%가 증가하였지만 비적응 조직문화 회사는 불과 36%만 증가하였다. 주가 측면에서도 적응적인 조직문화 회사는 901%가 증가하였지만 그렇지 않은 회사는 74%만 증가하였다. 또한 순수입에서도 적응 조직문화 회사는 756%가 증가하였는 데 반해서 그렇지 못한 회사는 1%가 증가하는 데 그친 것으로 나타났다.

여기서 이들이 정의한 적응적인 조직문화는 관리자가 고객, 주주, 종업원을 아끼고 사람을 중시하며 변화를 가져오는 과정을 중시하는 문화를 의미한다. 이러한 조직문화를 가진 조직 내에서 관리자들은 평소 고객과 구성원을 포함한 모두에게 관심을 보이고 필요시 변화를 추진하며 위험을 감수하는 것으로 나타났다. 반면에 비적응적인 조직문화를 가진 조직에서 관리자들은 자신과, 자기 관련 부서, 특정 제품이나 테크놀로지를 중요시하며 위험을 줄이는 경영 과정을 중시하는 것으로 나타났다. 이러한 조직에서 관리자들은 정치적이고 관료적으로 행동하며 변화에 적응하기 위해 전략을 빨리 변화시키지 못하는 행동을 보였다.

3) 조직문화의 형성

처음에 조직의 독특한 문화가 형성되는 데는 무엇보다 조직 설립자나 최고경영자의 현실과 인간 본성에 대한 믿음과 가치 등이 중요하다. 예를 들어, 회사 설립 초기 시 소규모의 구성원들로 구성되어 있을 때부터 설립자의 구성원들의 잠재력에 대한 믿음이 강하다고 한다면 처음부터 해당 조직은 구성원들의 역량을 중시하는 조직문화가 형성된다. 이러한 조직문화는 새로운 구성원들이 입사할 때마다 신입사원 교육 또는 재직자들의 입소문을 통해 퍼지게 되어 구성원들이 수가 증가한다고 해도 지속적으로 유지된다.

조직의 사업 유형과 사업 환경도 조직문화에 영향을 준다. 여기에는 제품, 서비스, 경쟁자, 고객, 정부의 제도 등이 포함된다. 예를 들어, 서비스 조직의 경우 무엇보다 서비스를 강조하여 고객을 우선시하는 조직문화가 자연스럽게 형성된다.

특정 조직문화 유지가 조직의 성장과 발전에 도움이 된다면 이를 지속적으로 유지할 필요가 있으며 이를 위해서는 선발 시 해당 조직문화에 적합한 사람을 우선적으로 고려하는 것도 하나의 방법이다. 예를 들어, 조직에서 도전적인 조직문화를 가지고 있고 이를 지속적으로 유지하려고 한다면 신입이나 경력사원 선발 시 도전성 역량을 가지고 있는 사람을 우선적으로 채용하는 전략이 필요하다.

4) 조직문화의 변화

조직문화의 변화는 쉽지 않으며 변한다 하더라도 많은 시간이 걸린다. 조직문화의 정의에서도 기술하였듯이 조직문화는 조직구성원들이 공통적으로 가지는 조직에 대한 믿음이나 행동과 관련되어 있기 때문이다. 사람들의 믿음이나 행동을 변화시키는 것은 어렵기 때문에 이와 밀접하게 연계된 조직문화도 변화시키기가 어렵게 된다.

또한 조직문화가 변화될 경우 손해를 보는 사람들이 있기 때문에 이들의 저항이 거세다는 점이다. 예를 들어, 승진에서 성별에 따른 차별이 있는 경우 차별이 없는 새로운 조직문화가 형성되기 위해서는 이득을 보고 있는 특정 집단에서 양보가 필요하다. 하지만 오랫동안 이득을 보고 있는 집단에서 기득권을 내려놓기는 쉽지 않을 것이다.

조직문화를 변화시키는 과정에서 조직의 미션, 비전, 목표 등의 유사한 단어들이 등장하기 때문에 이러한 용어들의 차이점에 관해 살펴보고자 한다. 먼저 미션(mission)은 사명으로서 조직의 존재 이유를 의미한다. 예를 들어, 운동복 전문회사는 고객에게 질 높은 의복을 제공하는 것이 존재 이유로 볼 수 있으며, 비료회사는 최고의 품질을 갖춘 비료를 제공하기 위해 존재한다. 농부는 최고의 농작물을 생산하는 것이 존재이유일 수 있다.

비전(vision)은 조직의 나아갈 방향을 의미한다. 예를 들어, 앞서 제시한 농부의 경우 비전은 최고의 과수원을 만들거나 최고의 농업관련회사를 만드는 것일 수 있다. 휴대폰 회사라면 '새로운 휴대폰 기술을 선도하는 세계 최고의 회사'가 비전이 될 수 있다. 목표는 비전을 달성하기 위해서 정해지는 것으로 볼 수 있다. 예를 들어, '작년 대비 매출액 10% 증대'와 같이 구체적 수치로 제시하는 것이 바람직하다.

조직문화를 변화시키는 방법에는 다양한 이론이 있지만 여기서는 간단히 Schein (1992)의 리더 중심의 변화 전략에 대해 소개하고자 한다.

외부 컨설턴트와 조직 내부 인력(주로 인사담당자)이 팀을 이루어 리더들을 변화시키는 데 초점을 두며 이를 통해 조직 전체의 문화를 변화시킨다. 예를 들어, 조직문화를 상명하달 문화에서 구성원 참여 문화로 변화시키기 위해서는 리더가 먼저 솔선수범하여 구성원들을 의사결정에 참여시키는 노력이 필요하다. 많은 리더가 이러한 행동을 보일 경우 조직 전체의 문화로 자리 잡을 가능성이 크다.

Schein의 2차 전략은 조직의 의식, 행사, 이야기, 보상 시스템 변화, 미션이나 비전 수립, 핵심가치 변경 등의 방법을 통해 조직문화를 변화시키는 것이다. 예를 들어, 특정 조직에서 창의성을 중시하는 조직문화를 형성하기 위해 창의성 증진대회를 개최하거나 창의성 역량이 우수한 직원들을 선정하여 연말에 시상하는 등의 행사를 개최하는 것이 도움이 된다. 또한 창의성 역량을 직무수행평가 요인 가운데 하나로 포함시키는 보상시스템의 변화도 창의성을 중시하는 조직문화를 형성하거나 변화시키는 데 긍정적으로 작용한다. 조직의 비전을 '창의성을 선도하는 기업'과 같이 변경하는 것도 하나의 방법이다.

부록. 코칭리더십 척도: 조은현과 탁진국(2010)

각 문항을 읽고 각 문항이 현재 자신의 직속코치의 태도와 행동과 유사하거나 비슷한 정도를 Likert 5점 척도(1=전혀 그렇지 않다, 3=보통이다, 5=매우 그렇다) 중 가장 적합한 번호에 체크하면 된다.

1. 존중: 리더가 부하를 인간으로서 존중하고 심리적으로 지지하고 돕는 것(10문항)

나를 인간으로서 존중한다.

나의 업무 방식을 존중한다.

나의 말에 주의를 기울여 듣는다.

나의 특성을 파악하고 적절하게 대응한다.

내가 실수를 하더라도 같이 수습하고 격려한다.

나의 입장을 고려해서 말을 듣는다.

내가 업무 중에 어려움을 겪을 때 언제든지 도움을 청할 수 있는 사람이다.

내게 심리적으로 든든한 지원자가 되어 준다.

나의 강점과 우수성을 인정한다.

나 스스로 변화하고 나를 개발하고 싶은 마음이 생기게 한다.

2. 목표제시와 피드백: 부하의 성장과 발전을 위한 목표를 제시하고 업무와 관련하여 구체적이고 건설적인 피드백을 하는 것(6문항)

내게 기대하는 바가 무엇인지 분명하게 말한다.

나의 업무 내용과 결과에 대해 구체적으로 피드백한다.

업무가 진행되는 동안 구체적이고 현실적인 피드백을 제공한다.

나의 역량수준과 동기수준을 파악하고 목표를 제시한다.

내가 실수를 반복하지 않도록 구체적이고 건설적인 피드백을 한다.

나의 성장과 발전에 대해 같이 기뻐하고 흐뭇해한다.

3. 관점변화: 기존과 다른 관점에서 해결책을 찾도록 질문하는 것(3문항)

다른 사람의 입장에서 생각할 수 있는 질문을 한다.

해결책을 제시하기보다는 내가 해결책을 찾을 수 있도록 질문한다.

나의 생각이나 관점을 되돌아보게 하는 질문을 한다.

4. 부하의 성장가능성에 대한 믿음: 인간은 성장과 발전을 지향하는 잠재능력을 가진 존재이며 스스로 문제를 해결할 능력을 가지고 있다고 믿는 것(5문항)

조금만 도와주면 내가 스스로 문제를 해결할 것이라고 믿는다.

내가 적절한 도움을 받으면 스스로 성장하고 발전할 것이라고 믿는다.

내가 자발적으로 동기부여되는 사람이라고 믿는다.

내가 언젠가는 내 능력을 잘 발휘할 것이라고 믿는다.

나의 잠재능력과 성장 가능성을 믿는다.

▣ 참고문헌 ▣

조은현, 탁진국(2010). 코칭리더십 척도개발 및 타당화. 한국심리학회지: 산업 및 조직, 24, 127-155.

탁진국, 손주영(2017). 리더십 이론과 실제. 서울: 학지사.

Charan, R., & Colvin, G. (1999). Why CEOs fail. *Fortune*, 69-82.

Ellinger, A. D., Ellinger, A. E., & Keller, S. B. (2003). Supervisory coachig behavior, employee satisfaction, and warehouse employee performance: A dyadic perspective in the distribution industry. *Human Resource Development Quarterly*, *14*, 435-458.

Fitzgerald, C. (2002). On seeing the forest while among the trees: integrating business strategy models and concepts into executive coaching practice. In C. Fitzgerald, & J. G. Berger (Eds.), *Executive coaching: Practices and perspectives* (pp. 245-264). CA: Davies-Black Pub.

Goodman, R. G. (2002). Coaching senior executives for effective business leadership: The use of adult developmental theory as a basis for transformative change. In C. Fitzgerald, & J. G. Berger (Eds.), *Executive coaching: Practices and perspectives* (pp. 135-153). CA: Davies-Black Pub.

Graham, S., Wedman, J. F., & Garvin-Kester, B. (1994). Manager coaching skills: What makes a good coach? *Performance Improvement Quarterly*, *7*, 81-94.

Hodgetts, W. H. (2002). Using executive coaching in organizations: What can go wrong (and how to prevent it). In C. Fitzgerald, & J. G. Berger (Eds.), *Executive coaching: Practices and perspectives* (pp. 203-224). CA: Davies-Black Pub.

Jang, M., & Tak, J. (2018). *A meta-analysis of the relationship between coaching leadership and organizational effectiveness in Korea*. Presented in 8th International Congress of Coaching Psychology. London.

Kegan, R. (1994). *In over our heads: The mental demands of modern life*. Cambridge: Harvard University Press.

Kotter, J. P., & Heskett, J. L. (1992). *Corporate culture and performance*. New York: The Free Press.

Knudson, M. J. (2002). Executive coaching and business strategy. In C. Fitzgerald, & J. G. Berger (Eds.), *Executive coaching: Practices and perspectives* (pp. 185-201). CA:

Davies-Black Pub.

Orenstein, R. L. (2007). *Multidimensional executive coaching*. New York: Springer Publishing Company.

Schein, E. (1992). *Organizational culture and leadership*. San Francisco: Jossey Bass.

• • •
제14장
라이프코칭

❝ 삶을 살아 나가면서 고민이 없는 사람은 아마 없을 것이다. 누구나 크고 작은 다양한 이슈로 인해 힘들어하고 걱정스러워한다. 현대 사회의 특징 중의 하나가 빠른 사회환경의 변화인데, 최근 들어 4차 산업혁명 시대에 접어들면서 사회환경은 더욱 빠르게 변화하고 있다. 이와 같이 복잡하고 예측이 힘든 사회에서 살아가면서 미래에 대한 불확실로 인해 개인의 삶은 더 힘들어지고 있다.

특히 우리나라 국민들의 삶의 질 수준은 매우 낮은 것으로 알려져 있다. OECD의 'Better Life Index(BL: 더 나은 삶 지수)'에 따르면 2017년 기준 우리나라의 BLI 순위는 38개국 중 29위였으며, 다양한 지표 가운데 삶의 만족 순위는 30위에 머물고 있는 실정이다. 라이프코칭은 다른 코칭에 비해 모든 사람을 대상으로 하며 삶의 질 또는 삶의 만족 수준을 높이는 데 크게 기여할 수 있을 것으로 기대한다. 이 장에서는 먼저 라이프코칭이란 무엇을 의미하는지 살펴보고 관련 연구 및 현황, 그리고 라이프코칭을 진행하는 일반적인 방법에 대해 설명하고자 한다. ❞

1. 정의

라이프코칭에 관한 정의는 그렇게 많지 않으며 일반 코칭의 정의와 유사한 부분이 있다. 코칭심리 발전에 크게 기여한 Grant(2003)는 코치가 정상적인 고객의 삶 증진과 개인과 직장생활에서의 목표달성을 촉진시키기 위하여 고객과 협력적으로 진행하는 해결중심적이고 결과지향적인 시스템적 과정으로 정의하였다. 라이프코칭을 단순히 코치가 고객이 자신의 목표를 달성하도록 돕는 행동변화기법으로 정의하기도 한다(Zandvoort, Irwin, & Morrow, 2009).

하지만 이러한 정의는 이 책의 1장에서 기술하였듯이 Grant와 Stober(2006)가 코칭을 "코치와 고객이 상호협력적이고 평등한 관계를 유지하면서 함께 목표를 설정하고 해결방법을 찾고 이를 실행하는 과정을 의미하며 이를 통해 고객의 지속적인 자기주도적 학습과 성장을 함양하는 것을 목표로 하는 것"으로 정의한 내용과 비교해 보면 별다른 차이가 없어 보인다. 먼저 고객과 상호협력적으로 진행한다는 의미는 거의 동일하며 고객의 목표를 달성하기 위한 것도 동일하다. Grant(2003)가 정의한 라이프코칭에서 삶을 증진시킨다는 단어만 추가된 것으로 볼 수 있다.

라이프코칭에 관한 정의가 코칭의 정의와 크게 다르지 않은 점은 아마도 라이프란 단어가 광범위하기 때문에 특정 대상이나 주제에만 한정하기 어렵기 때문인 것으로 판단된다. 비즈니스코칭이나 임원코칭은 대상이 명확하며 커리어코칭의 경우에도 대상은 다양하지만 코칭이슈는 커리어에 관련된 것으로 한정된다. 하지만 라이프코칭에서는 대상도 성인뿐 아니라 청소년도 가능하며(예, 고등학생 대상 라이프코칭연구: Green, Grant, & Rynsaardt, 2007), 주제에 있어서도 개인이 살아가면서 고민스러운 내용은 모두 가능하다고 보는 것이 타당할 것이다. 예를 들어, 가족과 관련해서 배우자, 자녀 또는 부모와의 관계가 매끄럽지 않은 경우, 건강이 좋지 않아서 고민하는 경우, 향후 어떤 커리어를 쌓아 나가는 것에 대한 고민, 심지어 임원인 경우 일과 가정을 어떻게 균형을 유지하면서 직장생활을 할 것인지에 대한 고민 등 모두 라이프코칭에서 다룰 수 있는 주제이다.

라이프코칭에서 다룰 수 있는 대상과 주제가 이와 같이 다양하다면 라이프코칭은 앞 장에서 기술한 비즈니스코칭이나 커리어코칭과는 어떻게 다른지가 명확하지 않다. 바로 위에서 예로 들었듯이 커리어를 쌓아 나가는 과정에 대한 고민은 전통적으로 커리어코칭에서 다루는 주제이고 임원의 일과 가정간의 균형에 대한 고민은 비즈니스코칭이나 임원코칭에서 다룰 수 있는 내용이다. 건강과 관련된 내용도 이 책에서는 기술하지 않았지만 건강코칭에서 다루게 되는 주요 이슈라고 볼 수 있다.

이와 같이 라이프코칭의 구성개념에 대해 명확하게 정의를 내리지 않은 상태에서 많은 사람이 라이프코칭이라는 단어를 쉽게 사용하고 있는 것으로 보인다. 필자는 라이프코칭의 개념을 명확하게 하기 위해서 라이프코칭을 "피코치가 자신이 살아온 삶의 다양한 영역을 살펴보고 특정 영역에서 주도적으로 삶의 비전과 목표를 세우며 이러한 목표를 달성하여 다양한 삶의 영역에서 균형적인 삶을 살도록 협력적으로 이끌어 가는 과정"으로 정의하고자 한다.

여기서 삶의 다양한 영역을 살펴본다는 것은 라이프는 일(커리어), 건강, 가족, 친구, 취미, 재정상태 등과 같이 삶의 다양한 영역을 포함하는 개념이며, 바쁜 현대 생활에서 이와 같은 삶의 다양한 영역에 대해 살펴볼 기회가 부족했던 사람들에게 각 영역에서 자신이 바라는 삶이 얼마나 충족되었는지를 살펴본다는 것을 의미한다.

'특정 영역에서 주도적으로 삶의 비전과 목표를 세운다.'는 것은 다양한 삶의 영역들을 살펴보게 되면 현재 만족스럽지 못한 영역이 나타나게 되고 이 특정 영역에서 향후 어떤 삶을 살면 좋겠는지를 생각해 보면서 비전과 구체적인 목표를 수립하는 것을 의미한다. 여기서 주도적이란 단어가 중요한데, 코칭의 궁극적인 목적이 피코치의 성장에 있듯이, 라이프코칭에서도 코치는 피코치가 스스로 계획을 수립하고 이를 실행해 나가는 주도적인 삶을 살아갈 것을 유도하는 것이 바람직하다. 이를 통해 피코치가 더욱 성장해 나갈 수 있기 때문이다.

마지막으로 '이러한 목표를 달성하여 다양한 삶의 영역에서 균형적인 삶을 살도록 협력적으로 이끌어 가는 과정'에서 '균형적인 삶을 산다.'는 의미는 특정 영역에서만 만족한 삶을 사는 것은 삶 전체적인 측면에서 볼 때 만족할 만한 상태가 아니라는 것을 뜻한다. 피코치가 재정상태가 충족되지 못하여 어떻게 하면 돈을 모을 수 있을지에만 집중하게 되면 또 다른 삶의 영역에서 불만스러운 부분이 나타나게 되며 결국 전체적인 삶의 만족은 떨어질 수 있을 것이다. 따라서 부족한 재정상태를 충족시키기 위한 노력을 하면서 동시에 이러한 노력이 삶의 다른 영역에 미치는 영향을 고려하는 것이 필요하다. '협력적으로 이끌어 가는 과정'은 코칭의 기본 진행과정을 의미하며 코치와 피코치가 서로 협력해서 코치는 피코치가 수립한 목표를 달성하도록 돕는 것을 뜻한다.

이와 같이 라이프코칭을 정의할 때 실무적으로 라이프코칭을 진행하는 과정에서 다른 코칭과 구분이 명확하지 않은 부분이 있을 수 있다. 예를 들어, 특정 피코치가 자신의 삶을 돌아보면서 일(커리어) 영역이 가장 만족스럽지 못하고 그 이유는 현재 하고 있는 일이 불만이 많기 때문이라고 가정하자. 이 상황에서 새로운 목표를 수립한다는 의미는 자신에게 적합한 커리어를 정하는 것을 뜻하게 된다. 이 과정만을 살펴보면 기존의 커리어코칭과 차이점이 무엇인지 구분하기 힘들 수도 있다.

하지만 일반적인 커리어코칭에서는 피코치가 처음부터 커리어 관련 이슈를 가지고 오게 되며 자신에게 적합한 커리어 목표를 수립하고 이를 달성하기 위한 실행계획을 정하게 된다. 라이프코칭에서는 앞에서도 기술한 바와 같이 피코치가 삶의 다양한 영역에 대해 살펴보고 이 과정에서 커리어 영역을 선정한 것이다. 또한 커리어 목표를 수립하고 실행하는 과정에서도 단순히 목표수립과 실행과정에만 초점을 두는 것이 아니라 피코치가 특정 커리어를 선택하는 것이 향후 자신의 삶에서 의미하는 바가 무엇이며 삶의 다른 영역에 미치는 영향은 무엇인지를 조망해 보게 함으로써 다른 삶의 영역과의 균형을 추구하도록 진행한다는 점에서 차이가 있다고 할 수 있다.

2. 관련 연구 및 현황

라이프코칭에 관한 국내외 연구는 많지 않은 편이며 2000년대 들어서 본격적으로 연구되기 시작했다(Spence & Grant, 2007). 구글 학술논문 검색에서 'life coaching'으로 검색했을 때 찾을 수 있는 관련 연구논문은 많지 않으며 임원코칭이나 커리어코칭과 비교하면 매우 부족한 실정이다. 오히려 과학적인 연구결과보다는 일반 대중을 대상으로 하는 저서나 기사가 더 많은 편이다.

라이프코칭의 효과에 관한 연구를 살펴보면 Green, Oades와 Grant(2006)는 10회기로 구성된 인지 행동 및 해결중심 그룹 라이프코칭프로그램의 효과를 검증하였다. 참가자들은 무작위로 코칭그룹(n=28)과 통제그룹(n=28)으로 할당되었다. 프로그램의 효과검증을 위해 목표추구, 웰빙 및 희망을 종속변인으로 두고, 사전과 사후 검사 이외에 추후 검사를 프로그램 종료 10주, 20주, 30주 후까지 세 번에 걸쳐 측정하였다. 분석 결과 라이프코칭 그룹 프로그램은 종속변인 모두에서 사후 검사에서 효과가 있는 것으로 나타났으며 이러한 긍정적 효과는 프로그램 종료 30주 후까지도 지속되는 것으로 나타났다.

이 연구는 개인의 웰빙 증진을 위하여 이들의 희망수준을 높이는 것이 중요하며 이를 위해서는 무엇보다 살아가면서 명확한 목표를 수립하고 이를 달성하기 위해 노력하는 것이 중요함을 밝혔다는 점에서 의미가 있다. 따라서 라이프코칭에서 궁극적으로 피코치의 행복수준을 증진시키는 것이 중요하기 때문에 코치는 코칭과정에서 피코치가 일상생활에서 달성하려는 목표를 명확히 할 필요가 있다.

Spence와 Grant(2007)는 라이프코칭프로그램을 전문코치가 진행하는 방법과 프로그램 참가자들이 동료코치가 되어 진행하는 방법 사이에 효과면에서 차이가 있는지를 연구하였다. 전체 63명의 참가자를 21명은 전문코치가 진행하는 집단, 22명은 동료코치가 진행하는 집단, 그리고 20명은 통제집단으로 구분한 후 10회기 라이프코칭프로그램을 실시하였다. 프로그램 효과는 목표추구, 주관적 웰빙, 심리적 웰빙의 세 가지 종속변인을 측정하여 분석하였다. 분석 결과 목표추구에서는 전문코치 집단의 점수가 유의하게 높게 나타났지만 웰빙점수에서는 전체적으로 유의한 차이가 나타나지 않았다.

Green 등(2007)은 56명의 여자 고등학생을 대상(실험과 통제 집단 각 28명)으로 이들의 강인함과 희망을 증진시키기 위하여 10회기로 구성된 일대일 라이프코칭프로그램을 실시하였다. 프로그램 실시 후 사후검사에서 실험집단 학생들의 인지적 강인함과 희망 점수는 유의하게 증가한 것으로 나타나서 라이프코칭프로그램의 효과를 입증하였다.

앞서 제시한 연구들에서 진행한 라이프코칭프로그램 내용들은 유사한 부분이 있는데, 주로 미래에 대한 비전을 만들고 비전 달성을 위한 목표를 수립하고 목표를 달성하기 위한 개인적 자원을 파악하고 실행계획을 세우며 이러한 계획을 점검하고 평가하는 과정으로 되어 있다. 또한 종속변인에서도 희망이나 웰빙과 같은 행복과 관련된 긍정적 변인들을 사용하였다는 특징이 있다.

라이프코칭 현황에 관한 자료는 거의 찾아보기 힘들다. Grant와 O'Hara(2006)가 호주의 라이프코칭 산업 현황을 조사하였는데, 조사에 따르면 2006년 시점에서 호주에만 라이프코칭 교육 및 훈련을 제공하는 기관이 14개나 되었으며 이 가운데 여섯 곳은 국제코칭연맹의 인가를 받은 것으로 나타났다. 교육비만 하더라도 호주 달러로 싼 곳은 1070불에서 가장 비싼 곳은 9990불에 이르는 것으로 나타났다. 이 기관들의 웹사이트에서 홍보 내용을 분석한 결과 대부분 과장된 것으로 나타났으며 기관과 라이프코치들의 자격, 그리고 교육내용에 관한 명확한 정보를 제공하고 있지 않았다는 문제점이 발견되었다.

3. 웰니스코칭과의 차이

앞의 라이프코칭의 정의에 관해 설명하면서 비즈니스코칭이나 커리어코칭 등 다른 코칭과의 차이점에 대해 기술한 바 있다. 라이프코칭과 유사한 개념으로 최근 국외에서 크게 성장하고 있는 웰니스(wellness)코칭이 있다. 웰니스코칭의 개념에 대해 명확히 합의된 정의가 없기 때문에 라이프코칭과 비교하는 것이 어려울 수도 있지만 일부 웰니스코칭에 대한 내용은 라이프코칭과 유사한 부분이 있어서 소개하고자 한다.

일반적으로 웰니스코칭은 건강코칭(health coaching)과 상호교환적으로 사용하고 있는 경우가 많다. 건강코칭은 말 그대로 개인의 건강증진을 위한 코칭이기 때문에 웰니스코칭도 건강증진을 위한 코칭으로 알려져 있다. 미국에서 웰니스코치를 이미 1만 명 이상 교육한 Duke 대학교의 홈페이지에 나와 있는 웰니스코칭에 관한 설명을 살펴보면 영양이나 체중조절과 같은 건강측면에 초점을 두고 있다.

하지만 웰니스코칭을 단순히 건강증진을 위한 코칭이 아닌 라이프코칭과 같이 보다 폭넓게 정의하고도 있다. Arloski(2009)는 웰니스코칭을 개인이 자신의 라이프스타일 행동을 향상시키도록 돕는 과정을 의미한다고 정의내린 바 있으며 이를 통한 개인의 성장과 잠재력 개발을 강조하였다. 또한 웰니스코칭은 개인의 웰니스 수준 증진을 위해 라이프스타일을 향상시키려는 목표를 달성하는 과정에서 라이프코칭의 원리와 과정을 적용한 것이라고 주장하였다. 여기서 말하는 라이프스타일은 건강뿐 아니라 여가활동, 친구 및 가족관계, 직장 등 다양한 삶의 영역에서의 개인의 평소 행동을 의미한다. 따라서 웰니스코칭은 단순히 개인의 건강을 향상시키는 것이 아니라 다양한 삶의 영역에서 웰니스 수준을 높이는 것으로 이해할 수 있다. 이러한 관점에서 보면 웰니스코칭은 라이프코칭과 유사한 개념이라고 얘기할 수 있다.

현재 웰니스코칭에 관한 정의가 개인의 건강에 국한한 제한적인 접근으로부터 삶의 다양한 이슈를 다루는 광범위한 접근까지 다양하게 기술되어 있기 때문에 라이프코칭과 직접적으로 비교하기는 어렵다. 먼저 건강코칭과 웰니스코칭을 어떻게 구분할 것인지가 명확하게 이루어진 후 라이프코칭과의 차이점에 관해 논의하는 것이 바람직할 것이다.

4. 라이프코칭 진행방법

여기서 기술하는 라이프코칭 진행방법은 필자가 위에서 기술한 라이프코칭의 정의에 따라 정의에 적합하게 설명하는 내용으로서 모든 라이프코칭이 이러한 방법으로 진행된다는 것은 아니다. 필자가 참고로 한 책들(Arloski, 2009; Zander, 2018)은 대부분 유사한 것으로 나타났다.

1) 삶의 다양한 영역 파악 및 이상적 모습에 대한 기술

먼저 라이프코칭 첫 단계에서 피코치가 자신이 살아온 삶의 다양한 영역을 되돌아보는 것이 중요하기 때문에 이에 대해 살펴볼 필요가 있다. 삶의 다양한 영역을 어떻게 구분할 것인지에 관해서는 다양한 모형이 있다. 그 가운데 일부를 소개하면 Arloski(2009)는 9가지 영역을 제시하였는데, 이들은 커리어, 돈, 건강, 가족, 친구, 개인적 성장, 연애, 여가 그리고 물리적 환경을 포함한다. Zander(2018)는 자신, 신체, 사랑, 정신, 커리어, 돈, 시간, 가정, 가족, 친구, 재미와 모험 그리고 공동체 및 기여 등 12개 영역을 제시한 바 있다. 하지만 이러한 다양한 삶의 영역을 제시한 근거가 명확하지 않다는 문제점이 있다. 많은 사람이 동의하는 다양한 삶의 영역을 구분하기 위해서는 특히 국내의 경우 청소년을 포함한 많은 일반인을 대상으로 개방형 설문을 실시하여 이들이 중요시하는 삶의 영역은 무엇인지 파악할 필요가 있을 것이다.

여기서는 필자가 임의적으로 8개의 삶의 영역을 선택했으며, 코치별로 다르게 선정하여 진행하여도 무방하다. 여덟 가지 삶의 영역은 자아, 커리어, 여가, 가족, 건강, 사랑, 친구 그리고 재정이다. 각 영역에 대한 설명은 다음과 같다. 코치는 피코치가 각각의 영역에 대해 이상적으로 생각하고 있는 내용에 대해 물어보고 이를 글로 적어 보게 한다(〈**부록 1**〉양식 참조).

- 자아: 자신의 성격이나 행동 또는 습관 등에 대한 만족도를 의미한다.
- 커리어: 자신의 커리어에 대한 만족도를 의미한다. 직장인의 경우 자신의 직업이나 업무를 포함한 직장생활에 대한 만족도를 포함하고 비직장인의 경우 직업은 없지만 일과 관련된 활동(예, 사회봉사 등)에 대한 만족도를 평가할 수 있다. 학생인 경우 학교가 직장을 대치할 수 있기 때문에 학교생활에 대한 만족도를 알아볼 수 있을 것이다.
- 여가: 취미를 포함한 여가생활을 하고 있는 것이 있는지 등을 포함하여 여가생활 전반에 대한 만족도를 물어본다.
- 가족: 자녀, 형제/자매, 부모 등을 포함한 현재 가정생활 전반에 대한 만족도를 알아본다.
- 건강: 체중, 키, 질병 등을 포함한 자신의 신체건강 상태뿐 아니라 불안, 근심과 같은 정신건강 수준도 포함한 만족도를 측정한다.
- 사랑: 기혼자의 경우 배우자와의 관계, 미혼자의 경우 연애를 포함한 사랑에 대한 욕구가 얼마나 충족되고 있는지를 파악한다.
- 친구: 친구관계 또한 살아 나가는 데 있어서 매우 중요하기 때문에 속을 털어 놓고 얘기할 수 있는 친구들이 얼마나 있으며 현재 친구들에 대한 전반적인 만족도를 알아본다.
- 재정: 살아 나가는 데 재정상태 또한 매우 중요하기 때문에 현재 자신이 가지고 있거나 매달 버는 재정 상황에 대한 만족도를 알아본다.

2) 현재 상황에 대한 만족도

다음 단계에서 코치는 피코치가 여덟 가지 각 영역에 대해 현재의 상황을 기술하고 어느 정도나 만족스러운지를 10점 척도(1: 전혀 만족하지 않는다, 10: 매우 만족한다)를 사용하여 적절한 점수를 할당하도록 한다(〈부록 2〉양식 참조). 코치는 피코치가 현재 상태를 좀 더 명확하게 인식하도록 하기 위해 각 영역에 특정 점수를 준이유에 대해 설명해 달라고 요청하는 것이 좋다(〈부록 3〉양식 참조). 이 과정에서 〈부록 4〉와 같은 삶의 수레바퀴 양식을 활용하여 각 영역에 대한 점수에 체크하고 각 점수를 연결하여 전체적인 프로필을 살펴볼 수 있다.

3) 영역선정

다음은 피코치가 할당한 점수와 이유에 대한 설명을 토대로 우선적으로 향상시키고 싶은 영역이 무엇인지를 선택하도록 한다. 한 가지를 선정하기 어렵다면 두 영역을 선정토록 하고 명확하게 우선적으로 선정할 영역이 있으며 한 가지만 선정해도 된다. 특정 영역을 선정하면 해당 영역에서 달성하고 싶은 목표가 무엇인지 물어본 후 이를 구체화하고 최종적으로 이 목표를 달성하기 위한 실행계획을 수립토록 한다(〈부록 5〉양식 참조). 전체 코칭회기 수와 시간에 따라서 피코치가 선택한 삶의 영역 수는 확대할 수 있다.

5. 고려사항

앞에서 설명한 라이프코칭진행과정에서 한 가지 논의할 중요한 이슈는 코치 입장에서 라이프코칭을 통해 삶의 만족을 추구하는 피코치가 8가지 삶의 영역에서 어떤 프로파일을 얻는 것이 가장 바람직한 것인지에 관해서이다. 즉, 〈부록 4〉의 삶의 수레바퀴에서 각 영역에서의 점수가 거의 비슷해서 이 점수들을 연결한 도형이 정팔각형에 가까운 모양이 나오는 것이 좋은 것인지 아니면 특정 영역에서 점수만 높아서 정팔각형에서 멀어지는 모양이 바람직한 것인지에 관한 논의이다. 정팔각형 모양이 나온다는 의미는 각 영역에서 균형 있는 만족을 얻는 것이고 정팔각형에서 멀어질수록 특정 영역에서만 만족 점수가 높고 다른 영역에서는 만족 점수가 낮다는 것을 의미한다.

개인차가 있기 때문에 어떤 사람은 특정 영역에서만 만족해도 자신은 전반적인 삶의 만족도가 높다고 얘기하는 사람도 있을 수 있으며 반면에 삶의 모든 영역에서 비슷하게 만족해야만 전체적인 삶이 만족스럽다고 주장하는 사람도 있을 것이다. 이 장의 앞에서 라이프코칭을 정의할 때 '다양한 삶의 영역에서 균형적인 삶을 살도록 하는' 것이 중요하다는 설명을 한 바 있다. 많은 사람이 나이가 들어 과거를 돌아보면서 돈이나 일과 같이 한 영역에만 많은 시간을 투자하여 살아온 것에 대해 후회하는 경우가 자주 있다. 개인이 지금까지 여러 이유 때문에 등한시했던 특정 삶의 영역을 다시 한번 되돌아보고 해당 영역에 대한 만족도를 높여서 전반적인 삶에서 균형을 이루는 것은 개인의 성장과 잠재력 개발이란 측면에서 중요하다. 특히 코칭의 궁극적인 목적이 피코치의 성장과 잠재력 개발이기 때문에 코치가 라이프코칭을 통해 피코치가 다양한 삶의 영역에 관심을 갖도록 유도하는 것이 중요할 것이다.

부록 1. 삶의 영역과 이상적 모습 기술

삶의 영역	이상적 모습(상황)
1. 자아	
2. 커리어	
3. 여가	
4. 가족	
5. 건강	
6. 사랑	
7. 친구	
8. 재정	

부록 2. 각 영역에 대한 현재 상황 파악

삶의 영역	현재 상황	현재 점수
1. 자아		
2. 커리어		
3. 여가		
4. 가족		
5. 건강		
6. 사랑		
7. 친구		
8. 재정		

부록 3. 현재 점수에 대한 이유

삶의 영역	현재 점수에 대한 이유
1. 자아	
2. 커리어	
3. 여가	
4. 가족	
5. 건강	
6. 사랑	
7. 친구	
8. 재정	

부록 4. 삶의 수레바퀴 양식

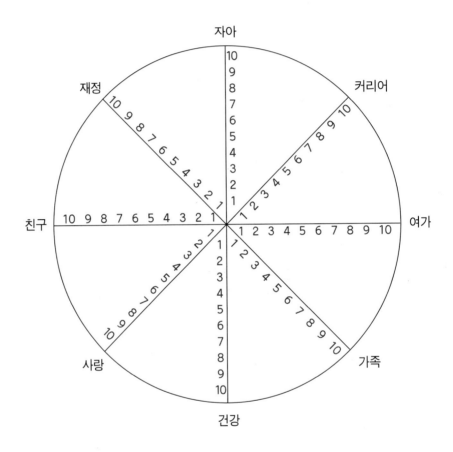

부록 5. 선정영역에 대한 목표 및 실행계획

삶의 영역	목표	실행계획
1.		
2.		

□ 참고문헌 □

Arloski, M. (2009). *Wellness coaching for lasting lifestyle change*. Minnesota: Whole Person Associates.

Grant, A. M. (2003). The impact of life coaching on goal attainment, metacognition and mental health. *Social Behaviour and Personality*, *31*(3), 253-264.

Grant, A. M., & O'Hara, B. (2006). The self-presentation of commercial Australian life coaching schools: Cause for concern? *International Coaching Psychology Review*, *1*(2), 21-33.

Grant, A. M., & Stober, D. (2006). Introduction. In D. Stober & A. M. Grant (Eds.), *Evidence based coaching: Putting best practices to work for your clients* (pp. 1-14). New Jersey: Wiley and sons.

Green, L. S., Oades, L. G., & Grant, A. M. (2006). Cognitive-behavioral, solution-focused life coaching: Enhancing goal striving, well-being, and hope. *The Journal of Positive Psychology*, *1*(3), 142-149.

Green, L. S., Grant, A. M., & Rynsaardt, J. (2007). Evidence-based life coaching for senior high school students: Building hardiness and hope. *International Coaching Psychology Review*, *2*(1), 24-32.

Spence, G. B., & Grant, A. M. (2007). Professional and peer life coaching and the enhancement of goal striving and well-being: An exploration study. *The Journal of Positive Psychology*, *2*(3), 185-194.

Zander, L. H. (2018). 어떻게 나로 살 것인가[*Maybe it's you*]. (김인수 역). 서울: 다산북스. (원전은 2018년에 출판).

Zandvoort, M. V., Irwin, J. D., & Morrow, D. (2009). The impact of Co-active Life Coaching on female university students with obesity. *International Journal of Evidence Based Coaching and Mentoring*, *7*(1), 104-118.

> 대부분의 코칭이 일대일로 진행되지만 경우에 따라서 그룹으로 진행할 필요성도 나타난다. 이 장에서는 그룹코칭의 개념은 무엇이고 진행과정에서 일대일 코칭과 어떤 차이점이 있는지 기술하고자 한다. 또한 그룹코칭 진행 시 고려해야 할 다양한 요인에 대해 살펴보고 그룹코칭을 진행하기 위해 코치에게 요구되는 역량은 무엇인지에 대해 설명하고자 한다.

제15장
그룹코칭

1. 그룹코칭의 개념

1) 그룹코칭의 정의

그룹코칭은 한 명의 코치와 두 명 이상의 피코치가 모여서 진행하는 코칭 형태를 의미한다. 다른 정의에서도 그렇듯이 그룹코칭에 대한 정의에 있어서도 학자마다 다소 차이가 있다. Britton(2010)은 그룹코칭을 "특정 주제의 유무에 상관없이 개인적 또는 전문성 성장, 목표달성, 자기인식 증진을 목적으로 코칭 원리를 적용하여 진행하는 소그룹 과정"으로 정의하였다. Cockerham(2011)은 그룹코칭을 "조직 또는 개인 목표를 달성하기 위하여 함께 모인 개인들의 에너지, 경험, 지혜를 극대화하면서 전문코치가 진행하는 촉진적 그룹 과정"으로 정의하였다.

이상의 정의를 토대로 살펴보면 그룹코칭은 참가자인 피코치 개인의 목적을 달성하기 위한 것뿐만 아니라 개인이 속한 조직의 목표 달성을 위해서 진행되는 것으로 볼 수 있다. 따라서 그룹코칭에 참여하는 개인은 같은 조직에 속한 구성원일수도 있고 서로 전혀 다른 조직에 속한 사람일 수도 있다. 예를 들어, 동일한 조직에 속하는 다양한 부서에 있는 팀장들을 그룹으로 모아서 팀장리더십 증진을 위한 그룹코칭을 진행할 수도 있으며 현재 경력이 단절되어서 취업을 하려는 경력단절여성들을 대상으로 이들의 회복탄력성 증진을 위한 그룹코칭을 진행할 수도 있다.

전자의 경우 그룹코칭이 성공적으로 진행될 경우 팀장 개인별로 리더십 역량이 향상될 수 있으며, 또한 이들의 리더십 역량이 향상될 경우 조직 성과 증진에도 긍정적 영향을 줄 수 있다. 후자의 경우 참가자들은 특정 조직에 속하지 않기 때문에 프로그램이 성공적으로 진행될 경우 개인의 회복탄력성은 증진될 수 있지만 특정 조직의 성과에는 아무런 영향을 줄 수 없게 된다.

이와 관련해 팀코칭 용어도 최근 등장하고 있는데, 팀코칭과 그룹코칭 간의 가장 큰 차이점은 팀코칭의 경우 참가자들이 모두 한 팀에 속해 있어서 서로가 평소에 잘 아는 구성원이라는 점이다(Thornton, 2010). 따라서 팀코칭은 참가자 개인의 목표를 달성하기 위한 경우도 있지만 팀 전체의 성과증진에 초점을 두고 진행하는 경우가 많다(Thronton, 2010). Carr와 Peters(2013)는 팀코칭을 팀의 업무목표를 효율적으로 달성하기 위하여 집단의 재능과 자원을 극대화할 수 있도록 지원하는 체계적이고 시스템적인 접근방법으로 정의하였다.

2) 그룹코칭과 퍼실리테이션 및 그룹훈련 간의 차이

개인들을 그룹으로 모아서 교육을 진행하는 경우가 많이 있으며 이때 집합교육과 같이 그룹으로 모아 교육 또는 훈련을 진행하는 그룹훈련과 그룹퍼실리테이션 과정이 그룹코칭과 어떻게 다른지에 관한 개념 설명이 필요하다.

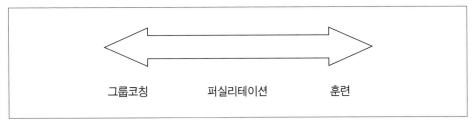

[그림 15-1] 그룹과정 연속선

　Britton(2010)은 **[그림 15-1]**과 같이 그룹코칭, 퍼실리테이션, 훈련 간의 차이를 그룹 과정의 연속선상에서 설명하고 있다. 이 연속선은 참가자가 그룹과정에 얼마나 많이 참여하는지의 정도로 해석할 수 있다. 연속선상에서 가장 우측에 있는 훈련은 일반적으로 그룹에게 새로운 지식, 스킬, 능력에 관한 내용을 전달하기 위해 진행하며 일반적으로 강사가 주도적으로 내용을 전달하는 형태로 진행되고, 전문가인 강사가 훈련의 목표를 참가자에게 전달하게 되며 안건도 강사가 미리 정하게 된다. 최근 들어 많이 진행하는 온라인 교육도 여기에 포함된다.

　퍼실리테이션은 퍼실리테이터가 참여자들에게 단순히 지식이나 스킬을 전달하는 것이 아니라 참가자들이 좀 더 참여하여 경험을 통해 학습하도록 진행하는 과정을 의미한다. 퍼실리테이터는 브레인스토밍 같은 기법을 활용하여 참가자들로부터 정보를 이끌어 내고 이를 토대로 그룹이 하나가 되어 진행될 수 있도록 한다. 퍼실리테이터에게 요구되는 대부분의 스킬(예, 경청, 지원, 협력적 관계 유지, 참여문화유지 등)은 코치에게도 요구된다.

　그룹코칭은 퍼실리테이션과 유사한 것으로 보여지는데, 가장 큰 차이점은 안건이 그룹으로부터 나온다는 점이다(Britton, 2010). 즉, 그룹이 진행과정의 방향, 속도, 주제 등에 큰 영향을 줄 수 있다. 하지만 필자의 판단으로는 학위 논문이나 연구목적을 위해 구조화된 그룹코칭프로그램을 구성하여 진행하는 경우 각 회기마다 다루어야 할 내용들이 있고 각 회기별 안건과 전체 주제는 미리 정해져 있어서 그룹 구성원들이 진행과정에 큰 영향을 주기는 어렵다. 연구논문과는 달리 특정 안건을 정해 놓지 않고 진행하는 그룹코칭의 경우에는 이에 해당할 수 있을 것이다.

　그룹코칭과 퍼실리테이션과의 차이점은 그룹코칭은 무엇보다 코칭을 기본 철학으로 하기 때문에 코칭에서 중요시하는 내용들을 모두 반영하여 진행해야 한다는 점이다. 예를 들어, 코치는 참가자인 피코치들이 자신들의 문제를 스스로 해결할 수 있다는 믿음이 무엇보다 중요하다. 또한 코칭을 통해 피코치들이 단순한 지식 향상이 아니라 자신에 대한 탐색을 통해 자기인식이 증진되는 것이 중요하다는 점이다.

3) 그룹코칭의 필요성

Brown과 Grant(2010)는 그룹코칭을 통해 얻을 수 있는 다양한 장점을 다음과 같이 설명하고 있다.

① 수용 가능한 집단 행동에 대한 이해와 자기조절
② 집단의 심리역동에 대한 깊은 통찰력 개발
③ 지속적인 행동변화에 대한 가능성 증진
④ 집단 내 신뢰와 지원 증진
⑤ 경청 및 의사소통 향상
⑥ 건설적인 갈등해결
⑦ 개인의 목표, 강점, 가치에 대한 인식 및 일치지식의 전달과 관리
⑧ 몰입과 책임감 증진
⑨ 코칭스킬 발달
⑩ 정서지능 증진
⑪ 리더십 개발
⑫ 조직의 시스템 인식 증진
⑬ 집단의 에너지 수준 향상
⑭ 팀수행증진
⑮ 조직의 성과 증진

2. 그룹코칭 진행과정

Brown과 Grant(2010)는 그룹코칭 진행을 위하여 GROUP 모형(Goal, Reality,

Options, Understanding others, Perform)을 제시하였다(〈**표 15-1**〉 참조). 표에서 보듯이 각 단계에서 진행하는 내용과 적절한 질문 예시가 포함되어 있다. 이들이 제시한 GROUP 모델은 기존의 일대일 코칭을 진행할 때 많이 사용하는 GROW 모형과 비교할 때 처음의 3단계까지는 유사하며 4번째 단계에 같이 참여한 다른 피코치들을 이해하는 과정이 포함되어 있다. 이 과정이 그룹코칭이 성공하는 데 가장 중요한 요인이라고 할 수 있다.

●**표 15-1 GROUP 모형(Brown & Grant, 2010)**

단계	내용	질문 예시
목표설정 (Goal)	• 피코치들이 각 회기에서 달성하고자 하는 것을 명확히 이해하고 있는지 확인함 • 코칭을 어떻게 진행할 것인지 결정함	• 이번 회기에서 무엇을 성취하길 원하나요? • 이 회기가 끝난 후 어떤 기분을 느끼고 싶으세요? • 이 시간을 어떻게 해야 가장 잘 활용할 수 있을까요?
현실탐색 (Reality)	• 현 상황에 대해 인식을 증진시킴 • 현재의 상황이 그룹의 목표에 어떤 영향을 주는지를 검토함	• 지난주는 어땠나요? • 문제 해결을 위해 어떤 노력을 했나요? • 해결이 잘 되었나요? • 잘 안 된 것은 무엇인가요?
대안탐색 (Options)	• 가능한 대안을 탐색하고 평가함 • 해결중심적 사고와 브레인스토밍을 격려함	• 문제 해결을 위해 가능한 대안은 무엇인가요? • 과거에 했던 것 중 성공했던 방법은 무엇인가요? • 전에 해 보지 않았지만 잘 될 것 같은 방법은 무엇인가요?
타인이해 (Understanding others)	• 피코치들은 서로의 얘기에 주의 깊게 귀 기울이고 자신의 내적 반응을 인식하며 이로부터 의미를 찾는 노력을 함	• 이 해결방법에 대해서 어떻게 생각하세요? • 다른 피코치의 의견에 대해 어떻게 생각하세요? • 내면에서 일어나는 반응은 무엇인가요? • 피코치들의 다양한 견해를 통합해 볼 수 있으세요?
실행 (Perform)	• 피코치들이 다음 단계를 결정하도록 지원함 • 최고의 대안을 만듦 • 개인 및 그룹의 실천계획을 수립함 • 피코치의 동기를 이끌어 내고 책임감을 느끼도록 함	• 다음에 할 일 중 가장 중요한 것은 무엇인가요? • 이 방법을 통해 무엇을 배울 수 있을까요? • 방해가 되는 것은 무엇일까요? • 누가 당신을 도울 수 있을까요? • 이 일이 다 이루어지면 기분이 어떨 것 같으세요?

타인을 이해한다는 것은 그룹에서 진행되는 주제에 관한 타인의 의견에 귀를 기울이고 그들의 입장을 이해하려고 노력하며 자신의 의견을 솔직하게 표현하는 것 등을 포함한다. 이 과정에서 코치의 역할은 그룹코칭에 참여한 피코치들이 불확실함과 모호함을 수용하고 개방적이고 타인의 말에 경청하며 자신의 내면의 목소리에도 경청하도록 돕는 것이다(Brown & Grant, 2010). 마지막 단계인 실행에서는 구체적인 실행계획을 수립하는 것을 의미한다.

그룹코칭의 핵심은 집단 역동을 이해하고 집단역동이 충분히 일어날 수 있도록 코치가 노력해야 한다는 점이다.

3. 그룹코칭 관련 변인

1) 그룹 크기

그룹코칭을 진행할 때 한 그룹당 참가자 수는 어느 정도가 적당한가? 대부분의 그룹코칭에 관한 논문을 보면 10명 이내인 경우가 많다. Britton(2010)이 2008년 Air Institute사의 Group Executive Coaching Survey(2009)를 인용하여 제시한 바에 따르면 임원을 대상으로 진행한 그룹코칭 가운데 그룹코칭 참여자 수가 2~6명이 48%이고, 7~12명이 48%에 달하는 것으로 나타났다. 참여자 수가 12명을 초과하면 그룹코칭의 효과가 크게 떨어지며 퍼실리테이션과 구분하기 힘들어지는 것으로 나타났으며 가장 바람직한 참가자 수는 7명이었다. 국제코치연맹(ICF)에서는 그룹코칭 참가자 수를 최대 15명으로 제한하고 있다.

2) 회기 수 및 기간

Air institute사의 조사에 따르면 코치의 47%가 한 회기당 1시간에서 3시간 정도 진행한다고 응답했으며 15%는 하루 동안 진행한다고 답한 코치도 있었다. 코칭기간과 관련해서 1/3 정도는 3개월에서 6개월 정도 그룹코칭을 진행한다고 답했으며 7%는 일 년 넘게 진행한다고 답한 것으로 나타났다.

한편, 임그린, 이은주, 탁진국(2013)이 국내에서 2005년부터 2013년 6월까지 발표된 총 130편의 코칭학위 논문 및 연구논문들 가운데 코칭프로그램의 효과를 검증한 37편 중 27편(73%)이 그룹코칭으로 진행한 것으로 나타나서 일대일 코칭보다 더 많았다. 그룹코칭논문에 대한 분석 결과에 따르면 일대일 개인코칭의 경우 회기당 평균 시간이 66분이었고 그룹코칭은 108분으로 나타나서 일대일 코칭보다 회기당 코칭시간이 더 길었다. 총 회기 수는 일대일 코칭이 평균 7.6회로 나타났으며, 그룹코칭은 평균 9.5회로 일대일 코칭보다 더 많은 회기를 진행한 것으로 나타났다.

4. 그룹코칭 실무

여기서는 그룹코칭을 진행할 때 실무적으로 도움이 될 수 있는 내용들에 대해 Britton(2010)이 제시한 내용을 일부 발췌하여 설명하고자 한다.

1) 프로그램 내용: 적을수록 좋음

그룹코칭이 일반 교육이나 훈련과 다른 점은 그룹코칭을 통해 참가자들이 단순히 구체적인 지식이나 스킬을 학습하는 것보다도 자신에 대해 탐색하고 자아를 발견할 기회를 더 가질 수 있다는 점이다. 따라서 특정 회기에서 코치가 다룰 내용을 너무 많이 포함시키면 피코치들이 충분히 자신에 대해 탐색할 기회가 줄어들기 때문에 가능하면 프로그램 내용을 적게 하는 것이 바람직하다.

2) 피코치의 학습스타일

개인마다 학습스타일이 다르듯이 코치는 그룹코칭에 참여한 피코치들도 각자 학습스타일이 다르다는 점을 이해해야 한다. 일부 피코치는 자료를 동영상으로 제시할 경우 더 이해가 빠를 수 있고 또 다른 피코치는 구두로 전달하는 것에 익숙할 수 있다. 따라서 코치는 프로그램을 구성할 때 다양한 피코치들의 학습스타일을 고려하여 활동계획을 수립해야 한다.

3) 과제 부여

4장에서도 기술하였지만 일대일 코칭과 그룹코칭 모두 특정 회기가 끝나면서 과제를 부여하는 것이 효과적이다. 그래야 특정 회기에서 다루었던 내용을 피코치가 다음 회기까지 현장에서 실습해 볼 기회를 가지게 되고 이를 통해 새로운 통찰이 일어날 수 있기 때문이다. 또한 행동변화가 쉽게 일어나는 것이 아니기 때문에 지속적인 반복 연습을 통해 새로운 행동을 학습할 수 있기 때문이다.

4) 사전미팅

가능하면 그룹코칭을 시작하기 전 코치가 참가자들과 얘기를 나누는 것이 도움이 된다. 프로그램에 참여한 사람들의 니즈가 무엇인지 파악하는 것은 코칭을 진행하는 데 여러 모로 도움이 된다. 참가 인원이 많지 않을 경우 전화로 간단히 10분 정도 그룹코칭프로그램을 신청한 이유와 코칭을 통해 무엇을 얻고자 하는지를 물어보면 된다. 코치가 바쁠 경우 간단한 개방형 설문 문항을 만들어서 참가예정자들에게 이메일로 보내 주는 것도 방법이다.

5) 융통성 있는 시간

그룹코칭을 진행하다 보면 계획했던 것보다 시간이 더 걸리거나 좀 더 빠르게 끝날 수 있다. 특히 시간이 예상보다 더 걸릴 경우 무리하게 끊지 말고 시간을 좀 더 투자하는 자세가 필요하다.

6) 평가의 중요성

그룹코칭이 끝난 후 피코치들로부터 프로그램에 대한 평가와 피드백을 받는 절차를 반드시 포함시켜야 한다. 단순히 프로그램 내용뿐 아니라 사용한 활동지나 진행방법 등에 대해 평가를 받아야 하며, 무엇보다 피코치들의 니즈가 얼마나 충족되었는지에 대한 피드백이 필요하다.

7) 추가 미팅

그룹코칭이 끝나고 일정 시간이 지난 후 기회가 되면 참가자들 모두와 전화회의 (conference call)를 통해 코칭이 끝난 후 코칭이 그들의 생활에 어떤 영향을 주었는 지를 파악하는 것이 필요하다. 특히 코칭을 통해 피코치들이 약속했던 실행계획을 얼마나 잘 이행하고 있는지도 점검해 볼 필요가 있다.

5. 그룹코칭 필요 역량

여기서는 그룹코칭을 진행하기 위해 코치에게 필요한 스킬이나 역량이 무엇인지 살펴보고자 한다(〈표 15-2〉 참조). Britton(2010)이 제시한 스킬 목록 중에서 일부 내용(예, 마케팅, 시스템 등)을 제외하고 그룹코칭을 진행하는 데 도움이 되는 스킬 위주로 기술하고자 한다.

● 표 15-2 그룹코칭스킬 자기 평정(Britton, 2010)

다음의 문항에 대해 10점 척도(1: 아무런 스킬도 없음; 10: 매우 높은 스킬)를 활용하여 적절한 번호 아래에 체크하십시오.

	1	2	3	4	5	6	7	8	9	10
핵심코칭스킬										
효과적인 질문하기										
적극적 경청										
목표 설정										
실행계획 수립										
자기관리										
피코치 니즈 인식										
과제 할당										
퍼실리테이션 스킬										
소집단 퍼실리테이션 경험										
그룹과정										

그룹과정 단계 이해									
그룹과정에 발생할 수 있는 어려움 인식									
참가자 대처 능력									
비밀보장									
그룹 내 신뢰형성									
프로그램설계									
고객이 원하는 것이 무엇인지 알고 있다.									
고객이 직면하고 있는 이슈와 어려움을 알고 있다.									
고객이 선호하는 프로그램 전달방법, 가격을 알고 있다.									
자료설계									
워크북에 포함할 내용을 알고 있다.									
파워포인트 작성 방법									
플립차트의 효과적 사용 방법									
그룹을 위한 온라인 토론 공간이 있다.									
참가자가 자료를 다운받을 수 있는 온라인 공간									
프로그램 전달									
프로그램 전달과정에서 발생가능한 어려움									
프로그램 평가를 위한 질문									
프로그램 진행에 필요한 다양한 도구들									
다양한 자원(책, 훈련프로그램 등)									

6. 기타 고려사항

이미 앞에서 그룹코칭 진행하는 과정에서 고려해야 할 점들에 대해 기술하였지만 추가적으로 다양한 이슈에 관해 고려해야 할 점들에 관해 설명하고자 한다.

1) 프로그램 설계 시 고려사항

연구논문으로 그룹코칭프로그램을 설계하고 그 효과성을 검증하려는 학생들이 자주 질문하는 내용은 프로그램 구성을 어떻게 하면 좋을지 모르겠다는 것이다. 특히 코칭심리를 전공으로 하는 연구자의 경우 프로그램 구성 시 심리학 연구에서 효과가 있는 것으로 검증된 내용으로 구성한다는 원칙을 잊지 말아야 한다.

예를 들어, 탁진국, 임그린, 정재희(2014)는 행복증진을 위한 그룹코칭프로그램을 구성하는 과정에서 각 회기별로 감사, 강점찾기, 긍정적 사고, 목표수립 등의 내용을 포함시켰다. 이러한 내용은 이미 과거 심리학 연구에서 행복을 증진시키는 데 영향을 주는 요인이라는 것이 입증된 바 있다. 따라서 프로그램을 구성하는 과정에서 심리학 연구결과를 토대로 프로그램 내용이 구성되었다.

탁진국, 조지연, 정현, 조진숙(2017)이 주도성 증진을 위한 그룹코칭프로그램을 설계하는 과정에서도 Martin, Oades와 Caputi(2014)가 제안하고 검증한 의도적 성격변화 단계적 과정을 토대로 피코치가 주도성 성격 문항 가운데 변화하기를 바라는 문항을 선택한 후 이 문항과 관련된 행동을 변화시키도록 하는 내용을 포함시켰다. 또한 추가로 Boyatzis와 Akrivou(2006)가 제시한 의도적 변화이론을 활용하여 피코치가 자신의 현재 자아와 이상적 자아에 대해 알아보고 자신이 원하는 성격의 변화 목표를 세우고 이를 달성하도록 코칭을 진행하였다.

2) 프로그램 진행과정에서의 어려움

그룹코칭프로그램을 진행하는 과정에서 가장 빈번하게 나타나는 어려움은 특정 피코치의 참여도가 지나치게 높아서 혼자서 얘기하는 경우가 너무 많다는 점이다. 그룹코칭이 적절하게 진행되기 위해서는 모든 참가자가 돌아가면서 균형감 있게 참여하고 이를 통해서 각 피코치가 자신과 다른 참가자들의 얘기를 관찰하고 공유할 기회를 갖는 것이 중요하다. 한 명 또는 그 이상의 특정 피코치들만 지나치게 많이 얘기할 경우 다른 피코치들의 불만이 생겨서 전체적인 진행과정이 원만하게 흐르지 못하게 된다.

이러한 문제점을 해결하기 위해서는 먼저 코칭 첫 회기에서 몇 가지 기본원칙

(ground rule)을 만들어 놓을 필요가 있다. 예를 들어, 각 피코치의 발언 시간이 한 번에 몇 분을 넘지 않도록 하거나 한 피코치가 발언할 때는 발언이 완전히 끝난 후에 다음 피코치가 발언할 수 있다는 원칙들을 정해놓고 피코치들의 동의를 받는 절차를 밟는다. 또한 특정 피코치가 너무 많이 얘기할 경우 코치가 이를 중단시킬 수 있다는 원칙도 가능하다.

이러한 기본원칙을 사전에 정했음에도 불구하고 이를 잊고서 지속적으로 많이 얘기하는 피코치가 있을 수 있다. 이런 경우에는 코칭이 끝난 후 코치가 따로 피코치를 만나서 어떤 이유로 인해 이러한 행동을 보이는지를 물어보고 이야기를 들어본 후 그룹코칭이 성공적으로 진행되기 위해서는 모든 피코치의 적극적인 참여가 중요하기 때문에 다음 회기부터는 좀 더 자중해 줄 것을 요구할 필요가 있다.

한편, 이와는 반대로 성격특성으로 인해 또는 코칭과정에 대한 흥미가 낮아서 그룹코칭과정에 적극적으로 참여하지 않는 피코치가 있을 수 있다. 이러한 피코치가 있을 경우 코치는 피코치가 좀 더 참여하여 자신의 얘기를 할 수 있도록 관심을 기울일 필요가 있다. 피코치 모두 돌아가면서 발언을 하게 하는 것도 하나의 방법일 수 있다.

◻ 참고문헌 ◻

임그린, 이은주, 탁진국(2013). 국내코칭연구 현황 및 향후 연구방향. 미발표논문.

탁진국, 임그린, 정재희(2014). 행복증진을 위한 긍정심리기반 코칭프로그램 개발 및 효과성 검증. 한국심리학회지: 일반, 33(1), 139-166.

탁진국, 조지연, 정현, 조진숙(2017). 대학신입생 주도성 향상을 위한 코칭프로그램의 효과성 연구. 청소년학연구, 24(8), 55-81.

Air Institute. (2009). Group executive coaching: 2008 global survey. Air Institute. www.theairinstitute.com.

Boyatzis, R. E., & Akrivou, K. (2006). The ideal self as the driver of intentional change. *Journal of Management Development*, 7, 624-642.

Britton, J. (2010). *Effective group coaching*. Ontario: John Wiley & Sons Canada.

Brown, S. W., & Grant, A. M. (2010). From grow to group: Theoretical issues and a practical model for group coaching in organisations. *Coaching: An International Journal of Theory, Research and Practice, 3*(1), 30–45.

Carr, C., & Peters, J. (2013). The experience of team coaching: A dual case study. *International Coaching Psychology Review, 8*(1), 80–98.

Cockerham, G. (2011). *Group coaching: A comprehensive blueprint.* Bloomington: iUniverse.

Martin, L. S., Oades, L., & Caputi, P. (2014b). Intentional personality change coaching: A randomised controlled trial of participant selected personality facet change using the Five-Factor Model of personality. *International Coaching Psychology Review, 9*(2), 196–209.

Thornton, C. (2010). *Group and team coaching: The essential guide.* New York: Routledge.

□ 찾아보기 □

[인명]

[내용]

■ 저자 소개

탁진국(Jinkook Tak)

Kansas State University 심리학 박사(산업 및 조직심리 전공)
전 한국산업및조직심리학회장
　　한국코칭심리학회장
　　한국심리학회장
　　한국직무스트레스학회장
　　Ohio State University 심리학과 방문교수
　　Michigan State University 심리학과 방문교수
　　나고야 대학교 심리학과 방문교수
　　광운대학교 교육대학원장
　　광운대학교 인문사회과학대학장
현 광운대학교 산업심리학과 교수/교육대학원 코칭심리전공 주임교수

코칭심리학
Coaching Psychology

2019년 3월 5일 1판 1쇄 발행
2022년 1월 20일 1판 4쇄 발행

지은이 • 탁 진 국
펴낸이 • 김 진 환
펴낸곳 • (주)학지사
　　　　　04031 서울특별시 마포구 양화로 15길 20 마인드월드빌딩 5층
대표전화 • 02) 330-5114　　　팩스 • 02) 324-2345
등록번호 • 제313-2006-000265호
홈페이지 • http://www.hakjisa.co.kr
페이스북 • https://www.facebook.com/hakjisabook

ISBN 978-89-997-9266-3 93180

정가 22,000원

이 도서의 국립중앙도서관 출판시도서목록(CIP)은 서지정보유통지원시스템
홈페이지(http://seoji.nl.go.kr)와 국가자료공동목록시스템(http://www.nl.go.kr/kolisnet)
에서 이용하실 수 있습니다.
(CIP제어번호: CIP2019006138)

출판 · 교육 · 미디어기업 학지사

간호보건의학출판 학지사메디컬 www.hakjisamd.co.kr
심리검사연구소 인싸이트 www.inpsyt.co.kr
학술논문서비스 뉴논문 www.newnonmun.com
원격교육연수원 카운피아 www.counpia.com